信风

trade wind

春风有信，吹向认知彼岸

外国经济思想史研究丛书

国家发展的道路

THE PATH OF
NATIONAL DEVELOPMENT

杨虎涛 著

社会科学文献出版社
SOCIAL SCIENCES ACADEMIC PRESS (CHINA)

序　国家与发展之谜

为什么有的国家富裕而有的国家贫穷？为什么国家会有兴衰起落？这样的问题一直受到广泛关注。地理学、政治学、历史学、经济学、社会学的研究者们从不同的视角和不同的学科提出了不同的解释，如资源禀赋决定论、地理气候论、制度决定论、文化决定论等。迄今为止，围绕这一问题的研究可谓汗牛充栋，但同时也方兴未艾。这既表明这一问题的持久魅力，也足以说明这一问题的复杂、宏大和系统性。

各种不同形式的决定论解释之所以层出不穷，或许只能说明两个问题。

第一，通过历史案例归纳法得出的各种形式的决定论被不断出现的"例外"（黑天鹅）所证伪，继而引起另一种角度的决定论解释兴起。例如，日韩等资源贫乏的国家的发展让资源禀赋决定论面临质疑，美国、加拿大等资源丰裕的国家又让资源诅咒论难以自圆其说，新加坡的发展使"热带不可能发展"的地理气候决定论有了例外，近年来中国的崛起又让诸如"华盛顿共识"之类的制度决定论面临破产。

第二，从解释对象的性质而言，任何一种单一因素的决定论都不足以解释国家兴衰这一宏大而复杂的问题。一个复杂巨系统在动态环境中的涨落，不仅有各种外生给定因素或随机冲击，而且由于人类社会系统具有主体内在的能动性，社会系统的发展变化极为复杂，难以预测。但这同时也说明，对一个开放的、多因素综合作用下的系统涨落的解释，本身就需要不同的因果观。

各种决定论的提出者，本意或许并不在于强调"决定性因素"，而只是试图提出某种角度的解释。但经过一段时间之后，其观点在学术传播和解读中则往往被解读为强调某一因素，这种有意无意的决定论之所以出现，或许同样是出于两个方面的原因。

第一，某一类型的决定论，或称一元论，在某一特定区域、特定时段和特定对象上具有非常显著的解释力，以至于这种决定论始终在国富国穷问题的解释中占有一席之地。例如，从降雨不均衡和气候差异上解释欧洲农业和非洲农业的早期发展差异，始终是一个具有相当说服力的答案；而从气候和疾病因素去解释两地人口（劳动力）再生产的差异，也经得住推敲。

第二，决定论之所以成为决定论，是因为我们在国家兴衰问题上太需要得到一个"如果有 A，就有 B"式的答案。我们希望得到一种类似自然法则的律则性，因为唯有如此，我们才能知道"怎么办"，才可能给出可行或不可行的技术性建议。如果将各种不同的解释转换成"A 对 B 的影响"，如宗教文化对经济发展的影响、气候对经济发展的影响，各种版本的决定论就要合理得多。但这既不能满足我们的好奇心，也不能满足研究者对因果关系及其机制的探求。

然而，这并不是说，在国富国穷问题上就无法给出一个清晰的答案。

本书的要旨和目的之一，就在于试图超越各种形式的单一决定论，给出一个结构因果性的解释。我们首先需要强调的是，国富国穷尽管是一个多因素的综合结果，但各种复杂因素之间并非毫无关联，也并非不分主次，而是呈现一种结构因果关系，这种结构因果关系有以下三个特征。

第一，多个因素的相互反馈所构成的系统因果关系，构成了影响国富国穷的决定性力量，而不是某个单一因素决定国富国穷。

第二，构成结构因果性的多个因素之间存在着协同演化的关系，它们互相依存、互相影响，但其中存在着最终决定这一结构性因果关系能否保持不可逆的决定性因素，也即如果失去这一因素，该结构因果关系将不复存在（"退出"）。

第三，正是因为存在这种系统因果关系，经由多因素组成的国家富强的结构系统也有可能会走向崩溃或者衰落，因此不会必然存在一个始终富裕和强大的国家，一旦一个国家丧失了这种自增强的结构性系统因果力量，即使曾经富裕，也会不可避免地走向衰落和贫穷。

必须强调的是，本书所指出的国家成功的原因解释，被严格地限定在工业革命以来的不到两百年时间里。更为准确地说，本书所提出的理论，更为适合的解释对象，是二战结束之后的七十多年时间里，为什么有些国家会成功，有些国家则会走向失败这一明显的差异性事实。按照麦迪逊的统计，尽管在两千多年的时间里，不同地区的社会经济发展并不均衡，但世界收入差距的分化主要发生在20世纪。但即使是在差距不断拉大的时段里，亚洲却创造了经济奇迹，韩国、新加坡，以及今天的中国，都取得了不俗的经济增长成就，已经迈入或正在迈入中高收入国家行列。亚洲的复兴已经表明了，在相当大的程度上缩小同西方的差距是可能的。本书认为，工业革命以来，尤其是二战结束以来，国家走向富裕或滑向贫穷的背后，有着非常一致的"决定性"原因。

坚持这种时段划分，可能会引起惯于向历史深处寻求答案的读者的反感。向历史深处寻求答案无疑是必要的，但这种纵深应当有限度，历史会影响今天，但不会决定今天。无限地追溯历史，只会陷入历史虚无主义和神秘主义的沼泽。不难发现，所有对国富国穷的不同解释，都会不可避免地涉及东西方的分野。而在历史分析中，认为东方曾经比西方富裕和认为西方一直比东方富裕的论调，本质上并没有区别，因为二者最终都会延伸到工业革命以来西方世界兴起这一事实。认为东方曾经比西方富裕，就会引申出"为什么东方会衰落而西方会兴起"这一问题；而认为西方自中世纪以来就一直比东方更具有现代化基因从而必然富裕的论调，则自然会引申出"富裕是一种历史累积和顺延"的结论。无论哪种论调，都会自然而然地将西方世界的兴起视为一种成功典范，认为西方今日的富裕有着一种必然性和合理性，而任何一个西方以外的成功，都会引发惊奇和质疑。

本书反对这种毫无价值的历史连续性分析，而主张采用历史的时段分析。用演化经济学的术语说，演化并不是连续的，而是间断性的。对于不同阶段的国富国穷现象，我们需要不同的理论解释。在回答国富国穷这一问题上，有必要也有可能将所解释的时间段限定在一个相对特定的时间范围内。这是因为，在不同的时间段里，经济发展的内容、结构和动力具有完全不同的性质。尽管在经济增长理论中，一切都可以还原为投入要素，但某一时段的要素和其他时段的要素在形成过程、性质和作用机制上却有着天壤之别。古代经济本质上并没有增长，即使有所增长，也很快会被相应的人口增长所抹平，不论是在漫长的狩猎采集时代还是在农业社会中，不断地重复着的只是低水平的人口——能量的维系循环。这一时期的技术积累，即使有差异，也对解释现代化以来国家经济发展的差异毫无帮助；而地理大发现以来的增长差异，前期主要是来自人类连接性的扩展，从而使市场规模和市场的互补性得到了一次使人类经济社会"合体"成长的机会，这一时期的差异主要来自暴力水平、连接（航运）能力的差异，尽管它留下了一些制度和技术的萌芽，但仍然不是解释的关键，而只能说明，为什么有些国家会"先富"和"快富"，为什么有些国家会滞后一步。

无限地将国家发展的历史因素向前推演，只会使现有解释国家兴衰的理论过于复杂，以至于在留下了无穷争议的同时，却没有更多值得现代国家和政府借鉴的东西，尤其是那些将决定性答案引向我们无能为力的自然因素或者历史偶然因素的论断。如果不对时段进行切割和划分，我们就会在比较分析中混淆古与今、中与外。尽管历史具有连续性，但对于一个相当漫长的演化史，当量变积累到质变之后，对不同质的研究对象，需要完全不同的研究方法和关注重点。

在人类发展的历史上，从狩猎采集社会转入农业社会，以及从农业社会转入工业社会，是两次奇点式发展。两个奇点时代的突出标志是人口和经济产出在短时间内呈现跳跃式增长。在第一次奇点时代之前的狩猎采集社会，人口数量从1万人增长到400万人历时200万年。进入农业社会之后，人口和产出大约每900年翻一番，比以前快了250倍。在进入工业社会之后，产出则每15年翻倍，比前一奇点时代快了60倍。[①] 民族国家的形成、竞争，贫富分野，集中出现在这一时期，而狩猎采集社会、农业社会和工业社会在财富内容、生产方式和社会交往方式上，具有截然不同的性质。它们并不适用同样的解释，即使在同一区域内、对同一个人类群体。前现代国家和现代国家、帝国和民族国家之间，绝对君主制国家与封建贵族国家之间，在权力的运行，政治、经济与社会三者的关系上，也存在的巨大差异。无视这种巨大的差异去进行纵向的历史比较分析，有何说服力？

相当一部分研究将时间节点定义在中世纪以来或者地理大发现以来。如果我们的研究是针对东西方不同发展道路和生产方式的起源，是针对资本主义的起源以及资本主义的多样性问题，这样的时间起点设定是可以接受的。但我们研究的问题是，在人类地理隔阂已经基本被消除和民族国家开始形成之后，为什么有的国家会走向富强，而有的国家却沦为失败国家，甚至无法成为一个真正共同体意义上的国家？工业革命以来，每一次技术浪潮兴起的过程中，同样也伴随着国家的兴衰与起落。对后发国家而言，探究富国之道时将分析起点无限前推，不仅没有必要，甚至可能是有害无益的。因为这种漫长的探索除了让我们更清楚地认识到历史的偶然性和历史的不可逆性之外，对于如何发挥我们自身的能动性，基本上提供不了什么有用的东西。

本书的结论是，国富国穷是一个多因素综合的动态过程，国家成功的理论，不可能是一个单一因素的决定论解释，而是一系列因素的综合系统性作用的解释。在这里，多要素之间构成了一种自我强化的因果关系。工业革命以来，尤其是二战以来，所有成功的国家无一例外地具有如下四个要素：第一，具有建制性能力的国家；第二，易于

[①] Hanson, R., "Economics of the singularity", *IEEE Spectrum*, 2008, 45 (6).

流动的社会结构；第三，与当时的技术浪潮相适应的高质量经济活动；第四，具有修复和保障上述三者持续存在的制度体系。这四个要素构成一个系统性的结构，对于国家的交替兴衰起到了决定性的作用。对于成功的国家而言，无论其起点和路径有何差异，其发展过程在以下特征上都是相同的：国家有能力保障最低限度的政治秩序，完成对经济发展所必需的激励、动员和目标设定，达到推动政治—经济—社会三者进入良性循环的能力阈值要求；与之相应的，国家能够实施对社会结构的适当改造，或幸运地拥有流动性较强的社会结构，这种社会结构能更好地满足现代化的要求、阻断特定社会阶层通过非生产性活动攫取社会积累的通道；与此同时，国家不仅能选择、识别、促进在国际竞争环境和技术革命浪潮下的特定的高质量经济活动，这种高质量经济活动不仅能进一步强化政治—经济—社会三者的良性循环，同时也使国家的人均产出不断增长。工业革命以来，尤其是二战结束以来，能够同时满足上述条件的国家可谓少之又少，在所有的失败国家发展案例中，我们都能找到显著的"缺乏"：或是缺乏起码的国家建制性能力，国家尚处在部落、前现代层次上，典型如索马里、刚果（金）；或是受制于社会结构，尤其是财产的社会分布，经济活动更多地依赖于土地等不可移动的资本，而难以启动催生广大中产阶层的经济活动，典型如阿根廷、菲律宾等；或是在启动、推进和维系高质量经济活动的过程中遭遇失败，典型如秘鲁等拉美国家。

毋庸置疑，历史唯物主义仍然是解释人类社会长期发展，尤其是解释国富国穷这类命题最为有效的解释框架。它的不足并不像一些批评者指出的那样，是缺乏"中间层次"概念，而是缺乏对生产关系与生产力、经济基础与上层建筑之间"作用和反作用"在协同意义上的理解，以及对于政治、经济、社会的必要阈值的刻画。迄今为止，对于有着特定规模和历史的经济体而言，国家能力应该达到怎样的程度，以及社会结构——更具体地说，卡莱斯鲍什所指出的资产不平等和资产流动性——在一个社会中达到怎样的程度，还有国家在高质量经济活动的选择、推进和维系上以何种形式助力、助力到何种程度，才能顺应现代化发展，启动经济—社会—政治的良性循环，仍然是一个相对模糊的领域。对此问题的进一步探索，也将是笔者在未来较长一段时间的研究方向。

目　录

第一章　国家成败：不同的解释 / 1

　　第一节　国家的视角 / 1

　　第二节　《国家为什么会失败》及其失败 / 12

　　第三节　经济活动的"质"是决定性的 / 25

第二章　循环累积：唯物史观的分析框架 / 44

　　第一节　政治秩序论与经济决定论的不足 / 44

　　第二节　回到唯物史观 / 57

　　第三节　循环累积：社会、经济与政治 / 84

第三章　国家与经济发展：李斯特的思想谱系 / 101

　　第一节　李斯特：斯密的另一极 / 102

　　第二节　被曲解的和需要修正的李斯特主义 / 118

　　第三节　一再被强调的国家和逐步被重视的社会 / 127

第四章　理解中国：国家能力与国家治理 / 142

　　第一节　中国国家能力的特质 / 143

　　第二节　国家治理与基本经济制度的协同演化 / 164

　　第三节　上层建筑与经济基础的良性互动 / 172

第五章　中国有何不同 / 183

　　第一节　发展型国家理论与中国发展 / 184

　　第二节　中国发展的特质 / 196

　　第三节　超越发展型国家：中国式现代化及其意义 / 209

　　第四节　新自由主义：特征与影响 / 227

第六章　从重工业优先到数字经济：高质量经济活动的选择 / 241

　　第一节　高质量经济活动的特定性 / 242

　　第二节　"从无到有"到"从大到强" / 248

　　第三节　数字经济与中国经济高质量发展 / 267

第七章　样本观察：中国电网 / 284

　　第一节　电网：中国式现代化的典型样本 / 284

　　第二节　中国电网的成就、历史与关键特征 / 287

　　第三节　中国电网发展的决定性因素 / 299

后　记 / 322

第一章 国家成败：不同的解释

第一节 国家的视角

一 一元论和多元论

为什么有的国家能崛起，而有的国家却衰败了？为什么有的国家越来越富，有的国家却越来越穷？诸如此类国家兴衰的宏大历史命题，长期以来一直吸引着社会科学工作者。从经济学到政治学、历史学和社会学，从早期的现代化理论（modernization theory）和依附理论（dependency theory）到发展型国家、新国家主义理论，变化的现实不仅不断挑战、颠覆着既有的理论，也不断贡献着新的经验事实和研究视角。正如诺思指出的那样，社会科学的任务在于解释诸种社会在不同历史时期的绩效特征，包括富裕国家和贫穷国家在人类福利上的根本性差异，以及所生发出这种绩效差异的政治组织形式、信念和社会架构。[①]

毫无疑问，国家兴衰是一个涉及众多因素、极为复杂的问题，地理、气候、移民、宗教、文化、殖民甚至生物物种等因素，均被纳入了社会科学研究者的视野。尽管国家兴衰显然涉及众多相互关联的因素，但吊诡的是，最终具有长久影响力的研究，反而是以赛亚·伯林

[①] 〔美〕道格拉斯·C.诺思、约翰·约瑟夫·瓦利斯、巴里·R.温格斯特：《暴力与社会秩序：一个解读有记录人类史的概念性框架》，杭行、王亮译，上海人民出版社、格致出版社、上海三联书店，2013，导言。

意义上的"刺猬型学者"的观点，也即一元论者的观点，而非"狐狸型学者"即多元论者的观点。在以赛亚·伯林那里，刺猬型人格"凡事归系于某个单一的中心识见、一个多多少少连贯密合条理明备的体系，而本此识见或体系，行其理解、思考、感觉；他们将一切归纳于某个单一、普遍、具有统摄组织作用的原则，他们的人、他们的言论，必惟本此原则，才有意义"①。无论是韦伯的新教伦理，还是兰德斯所坚持的"西班牙殖民地和英国殖民地的区别，经常被视为带有种族歧视的新教和更具包容性的天主教的区别"②，抑或自孟德斯鸠而起的"热带常专制，温带多自由"的地理环境决定论，还是戴蒙德的"不同民族的历史遵循不同的道路前进，其原因是民族环境的差异，而不是民族自身在生物学上的差异"之论断③，均是这种将单一、普遍原则贯彻到底的理论叙事。相反，当戴蒙德抛弃了《枪炮、钢铁和细菌》以及《崩溃》等著作中一以贯之的单一因素影响论，试图在《剧变：人类社会与国家危机的转折点》一书中用12个变量解释7个不同国家如何失败时，反而引来了更为广泛的批评。因为一旦理论试图面面俱到，而又无法分离诸多变量之间的相互关系时，反而失去了启发价值，对大历史的探讨，也就止步于述而不作，陷入了以赛亚·伯林笔下的狐狸型人格："追逐许多目的，而诸目的往往互无关联，甚至经常彼此矛盾，纵使有所联系，亦属于由某心理或生理原因而做的'事实'层面的联系，非关道德或美学原则。"④

一元论之所以具有更强的吸引力和影响力，不仅因其更易于贯彻到底，也因其具有更强的比较分析意义。不过，基于历史比较与归纳分析的一元论的脆弱之处，并不在于出现偶尔违反一元论判断的"黑

---

① 转引自段超《以赛亚·伯林：在狐狸与刺猬之间》，《中华读书报》2020年2月5日，第10版。
② 〔美〕戴维·S. 兰德斯：《国富国穷》，门洪华等译，新华出版社，2001，第438页。
③ Diamond, J. M., *Guns, Germs, and Steel: The Fates of Human Societies*, W. W. Norton & Company, 1999.
④ 转引自段超《以赛亚·伯林：在狐狸与刺猬之间》，《中华读书报》2020年2月5日，第10版。

天鹅"，因为这仍然可以通过修正范围，在绝大多数样本上取得理论说服力。但是，当这种"黑天鹅"频繁出现之际，一元论的结论也就往往退无可退，从而大大降低了指导价值和解释能力，更为重要的是，当历史重要（history matter）越来越具有"天注定"的意蕴时，也就完全否认了人的能动性，这是一切看似宏大的地理、气候、移民、宗教、文化、殖民甚至生物物种等因素之类解释最终的"阿喀琉斯之踵"。二战以来，世界多地的国家兴衰案例，尤其是亚洲地区以及巴西、南非等新兴国家的崛起，不仅深刻挑战了传统现代化理论，而且也使宗教、地理、移民等解释黯然失色。地理环境决定论的代表人物萨克斯后来也不得不承认："现在是到了该放弃'地理环境决定论'这种假想的怪物的时候了，这种错误的观念认为——地理不利因素是唯一重要的因素，决定了一国经济的发展。而问题的关键仅仅是这些不利因素要求这些国家比那些地理上更为幸运的国家进行更多的投资。"[①]

　　伴随着外生给定的、人们无能为力的历史重要因素的解释力的匮乏，更强调自主性和能动性的解释开始兴起，而这种转向与东亚经济体的崛起密切相关。除了日本外，韩国、新加坡以及之后的马来西亚、印度尼西亚直至近年来的越南等国的发展，中心-外围假说即使不是脆弱的，也是不完整和需要修正的，至少在表达形式上需要更多地与全球价值链达成一致，而这些从出口导向、来料加工和产业转移中发展起来后发经济体，也并未按照依附理论的预期，陷入衰败、停滞。这些经济体不仅在经济发展道路上并未完全沿袭西方的自由化和市场化道路，而是以统御市场、强有力的产业政策和政权干预另辟蹊径，在政治上也走出了一条不同于西方的道路，典型如韩国、新加坡先部分开放经济权利，而后逐步放开政治权利的渐进式政治变革，这使得在解释"东亚崛起"过程中发展起来的发展型国家理论、新国家主义

[①] 详细论述可参见〔美〕杰弗里·萨克斯《贫困的终结——我们时代的经济可能》，邹光译，上海人民出版社，2007，第54页。

等理论，开始将注意力更多地转移到国家能力这一更具能动性的角度上来。关于国家能力、国家建构以及国家、经济与社会的协同关系的研究，逐步成为相关研究的热门话题。易言之，与其讨论国家成功或失败、富裕或贫穷，不如首先讨论国家能否以及何以成为一个现代意义上的国家。

而随着中国的崛起，这一视角得到了更大的关注和强化，中国在极其落后的基础上，在较短时间内所实现的叠加式、赶超式现代化进程，不仅是西方现代化理论，而且也是传统的国富国穷理论所难以解释的，无论是从地理、气候、移民还是宗教、文化等因素看，中国之崛起，在时代背景、历史沿袭上又完全不同于东亚发展型国家只有的冷战机遇、殖民因素等。中国现代化之显著独特性，莫过于国家：既有中央的统筹，又有多层级的地方政府竞争；人口之众且疆域之广又大大超越历史上任何一个成功的富国，这更加激发了国家视角的研究。

二 国家、组织与秩序

分析地区兴衰的国家条件，不仅成为发展政治学的重要视角，也成为经济学的切入点。从奥尔森、诺思，一直到阿西莫格鲁和罗宾逊等，经济学家一直在强调制度，更准确地说，是认为政治权力很大程度上决定了是否能实现经济繁荣。

尽管在分析方法上，发展政治学与经济学有差异，但更多的是观点和假说的重叠与交叉。一些看起来很新颖的观点，往往也只是在重复另一个领域之前的观点。例如，在诺思看来，权利开放模式（成功国家）的特征如下：（1）政治和经济的发展；（2）在经济中负增长出现得较少；（3）存在着大量有组织的、丰富而充满活力的公民社群；（4）庞大的、较为分权的政府；（5）普及的非人际关系化的社会关系，包括法治、产权保护、公正和平等——平等对待所有人的一切方面。与之相对，权利限制社会（失败国家）的特征为：（1）经济增长缓慢且容易受到冲击；（2）政治未受被统治者的普遍认同；（3）组织的数量相对较少；（4）政府较小并且较集权；（5）主要的社会关系是沿着人际关系这条线路展开的，包括特权、社会等级、法律实施上的不平等、产权缺乏保障，以及一种普遍的观念：人并非生而平等。在这两组对照里，每组第一点和第二点都为"果"，第三、四、五点为"因"。因此，在诺思看来，**创建组织的权利，是自然国家与权利开放秩序之间最大的、但仍未引起充分重视的差别所在**。创建组织的非人际关系化权利，是权利开放秩序的核心。因此，高收入国家的典型特征之一，就是具有更多的组织数量，而且高收入国家的政府提供更多的公共品，包括高速公路、基础设施、教育、公共卫生系统和社会保险，并且，他们是一视同仁地为所有公民提供服务的。不仅诺思，阿西莫格鲁等人也用不同的术语表达了类似的意思。

同样的观点也出现在发展政治学中。安德烈亚斯·威默（Andreas Wimmer）认为，发达的志愿性组织、较强的提供公共品的国家能力以及较低的语言沟通障碍这三个条件，有助于政治联盟网络实现跨越族群界限的扩展，支持国家认同的构建。[①] 这三个条件都是历史形成的，取决于在殖民时代和现代民族国家出现前就已开始的历史过程，特别是早期国家中央集权的发展程度。威默的公民组织、公共品供给能力两个要素与诺思、阿西莫格鲁等人如出一辙，但他同时补充了语言交流对共同体凝聚的意义。威默认为，共同的语言可以降低交易成本，并由此建立持久的信任关系，使得建立跨地区和跨越族群分界线的联系也更加容易。中国的不同之处就在于很久之前统一了文字，方便了不同方言人群的相互理解，同时也为全社会进行大范围教育和考试筛选人才提供了可能，成为语言多样但族群同质群体的典型代表。与此形成对比的，则是所说和所写的语言差异极大的俄罗斯，以及存在法语社群与弗兰芒语的社群的比利时，两者都存在沿着族群语言分界线的共同体裂痕。与阿西莫格鲁等人隐晦地使用"盲点漂移"暗指国家成功具有天命论和偶然因素不同的是，威默明确指出，这就是历史偶

[①] 〔瑞士〕安德烈亚斯·威默：《国家建构：聚合与崩溃》，叶江译，格致出版社、上海人民出版社，2019年。

然，政府提供公共物品的能力以及居民的语言同质性来自19世纪晚期大众政治兴起之前就享有的历史遗产。

仔细考究威默的国家建构理论，我们又可以在其中看到发展型国家和新国家主义以及调节学派的影子。在《国家建构：聚合与崩溃》中，威默基于社会交换网络的视角搭建了理论框架，其中心逻辑是：与所有大型组织形式一样，国家的基础是其内部人与人、人与组织、组织与组织间所形成的联盟网络，国家建构过程与这些政治性联盟网络的性质与覆盖范围密不可分。国家与公民间的交换关系又分为三个不可通约的基本维度。一是组织维度——描述两者的关系是否制度化以及如何制度化，涉及资源交换的渠道；二是政治经济维度，关于两者交换的资源，主要涉及公共物品的提供；三是沟通维度，涉及意图和信息的交换，关注合作伙伴如何相互协商和沟通。威默的这种社会交换网络的用法和不同维度的划分，与迈克尔·曼和琳达·维斯等人的权力观以及杰索普对发展型国家的总结，有异曲同工之妙。在《社会权力的来源》中，迈克尔·曼着重强调了国家的建制性能力，即指国家渗透市民社会、在其统治领域内有效贯彻其政治决策的能力。维斯则进一步将其细分为"为发展目标而调动资源的能力"[①]，或"能增加对社会的渗透力和资源的汲取度并再分配资源到有需要的地方的能力"[②]。同时，建制性能力也有三重维度——渗透能力、汲取能力和协商能力，即进入社会与共同体成员互动的能力，从社会中汲取资源的能力，与组织的合作互惠的能力。为了强调"与组织的合作互惠能力"的重要性，维斯将伊文思的"嵌入"概念拓展为"嵌入式自主"（embedded autonomy）和"治理式互赖"（governed interdependence），认为国发展型国家的成功之处，就在于通过有效协商，将工商界融入国家的决策体系并同时保持了政治自主性，这与威默将组织维度置于

[①] 〔澳〕琳达·维斯、约翰·M.霍布森：《国家与经济发展：一个比较及历史性的分析》，黄兆辉、廖志强译，吉林出版集团，2009，第189页。
[②] 〔澳〕琳达·维斯、约翰·M.霍布森：《国家与经济发展：一个比较及历史性的分析》，黄兆辉、廖志强译，吉林出版集团，2009，第5页。

第一位置不谋而合。无论是威默还是维斯，都是在经济、社会、政治三者中，以国家的视角构建理论。

如果我们再次回到诺思，我们仍然可以看到，强调组织重要性的诺思同样也在强调国家与组织的协商能力。在对自然国家进行分类以反映不同的自然国家对组织的支持能力时，诺思将自然国家分为三种类型：脆弱的（fragile）自然国家除了国家本身，什么组织也支持不了；初级的（basic）自然国家可以支持组织，但必须是在国家的框架内；成熟的（mature）自然国家可以支持很多种类的、不在国家控制之下的精英组织。在自然国家，支持组织——为人类互动提供结构——的能力，是经济与政治发展的重要的决定性因素。而诺思之所以强调组织，并基于组织概念来设定有限准入、开放秩序的原因，在于诺思理论的潜在假设之一，就是组织分工决定经济绩效。诺思指出，组织是社会秩序的核心——经济的、政治的、宗教的和社会的。三种主要的社会秩序——原始秩序、有限准入秩序和开放准入秩序，其构建组织的方式各不相同。组织是由个人组成的群体，群体一般有一个共同目标。人类大多数活动都会涉及个人之间一定程度的合作，而且由于合作和协调能力的高下会直接影响到生产力，所以，经济增长的关键在于组织能否支持更复杂和精密的合作。[①]

三　重要的是经济

与上述组织观、秩序观不同的是，尽管同样着力于国家的视角，但以张夏准、赖纳特等为代表的当代李斯特主义者，却并不首先着眼于国家在组织和政治秩序方面的差异，而是将国家作为经济活动的直接推动者、构建者，认为经济活动的性质是决定性的，包括社会结构和政治秩序，都受到经济活动性质的决定性影响。赖纳特等人对新自由主义持抵制态度，关注全球化时代的不平等发展问题，较之早期的依附理论、世界体系理论等不平等发展理论，他们更多地吸收了新熊

---

① North, D.C., Wallis, J.J. and Weingast, B.R., "A conceptual framework for interpreting recorded human history", *NBER Working Paper*, 2006, 17 (1).

彼特学派、德国官房学派和李斯特主义、重商主义的观点，强调经济政策史和经济历史的比较研究。

赖纳特本人先后毕业于哈佛大学和康奈尔大学，虽然在主流经济学的大本营接受学术训练，但此后长期在联合国贸易发展组织的工作经历却使赖纳特具有了更强的现实意识，并开始反思西方主流经济学与全球经济发展不平等之间的关系问题。赖纳特认为，经济政策与经济理论之间一直保持紧密的关系，20世纪80年代末90年代初以来，由西方发达国家在全球范围内推行的、基于主流经济学体系的"华盛顿共识"成了主导性经济政策的基础。然而在近20年的时间里，它并未取得其鼓吹者所断言的那种绩效，与之相反，它造成了灾难性的后果并加剧了全球经济发展的不平等。虽然"华盛顿共识"糟糕的绩效已经开始引起了众多发展中国家的警惕，但是，改头换面的另一种"华盛顿共识"却在悄然兴起，而这种改造后的"华盛顿共识"的危险，尚未引起人们足够的重视。

赖纳特指出，这种改头换面的"华盛顿共识"可称为"华盛顿共识"Ⅱ型，它与主流经济学的"范式维持技术"紧密相关。近些年来，对于经济发展问题，经济学中产生了许多新的分析进路和观点。除了早期的产权、制度决定经济发展的解释之外，又相继出现了民主决定经济发展、核心竞争力决定经济发展，甚至地理位置、气候、病毒细菌疾病决定经济发展的解释。本质上，这些解释都是试图挽救标准教科书经济学与其核心假设的结果，是试图在标准经济学模型之外添加一些特征以图挽救该理论核心的"范式维持技术"。在主流经济学展开自己的这种"范式维持技术"，并以民主、创新、地理位置、气候、病毒等主题来维持经济学的吸引力和解释力的同时，"华盛顿共识"也在不断改头换面，已由最初的"华盛顿共识"Ⅰ型转变成了"华盛顿共识"Ⅱ型。始于20世纪80年代末期的"华盛顿共识"Ⅰ型，其主要主张是自由贸易、外商直接投资的进入自由、放松管制以及私有化等，其核心是"让价格正确"。而较之"华盛顿共识"Ⅰ型，

"华盛顿共识"Ⅱ型不断地将一些新的特征和要素，如产权、制度、民主政府、核心竞争力和创新乃至地理气候、疾病等，添加到"华盛顿共识"Ⅰ型中的"让价格正确"中去。在赖纳特看来，这种添加版的"华盛顿共识"Ⅱ型更具有迷惑性和误导性。虽然产权、制度体系、竞争力、创新乃至气候、地理细菌、病毒等因素有一定解释力，但认为它们决定了经济发展，却是在"颠倒因果"。尽管这些因素的确与经济发展相关，但它们不能表达国家发展过程的核心：正确的经济活动。在赖纳特看来，是相应的经济活动选择才导致了相应的产权结构和制度体系等产物，而不是相反，而"华盛顿共识"Ⅱ型的种种解释与相关政策恰好就是颠倒了这种关系，推行治标而不治本的发展政策。

赖纳特指出，产权及其他制度体系固然重要，但从因果关系上说，产权和制度本身并不创造国民财富，它们只是国民财富创造过程中的支撑体系，私有产权与其他制度体系是经济发展的结果，而不是原因。经济史和经济政策史都表明，财产权利、制度和生产方式之间存在密切的关系，但生产方式从一开始就是决定性的、先导性的，是生产方式塑造和决定了产权与相应的制度体系。财产权利及其他制度体系本身与资本主义和经济增长无关，它是由一种生产方式造就的，其目的是使该生产方式更好地运作。狩猎-采集模式下的序贯土地使用权适用于狩猎-采集这种生产方式，而贸易与生产模式下则需要更明确的产权界定。远洋贸易导致了诸如保险等制度体系的创立，但部落社会中却无此需要。而产权、制度决定论之所以富有迷惑性，是因为私有产权与其他制度体系在穷国的确没有像富国发展得那么完善，于是缺乏私有产权和其他制度体系就顺理成章地成了不发达的一个主要原因。但从因果关系上看，非洲与拉美的众多底部国家之所以穷，并不是因为他们缺乏私有产权，而是整个国家缺乏工业体系，缺乏合适的产业活动。赖纳特对拉美一些地区的研究也表明，在不改变生产活动安排的前提下，只是单纯赋予穷人财产权利，最容易产生的结果是穷人售卖掉自己的住房以换取食物或者医疗，进而形成大批的被社会遗弃者。赖纳特指出，这种没有经济发展的财产权利只会把事情弄得更糟，问题的关键并不在于产权和其他制度安排，而在于改变这些国家的生产方式。

民主政府则是"华盛顿共识"Ⅱ型的另一要素。但在赖纳特看来，经济结构与政治结构之间的确存在很强的关联性，但决定性的是前者。产业活动的选择决定了财富创造与分配的方式，进而决定了社会阶层的形成，从而形成了相应的社会权利诉求和表达。纵观西方发达国家的历史，均是在由工商业活动造就了新兴工商业阶层形成之后，这一群体，在政治上的影响力超过了传统的封建贵族，才有了对民主制度的诉求。没有相应的产业选择，则不可能产生相应的阶层，民主、市民社会、平等自由的诉求只能在经济发展的过程中逐步形成，在缺乏合适的经济活动时，它们无法生根。拉美和非洲的一些"底部"国家，其共有的特征都是经济上以原材料出口产业为主，与之相伴的是低下的分工水平，其比较优势在于向世界提供廉价劳动力和资源型产品。在具有这种经济结构类型的国家，最易形成的是流氓资产阶级或西方买办阶级，体现在政治结构上，就是拉美式的专制独裁，或者是非洲式的战争领主。主流经济学将民主决定经济增长这一颠倒因果的解释注入"华盛顿共识"之中，要求贫穷国家移植发达国家的政治结构，这就完全抛弃了政治结构中所有阶层选民都依附于某种特定的经济活动所提供的收入这一基本常识，在赖纳特看来，对穷国来说，重要的不是模仿和移植富国的政治结构，而是模仿其生产结构。

培养核心竞争力是"华盛顿共识"Ⅱ型的又一富有煽动性的观点。赖纳特在考证了西方经济学界、管理学界和政府各界对竞争力一词的诠释之后指出，竞争力是一个典型的弹性术语，含义模糊多变。对很多穷国来说，"华盛顿共识"Ⅱ型中培养核心竞争力的含义就是让它们发挥自己低工资、高资源消耗的"优势"，为了培养这样的核心竞争力，穷国就应当采取与之相匹配的劳动力市场灵活性，而且是那种工资水平始终如一地意味着向下的灵活性。但在发达国家内，竞争力一词却具有完全不同的含义，它们采取的都是哈佛大学商学院的布鲁斯·斯科特（Bruce Scott）的定义：竞争力是在开放市场条件下，一国生产商品和劳务并应对外国竞争，同时维持并扩大其国内实际收入的能力。按照这种定义，竞争力提升是一个实际工资和国民收入不断提高的过程。因此，就培养核心竞争力而言，首要的是选择生产什么，而不是生产率本身。后发国家在采矿、农业或代工行业中的劳动生产率再高，也不是富国富民之道，而只能是间接地成就了富裕国家的核心竞争力。赖纳特同时还指出，这样的逻辑同样适用于"华盛顿共识"Ⅱ型中对后发国家的另一指责：创新不足。因为在全球的价值链分布中，底部国家所从事的活动基本上都是属于技术死胡同（technological dead-ends）性质的活动，是无法再产生技术外溢性的活动，在这类经济活动上的创新无法进一步深化分工水平，而只能体现为产品价格的不断下降。

在赖纳特看来，诸如地理气候、细菌和疾病这类带有天命论（manifest destiny）色彩的借口则是近几年"华盛顿共识"Ⅱ型中新添加的极富诱惑力和欺骗性的因素。针对"华盛顿共识"Ⅱ型中的"热带必穷，温带必富"的地理气候决定论，赖纳特指出，热带地区国家和温带地区国家之所以在经济发展绩效上呈现巨大差异，并不是地理气候决定的，而是由于经济活动的初始选择所导致的。当初热带地区殖民地的建立基本上是为了原材料，这类农矿产品的生产需要大批的奴隶，从而使热带地区殖民地的经济和社会结构发展为一种庄园主、矿山主和奴隶的分工，而温带地区的殖民地最初没有奴隶密集型的资源性产业，最终走向了制造业发展的道路。也就是说，地理气候对经济发展的效果是以一种间接的方式——以一种不同的生产方式，以定居者的不同既得利益而产生的。至于近年来兴起的落后源于细菌和病毒猖獗这种观点，在赖纳特看来更是一种不严肃的解释，因为历史上欧洲也饱受各种细菌、病毒折磨，但他们通过工业化和现代化解决了这一问题，如通过抽干沼泽地、兴建灌溉渠道和水力发电消灭疟疾等疾病传播所需的"死水"，兴建大规模的公共医疗设施等。非洲确实细菌和病毒猖獗，但这不是非洲落后的原因，而是缺乏工业化和现代化的结果，西方发达国家和国际组织在不断给非洲以蚊帐、药品这类"治标"的援助时，却刻意回避经济结构这一"治本"药方，使非洲继续保持着一种殖民地式的经济结构——出口原材料和保有落后的工业部门。

在赖纳特看来，"华盛顿共识"Ⅰ型向"华盛顿共识"Ⅱ型的演变过程，实际上是在为华盛顿政策的失败不断找新借口的过程。理论基础依然是主流经济学，推行者依然是新自由主义的捍卫者，政策背后依然是西方发达国家的利益。当他们所推行的无形之手无法为发展中国家带来经济增长时，他们就开始寻求因果颠倒的解释，甚至退化到了天命论的解释中。在赖纳特等人看来，国富国穷的答案是显而易见的，那就是高质量的经济活动，而这种经济活动的选择和培育的责任主体是国家，而不是其他主体更不可能在所谓自发秩序中产生。

第二节 《国家为什么会失败》及其失败

为了更清晰地展现政治秩序决定论的主要观点和分析方法，我们以美国麻省理工学院经济学教授达龙·阿西莫格鲁（Daron Acemoglu）与哈佛大学政治经济学教授詹姆士·A. 罗宾逊（James A. Robinson）[①] 2012年合著的《国家为什么会失败：权力、富裕与贫困的根源》（以下简称《失败》）为代表，对其核心观点进行评述。该书于2012年3月出版，并得到十三个包括普利策奖得主和诺贝尔经济学奖得主在内的著名学者鼎力推荐。尽管较作者之前的著作，如《政治发展的经济分析：专制和民主的经济起源》（以下简称《起源》）而言，《失败》

---

① 作者名不同的图书有差异，因此除了文献之外的其他文字分析中使用阿西莫格鲁、罗宾逊。

一书更像是一部通俗历史读物而非专业学术论著，但十三位推荐者仍做出了极高的评价，认为此书是一本从政治和经济角度研究宏观社会发展的重要著作。

阿西莫格鲁的著作在核心命题上也与新制度经济学家无甚区别——制度决定经济绩效。如果说到创新之处的话，那就是对制度决定论进行了一个矩阵重构，划分出了政治和经济的包容性制度与攫取性制度，以及对创造性破坏的容许条件进行了"重新"解读，并加上了一个由关键时期和细微初始差别所决定的制度漂移论。这三个核心观点都谈不上有什么创新，第一个观点是诺思 2006 年所提出的开放秩序和限制秩序的翻版，第二个观点则早已被美国制度主义者所阐述，第三个观点不过是路径依赖理论的重述。为了支持"政治制度决定一切"这一结论，《失败》一书在历史资料处理、分析方法上也尽可能地采取了"选择性"手段。

一 制度矩阵的缺陷

在《失败》一书的整个理论框架中，包容性制度（inclusive institutions）和攫取性制度（extractive institutions）是核心概念。包容性和攫取性制度既存在于经济体制内，也存在于政治体制内，这样就划分出了四种制度：攫取性政治制度、攫取性经济制度、包容性政治制度和包容性经济制度，这四者的组合决定了国家的成功与失败。对于包容性和攫取性的程度，《失败》一书只从表征上进行了定义：包容性政治制度的表征是为大多数人提供政治参与机会，政治没有被少数精英控制，政治制度具有多元但足够集中的特点（pluralistic yet sufficiently centralized）；包容性经济制度的表征是能为大多数人提供施展其才能的机会，产权保护、公正司法、自由进入和自由竞争以及公共服务的提供。与包容性相对应，攫取性政治制度是指人民没有决策权或表决权，当权者往往是世袭权贵；攫取性经济制度的特征是缺乏产权保护、生产性激励不足、垄断、专卖和市场控制是其常态。这四种制度的组合形成了如表 1-1 所示的制度矩阵。

表 1-1　阿西莫格鲁的制度矩阵

		经济制度	
		攫取性	包容性
政治制度	攫取性	恶性循环，失败国家	有发展但不可持续
	包容性	不乐观的发展且不可持续	良性循环

表1-1的左上角和右下角分别代表了包容性政治经济制度和汲取性政治经济制度的良性循环和恶性循环关系。《失败》一书承认，在这种循环关系中，政治制度和经济制度是相互作用的，**但决定性的是政治制度，经济制度只是反过来影响政治制度**，这一观点，在《失败》一书的第二章就亮明了："本书将说明，虽然经济制度对决定国家的贫穷或富裕极其重要，但决定国家经济制度的是政治和政治制度。"[①] 包容性政治制度下的包容性经济制度激励投资和创新，并允许创造性破坏，从而带来经济繁荣，构成良性循环；反过来，在攫取性政治制度和攫取性经济制度组合下，投资和创新受到抑制，创造性破坏无法实现，经济发展停滞，社会贫困。表1-1的右上角代表了攫取性政治制度与包容性经济制度的组合，这种组合可以通过重新分配（reallocation）劳动力、投资和技术转移等方式取得增长，但其无法持续。因为攫取性政治制度下，当权者刺激经济的只是为了更好地攫取资源或短期内实现某种政治目标，当包容性经济制度的发展影响到统治稳定时，当权者就会抑制包容性经济制度的进一步发展，避免创造性破坏的出现。左下角代表的是包容性政治制度和攫取性经济制度的组合，这样的情况较为少见。

《失败》一书的制度矩阵，尤其是包容性与攫取性的划分，与诺思、瓦斯利和温格斯特等人2006年以来所提出的"受限进入的社会秩序"（limited access social orders）、"开放进入的社会秩序"（open access social orders）、自然国（natural states）和稳定宪政民主体制

[①] 〔美〕戴伦·艾塞默鲁、詹姆斯·罗宾森：《国家为什么会失败：权力、富裕与贫困的根源》，邓伯宸、吴国卿译，卫城出版社，2013，第68页。

(system of constitutional government)的四个组合如出一辙。《失败》一书中政治攫取-经济攫取的组合，即诺思笔下的"限制进入秩序"与"自然国"的组合，其特征是"国家设定受限的进入而创造经济租，而这些租金又被社会的精英阶层用以支撑现存政治制度和维系社会秩序……'经济租的存在建构了政治关系'"。[①] 而《失败》一书中的政治包容-经济包容的组合，在诺思及其合作者笔下表现为"开放进入秩序"与"稳定宪政民主体制"。不仅对核心概念的界定相似，而且，在攫取-包容的维系与变迁力量上，两者也都采取了"合法暴力"这一分析进路。相较之下，《失败》一书对包容性和攫取制度的界定和诠释还远不如诺思等人对开放进入和受限进入的界定来得清晰，更为关键的是，由于对包容性政治制度的"多元但足够集中"的解释极为含糊，对不可持续的增长又缺乏时限的说明，如此一来，《失败》一书对攫取性和包容性的含糊界定以及对政治制度决定一切的"信誓旦旦"的组合效果，就是将"为什么国家会失败"和"为什么国家会成功"的问题引入了一种近乎诡辩的循环逻辑之中：如果遇到了政治包容-经济包容组合的例外（如海地等），《失败》一书就可以说是他们尽管多元，但却缺乏足够的集中；如果遇到了政治掠夺-经济包容型的例外，《失败》一书就会说它们不可持续，因为对于持续多久才算持续，《失败》一书从来就没有答案。

为了支持制度矩阵理论，《失败》用了大量经济史资料加以佐证。为了证明攫取制度是国家失败的根源，《失败》一书中反复强调历史上罗马帝国和威尼斯的繁荣皆是包容制度，衰落则皆因制度转向了攫取性，且不论作者已经承认了"在十七世纪的英格兰之前，榨取制度是历史的常态"[②]，这种分析也完全忽视了地理、资源禀赋和国家竞争

[①] 〔美〕道格拉斯·C.诺思、约翰·约瑟夫·瓦利斯、巴里·R.温格斯特：《暴力与社会秩序：一个解读有记录人类史的概念性框架》，杭行、王亮译，上海人民出版社、格致出版社、上海三联书店，2013，代序第6~7页。

[②] 〔美〕戴伦·艾塞默鲁、詹姆斯·罗宾森：《国家为什么会失败：权力、富裕与贫困的根源》，邓伯宸、吴国卿译，卫城出版社，2013，第209页。

压力等外部因素。《失败》一书认为，从 10 世纪开始，威尼斯就有极为包容的制度，其开放大议会保障了广泛的市民参与，所以它繁荣。但 1286 年，威尼斯"大议会"推出"关闭条例"，大议会逐渐转为世袭制度，政治制度变成了攫取性的，这就导致了威尼斯的衰落。大议会的制度变迁的确属实，但这种变化是决定威尼斯兴衰的唯一原因吗？这种变化究竟是兴衰的原因还是结果？历史上，威尼斯的商业繁荣在一开始就具有不同于其他地方的基础。由于地理因素，威尼斯成为蛮族迁徙中的避难岛，大批避祸富人携带大量金银上岛，奠定了商业岛国的基础，而 11 世纪的十字军东征带来了威尼斯的大商机时代，这一大商机时代之后社会贫富分化严重，才形成了 1286 年世袭制的大议会和寡头共和体制，但这也并没有很快导致威尼斯的衰败。整个 14 世纪，威尼斯一直处在与热那亚的战争之中，乔儿亚战争之后，威尼斯重新收复东方岛屿，重获拜占庭贸易特权，成为霸主。直到 16 世纪，威尼斯才开始衰败。历史学家认为，威尼斯衰落的原因是多方面的，一方面在意大利大陆拥有了陆地而不得不支付大量的防务成本，另一方面是产业结构单一，对贸易过度依赖，当好望角航线发现之后，威尼斯的贸易优势就不复存在。[①]

在《失败》一书所描述的政治包容-经济包容的良性循环中，政治包容要求政治有必要的集中，与之对应的经济包容则包含对私有产权的尊重，然而在成功国家的历史上，这两者却很少并存。易言之，政治集中往往伴随着对集体产权尤其是公司产权的保护而不是对私人产权的保护。艾伦指出，在自由派看来，工业革命的起源可以一直向前追溯到 1688 年发生的英国光荣革命，这次革命使议会至上的基本原则得以确立，同时也对王室的诸多特权加以有效约束，并承诺保障私有产权不受侵犯。据说，上述一系列法制改革有助于营造一种刺激投资活动转趋活跃的良好氛围，于是工业革命应运而生。但是，投资环

[①] 关于威尼斯衰落的详细论述，可参见张春林《海洋商业和历史：威尼斯衰落之谜》，辽宁大学出版社，1996。

境大为改善一说至少不能从金融层面加以佐证，至于私有产权的安全性，法国、英国甚至中国，其实都差不多。适度集中的英国，为保障工程顺利推进可以依照相关私有权法案剥夺私人对特定圈地的所有权，但在法国却不行。光荣革命意味着，1688 年前中央集权属于特例，偶尔为之，此后成为常态。① 拉佐尼克也指出："产权的内容和形式，始终处在不断演化的过程中，但从大多数发达国家的发展经验和历史来看，对公司产权的保护比对私人产权的保护更重要。"②

二 创造性破坏及其约束条件

《失败》一书反复用到的另一概念，就是熊彼特的"创造性破坏"。作者反复强调创造性破坏为经济增长所必需。"害怕创造性破坏是新石器革命到工业革命间生活水准未能持续提升的主要原因。"③ 在《失败》一书中，能否激发和允许"创造性破坏"区分体制好坏和良性循环与恶性循环的主要标志之一，攫取性制度不允许创造性破坏的出现，因为它会打破当前秩序，威胁到当权者的统治并影响其攫取，对创造性破坏的恐惧往往是反对广纳式经济与政治制度的根源。④ 但在包容性制度下，创造性破坏会得到鼓励和支持，成为推动社会进步的力量。经济成长"是与创造性破坏普及有关的转型和动荡的过程。因此只有在预期会丧失经济特权的经济输家、担心政治权力遭侵蚀的政治输家没有阻挡成功的情况下，经济才会向前迈进"。⑤ 为了说明对创造性破坏与攫取性制度、衰落的对应关系，《失败》一书用了大量案例：罗马帝国衰落是因为帝国恐惧创造性破坏的政治后果，明代海

---

① 〔英〕罗伯特·艾伦：《近代英国工业革命揭秘：放眼全球的深度透视》，毛立坤译，浙江大学出版社，2012，第 7~8 页。
② Lazonick, W., "Entrepreneurial ventures and the developmental state: lessons from the advanced economies", *WIDER Discussion Paper*, 2008.
③ 〔美〕戴伦·艾塞默鲁、詹姆斯·罗宾森：《国家为什么会失败：权力、富裕与贫困的根源》，邓伯宸、吴国卿译，卫城出版社，2013，第 208 页。
④ 〔美〕戴伦·艾塞默鲁、詹姆斯·罗宾森：《国家为什么会失败：权力、富裕与贫困的根源》，邓伯宸、吴国卿译，卫城出版社，2013，第 111 页。
⑤ 〔美〕戴伦·艾塞默鲁、詹姆斯·罗宾森：《国家为什么会失败：权力、富裕与贫困的根源》，邓伯宸、吴国卿译，卫城出版社，2013，第 111 页。

禁是因为明朝皇帝害怕创造性破坏引起的社会结构变迁，16世纪英国织袜机发明者威廉·李之所以不被英国女王和法国国王承认，是因为统治者害怕织袜机造成失业和社会动荡。与这些恐惧症形成鲜明对比的，是瓦特、爱迪生的发明，因为有专利法的保护，瓦特和爱迪生都得到了充分保障。

《失败》一书所描述的这种对攫取性制度对创造性破坏的抑制，并非原创。在凡勃伦、艾尔斯、福斯特和图尔等美国制度主义者乃至激进政治经济学的理论中，制度和技术的包容或者冲突构成了技术变迁和制度变迁的内在动力。在技术行为和仪式行为两股力量的冲突中，艾尔斯明确指出："技术方面的技艺（art）和工艺（craft）的持续发展，同时仪式方面的既得利益的减退，就是进步。"① 进步也就是技术行为对仪式行为的克服和替代，这也就是《失败》一书中所描述的包容性制度对创造性破坏的宽容，而在福斯特的理论中，则用制度可行、技术可行、制度不可行、技术不可行的矩阵更为准确地表达了这种创造性破坏被抑制的情形。布什则进一步区分了价值体系中的工具价值和仪式价值，并用仪式支配、仪式支配指数、仪式锁定和制度空间等概念更详细地刻画了技术变迁和制度之间的关系。②

如果说作为主流经济学家和政治学家，两位作者没有看到"非正统经济学"的思想史可以理解的话，那么对技术变迁发生的经济条件的忽视则多少有点令人意外。在这里，阻滞创造性破坏的并不仅仅只是所谓攫取性制度，除了制度之外，技术适宜性，即相关要素价格和收益预期的影响也会对其产生影响。易言之，抑制创造性破坏的原因不仅只是制度，还有市场本身，一种技术如果在当时的要素结构下缺乏应用前景，就不会得到广泛的运用。工业革命这种巨大的创造性破坏之所以发生在英国而不是欧洲其他国家，并不只是包容性制度或攫

---

① 张林：《艾尔斯的制度经济学思想》，《江苏社会科学》2002年第1期。
② 关于美国制度主义者对技术-制度冲突的观点，更详细的内容可参看张林《新制度主义》，经济日报出版社，2006。

取性制度的后果，而是能源禀赋、工资水平等多种因素的综合作用。罗伯特·艾伦指出，围绕法制层面的改良对工业革命产生的影响进行的相关研讨，会淡化技术进步的因素，无论法国的法律制度多么优良，那里的物价水平就足以让工业革命泡汤。新技术、新发明在问世之初所带有的偏向性会制约其使用范围的扩大，不同国家和地区生产要素价格水平的差异也会对新生产模式的推广产生实质性影响。[①] 他指出，珍妮纺纱机之所以在英国得到发展而在印度和法国受到抑制，并不是因为制度的包容或攫取，而是因为劳动力的工资额和资本价格的比值在这三个国家差别较大。同样，亚洲独特的经济和社会环境不适合孕育、推广和运用机械化生产技术，但这不能定性为一种"失败的现代化进程"，而应视为当地人从具体的环境条件下出发做出的一种理性选择。[②] 和珍妮纺纱机在法国和印度受到冷遇一样，织袜机之所以未能得到推广，是因为经济上不可行。蒸汽机早就被发明出来，但却只有在冶金、煤矿和运输得到全面发展之后，蒸汽机的生产力优势才得到体现。有关蒸汽机的大量科学研究工作是在欧洲大陆进行的，但蒸汽机首先诞生于英国，这是因为唯有在英国这样煤炭工业规模庞大的国家才会对先进的煤炭排水技术产生迫切需求。[③] 在对17~18世纪英国和其他国家的工资比较之后，罗伯特·艾伦写道："这一结论进一步反驳了制度经济学派的学者们的那一套陈词滥调，因为他们过去一直扬言英国特有的制度优势为英国带来了廉价的资本。而在真实的历史场景中，英国企业由于面临雇工成本高昂的形势，因此采用自动化的机械代替人工生产的呼声也就最为强烈，而在同期的法国、德国和奥地利，那里的企业基本没有表现出英国企业那种迫切要求采用新式

---

① 〔英〕罗伯特·艾伦：《近代英国工业革命揭秘：放眼全球的深度透视》，毛立坤译，浙江大学出版社，2012，第8页、第297页。
② 〔英〕罗伯特·艾伦：《近代英国工业革命揭秘：放眼全球的深度透视》，毛立坤译，浙江大学出版社，2012，第297页。
③ 〔英〕罗伯特·艾伦：《近代英国工业革命揭秘：放眼全球的深度透视》，毛立坤译，浙江大学出版社，2012，第11页。

机械进行生产的动向。"①

即使不考虑技术适宜性问题,所有的创造性破坏都是包容性制度的产物吗?恐怕未必。大多数《失败》一书中所提的创造性破坏,在很大程度上与战争因素有着直接关系,尤其是早期工业化国家。以《失败》一书最为推崇的英国案例而言,1764年发明的珍妮纺纱机、1769年阿克莱特发明的水力纺纱机、1779年克伦普顿发明的骡机、1784年瓦特发明的蒸汽机都是事实,但它们都与七年战争有着直接的关系,如果没有七年战争,英国后来的技术发明是不会如此迅速地出现的,即使出现了也不会被很快地推广,而没有这些创造发明,工业革命就不会到来。②为了放大制度的作用,《失败》一书选择性地利用历史材料,忽略所有外部条件,不能不说是一大硬伤。

三 天命论的制度漂移

即便我们承认政治包容-经济包容是唯一的可持续繁荣组合模式,那么接下来的问题是,为什么有些国家建立起了包容性制度有些国家建立起了攫取性制度呢?《失败》一书认为,在人类历史上,在现代有些国家建立包容性制度之前,几乎所有国家都是攫取性制度,而成功国家,如英美等之所以能够建立起包容性制度,并非必然,而是偶然的,是关键的历史节点(critical historical junctures)上的重大事件和细小的初始差别(small initial differences)导致了这一结果。关键时期是指"一个社会中崩解既有政治与经济平衡的大事件"③,如黑死病和大西洋贸易路线。借助大事件,细微的初始差别得以放大,形成各不相同的制度,这就是所谓制度漂移。《失败》一书指出,黑死病对西欧人口的影响,动摇了原有的封建体制,使技术进步、人口流动和

---

① 〔英〕罗伯特·艾伦:《近代英国工业革命揭秘:放眼全球的深度透视》,毛立坤译,浙江大学出版社,2012,第208页。
② 孙仲发:《论七年战争与英国工业革命的关系》,《上海师范大学学报》(哲学社会科学版)1981年第2期。
③ 〔美〕戴伦·艾塞默鲁、詹姆斯·罗宾森:《国家为什么会失败:权力、富裕与贫困的根源》,邓伯宸、吴国卿译,卫城出版社,2013,第460页。

私有产权成为可能，使东西欧的发展路径产生了差异。再如，英国人在西班牙人之后到达美洲，由于资源分布和人口分布的差别，英国对北美殖民地无法采取西班牙人式的掠夺模式，只能发展生产，建立起包容性制度，西班牙发现南美洲是偶然的，在南美洲的登陆地点是偶然的，能够从南美洲获得大量的黄金、白银也是偶然的，英国人没有这种偶然的幸运，反而成就了北美的经济发展，而南美洲却在资源受到严重掠夺的情况下越来越穷。

《失败》一书指出，西欧的黑死病使人口减少，城镇化和工商业的发展使得地主只有付出更高的工资和更大的自主权才能留住农村劳动力，这是西欧资本主义的推动因素，但是在东欧，大瘟疫"所到之处都有类似比例的人口死亡，因此对东欧人口造成的冲击也和英国与西欧一样。其间运作的社会力与经济力大同小异，劳工一样短缺，人们开始要求更大的自由。但在东欧，一个更强大的相反趋势兴起，较少的人口意味较高的工资和广纳的劳动市场，但这给领主更大的诱因想让劳动市场维持榨取性，让农民维持农奴地位"。[1] 为什么同样是劳动力减少，东西欧却有不同的反应？《失败》一书的回答是含糊的，"强大的相反势力"为何出现也语焉不详，并且回避了这样一个重要的历史事实：黑死病对东西欧人口的冲击程度并不一样，东欧的人口密度在黑死病之前就远小于西欧，西欧因黑死病致死的人口远超过东欧，而东西欧人口密度的差异，主要因为东欧的大部分国家是内陆国家，在相当长时间里没有类似西欧的商业中心，大宗贸易很难发展起来，这反过来导致大城市很少且人口密度低。而在西欧，多数国家拥有较好的可航行的河流和沿海水域，这种优越的自然条件使得西欧便于进行商业上的相互联系，使西欧的贸易网络早在12世纪后半期便建立起来。这也就是说，为了强调所谓大事件冲击效应，以及为了淡化地理因素的影响，《失败》一书"选择性地遗忘"了这一史实。有意

---

[1] 〔美〕戴伦·艾塞默鲁、詹姆斯·罗宾森：《国家为什么会失败：权力、富裕与贫困的根源》，邓伯宸、吴国卿译，卫城出版社，2013，第125页。

思的是,《失败》一书开篇就抨击各种地理环境决定论,而在探寻包容性制度形成的过程中,又不得不默认地理环境因素。

　　历史上的大事件的确存在,但观察大事件的视角应当是系统的和联系的,而不是孤立的。历史学家何顺果先生认为,要理解东西欧在发展速度和阶段上的差异,就必须正视这样一个事实,体现东欧攫取性特征的第二次农奴制(Second Serfdom,也译作"再版农奴制")在很大程度上都与西欧资本主义的兴起有关。这一制度的形成受西欧"核心"地区的制约和影响,东欧事实上是扮演着边缘地带的角色,与美洲奴隶种植园向西欧提供的商品先后有烟草、棉花、蔗糖等一样,东欧向西欧市场出口的商品包括谷物、亚麻等商品,同时,东欧的滞后也不能忽视"条顿骑士团"等对东欧的军事入侵和殖民这一事实。[①] 不仅在东西欧的分野问题上,而且在南北美的不平等发展上,《失败》一书均沿袭了"包容归因于偶然,攫取必然失败"的分析路径,但忽视了一个关键性的问题:某一国的包容性制度的建立是否与另一国攫取性制度的建立有关系?一国建立包容性制度的偶然性,是否依赖于另一个或者更多国家失败的必然性?是否存在同时在所有国家建立包容性制度的可能性?或许,"包容总是有排他的包容,大英帝国和美帝国的国内范围的包容,暗含的就是一种世界范围的掠夺吧?"[②]

　　在细微差异、制度漂移和关键大事件的反复强调上,我们看到的是,国富国穷已由天定!姑且不论这一观点与作者一概否定环境、气候、地理因素立场的冲突,这种天命注定的论断也是对所有人类能动性的否定。在书的结尾,作者指出,赋权是建立包容性制度的关键,但"到底可以做什么去启动,或者也许只要推动赋权的进行,因而使

[①] 何顺果:《东欧"再版农奴制"庄园经济的性质问题——与美洲奴隶种植园经济的初步比较》,《历史研究》2003年第4期。

[②] 方绍伟:《阿西莫格鲁的"中国不可持续论"错在哪?》,http://blog.sina.com.cn/s/blog_723bef3501017bye.html。

广纳性政治制度得以发展？当然，最诚实的答案就是根本没有任何秘方"。① 或许为了挽救这种无可奈何，也或许更是为了强化制度矩阵的解释力，作者又接着提出，要使赋权容易上路，还是要包含一些显而易见的因子，如某种程度的中央集权、政治制度中已经有了少量的政治多元化和能够协调民主需求的民间社会机构。在这里，作者再一次陷入了循环论证，因为他们所描述的前提，正是他们，也是诺思所要求的包容性的结果。

四 良性循环如何启动？

《失败》一书的关键失败，就是一味地强调政治和政治制度决定一切——上层建筑决定一切。包容性制度因何建立？答案是偶然因素，包容性制度何以巩固？答案是良性循环。英国的精英阶层为什么会向这些要求让步？答案只有一个：良性循环。包容性经济及政治制度之间具有正向反馈的功能，在包容性经济及政治制度之下，权力的控制比较不集中，对精英阶层来说，武力镇压已经毫无吸引力，可行性也愈来愈低。② 表面上看起来，这种良性循环的分析体现了政治与经济的相互作用，但是，在《失败》一书的政治制度——经济制度——经济绩效的良性循环中，政治制度被视为启动因素。诺思虽然也同样强调政治制度的决定性作用，但也承认这一漫长的过程，诺思写道："所有这些（成功的）国家都发展了新的经济和政治制度：通过一般的股份公司程序来保障经济组织的权利开放；通过发展组织缜密的、竞争性的党派组织以及扩大选举权，来保障政治组织的权利开放；通过变革他们的法律系统来保障权利的法律实施上的权利开放。这些变化都在相对较短的一段历史时期内完成。当然，导致这些变化的诱因则需要孕育几个世纪。在这段时间里，国家发展出了能支撑转型的那

---

① 〔美〕戴伦·艾塞默鲁、詹姆斯·罗宾森：《国家为什么会失败：权力、富裕与贫困的根源》，邓伯宸、吴国卿译，卫城出版社，2013，第487页。
② 〔美〕戴伦·艾塞默鲁、詹姆斯·罗宾森：《国家为什么会失败：权力、富裕与贫困的根源》，邓伯宸、吴国卿译，卫城出版社，2013，第341页。

些制度、信念和组织。"①

与《失败》一书不同的是，在《起源》一书中，阿西莫格鲁和罗宾逊两人则更多地强调了经济结构对政治制度的影响。与《失败》一书只字不提对生产活动的选择如何影响包括产权关系、法律制度和社会结构的问题，而只是一味地强调政治和政治制度决定一切（上层建筑决定一切）不同的是，在《起源》一书中，阿西莫格鲁和罗宾逊强调的是**经济活动本身的决定性**。在该书中，阿西莫格鲁和罗宾逊认为，**政治制度从攫取（专制）转为包容（民主）的是过程是统治者与民众的博弈过程，成本和收益的比较是统治者选择宽容让步或继续专制的根本原因，而经济结构在成本收益的权衡中起着决定性的作用**。"如果经济结构和经济制度影响权贵在民主和非民主之间的权衡，或者影响民众对民主和革命收益的比较，它们便可能是重要的。之所以如此，原因有很多。首先，经济结构可能影响革命、镇压或政变的成本。其次，经济结构也可能影响不同团体之间的再分配政治的性质。"② 在该书中，阿西莫格鲁和罗宾逊提出了资本密集度的概念，资本密集度是指生产过程中物质资本和人力资本相对于土地的重要性，这种密集度能够影响镇压和政变的成本，也影响民主对于政治权贵的经济负担。③ 随着资本密集度的提高，社会关系网也更复杂，任何突发暴力都可能会破坏经济结构以及作为社会关系网节点的信任和契约机制，镇压成本也会随之增加，从而形成对统治者的制约。而资本密集度是随着经济活动的类型和性质而变化的，资本密集度越高，民主更有可能建立和巩固。统治者选择宽容让步或继续专制的根本原因，而经济结构在成本收益的权衡中起着决定性的作用。

---

① 〔美〕道格拉斯·C.诺思、约翰·约瑟夫·瓦利斯、巴里·R.温格斯特：《暴力与社会秩序：一个解读有记录人类史的概念性框架》，杭行、王亮译，上海人民出版社、格致出版社、上海三联书店，2013，导言。此处"导言"这个出处无法明确指向页码，请核实。
② 〔美〕达龙·阿西莫格鲁、詹姆士·A.罗宾逊：《政治发展的经济分析：专制和民主的经济起源》，马春文等译，上海财经大学出版社，2008，第249页。
③ 〔美〕达龙·阿西莫格鲁、詹姆士·A.罗宾逊：《政治发展的经济分析：专制和民主的经济起源》，马春文等译，上海财经大学出版社，2008，第275页。

在各种关于经济发展与民主关系的研究中，经济不平等度与资产流动性一直被视为经济发展影响民主化的一个中间机制。在阿西莫格鲁和罗宾逊之前，卡莱斯鲍什在现代化研究路径的分析中也指出，资产不平等和资产流动性就决定了政治行为人之间的冲突的发生与调和的可能，当资产流动性增加时，统治者在攫取程度上会更谨慎，而民众亦有更大的谈判力量。阿西莫格鲁和罗宾逊只是用资本密集度代替卡莱斯鲍什理论中的资产流动性。而所谓资本流动性或资本密集度的提高，其实本质上就是大地主、土地贵族重要性的降低，与之相对应的则是生产活动的多样化，使就业、税收不再那么依赖传统农业和土地贵族。在这里，阿西莫格鲁和罗宾逊的含义很清楚，是生产活动的选择在决定政治制度的走向，生产活动的选择决定了人们获取收益的方式和社会交往过程中的依赖程度，进而决定了他们在攫取和包容度上的选择。然而，在《失败》一书中，这种生产结构，以及资本密集度对政治制度的影响不复存在，政治和政治制度成为决定经济制度和经济绩效的决定性因素。

第三节　经济活动的"质"是决定性的

一　摩根索循环与马歇尔循环

与《失败》一书相对，我们可以在演化发展经济学家赖纳特、张夏准那里看到完全不同的国富国穷观。赖纳特指出，所有关于产权，民主以及地理位置、气候、病毒、细菌决定经济发展的解释都没有触及最根本的问题，**那就是一国如何选择以及选择怎样的产业活动**。产权及其他制度体系固然重要，但从因果关系上说，产权和制度本身并不创造国民财富，它们只是国民财富创造过程中的支撑体系，私有产权与其他制度体系是经济活动发展的结果，而不是原因。经济史和经济政策史都表明，财产权利、制度和生产方式之间存在密切的关系，但生产方式从一开始就是决定性的、先导性的，是生产方式塑造和决定了产权与相应的制度体系。财产权利及其他制度体系本身与资本主义和经济增长无关，它是由一种生产方式造就的，其目的是使该生产方式更好地运作。狩猎-采集模式下的土地使用权适用于狩猎-采集这种生产方式，而贸易与生产模式下则需要更明确的产权界定。远洋贸易导致了诸如保险等制度体系的创立，但部落社会中却无此需要。从因果关系上看，非洲与拉美的众多"底部"国家之所以穷，并不是因为它们缺乏私有产权，而是整个国家缺乏工业体系，缺乏合适的产业活动。因此，问题的关键并不在于产权和其他制度安排，根本的问题在于改变这些国家的生产方式。

在赖纳特看来，经济活动与政治之间的确存在很强的关联性，但决定性的是前者。产业活动的选择决定了财富创造与分配的方式，进而决定了社会阶层的形成，从而形成了相应的社会权利诉求和表达。民主、市民社会、平等自由的诉求只能在经济发展的过程中逐步形成，在缺乏合适的经济活动时，它们无法生根。拉美和非洲的一些"底部"国家，其根本的共有特征，并不是"不包容"，而是在经济上以原材料出口产业为主，与之相伴的是低下的劳动分工水平，其比较优势在于向世界提供廉价劳动力和资源型产品。在具有这种经济结构类型的国家，只能形成流氓资产阶级或西方买办阶级，体现在政治结构上，就是专制独裁或战争领主。《失败》一书打造政治制度决定经济增长这一颠倒因果的理论的目的，无非是要求所有国家移植发达国家的政治结构，但在赖纳特等演化发展经济学看来，对穷国而言，重要的不是模仿和移植富国的政治结构，而是模仿其生产结构。

在其著作《富国为什么富　穷国为什么穷》一书中，赖纳特提出了两种不同类型的经济发展模式，并认为这两种不同的发展模式正是其关键问题——穷国为何穷，富国为何富的答案所在。他将前者称为摩根索循环（见图1-1），将后者称为马歇尔循环（见图1-2）。

在上述循环中，产业活动的选择构成了循环的逻辑起点，这也是赖纳特所要论证的关键，即报酬递增的产业活动才是富国之道，在贫困的恶性循环中，穷国选择的是技术成熟的产品生产以及进入报酬递

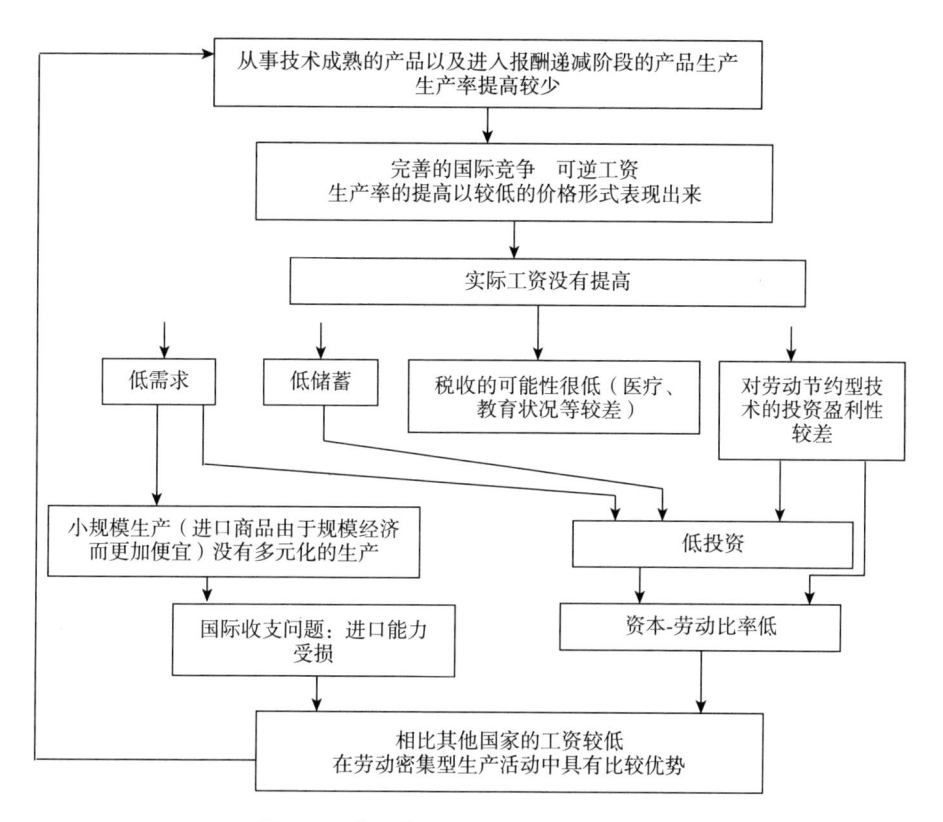

图 1-1　贫困的恶性循环——摩根索循环

资料来源：〔美〕埃里克·S. 赖纳特《富国为什么富　穷国为什么穷》，杨虎涛、陈国涛等译，中国人民大学出版社，2013，第 190 页。

减阶段的产品生产，生产率提高的空间较少，其技术进步更多地体现为更低的产品价格、更低的实际工资，在技术进步的偏向性上，这种产业活动的技术进步是劳动节约型的，与之对应，在这种循环过程中，更低的工资意味着更低的储蓄，更低的产品价格同时也意味着更低的利润率，更低的资本劳动比率，赖纳特称之为仅仅在劳动密集型生产活动中具有比较优势的产业选择。

与之相反，在图 1-2 的马歇尔循环也即是经济发展的良性循环中，产业选择是报酬递增的，其生产率提高表现为更高的实际工资，劳动生产率的快速增长同速度反方向地降低出口加工，在这两者的综合作用下，又会转换为更高的需求。在资本这一方面，劳动节约型的技术获得成功意味着更高的资本劳动比率，从而形成更高的投资更高的利润，在更高的需求作用引致下，规模经济和范围经济进而强化生产率的提高。在这一循环过程中，赖纳特指出，在一个封闭的系统中，就业率不变，人均GNP增长的唯一可能方式是通过"良性循环"实现增长。但是，该系统可以在任何一个点被切断。例如，如果更高的需求只是源于对外国商品的需求增加，循环将中断。

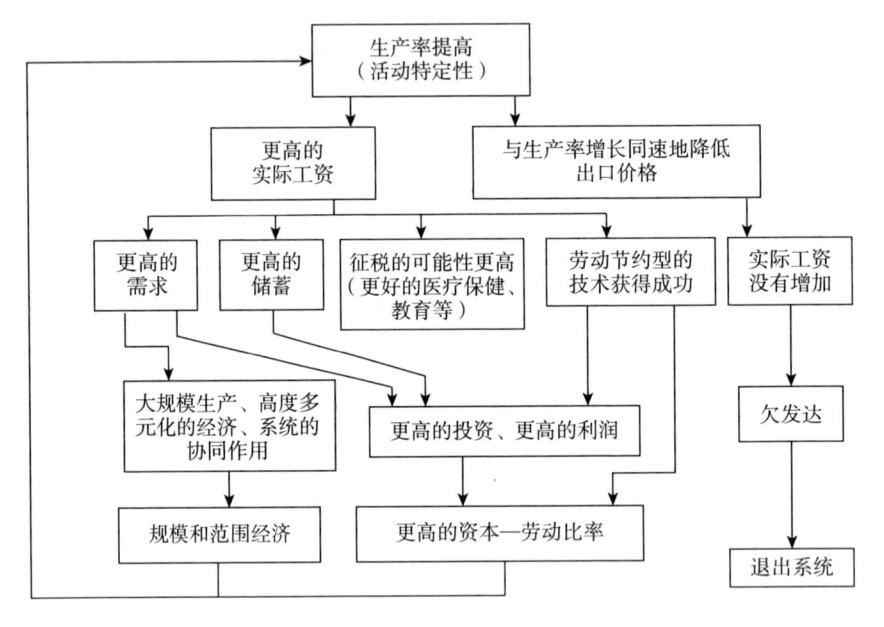

图1-2 经济发展的良性循环——马歇尔循环

资料来源：〔美〕埃里克·S.赖纳特《富国为什么富 穷国为什么穷》，杨虎涛、陈国涛等译，中国人民大学出版社，2013，第189页。

摩根索循环和马歇尔循环的关键差别在于，后者选择了特定的高质量经济活动。易言之，经济增长具有活动特定性（activity-specific）。**这类特定的经济活动具有更高的生产率、更强的产业带动效应、更高的分工水平、更快的技术创新速度和更宽广的创新范围，将生产要素配置于这些活动便可以提高经济增长率**。赖纳特将这些高质量经济活动的特征概括为：陡峭的学习曲线（即生产率提升的可能性大）、技术进步快、R&D密度高、干中学、动态不完全竞争性、规模经济和范围经济、高产业集中度、高进入壁垒、高附加值等。具有上述特征的高质量经济活动，不仅可以带动相关的产业发展，而且可以通过技术进步的外溢效应，最终实现社会范围内生产率、资本积累和实际工资水平三者的共同增长。而生产率改进、实际工资提高从而需求提高，以及利润从而投资和积累提高之间的正反馈循环，就构成了演化发展经济学所强调的决定国穷国富关键所在的高质量活动（high quality activity）。这种特定的经济活动，同时也与阿伦·杨格所讨论的报酬递增经济和调节学派所讨论的黄金 30 年时期的经济活动，有着内在的一致性。经济史的研究也表明，工业革命以来，无论是原发型的英国及低地国家，还是在 19 世纪中后期实现赶超的美德等国，以及二战结束之后以日韩新为代表的东亚国家的崛起，无一例外地是在当时的特定条件下抓住了特定的高质量经济活动，从而实现了经济腾飞。生产率、利润（积累与投资）、实际工资（需求）的协同增长是这些国家跻身富国时期的经济活动的主要特征。

经济结构与政治结构之间存在密切的互动关系，而马歇尔循环与摩根索循环则对应着两种不同的社会结构和政治格局。在赖纳特看来，产业活动的性质决定了利润、工资和税收在雇员、雇主和政府之间的分配方式，也决定了国民如何获取及获得多少收入，从而直接影响了社会阶层的形成，这进而会体现在政治结构上，而政治结构又会反过来影响经济结构。因此，一方面，经济的发展会推动民主进程的发展，推动政治结构的变迁；另一方面，一国政治权力的构成对其经济发展，尤其是长期发展又有着至关重要的影响。赖纳特指出："政治结构和经济结构之间这种至关重要的联系——也就是民主制度和一种不依赖于农业和原材料的经济多样化之间的联系——是另一堂重要的历史之课。"[①] **因此，在缺乏健康的经济活动前提下盲目地推进民主进程无助于经济发展和社会稳定**，赖纳特多次以非洲为例指出，在经济结构基

---

① Reinert, E. S., *How Rich Countries Got Rich and Why Poor Countries Stay Poor*, Constable, 2008, p. 311.

本上还处于封建时期或前资本主义阶段的非洲强行植入西方式的民主只会导致无休止的政府更替与内战。从政治结构对经济的反作用看，一个国家的政治权力具体掌握在哪些人手中，对一个国家的经济发展也会产生深远的影响。赖纳特多次以亨利七世时期英国的工商业与地主贵族的矛盾、美国内战时的南北矛盾、拉美殖民时期的庄园经济为例证强调这一观点，并警示贫穷国家通过开明政府回避错误。赖纳特所描述的那些面临崩溃危机的国家，政治权力往往被那些从事无益于经济长期发展的报酬递减的经济活动（如原材料生产）的资本家所绑架，从而限制了国家走向正确的发展道路。

表 1-2　经济行为如何不同——只有熊彼特竞争活动才可以促进一个国家离开贫困

马歇尔循环	摩根索循环
生产集中于"熊彼特式经济活动"（有利的出口行为）	生产集中于马尔萨斯式的经济活动（没有熊彼特式部门，有害的出口行为）
报酬递增	报酬递减
高增长经济活动	低增长经济活动
稳定的价格	剧烈的价格波动
主要为熟练工人	主要为非熟练工人
创造中产阶级	创造"反帝反封建"的阶级结构
不能反转的工资（工资黏性）	可反转的工资
技术进步导致生产者工资大大提高（"福特工资制度"）	技术进步导致商品价格下降
创造大规模分工协作（联合、聚集）	创造小规模分工协作

资料来源：Reinert, E. S., "Increasing poverty in a globalised world: Marshall Plans and Morgenthau Plans as mechanisms of polarisation of world incomes", 2007, http://www.othercanon.org/papers/index.html.

历史表明，所有成功实现工业化的国家，正是在各自的历史条件下选择了马歇尔-熊彼特式经济活动才最终实现了经济的"起飞"。直至今日，富裕国家仍一直停留在这一领域中，在学习曲线①较陡峭的产

---

① 当生产力激增用每单位产品的劳动生产率在坐标上表示出来时，就形成了"学习曲线"。这是一条反映人类学习速度的曲线。按照通常的规律，学习的速度越快，学习曲线越陡峭，经济增长率也就越高。

业中进行生产（如 IT、生物产业等），并进口那些学习曲线较平缓的产业（如纺织业等）的产品。同时，如同罗森伯格（Rosenberg）曾经指出的那样，一个国家一旦其生产活动大量集中于某个正在经历高增长的产业，必然会经历实际工资的巨大提高。[①] 在马歇尔-熊彼特式经济活动中，"生产力激增"的领先行业和相关经济行业之间存在着紧密的协作分工。领先行业的快速增长不仅使本行业部门的工人，也使国家民众的工资都随着生产率的上升而得到了提高，政府也从中收益，这种生产率激增的分享称之为共谋式的（collusive mode）。而在摩根索-马尔萨斯式的经济活动中，技术变迁的收益是按照古典模式（classical mode）分配的，它只表现在某些产品消费价格的降低，而非广泛的工人工资提高。两种不同的经济活动在世界范围内进行的贸易活动，其结果只能带来第三世界国家严重的去工业化（de-industrialisation），在这种贫困的恶性循环中，不同国家之间差距进一步拉大。

二 高质量经济活动及其特征

按照赖纳特的两种循环（对应两种社会结构和政治秩序）的分析，实现生产率、资本积累（投资率）和实际工资三者的平行增长的关键是高质量经济活动。那么什么是高质量经济活动呢？

衡量高质量经济活动的关键指标，首先就在于这种经济活动是否具有生产率增长的空间。赖纳特等人的考察表明，发达国家对产业活动选择、培育和保护的主要标准，关键就在于该活动是否具有陡峭的学习曲线，即更大的生产率增长空间。如果某类经济活动具有更大的生产率增长空间，那么在生产率从低到高的过程中，此类活动将产生广泛的产业带动效应以及知识和能力的积累。一旦此类活动的生产率已达极限，缺乏改进空间，这种经济活动所对应的产品或生产环节，就不再属于高质量范围。

其次，判断一种经济活动是否为高质量经济活动，要看此类经济

---

① Rosenberg, N., *Perspectives on Technology*, Cambridge University Press, 1976.

活动能在多大的范围内、多大的程度上能影响其他部门的生产率增长，是否具有更大的技术外溢性，是否具有更广的创新范围，能否产生更强的产业协同效应。这种生产率的溢出效应，不仅直接影响高质量经济活动所直接涉及的上下游企业，而且通过更高的工资和更高的需求，也会对患有"鲍莫尔病"的劳动密集型服务业产生很强的工资带动效应，从而使生产率的进步得到更大范围的共享，赖纳特称之为"不断涌出的收入潮水浮起了所有的船"。

最后，也是最为关键的，这种高质量的经济活动必须是能导致一国"包容"式的增长的活动，在这种模式中，技术发展的成果将会被如下群体所分享：a）企业家和投资者；b）工人；c）当地劳动力市场中的其他人；d）国家——通过更大的税基。[①]

在调节学派对黄金30年的分析中，博耶等人将福特主义的主要特征，概括为资本积累、生产率的高增长速度，与国民收入和家庭平均收入的增长大体同步。这种既有技术进步和生产率提高，也有实际工资提升的积累模式被调节学派称为"具有群众大规模消费基础的内涵型积累"，以区别于仅靠投入而非技术进步获取增长的外延型积累，和虽有技术进步但却无法改善实际工资的内涵型积累。相较于赖纳特对协同效应和生产率溢出效应的分析，调节学派更突出强调的是这一时期生产活动的规模经济特征，认为在黄金30年里，是福特主义的基于机械化、自动化和标准化的流水线作业及其相应的组织形式，通过大规模生产极大地提高了劳动生产率；而在工资关系方面，劳资之间通过集体谈判所形成工资增长与生产率联系机制诱发了大规模消费，从而进一步促进了大规模生产的发展。大量生产所获得的利润增长转化为投资，使资本得到充分利用，反过来又进一步扩大规模经济，通过规模经济进一步提高生产率，并使工人收入增长与生产率挂钩，进一步诱发大量消费。

[①] 〔美〕埃里克·S.赖纳特：《富国为什么富 穷国为什么穷》，杨虎涛、陈国涛等译，中国人民大学出版社，2013，第101页。

调节学派对这一正反馈的机理描述,与赖纳特的马歇尔循环基本相似。在赖纳特看来,马歇尔循环的核心在于高质量经济活动与更高实际工资之间的良性循环:高质量的经济活动带来实际工资的不断提高,实际工资的提高带来了更大的需求和更高的储蓄,同时也推动了劳动生产率的提高,因为随着实际工资的提高,资本会更倾向于替代劳动,加大设备投资以图提高产出资本比,而实际工资提升带来的需求提升又有助于产品销售和利润实现,从而有利于实现更高的投资和更高的利润,这又进一步推动生产率的提高。在这一累积因果循环的过程中,国家产业竞争力和国民实际收入水平都得以逐步提高。

尤其值得注意的是,在马歇尔循环中,经济发展能否惠及本国居民是赖纳特始终强调的关键点。他尤其指出,良性循环可以在任何一个点被切断。例如,缺乏实际工资的提高,或者缺乏资本产出比的提高,甚至"如果更高的需求只是源于对外国商品的需求增加,循环将中断"。[①] 这也意味着,在开放经济体系的条件下,一种创新性的活动,如果是缺乏产业关联性的"飞地"经济,即使它具有高质量经济活动的生产率特征,也只会对资本积累有利,但不可能达到产业协同和收入提升的效果。因此,尽管高质量经济活动的典型特征是其创新性,但并非所有的创新都是高质量经济活动。

我们可以将赖纳特关于高质量经济活动及其政策主张概括为以下四点。

第一,经济增长具有活动特定性,即不同经济活动创造财富的潜能是不同的,选择怎样的产业活动是决定一国经济质量、国民实际收入、国际分工地位乃至政治结构的先决条件。而在所有的产业活动中,报酬递增行业尤其是制造业是国家致富的基石。他认为,生产力发展的实质是,随着投入要素的增加,产出以更快的速度增加,即生产活动中要不断出现报酬递增的产业。而报酬递增又与大规模劳动分工结

[①] 〔美〕埃里克·S.赖纳特:《富国为什么富 穷国为什么穷》,杨虎涛、陈国涛等译,中国人民大学出版社,2013,第189页。

合在一起，原材料和最终产品之间插入的中间环节越多，劳动分工越精细，产业规模就越容易扩大。但并不是所有的经济活动都可以进行深化分工，农业或原材料行业中的分工就非常有限，而在制造业或更高级的服务业中，分工深化与报酬递增的特性表现得更加明显，其中制造业又是最基础的报酬递增产业。这也是阿伦·杨格所指出的，资本品生产的迂回分工能促进分工水平并具有很强的技术外溢性。从这个角度看，穷国之所以穷，原因就在于其以原材料为基础的报酬递减的产业结构。这些产业无法深化分工水平，缺乏多样化和协同效应，经济发展就非常困难；而富国之所以富，源于其以制造业为基础的、报酬递增的产业结构。在大量史实考察的基础上，赖纳特指出，从都铎王朝时期的英国到20世纪的亚洲"四小龙"，经济腾飞无不是以某种制造业为基础而起步的。

第二，以报酬递增行业为带动，通过产业协同效应所形成的正反馈，可实现更多行业的生产率提高，并有助于解决二元经济结构。赖纳特认为，富国之路的重要特征是培养扶植具有高度技术外溢性的行业，并使之与其他行业产生互动效应，从而提升整体经济质量。对发展中国家的二元经济结构来说，工业的发展能加速农业机械化进程，提高农业效率，发挥工业部门的"知识外溢"。同时，随着工业的发展，对农业原材料的需求也会得到提高，农产品的购买力市场得到扩大，发挥工业部门的"成本外溢"。赖纳特还特别指出，工农业的这种协调需要工业与农业在地理位置上比较靠近，也就是需要农业毗邻工业（closeness to industry）。毗邻工业能够产生一种农业的良性循环，这是一种那些没有工业的穷国的农业无法获得的效应。

第三，选择正确的经济活动，会带来国民实际工资的提高，从而真正提高国民生活水平，达到真正意义上的发展。赖纳特反复强调，实际工资是衡量国富国穷的首要标准。因为经济发展的最主要目的就是人类物质生活水平的提高，而物质生活水平差异的直接表现就是购买力的差异，也就是实际工资的差异。报酬递增活动及其引发的对其他行业的正反馈效应所导致的生产率提高，将以更高的实际工资体现在国民身上，从而形成更高的需求，更高的储蓄以及更持久和更广泛的税基，并能进一步激励劳动节约型的技术创新。更高的需求意味着更大的市场规模，从而促进更大范围的规模经济与范围经济，高需求与高储蓄则带来了更高的投资、更高的利润和更高的资本-劳动比率，这些因素进一步强化特定生产活动的劳动生产率，从而使经济发展进入良性循环。赖纳特尤其强调，在这种循环过程中，如果特定生产活动的劳动生产率提高带来的不是更高的实际工资而仅只是产品价格的下降，良性循环就因缺乏更高需求或者说更大的市场规模而无法形成，经济反而会进入一种欠发达的状态。赖纳特的这一说明，以另一种方式阐发了阿伦·杨格关于分工深化与市场规模的洞识。

第四，自由贸易的时机选择对穷国至关重要。在赖纳特看来，对称性贸易——两个发展水平相当的国家之间的贸易——对双方都有利，而非对称性贸易将使富国和穷国之间的鸿沟进一步加深。在当今的国际分工体系中，富国处于全球价值链的顶端，而穷国则处于价值链的底端。实际生产活动中，富国所擅长的产品研发、高技术产品的生产、企业治理等经济活动都位于价值链的顶端，而穷国所从事的原材料生产、粗加工和产品包装等经济活动则位于价值链的底端。位于价值链顶端的经济活动总是与知识、创新、报酬递增等词联系在一起，它们能够持续地创造财富；而位于价值链底端的经济活动都是那些不能再机械化或进一步创新的经济活动（技术死胡同），不合理的国际分工和所谓的自由贸易形成了一个锁扣，将穷国锁定在了价值链的最底端。

对于落后的发展中国家如何跻身富国阵营，赖纳特的主张极为明确，那就是，贫穷国家应当重走富裕国家在 19 世纪和 20 世纪走过的老路，选择创新机会窗口大的产业，通过建立国家创新体系推动自主创新，通过产业升级和生产效率的激增，最终提高国家的收入和福利水平。赖纳特一再提醒发展中国家不要接受华盛顿机构所开出的秘方，也不要迷醉于经济学家所提出的产权、企业家精神、政府治理甚至地理和气候条件决定论。在赖纳特看来，穷国要想致富，就应像当年富国所做的那样，一切围绕"选择正确的经济活动"而展开。在总结了都铎王朝时期的英国、独立之初的美国、19世纪的欧洲大陆国家以及20世纪60年代后的韩国的经验之后，赖纳特认为，在具体政策上，穷国摆脱贫困乃至赶超富国的政策应当围绕着以下几个方面而展开。

第一，有意识地扶持且保护报酬递增的生产活动。政府应对具有潜力的生产活动减税、提供低成本信贷、提供出口补贴，重视知识和教育，对有价值的知识进行专利保护等。赖纳特始终强调穷国要注重发展制造业。在赖纳特看来，哪怕有一个相对缺乏效率的制造业部门，也比没有制造业部门好。制造业能解决穷国特有的三个问题：促进国家财富（GDP）增长、增加就业并解决国际收支平衡问题。GDP的增加意味着政府收入也会随之增加，这使得政府有能力对一些关乎国计民生的重大项目进行投资，以改善底层民众的基本生活状况。另外，就业问题在穷国显得更为突出。富国一般有较完善的社会保障体系，失业只会影响人们的生活水平而不会危及其生存，但在穷国不一样，工人一旦失业就会失去所有的收入来源，严重的还会导致社会动荡，从而加剧经济的不稳定性。制造业还更能提高一国的实际工资水平，大大改善人们的生活状况，同时也有利于穷国的农业发展。

第二，严格控制原材料出口，扭转穷国在国际贸易中的不利地位。今天的富国利用自己的强势地位，加上那些由富国控制的国际机构、组织，与穷国进行非对称性的自由贸易，使得穷国专门从事坏的贸易。这是穷国尤其要警惕的事情，因为如果按照比较优势进行专业化生产，那么穷国最有效率的生产活动就是原材料生产，而这必将造成经济发展的低水平锁定。赖纳特强调，穷国之所以要控制原材料出口，并不是为了控制而控制，而是为了更好地利用它，使其价值在本国实现最大化。即使今日不能像当年的英国控制原毛那样通过原材料来掌控某种最先进的工业生产，但至少可以提高原材料的利用效率，使其最大可能地为自己所用。

第三，保护并扶持某些特定的生产活动，提升穷国在全球价值链中的位置。全球化的价值链断裂把穷国集中在那些已不能再机械化和进一步创新的经济活动中，由于经济活动的特定性，这些技术已经进入"死胡同"，换言之，创新空间不大并且技术外溢性很少，无法有效地促进经济发展。因此，全球化的价值链断裂实质上是把穷国集中在了贫困的泥潭中。在当今这种由富国主导的国际生产和贸易体系中，穷国要想向价值链的上游攀升是极其困难的。穷国需要通过一系列的手段，如关税保护、资金支持（政府的信贷优惠）、技术支持以及政策支持（税收减免、出口补贴、专利保护、对教育与科研的投入）等来帮助自己提升在价值链中所处的位置。

第四，实现经济结构与政治结构的良性互动。为此，需要针对性地抑制某些产业活动及其利益相关者的政治权力和政策影响力，组建一个开明的统治集团扶植正确的经济活动以实现经济社会的长期发展。赖纳特指出，当下的穷国大量存在地主等食利阶层和其他以原材料生产为主要利益来源的特权阶层，他们根深蒂固，并有着强大的政治、经济影响力，摆脱这种低水平锁定必然会侵犯这些利益集团的权益，开明的领导集团应当智慧地做出决策，哪怕付出必要的代价。

赖纳特的政策建议引起了激烈的争辩，英国金融时报相继刊发了马丁·沃尔夫（Martin Wolf）、阿尔温德·潘纳加里亚（Arvind Panagariya）艾伦·温特思（L. Alan Winters）安妮·克鲁格（Anne Krueger）等人的反对意见。从他们的批评看，批评者对于赖纳特关于报酬递增行业在促进经济质量方面的观点、经济-政治结构互动的观点基本上是无异议的。争论的焦点主要在于自由贸易与产业保护的关系上，比如，小国或技术极端落后的国家，保护是否有效？再如，今天的高级服务业能否像工业那样达到富国的目的？事实上，仅仅将赖纳特理解为一个贸易保护主义者，完全是过于褊狭甚至是误解，他从根本上区分了"好"的保护与"坏"的保护，认为保护主义需要出口导向（或外向型经济）和国内激烈的"自由"竞争相配合才能促进国家发展。易言之，单纯的保护或单纯的外向经济都不可能造就国家的比较优势。而对于高级服务业，他也指出，高端服务业的确已经占据了现代产业的中心，但它们高度依赖于传统产业部门的需求，在缺乏产业基础的穷国强行植入这些产业是无益的。

三 演化发展经济学的国家元素

以张夏准、赖纳特等人为代表的演化发展经济学，赖纳特也自称为替代性理论体系（the other cannon）以与主流经济学相对，张夏准在其著作《富国陷阱：发达国家为何踢开梯子？》的开篇中就宣称："我想把读者的注意力吸引到李斯特的方法上来，那就是，从历史的角度来研究经济……这种方法是具体和归纳式的，跟目前占据主流地位的抽象的和推论式的新古典主义方法形成强烈的对比。这种方法其实是德国历史学派所采用过的主要方法。"[①] 在理论传统上，他们传承的是以资源创造为核心的"生产经济学"，是从文艺复兴时期的焦万尼·博塔罗（Giovanni Botero）、安东尼奥·舍拉（Antonio Serra）到李斯特、桑巴特、熊彼特、德国官房学派和历史学派、马克思主义经济学、美国旧制度学派以及新熊彼特学派的一种德国传统，是以（关于生命以及人类的才智和意志的）生物学为基础的，克里斯托弗·弗里曼（Christopher Freeman）式的"希望经济学"；这与主流经济学的谱系是以资源最优化配置为核心的"交换经济学"，即从斯密、马歇尔、瓦尔拉斯、萨缪尔森传统的盎格鲁-撒克逊传统的经济学存在明显的区别，前者不仅更侧重于生产与创新活动本身，而且也更具有天然的国家传统。

为了凸显重视生产与人的创造性这一理论特点，赖纳特将演化发展经济学类比为一种"文艺复兴经济学"。按照赖纳特的理解，文艺

[①] 〔英〕张夏准：《富国陷阱：发达国家为何踢开梯子？》，蔡佳译，社会科学文献出版社，2007，第6页。

复兴时期代表了一种价值观——相信人类知识永无止境的乐观主义和创新精神，而这种价值观支配了这个时期的世界观。文艺复兴时期的经济学的精髓体现在培根的《论创新》一文中，赖纳特称培根是"新工业家的科学领导人，他敦促运用科学从事制成品的生产并从中获利。以制造活动为基础的社会在本质上与没有这种基础的社会是不同的，而且前者优于后者，这种基本的信念是我们称之为文艺复兴经济学的基本特点"。[①] 在这里，**培根是作为一种强调生产活动中的新奇而被引用的，赖纳特特意强调了这一点：培根是一位重要的以经验为基础进行研究的科学家，但是也是一个以生产为基础的经济理论家。**[②] 而在文艺复兴经济学的哲学基础上，赖纳特认为存在着一种从古埃及文明、苏美尔文明到古希腊哲学家柏拉图，一直到文艺复兴哲学家如莱布尼茨和沃尔夫的线路，这些思想者深刻认识到国家在经济发展中的作用，他们对"理想国度"应重视教育、工业和基础设施的论述，深刻地影响了文艺复兴时期的经济学家，尤其是安东尼奥·舍拉。在舍拉的著作中，"威尼斯被描述成了一种真正的催化系统，在这个系统中，报酬递增和多样化——后者指一国当中不同职业的数目——被确定为产生财富的良性循环的核心。而那不勒斯是相反效应的例子，因为原材料的生产并不服从报酬递增的规律"[③]。这种对国家在经济发展中作用的强调和正反馈系统效应的认识，在演化发展经济学得到了重新诠释。

但是，这种文艺复兴式的经济学传统最终被主流排除在外，这使"在所有的艺术和科学领域中，文艺复兴的人物在历史上闪烁着其英

---

① Reinert, E. S., "The other canon: the history of renaissance economics", in Reinert, E. S., (Eds.) *Globalization, Economic Development and Inequality: An Alternative Perspective*, Edward Elgar, 2004, pp. 21-70.
② Reinert, E. S., *How Rich Countries Got Rich and Why Poor Countries Stay Poor*, Constable, 2008.
③ Reinert, E. S., "The other canon: the history of renaissance economics", in Reinert, E. S., (Edited) *Globalization, Economic Development and Inequality: An Alternative Perspective*, Edward Elgar, 2004, pp. 21-70.

雄的光辉,但是,文艺复兴时期的政治家和经济学家们却要被排除在外"[1]。赖纳特认为,当前的新古典主流经济学实际上是文艺复兴之后也就是启蒙运动这一时期的产物,而启蒙运动的价值观与文艺复兴时期的价值观是相对立的。在文艺复兴时期,理性和个性是以把人类想象为一种精神性存在(spiritual being)的影像为基础的,这种影像把人类看作是有创造力的和有生产性的。而启蒙运动对人类的理性和个性的理解更多的则是物质主义的(materialistic),它把人类看作机械的、消费性的(consuming)。这两种不同的文化传统直接导致了主流教规与另类教规的本质差异。

重商主义者与德国官房学派这类伴随着欧洲民族国家兴起的思想,也在不同程度上给了演化发展经济学灵感。对于赖纳特等学者来说,重商主义者的突出贡献在于正确地认识城市的规模经济和生产上的协同效应,以及民族国家对于经济发展的重要意义。赖纳特高度评价了埃利·赫克歇尔(Eli Heckscher)的著作《重商主义:作为一种统一制度的重商主义》,"在他们对权力和财富的追求中,国家重商主义把君主政体与自治城市重商主义传统融合在一起了。这种反对封建贵族的国王与中等阶级的联盟创造了一种强有力的工具:民族国家"[2]。而在德国官房学派中,没有人比弗里德里希·李斯特的思想更为重要,李斯特对工业生产重要性的认识,以及对于后发国家如何通过贸易保护来获得自己的利益的国家主义主张,成为另类教规以区别于斯密的世界主义的鲜明特色之一。而一些报酬递增理论的提倡者,如保罗·大卫(Paul David)、布赖恩·阿瑟(W. Brian Arthur)和詹姆斯·布坎南(James Buchanan)等人对知识、协同效应和路径依赖作用的认识也深刻地影响了演化发

---

[1] Reinert, E. S., "The other canon: the history of renaissance economics", in Reinert, E. S., (Edited) *Globalization, Economic Development and Inequality: An Alternative Perspective*, Edward Elgar, 2004, pp. 21-70.

[2] Reinert, E. S., "The other canon: the history of renaissance economics", in Reinert, E. S., (Edited) *Globalization, Economic Development and Inequality: An Alternative Perspective*, Edward Elgar, 2004, pp. 21-70.

展经济学。"我们可以说，从文艺复兴，经过弗朗西斯·培根和弗里德里希·李斯特，再到今天强调研发和创新在经济福利中作用的演化经济学，存在着思想的连续性。"[1] 除此之外，演化发展经济学的另一重要思想源头就是熊彼特。熊彼特关于创新的论述，以及基于创新所引发的创造性破坏这种质变效应，对演化发展经济学的观点，尤其是政策观起到了重要的影响。安德森（Esben Sloth Andersen）因此将赖纳特的理论称为"李斯特-熊彼特式的发展经济学"，而将其所倡导的政策称为熊彼特式的重商主义（Schumpeterian Mercantilism）。[2]

除了上述理论渊源之外，演化发展经济学同时始终将西方国家发展历史中那些用恰当的政策促进了本国经济发展的实践者，尤其是政治家的行为，作为自己理论强有力的佐证。他们大量收集和整理了工业化国家在不同时段的产业、产权、贸易和技术政策，这使得他们的著作从某种意义上来说类似于工业化国家的兴国史，也使其理论更具有"富国策"的国家战略意味。从支配地中海贸易的腓尼基人，到苏美尔王国大坝的建造者；从在佛斯兰德（Friesland）积极推动纺织业发展并挖通了多瑙河和莱茵河之间的运河的沙勒曼，到法国国王路易十一；从英国的亨利七世，到美国的本杰明·富兰克林、亚历山大·汉密尔顿、丹尼尔·雷蒙德、亨利·克莱、马修·凯里，直到日本的明治天皇，张夏准和赖纳特等人从大量的事实中发现：正是有利于（工业）价值但不利于封建主义的政策在创造了集权民族国家的同时导致了封建主义的衰落，在没有把"替代性理论"作为经济政策的基本指导并长期实践的情况下，没有任何一个民族国家能实现从贫穷到富裕的转变。而且，在未完成追赶之前，所有的国家无一例外地采取

---

[1] Reinert, E. S., "The other canon: the history of renaissance economics", in Reinert, E. S., (Edited) *Globalization, Economic Development and Inequality: An Alternative Perspective*, Edward Elgar, 2004, pp. 21-70.

[2] Andersen, E. S., "A note on Erik Reinert's Listian-Schumpeterian development economics", *Department of Business Studies*, 2008, www.business.aau.dk/wiid/papers/AndersenOnReinert.pdf.

了贸易保护政策，也就是李斯特式的国家主义政策，一旦完成追赶，它们就转而成为斯密式的世界主义者，并且强迫后发国家接受这种世界主义的游戏规则，从而确保自己的优势地位。这些历史再一次证明了李斯特的两个判断：第一，在面对先发国家时，后发国家在没有国家干预尤其是关税保护下，很难发展新工业；第二，用李斯特指责英国的话来说，现在的工业化国家"正在撤掉"工业化的后来者攀登的"梯子"。① 张夏准曾从产权、科技、贸易、公司治理多个角度系统地考察了发达国家在富强过程中的政策史。他指出，尽管所有的发达国家当下都在兜售如下理念：清晰的私有产权包括知识产权、自由贸易、少的政府干预和现代化的公司治理形式，但在历史上，它们从未这么做。特定产权的保护对经济发展不利，而违背产权（或创造新产权）却在事实上促进了经济发展。在知识产权上，现今的发达国家经历了"从偷猎者变成猎场看守人"的转变，贸易自由则纯属一种历史改写。在这种对历史的考察中，张夏准得出的结论是：通过推销自己从未用过的政策制度给发展中国家，发达国家在"过河拆桥"。

从盎格鲁-撒克逊传统的斯密开始，研究交换而非生产是经济学的主要任务，而至萨缪尔森和瓦尔拉斯，经济学的任务被归结为发现正确价格，而生产这一包含复杂的人类能动性和蕴含着各种可能性的过程，成为一个黑箱。瑞典制度经济学家约翰·阿克曼（Johan Akerman）曾这样评论："资本主义、产权、收入分配被认为是经济本质的特点，然而工业化的核心内容，诸如技术变革、机械化、大生产及其政治和经济的影响，则被人扔到了一边。"演化发展经济学则坚持重要的秘密蕴含于生产之中，而生产的秘密在于人类的创造力和能动性，在于新知识和新机会的发现。另类教规理论之所以也被视为文艺复兴经济学，就在于文艺复兴使知识作为人类社会变化的主要发动机的这种思想在另类教规理论中得到再现。另类教规谱系上的所有思想家，均对生产

---

① 详细论述参见〔英〕张夏准《富国陷阱：发达国家为何踢开梯子？》，蔡佳译，社会科学文献出版社，2007。

过程中的创新知识给予了高度的重视，从文艺复兴开始，经由培根和李斯特，到今天强调研发和创新在经济福利中作用的新熊彼特学派，存在思想的连续性。在这种思想的连续性中，国家无疑是最为重要、最为持久的关键元素。

第二章 循环累积：唯物史观的分析框架

第一节 政治秩序论与经济决定论的不足

一 政治秩序论的不足

作为政治秩序论的集中代表，《失败》一书的制度矩阵，与诺思、瓦斯利和温格斯特等人2006年以来所提出的"受限进入的社会秩序"（limited access social orders）、"开放进入的社会秩序"（open access social orders）、自然国（natural states）和稳定宪政民主体制（system of constitutional government）的四个组合如出一辙。两者的差异除了在范畴用语上之外，还有对成功和失败的界定，诺思等人更为明确地将失败和成功界定为长时间的增长或衰退，但阿西莫格鲁笔下的成败则更为含糊。不过，在历史比较分析和归纳分析方法上，两者较为一致。

除了对威尼斯和罗马衰落原因的分析被指为过于简化之外，对《失败》一书的历史疏漏的抨击还集中在其将东西欧分野归因于黑死病、将南北美的不平等发展归因于殖民先后次序和地理气候因素等方面。例如，《失败》一书始终沿袭了"包容和攫取都归因于偶然，但攫取必然失败"的分析路径，但忽视了一系列关键性的问题：某一国的包容性制度的建立是否与另一国攫取性制度的建立有关系？一国建立包容性制度的偶然性，是否依赖于另一个或者更多失败国家存在的必然性？是否存在同时在所有国家建立包容性制度的可能性？

但这可能**无法构成**对"包容性制度是经济发展必备条件"这一论

点的实质性批评。从漫长的经济史中寻求若干例外，只是构成对这一归纳性假说的限定范围的缩小，更何况在漫长的经济史中，还存在疆域国家和民族国家的过渡、形成和分野。易言之，《失败》一书的作者完全可以将诸如威尼斯和罗马的解释不当或失败归结为将疆域国家时代的结论应用在民族国家时代。而问题的关键实际上存在于上述四个象限中可逆性和不可逆性的判断，按照《失败》一书的判断，攫取-攫取组合是人类社会的共有起点，但却是自增强的、具有不可逆性的恶性循环，包容-包容组合是发达国家的必有组合，具有自增强的不可逆性，属于良性循环，而在攫取-包容组合中则是不可持续的可逆性组合，那么相应的问题则在于：**如果攫取-攫取组合是起点，那么包容-包容组合是如何出现的？同样地，如果攫取-包容组合是不稳定的，那么它又怎么实现了向包容-包容组合的转换？**

按照《失败》一书的观点，现今不同收入水平的国家应具有包容程度不同的政治制度和经济制度，高收入国家应当是包容性制度组合的代表，收入水平越低的国家，其政治制度与经济制度的包容性也应当越低。按照阿西莫格鲁的观点，包容性政治制度应当同时具备"足够集权"与"多元化"两个特征，但他对这一指标并未界定，只是强调，足够集权侧重于合法性，多元化则侧重于政治秩序的开放程度。易言之，政府能较好地履行职责，并在开放的政治秩序中接受评价、竞争与挑战。如果将政府问责、治理绩效作为多元化和合法性的替代指标，并观察其与国民收入之间的关系，那么无论是从世界银行历年发布的国家治理指数，还是从华东政法大学政治学研究院发布的《国家治理指数报告》的数据来看，阿西莫格鲁在《失败》一书中的观点都可以得到证实，**高收入国家政治制度的确具有"足够集权"和"多元化"的特征。**

按照《失败》一书的界定，包容性经济制度应当具有保护产权、公正的法律体系、平等的竞争环境、新企业的进入自由，以及国家提供公共服务等特征。因此本章选取了国家政策和制度评估（CPIA）中的财产权和基于规则的治理评级、营商环境便利指数、企业创办所需的时间与程序数量、公共部门支出占 GDP 的比例等指标来反映经济制度的包容程度,并检验其是否与国家的收入水平相吻合。按照这种对包容性的界定,我们可以得到以下结果,见图 2-1~图 2-4。

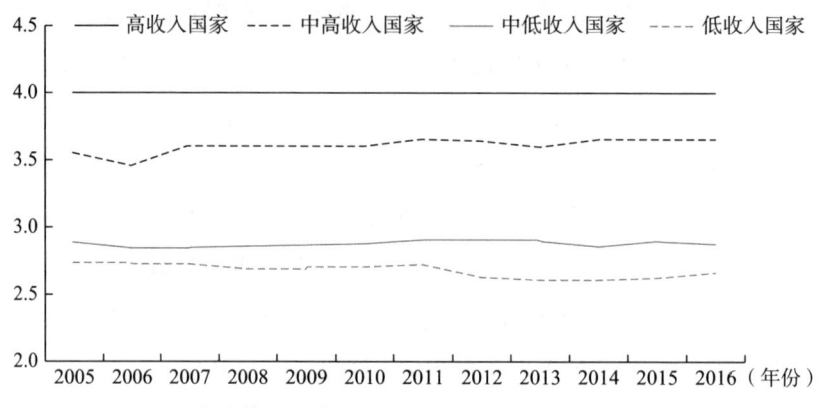

图 2-1 国家政策和制度评估（CPIA）中的财产权和基于规则的治理评级[①]与收入水平

资料来源:世界银行集团国家政策和制度评估（CPIA）数据库。

国家政策和制度评估（CPIA）方面的数据表明,目前收入水平越高的国家中,财产权和合同权利得到切实尊重的程度也越高,其基于本国规则的治理也越能促进经济活动的开展。这一指标体现了包容性经济制度中保护私有财产、促进经济活动的特征。

图 2-2 和图 2-3 的数据用于衡量企业创办的成本与难易程度,体现了包容性经济制度中新企业进入自由、职业选择自由、鼓励个人发挥才能的特征。这方面的数据表明,高收入国家的企业创办更为简便、成本也更低,但中高收入国家、中低收入国家与低收入国家之间的数据彼此交叉、重叠,并未表现出明显的差别。

公共部门支出占 GDP 的百分比用于衡量包容性经济制度中"提供公共产品与服务"的特征,由图 2-4 可得,高收入水平国家公共部门

---

① 财产权和基于规则的治理用于评估财产权和合同权利得到切实尊重和执行的有效的法律系统和基于规则的治理结构促进私营经济活动的程度（1=低，6=高）。

支出占 GDP 的比例高于中高收入国家、中低收入国家和低收入国家，即这一特征的排序与国家收入水平的排序是基本吻合的：收入水平越高的国家，提供公共产品与服务的能力也越高。

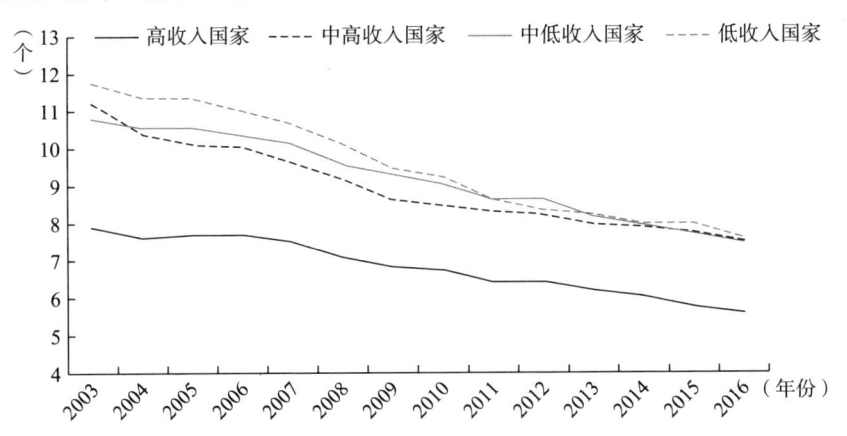

图 2-2 不同收入水平国家中企业注册的启动程序数量
资料来源：世界银行。

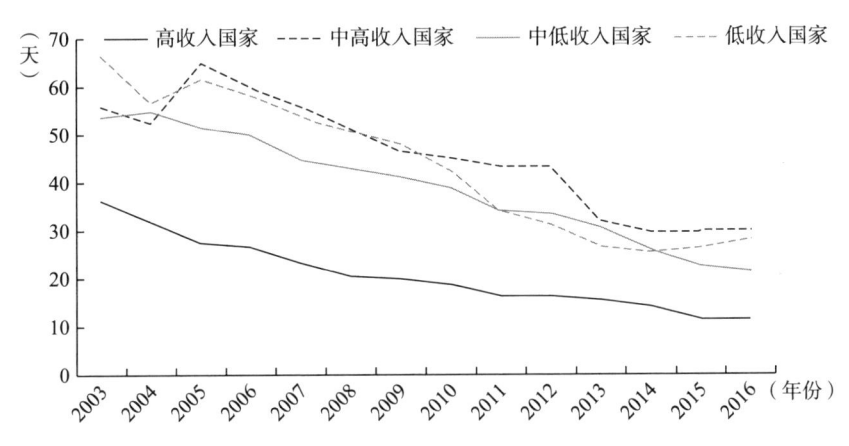

图 2-3 不同收入水平国家中企业创办所需的时间
资料来源：世界银行。

综合以上检验结果可以得出，当今国民收入水平较高的国家群体，其政治制度与经济制度符合具备《失败》一书中所描述的包容性特征。这一结果在很大程度上印证了阿西莫格鲁和罗宾逊所提出的"制度性质差别——激励方式差别——经济绩效差别"的观点。从上述数据结果看，仅仅从现有的国家发展状况看，《失败》一书的制度矩阵是符合包容性假说的。但这仅仅只能说明，包容性制度与经济增长之间存在相关性，而无法得出因果关系，更不能得出包容性制度是经济增长的充分必要条件的结论。我们无法判断，究竟是经济增长导致了包容性制度，还是包容性制度导致了经济增长？

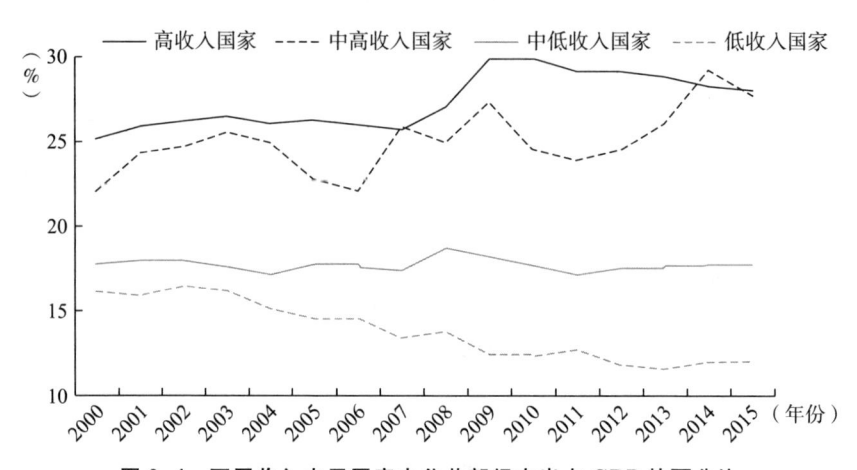

图 2-4　不同收入水平国家中公共部门支出占 GDP 的百分比

资料来源：国际货币基金组织的《政府财政统计年鉴》和数据文件，以及世界银行和经济合作与发展组织（OECD）的 GDP 估计值，参见 https://data.worldbank.org.cn/indicator/GC.XPN.TOTL.GD.ZS。

事实上，在《失败》一书对包容性理论的强化说明——创造性破坏是否可能——的分析过程中，其实同样包含了生产活动这一关键要素。《失败》一书反复强调，创造性毁灭为经济增长所必需。若对制度与经济发展做更一般性的历史考察，我们同样会发现，制度决定论在最基本的时间维度上就是不成立的。因为有效的制度框架是经济发展到某种程度以后才形成的，如果我们不得不接受工业革命发生于18世纪下半叶这个史学界达成的一致结论，那就意味着西方现代制度，尤其是《失败》一书所反复强调的作为第一要素的政治制度的变革与成形发生在工业革命之后，而不是之前。正如张夏准等所言："今天的富裕国家是在其经济发展之后才获得当今主流观点视为经济发展先决条件的大部分制度的。"① 首先起作用的是生产活动，最后才是政治制度，也即上层建筑。

针对福山对《失败》一书只不过沿袭了诺思著作的分析框架的批评，阿西莫格鲁和罗宾逊的回应中已经表明了自己的矛盾。他们承认，他们的确沿袭了诺思的开创性事业，但也存在很大的差别，即政治在经济发展中的首要作用。相较于诺思等人更加强调商业和非政府组织等制度形态所发挥的作用，阿西莫格鲁和罗宾逊认为作为冲突结果的政治制度，是型塑经济制度的关键，进而形成了特定的创新和投资环境，而政治冲突的动因又来自于新的经济活动所带来的重新分配，这无异于说，需要将《起源》一书与《失败》一书结合起来，才构成完整的理论，而在这个完整的理论中，生产活动仍是第一位的，是生产活动在决定着上层建筑的走向，而不是相反。

该书出版于 2012 年，时隔 10 年回头再看阿西莫格鲁的"中国崩溃论"和"中国不可持续论"，徒增一笑。事实上，《失败》一书对包容性政治制度的"多元但足够集中"的解释极为含糊，对不可持续的增长又缺乏加时限的说明，加之对政治制度决定一切的"信誓旦旦"的组合效果，就是将"为什么国家会失败"和"为什么国家会成功"的问题引入了一种近乎诡辩的循环逻辑之中：如果遇到了政治包容-经济包容组合的例外（如海地），《失败》一书就可以说是他们尽管多元，却缺乏足够的集中；如果遇到了政治攫取-经济包容型的例外，《失败》一书就会说他们不可持续。因为对于持续多久才算持续，《失败》一书从来就没有答案。

正如福山指出的那样，《失败》存在的第一个问题就在于概念界定：到底什么是包容性/多元主义制度和攫取性/绝对主义制度？整本书直至结束也没给出一个明确的定义。在《失败》一书中，所谓包容性政治经济制度被赋予了极为复杂的内涵，它集民主、权威、法治等诸多要素于

---

① 〔英〕张夏准、张燕：《制度与经济发展：理论、政策和历史》，《演化与创新经济学评论》2011 年第 1 期。

一体，但又必须同时满足"足够集权"与"多元性"两个标准。二者缺一便会被判定为"攫取性政治制度"。其中，"足够集权"包含两方面的含义。首先，延续马克斯·韦伯的"国家是合法暴力的垄断者"的观点，认为国家至少应当具备垄断暴力的能力，在此基础上才有推行法律、维持秩序、规制经济活动、提供公共产品和服务的可能。其次，"足够集权"还意味着足够的国家治理能力，国家应当在资源调配、政策制定、立法司法等方面具备足够强大的能力，从而对社会的方方面面有所把控，不会任由乱象滋生。而"多元化"在一定程度上与"足够集权"存在矛盾，这个特征要求政治权力在社会中的广泛分布，而不是集中在个人或小集团手中，并且权力的运用应当受到约束。这一特征还要求执掌政治权力的可能性在社会上应当是广泛分布而不是垄断的。福山认为，这种将所有"好概念"糅合成一个"好制度"的概念设定，本身就是矛盾的，因为概念内部诸因素是互不"兼容"。例如，亨廷顿就指出扩大政治参与（多元性）可能会破坏政治稳定（足够集权）。

笔者认为，如果从国家能力的角度去定义包容性政治制度，《失败》一书本可避免福山的这种批评，至少可以为自己的解释力提高留有余地。大量针对东亚和拉美、非洲等国家和地区的比较研究都表明，正是国家能力的强弱高低决定了东亚奇迹与拉美陷阱以及非洲失败国家的分野。这至少意味着，强大的国家能力即使不是发展的充要条件，也是其必要条件。强国家未必有发展，但若不是强国家，则一定不会有发展。而一个国家要成为具有国家能力的"强国家"并非易事。事实上，对于国家能力的重要性，阿西莫格鲁并非没有认识，他在2015年的一篇文章中也指出，在西方发达国家，一个有能力执行法律、规制经济和提供公共品的国家被视为理所当然的存在，但无论是过去还是现在，都存在大量缺乏这种能力的欠发达国家。[1]

---

[1] Acemoglu, D., Garcia-Jimeno, C., Robinson, J. A., "State capacity and economic development: a network approach", *American Economic Review*, 2015, 105（8）.

二　经济决定论的缺陷

在强调生产活动本身决定国家成败的赖纳特那里，经济决定论的单一维度存在明显不足：**高质量经济活动的选择和培育这一良性循环的启动，仍然需要强有力的国家支持**。尽管赖纳特等人的理论观点和政策主张有着经济史和经济政策史强力支撑，但事实上，在赖纳特著作中作为富国样本的都铎王朝以来的英国，安东尼奥·舍拉笔下的17世纪的威尼斯、18世纪的美国以及1860年后的日本，虽然在国家的性质上有所不同，如都铎王朝时期的英国尚未成为现代意义上的民族国家，17世纪的威尼斯只是一个城邦，但无论哪一个典型样本，都在政治意义上，具有作为较强的国家组织能力或共同体的使能（enable）效果，都铎王朝时期的英国正处在王权压倒教权且权力逐步向中央集中的阶段，1860之后的日本更是如此。从这些历史材料所提供的支持来看，赖纳特所反对、所否认的制度先行，并不是反对强而有力的政治秩序，而是反对将现代西方国家的政治制度乃至于市场经济运行模式、原则，反对将其视作作为国家成功的唯一可行之道。

从产业层次上考察赖纳特笔下的成功的国家和地区，固然是采取了马歇尔-熊彼特部门的做法。但必须注意到，这些成功的国家和地区同样也解决了另外两个关键问题：一是资本基础，二是制度基础。一方面大量的资本以金属货币形式集中在新兴阶级手中，为工商业进一步发展提供了条件，即资本基础；另一方面，在这一过程中，国家统治者与商人阶级形成了利益共容，促进了有利于生产发展的产权保护制度的建立，即制度基础。马歇尔-熊彼特部门之所以能在这些国家产生和带来生产率激增效应，与资本基础、制度基础有着密切的关系。资本基础、制度基础和马歇尔-熊彼特部门三者之间是一种协同演化（co-evolution）的关系。在最初的启动阶段，没有资本基础和制度基础，就缺乏对创新活动的激励效应，即便国家独自承担某一部门的创新推进，也将因缺乏广泛的资本基础和制度框架而无法引致马歇尔-熊彼特部门的连锁效应，马歇尔-熊彼特部门要启动并产生持续广泛的连锁效应，进入正反馈通道，资本基础和制度基础是不可或缺的，一旦这种效应开始产生，又会反过来强化和促进资本基础和制度基础，使三者之间形成良性循环。这也就意味着，尽管经济活动是决定性的，但脱离社会结构和政治秩序的基本支持，国家成功的良性循环也不可能自然形成。

赖纳特的替代性教规理论所提出的利用国家管理使私人资本人为地创造新型比较优势的政策构想，在现阶段的拉美、非洲等地区难以推广。从表面上看，这里只需要解决国家创新体系，但国家创新体系的建立并不是单纯的教育科技和产业政策，它同样需要资本基础和制度基础。现实是，一方面，长期贫困使这些地区的私人资本严重不足，而由于当地制度结构不完善以及"创造新型比较优势"巨大风险的存在，国外资本也不会大量进入，这样产生创新体系的资本基础就无法获得。另一方面，在第三世界的广大地区，由于民主系统的不完善等，政府和工商业阶级难以形成共同利益，因此保护新兴产业发展的有效产权制度无法建立，这样产生创新体系的制度基础也无法获得。因此，另类教规理论仅仅针对产业部门选择而开出的药方，无疑对资本基础和制度基础的重视不足。

演化发展经济学政策建议中的另一缺陷，就是没有认识到贫穷国家的知识基础缺乏将制约马歇尔-熊彼特部门。另类教规理论认为，能从根本上改变目前第三世界国家贫困现状的办法是创造国家的马歇尔-熊彼特部门，而且该部门在世界市场内是先入的、非竞争性的（sectors which initially are not competitive），通过产业升级使这些部门释放技术进步的潜力，提高本国的"经济质量"之后再参与国际市场的竞争。该建议的第一个缺陷在于没有区分工艺、发明、创新等概念。要求一个落后国家选择世界市场上先入的、竞争很少的而又尽可能不是本国自然资源禀赋的产业，并不意味着该国家应当选择进入一个"无人新区"。创新并不需要人们试图以更为复杂甚至全新的技术方案去解决问题，相比产品技术的重大飞跃，产品和制造工艺的微小改进并不是值得忽视的事情。美国技术创新最初就主要集中在纺织行业，目的是解决一般生活问题，如织布技术的改进等，然后逐步过渡到铁加工和铁铸造、蒸汽发动机的制造、铁路设备和航运设备的技术引进和更新，此后才在电力工程、电动机械等领域取得了全面突破性进展。技术进步的过程是一个渐进与跳跃相结合的过程，跳跃式的重大突破往往发生在具有长期创新传统和知识积累的国家，一旦发生，就等同于打开了一扇新的大门，开辟了一个边界和规模都不确定的领域。在这个领域中，所有国家和地区都有创新的可能性，重要的是在这个边界不确定的世界里开辟发现创造一个属于自己的顶端位置，从而确立自己在该领域中有利的分工地位。无论是全新的发明也好，还是在现有技术上的革新也好，都需要长期的知识积累。而贫穷国家面临的一个重要困局，就是在科学知识的积累上严重落后于发达国家，无法建立一个稳固的"熊彼特增长"对象，贫穷国家之所以长期陷入为发达国家"打工"的产业格局，在很大程度上是受这种约束条件所限制。

演化发展经济学家虽然注意到了全球化进程中所呈现出的中心-外围关系及国家间的不平等，但当他们提出"选择特定经济活动"这一建议时，显然忽视了贫穷国家的底部竞争关系，或者说，对于国家跳出这种底部竞争陷阱的难度估计不足。全球化时代的发展中国家不仅面临着与发达国家的竞争，也面临着发展中国家之间的竞争，这种竞争在很大程度上是一种逐底竞争（race to bottom）。典型如发展中国家政府的"新自由化政策"（Neo-liberty Policy），"放松管制导向的经济竞争"（economic competition encouraging deregulation）等，都是以降低进出关税、撤除大量非关税贸易壁垒、设立出口加工区、减免国内工商税收（让渡国民福利）、放松经济管制、降低环境保护标准和劳工保护标准、牺牲环境为代价，来激励外商直接投资。对于在贫穷一端集聚的国家，一方面由于资本基础、制度基础和知识基础的缺乏，另一方面国内又面临着就业和经济增长的压力，可资利用的往往只有丰富的自然资源和廉价的劳动力，经济全球化的过程就是发展中国家竞相加入底部竞争的过程，也是发展中国家向外国资本让渡本国公共福利和居民个人福利的过程。自身的基础薄弱，加之与富裕国家在规则制定上不具有同等的话语权，都使落后国家短期内很难摆脱摩根索-马尔萨斯活动，反而竞相参与这类活动。另类教规理论显然也考虑到了这一点，为此有学者才指出，第三世界国家则应当有选择地重视、扶助以及保护本国的一些熊彼特式的经济活动（工业以及报酬递增的高级服务业），所有这些应当在一个内在的竞争系统中进行。这些应当在第三世界国家的区域联合系统中被实施。但在全球化时代，这种贫困者"团结"起来的难度是显而易见的。

赖纳特也意识到，穷国今天面临的环境远比富国在致富之前的环境要恶劣，这使得今日穷国的致富之路将更为坎坷。这背后有三个主要原因：一是全球化，二是富国的专利保护，三是信息革命对高端服务业和传统制造业的影响。所有这些，使现在重新发展工业化的困难程度与之前相比已经大大提高了。由于专利保护，贫困国家很难再通过"逆向工程"①（reverse engineering）来追赶富裕国家，而信息革命使现代工业也越来越倾向于"无重量化"，难以在特定的地理区域内进行培育和保护，由地理距离所形成的"运输抵抗"（transport widerstand）"运输阻力"（transport resistance）这类天然的保护因素作用越来越小，在这个国际价值链断裂化（chopped up）的时代，富国不仅易于守住原有的知识优势，而且"由边缘国家的创新体系提出的优秀研发思路，常会被第一世界具有全球性质的经济体吸引走"。② 同时，技术创新越来越表现为过程创新（process innovations）与产品创新（product innovations）的分化，而穷国常常被困在过程创新中，这种创新不能以高工资和高利润的形式在经济中扩散，只能带来产品价格的下降。与此同时，对穷国而言，新技术的使用可能提高也可能降低劳

---

① 指解构产品并进行仿制。
② Reinert, E. S., *How Rich Countries Got Rich and Why Poor Countries Stay Poor*, Constable, 2008, p.145.

动者的技能，使复杂劳动越来越缺乏必要性，资格性工作（qualified jobs）需求减少。赖纳特所指出的这些问题，从根本上说都是全球化时代价值链断裂所造成的困难。但他坚持认为，对于穷国而言，这些困难并不构成放弃"效仿与赶超"政策工具箱的理由。恰恰相反，如果不采取"效仿与赶超"的工具箱，这些困难就会长期性地将穷国锁定在价值链底部，使全球经济愈发呈现富国与穷国的两极分化。

演化发展经济学所提出的建立国家创新体系的政策建议还存在一些需要进一步探讨的问题。然而，这一理论所提出的着眼于工业生产部门进行分析的视角和相关结论，是值得我们进一步思考和借鉴的。在现有的资本基础、制度基础和知识基础等约束条件下，短期内要求贫困国家转向马歇尔-熊彼特式的经济活动，可能有些理想化色彩，但其方向却无疑是正确的。比较可行的办法或许是，用摩根索-马尔萨斯活动保障经济系统的稳定，引导和鼓励马歇尔-熊彼特式的经济活动以促进经济系统的升级。

三 评论与总结

1992年，弗朗西斯·福山因《历史的终结》一书而爆红。在该书中，福山强调，自由民主制度是人类政治制度的最后形态，因此也是"历史的终结"。

福山的观点在相当长一段时间内在中国非常有影响力，尽管对于自由民主制究竟是什么，有哪些不同类型，其历史沿革和多样性有哪些表现，福山并未深入阐述，但这并不影响对自由民主制作为终点的想象。只不过在《历史的终结》出版之后的几十年时间里，自由民主制的表现不尽如人意，不仅自由民主制度不仅在"第三波民主化进程"中的一些国家和地区带来明显的经济低迷和社会动荡；而且老牌"自由民主国家"的代表，如英美等国，其自由民主制度也开始乱象纷纷。作为一种对现实的回应，同时也是学术观点的反思，福山在《政治秩序的起源》一书中开始直面另一个问题："为什么自由民主制尚未能够征服世界？"与《历史的终结》不同的是，在《政治秩序的起源》中，福山把一个国家的政治建构分成三个部分：一是"法治"，二是"问责"（这也是传统意义上的民主法治的内容），三是"国家建构"。所谓"国家建构"，可以理解为政府的统治能力，即一个政府维持国防、征税、官僚机构、社会秩序、提供基本公共服务等能力。福山认为，在"法治"、"问责"和"国家建构"三个因素中，国家建构是最基础的因素，是决定"法治"和"问责"发育水平的关键因素。这与《历史的终结》中强调"现代政治的建设过程，就是民主化的过程"的观点的最大不同，在于开始重新审视国家能力。而福山的这一修正，在很大程度上也可以表明，单纯强调政治制度的类型，而忽视其内蕴的组织、整合能力，对理解国家发展毫无意义。

同样地，赖纳特等人的经济活动决定论的正确，仅仅只是在于否定了单纯强调政治制度类型这一分析进路的谬误，但既没有正视基本政治秩序和国家能力的必要性，也没有将这种国家能力与政治秩序的演进与他们所强调的经济活动联系起来。尤其是后发工业化本质上是一种"国家意志"的体现，能否成功地实施追赶战略，关键在于国家能否排除内外部的干扰因素并实现其目标，这就无法脱离国家自主性（state autonomy）和国家能力（state capacity）甚至更为微观的产业辨别、执行和规制能力，正如美国著名政治学家塞缪尔·亨廷顿在《变化社会中的政治秩序》中指出的那样："首要的问题不是自由，而是建立一个合法的公共秩序。人当然可以有秩序而无自由，但不能有自由而无秩序。必须先存在权威，而后才谈得上限制权威。"① 这类传统比较政治经济学的视角对于理解国家兴衰的重要意义在于，它们提供了一个随时间而流变的国家视角，而非单纯地假定国家的功能、与市场的关系和其他类型经济主体的关系始终不变。当将这类范畴、视角嵌入赖纳特的高质量经济活动时，就可以获得理解上层建筑与经济基础乃至于生产关系和生产力复杂作用机制的一个新的分析进路。

---

① 〔美〕塞缪尔·P. 亨廷顿：《变化社会中的政治秩序》，王冠华、刘为等译，生活·读书·新知三联书店，1989，第8页。

第二节　回到唯物史观

一　超越两种决定论

政治秩序决定论和经济活动决定论所暴露出的解释力不足问题，本质上是一个唯物史观中上层建筑与经济基础、生产关系与生产力之间关系的命题，即在生产关系与生产力的作用与反作用、经济基础与上层建筑的作用与反作用之间，究竟哪个是决定性的。无论是阿西莫格鲁、罗宾逊等人认为的"制度决定经济绩效"[1]，英格里哈特认为的"文化决定经济绩效"[2]，还是赖纳特、张夏准等人坚持的"产业活动的质量决定经济绩效，进而决定经济制度乃至政治制度"，都涉及对历史唯物主义的核心命题——生产力一元决定论的理解，而这一命题在马克思主义阵营内部和外部，都是一个长期存在争议的问题。在马克思主义阵营内，从恩格斯到列宁，以及卢卡奇、布哈林直至科恩和布伦纳等人，都对这一原理的准确内涵、适用性和解释范围进行过深入讨论。在马克思主义阵营外，生产力一元决定论则长期被当作"解释性还原论"的代表而受到批评[3]。与这种一元决定论相对的，则是以迈克尔·曼等人为代表的新韦伯主义多元论。该理论认为，不存在具有决定性作用的社会领域（如经济），在历史过程中，经济的、政治的、军事的、意识形态的权力都可能发挥决定性作用，这些权力是相互依赖、彼此转化的。[4]

关于技术决定论、制度决定论、文化决定论、宗教决定论的各种

---

[1] Acemoglu, D., Johnson, S., Robinson, J. A., "The colonial origins of comparative development: an empirical investigation", *American Economic Review*, 2001, 91 (5).

[2] Inglehart, R., *Modernization and Postmodernization: Cultural, Economic, and Political Change in 43 Societies*, Princeton University Press, 1997.

[3] Hodgson, G. M., *The Evolution of Institutional Economics: Agency, Structure and Darwinism in American Institutionalism*, Routledge, 2004.

[4] 〔英〕迈克尔·曼:《社会权力的来源》，刘北成等译，上海世纪出版集团，2015。

不同观点,本质上是一元决定论和多元论之间分歧的折射。虽然我们可以以"何种因素发挥决定性作用,取决于特定约束条件"的方式对上述分歧进行调和,但事实上,这种调和就是对新韦伯主义多元论的一种默认。更为重要的是,这种调和既无助于解决历史唯物主义提出的根本问题——长期历史发展中生产力和生产关系乃至上层建筑的作用机制是什么,也无法为长期历史发展中各因素的因果关系找到坚实的方法论基础。孟捷在《历史唯物论与马克思主义经济学》一书中提出,生产力和生产关系是通过将这二者统摄在内的生产方式这一整体而互相联系的,因此,生产方式应当被界定为**以占有剩余为目的的生产活动**。一方面,生产力的一切改变都必须有利于扩大剩余;另一方面,生产关系的改变也要服务于对剩余的更大规模的占有。在此意义上,生产力和生产关系的相互联系以实现生产方式的这一目的为中介。① 正如鲍尔斯指出的那样:"高度关注剩余产品对于政治经济学具有根本的重要性。这种高度关注是政治经济学区别于新古典经济学的主要方式之一。通过剩余产品这个透镜考察社会,使得政治经济学家能够看到经济制度那具有历史性的个性,并根据生产和控制剩余产品的方式将一个经济制度与另一个经济制度区别开来。"②

在生产方式是"以占有剩余为目的"的前提下,孟捷进一步区分了生产力和生产关系之间两种类型的因果关系:第一种类型的因果关系遵从由生产力改变发展到生产关系改变的顺序,即最为直接的生产力决定生产关系;第二种类型的因果关系则遵从了从生产关系改变发

---

① 在这一点上,《历史唯物论与马克思主义经济学》持有不同于吴易风和马家驹的观点。在吴易风和马家驹看来,生产方式作为一种中介,是体现生产力和生产关系的作用与反作用的中间载体,而《历史唯物论与马克思主义经济学》则认为,统一论与中介论不必对立,重要的是赋予生产方式以功能,从而使其获得与生产力、生产关系关联起来的可能性。与此同时,《历史唯物论与马克思主义经济学》认为,这种划分并没有扭曲马克思关于生产方式的论述,而是还原了马克思本就具有多种含义的生产方式概念,即生产的物质方式、生产的社会方式以及两者的结合。参见孟捷《历史唯物论与马克思主义经济学》,社会科学文献出版社,2016,第17页。
② 〔美〕塞缪尔·鲍尔斯、理查德·爱德华兹、弗兰克·罗斯福:《理解资本主义:竞争、统制与变革》,孟捷、赵准、徐华译,中国人民大学出版社,2010,第5页。

展到生产力改变的顺序，在这里，生产方式的变革是由于生产关系尤其是所有关系的质变居先，生产力的根本改变居后。

对第二种类型的因果关系的解释，无疑是完成历史唯物论"再解释"的重中之重。孟捷认为，从经济史著作和经典作家的论述中考察，第二种类型因果关系客观存在，即在资本主义起源过程中，劳动对资本的形式隶属这一生产关系的一个质变先于生产力的发展。在此基础上，《历史唯物论与马克思主义经济学》进一步考察了科恩对生产力一元决定论的解释。依据生产关系双重功能原理，作者将科恩的"生产力趋向发展贯穿整个历史"这一发展原理，改写为带有限定条件的"新发展原理"："在整个历史中，随着生产关系的变革，生产力有不断发展的趋势。"[①] 同样依据生产关系双重功能原理，科恩的生产力首要性原理的关键命题之一，即"某一类生产关系的流行，是因为促进了生产力"，就被改写为两个新的命题：（1）某一类生产关系的流行，是因为扩大了对剩余的占有，但并不一定促进生产力；（2）某一类生产关系的流行，既促进了生产力，也扩大了对剩余的占有。这两种不同功能的生产关系，分别对应于绝对剩余生产（命题1）和相对剩余生产（命题2）。从理想的类型论上划分，生产关系就可分为两类：**生产型**生产关系和**榨取型**生产关系。生产型生产关系在功能上将剩余的增长与生产力的发展结合在一起，而榨取型生产关系则通过纯粹的剥削来实现剩余的增长。

如果两种因果关系的类型都客观存在，那么在生产力和生产关系之间是否存在"决定"论关系？两种因果关系的类型之间，是否存在主导性和非主导性？如果承认第一种类型的因果关系是主导性的，那么"再解释"就仍然回到了生产力一元决定论；如果承认第二种类型的因果关系是主导性的，那么"再解释"不过只是生产关系决定论的

[①] 孟捷对此的解释是：这一改写不仅解释了生产力发展的原因，还可以解释生产力得不到发展的原因；同时还避免了科恩的下述武断结论：把任何生产力的停滞或倒退都作为非典型情况预先从发展原理中排除。

翻版。既要避免"调和"论,又要避免"决定和反作用"的传统解释,就必须寻找到新的方法论基础,更具体地说,需要对历史因果性概念做出不同的解释。从阿尔都塞的结构的因果性概念和毛泽东的《矛盾论》①中,孟捷得到了灵感。在区分了"归根结底起作用的矛盾"和"占主导地位的矛盾"、明确了主要矛盾和次要矛盾的区分及其相互转化的基础上,提出了系统因果性的概念:**导致某一系统最初发生改变的原因,并不必然等于这一系统在整体上发生变化的原因;只有后一类原因,才会带来系统的不可逆转化,即造成系统因果性。**按照系统因果性概念,孟捷对生产方式的变迁给出如下命题:**不管最初造成生产方式变化的原因是什么,也不管在生产方式的变革中一直占据主导地位的因素是什么,只有当这些原因最终导致生产力也发生了根本的变化,生产方式才最终在整体上实现了不可逆的变迁,即"有机生产方式变迁"。**

按照系统因果性逻辑,两种因果关系类型就无须对立,因为在这里,因果性的考察是以"系统"也即生产方式的不可逆变迁为主体的。导致生产方式(系统)最初发生改变的原因,可以是生产力,也可以是生产关系,包括所有关系和劳动关系,但都不必然等于生产方式这一系统在整体上发生"不可逆"变化的原因。生产方式的变迁可能存在多种情形:既增加了剩余又促进了生产力发展的变迁、增加剩余但并不促进生产力发展的变迁、促进生产力发展但不增加剩余的变迁等。但要使"以占有剩余为目的"的生产方式发生"不可逆"的变化,就只有将剩余占有建立在生产力增长的基础上。如果生产方式的变迁不仅是通过生产关系的嬗变而实现的,而且最终显著地提高了生产力水平,那么这一变迁就获得了不可逆性。易言之,**有机生产方式变迁仍然以生产力的根本进步为前提。**但在这里,生产力的决定性作

---

① 孟捷认为,《矛盾论》的主要贡献在于,利用主要矛盾和次要矛盾的区分及其相互转化的观点,解释生产力和生产关系、经济基础和上层建筑的相互关系。孟捷的有机生产方式概念,也是以这一方法论思想为依据的。详见孟捷《历史唯物论与马克思主义经济学》,社会科学文献出版社,2016,第48页。

用，不仅可以表现在"事前"，也可以表现在"事后"。如果生产关系的调节可以导致"事后"的生产力增长，那么将发生有机生产方式变迁，如果生产关系的调节并不导致"事后"的生产力增长，所发生的生产方式变迁就是可逆的，无法获得"进化稳定性"。至此，生产力一元决定论的合理内核得到了另一种解释：生产力归根结底的作用不同于在历史过程中的直接决定作用，推动生产方式改变的直接原因可能和生产力的发展无关，但一种生产方式要在整体上实现不可逆的改变，必须以生产力的发展为最终条件。

有机生产方式变迁的提出并不意味着"再解释"的结束，仍需回答下列问题。第一，有机生产方式变迁的动力是什么；第二，导致非有机生产方式出现及其得以维持的原因是什么。对此，孟捷的解答是，阶级斗争（内部）和国家间竞争（外部）是推动有机生产方式变迁的两类最主要的直接历史动因，这两者又往往相互结合在一起。沿袭"有机生产方式"这一概念，可以将阶级斗争区分为两种理想类型：直接促进了生产力发展和有机生产方式变迁的阶级斗争，以及对生产力单纯起破坏作用的阶级斗争。前者即**"有机阶级斗争"**，其特点是，成功地利用了生产力发展所提供的可能性，通过相应的制度变革，使剩余的增长更多地建立在发展生产力的基础上，从而提高了相对剩余价值生产在整个生产方式中所占的比重。同样地，面对阶级斗争或国家间竞争的压力，一国能创造性地利用和改变既有的制度形式，或者开启一个制度的"创造性毁灭"过程，使相关制度担负起契合生产力发展需要的新的生产关系职能，从而实现有机生产方式变迁，那么这种国家就是"有机国家"。

一旦上升到国家层面，接着要讨论的就是经济基础和上层建筑的关系问题。孟捷进一步发展了法国马克思主义者、人类学家戈德利耶的重要观点，即主张经济基础和上层建筑（从而经济和政治、市场和国家）的区别不是两种不同制度的区别，而是功能上的区别。在资本主义以前的社会形态下，政治、宗教、血缘都可以发挥生产关系的功能。孟捷较戈德利耶更前进了一步，认为这种解释不仅适用于理解前资本主义社会，而且适用于解释亚当·斯密以来的现代市场经济。破除对三对范畴，即经济和政治、经济基础和上层建筑、市场和国家在制度上的截然两分，不仅为解释当代中国市场经济的发展，也为解释近几百年来市场经济发展的普遍历史，提供了崭新的视角。这一崭新的视角，一方面在方法论上彻底拒绝了自由主义和新自由主义的理论，另一方面也给传统马克思主义理论注入了新的内容。

二 不可逆的唯物史观含义

孟捷关于事前、事后的区分和系统因果性的解释，同时也为综合政治秩序决定论与经济活动决定论提供了一个新的思路，尽管他分析的重点是生产力、生产关系层次。国家作为上层建筑，与经济基础——社会中居于支配地位的围绕经济活动而结成的关系之间的系统因果和事前、事后影响，并不是他的分析重点。但作为对历史唯物主义的再解释，在生产力-生产关系层次上的这一区分以及基于这一区分而重构的因果关系，必然也应当适用于上层建筑和经济基础之间。

如何从方法论和认识论的角度认识前述的系统因果性和事前、事后的区分？这是对作用与反作用理解的关键。在这里，关键的问题在于"不可逆"。对不可逆的强调是演化分析的高度共识。在演化经济学家看来，"演化经济学的焦点问题，就是经济结构和组织结构历时的、持续且不可逆的变迁过程"。[1] 但演化经济学所强调的不可逆性，长期以来只是被等同于"历史重要"和"初始敏感"。在这里，我们将分析，演化经济学所强调的不可逆性，包含但不限于"历史重要"的含义，它更关乎对结构性变迁或者这类演化经济学核心范畴的重新认识，同时也涉及对因果关系的重新认识。

"历史重要"是不可逆性的第一层含义，正如如何看待时间构成了新古典经济学和演化经济学的重要分野。尽管发轫于20世纪初的量

---

[1] Rahmeyer, F., "Schumpeter, Marshall, and Neo-Schumpeterian Evolutionary Economics", *Jahrbücher Für Nationalökonomie und Statistik*, 2013, 233 (1).

子力学、兴起于 20 世纪下半叶的复杂科学革命、柏格森的生命哲学，以及以自我意识和知觉为中心的海德格尔哲学，都为演化经济学不可逆的、流变的时间观提供了强有力的支撑。但从隐喻的意义上而言，演化经济学的不可逆观念则更直接地来自进化论中的多洛定律。在生物学中，多洛定律也被称为进化的不可逆定律，这一定律主要是针对趋同现象的。它强调的是，根本不存在进化两次而导致一种完全相同结果的机会，进化过程中的趋同只是表明，在相同的进化压力下，存在共同的、相似的解决方案，但进化始终是不可逆的，因为祖先的标志永远存在，"无论趋同给人留下多么深刻的印象，总是表面上的"。[1] 在演化经济学中，多洛定律的意义不仅只是强调时间不可逆带来的均衡不可能在相同条件下再现；它更重要的意义在于表明了即使在相同的选择环境条件下，制度和技术的演化趋势即使有趋同性，也将保持对初始条件和历史记忆的敏感性和依赖性。演化不仅意味着是质变的、持续的、不可逆的，也意味着是不可预测的和非均衡的。[2] 承认不可逆性，就需要同时承认不确定性和适应效率，在主体具有能动性和目的性的人类经济社会系统中，不可逆性与不确定性密切相关，多西和梅特卡非（Dosi & Metcalfe）强调："经济社会系统的不可逆概念与这种可能性有关：个人或组织等行为者目前的行为将对未来决策过程或系统的未来结构及其变化路径产生重大影响。"[3] 因此，"进化的最大特点是不可逆，适应效率并不意味着进化将一定是一个前进或者上升的过程"[4]。

系统质变与结构性变迁是不可逆的第二层含义。不可逆性在演化

---

[1] 〔美〕斯蒂芬·杰·古尔德：《熊猫的拇指：自然史沉思录》，田洺译，生活·读书·新知三联书店，1999，第 34 页。

[2] Van Den Bergh, J. C. J. M., Gowdy, J. M., "Evolutionary theories in environmental and resource economics: approaches and applications", *Environmental and Resource Economics*, 2000, 17 (1).

[3] Dosi, G., Metcalfe, J. S., "On some notions of irreversibility in economics", in Saviotti, P. P. and Metcalfe, J. S. (Eds.), *Evolutionary Theories of Economic and Technological Change: Present Status and Future Prospects*, Harwood, 1991, pp. 133-159.

[4] 马克·罗依、历咏：《法和经济学中的混沌理论与进化理论》，《经济社会体制比较》2003 年第 1 期。

经济学中的含义远不止"历史重要",它包含了更为复杂的含义,而要理解不可逆性的更深层含义,必须将其与演化经济学的个体群思维(population thinking)联系起来。我们知道,在本体论层次上,演化经济学秉承的是不同于本质论的异质性假设,而在分析异质性世界的存在状态、变迁和发展趋势上,演化经济学则奉行达尔文式的个体群思维。所谓个体群思维,从进化论的意义上说,就是指演化过程中的个体群结构性关系,变异在个体层次,但演化的结果是以新类型的出现为参照的。个体多样性和异质性构成演化的基础和动力,但并不意味着最终的演化结果,选择机制和选择结果体现在群意义上,而一个新类型的群出现,同样再次孕育了多样性和异质性,也即再次包含了变异和演化的可能性。这也就是梅特卡夫所说的"演化理论不仅需要解释个体群中最初存在的大量的多样性,而且需要解释这种多样性的历时补充。如果没有新的变异性,演化过程将衰竭"[①]。

个体群思维必然也必须与多样性本体论紧密联系。达尔文主义认为,任何种类的本质包括它将要展现或创造的变异,从而对任何一类的理解也必须考虑有着相似实体的种群,种群中已经存在变异或存在变异的可能性。"对事物本质的理解不仅涉及单一的实体,还有与之相似但不是同一实体的成员,一个种类的本质必然包括它可能要展现的或创造的多样性,从而对任何一项的理解都必须考虑相似实体的种群中现有的或可能出现的变异。"[②] 在进化论的意义上,达尔文主义涉及的就是一个种群内成员变化的本体论问题。"对于社会科学而言,个体群思考强调的是个体间个性和目的变化的重要性,而且这种变化关乎对社会现象如何解释。"[③] 在方法论上,个体群思维被演化经济学

---

① 梅特卡夫:《个体群思维的演化方法与增长和发展问题》,载〔瑞士〕多普菲编《演化经济学——纲领与范围》,贾根良等译,高等教育出版社,2004,第139页。

② Hodgson, G. M., *The Evolution of Institutional Economics: Agency, Structure and Darwinism in American Institutionalism*, Routledge, 2004, p. 97.

③ Hodgson, G. M., *The Evolution of Institutional Economics: Agency, Structure and Darwinism in American Institutionalism*, Routledge, 2004, p. 48.

家具体化为能动性-结构方法，这是一种超越方法论个体主义和方法论集体主义的结构主义方法。其中，主体（能动性）和结构（包括主体在内的环境）之间的向上因果和向下因果，共同构成了能动性和结构之间的累积变迁。任何试图在解释意义上将因果关系还原到个体或集体的尝试，都是个体群思维所拒绝的。

个体群思维之所以对演化经济学至关重要，是因为它包含了演化的过程、趋势与结果。演化的过程，是从量变到质变的过程；演化的趋势，是量变能否以及在何种方向上得到积累与扩散，直至新结构出现；演化的结果，则是指质变以及随质变而来的进一步的多样性个体群。在进化论中，这种质变就是新物种，更准确地说，是满足最低种群繁殖数量的新物种种群的出现；而在演化经济学中，质变就是经济的结构性变化，而这才是演化的关键意义所在。无论是梅特卡夫的变异—选择—发展三阶段模型，还是霍奇逊所倡导的变异—复制（扩散）—选择的普遍达尔文主义，都将这种结构性质变作为评价经济发展的关键性指标；熊彼特的"创造性破坏"及新熊彼特学派所强调的"新部类"，也是在强调这种经济质变。需要指出的是，与质变相伴随的，必然是个体群进一步的多样性，也即梅特卡夫的"多样性的历时补充"。

从结果上评价，经济演化，无论是制度还是技术，还是包含了制度和技术的生产方式，如果最终没有导致宏观的、结构性的不可逆变迁，易言之，如果没有导致整体制度、技术范式和生产方式的不可逆变迁，这种演化就只具有微观层次上的知识试错和面对未来的预适应价值，而不具备涌现、质变这类宏观意义。在普遍达尔文主义的三段论变异—复制（扩散）—选择中，所谓可逆的演化意味着演化过程只完成了第一步或第一和第二两步进程。在生物进化过程中，有大量演化过程都只是完成了变异和不成功的扩散，而未形成新物种种群，这类可逆的演化以基因库中的"当下无用和错误"的基因预适应而结束，等待下一次的被选择机会。在经济变迁过程中，这种可逆的进化同样也只具有过程意义,其结果也只具有知识的试错意义和预适应价值。在这种可逆的经济演化中,宏观层面上作为新类别的新制度、新技术、新组织形式、新生产方式,也即经济的质变和新的经济结构并未出现。微观层次上的变异和创新乃至于变化只是导致宏观层次结构性质变的必要条件,并非充要条件。在不同的层次上,存在着不同的因果关系要求。对于微观层次上的变迁而言,需要的是激励创新,但对于宏观层次上的结构性不可逆变迁而言,需要的则是主体和结构的复杂匹配,涉及更为广泛的效率评价体系。

以技术范式的变迁为例,微观层次上的技术创新构成演化的基础和动力,但这并非演化的结果。质变或者经济的结构性变迁是新类型出现的标准,只有这种技术经由竞争选择和扩散,并最终成为一种普遍性的技术范式且与多种技术、多个组织制度产生耦合关联时,一种新的技术范式也即一种新的经济结构才能形成,而在新的技术范式内,又会继续孕育多种可能性方向的技术轨迹。在佩蕾丝对技术范式变迁的刻画中,爆发期、适应期、拓展期所反映的,正是新技术的竞争选择和与其他技术、组织制度耦合关系的形成过程。在宏观意义上,这种技术范式的变迁是不可逆的,也只有不可逆的技术范式变迁,才会呈现在宏观意义上,一如只有不可逆的、代表了新物种形成的进化才会呈现为表现型并被自然选择所看到一样。**技术范式变迁的这种不可逆,并不是说一种新的技术范式一旦出现就一定是不可逆的,而是说,只有不可逆的技术范式变迁,才是经济系统宏观意义上的演化——质变或结构性变迁。**

经济演化的质变或结构性变化可以发生的多个层次上。在进化论中,质变被定义为基因频数的代际变化,由于经济领域中基因具有多种对应隐喻,因此质变也具有更广泛的含义,其具体含义视对演化层级的界定而定。但无论我们如何界定演化层级,演化的特征都是非均衡、不可逆、不可预测、质变性的。不仅技术范式这种经济系统的宏观性质变要求不可逆,而且在微观层次上,任何一种技术、组织创新、惯例的不可逆进化,才可能在相对应的系统层级上表现为质变或结构性变迁，在它们所对应的演化层级上，这种包含质变或结构性变化的不可逆演化进程，就代表着从个体异质性到新类型的发生。一个企业内生产决策的惯例如果未能最终变成企业惯例，则在企业层级上只具有内部的微观多样性和异质性意义；一个企业的新技术、组织方式未能最终呈现为产业普遍采用的技术和组织方式，则在产业层次上只具有局部创新意义，而不具有产业结构性变迁的新类型意义。

对初始原因与最终原因的区分，才是不可逆性最本质的方法论意义，也正是在这一意义上，系统因果性是理解长时段历史变化的关键。 不可逆发生的因果关系是什么？在主体能动性和结构之间，是能动性对结构的向上因果决定了不可逆演化的发生，还是结构对能动性的向下因果决定了不可逆演化的发生？根据演化经济学的反还原论，将任何一种因果解释归因为单一要素都是不可取的解释性还原论，在多层级的演化系统中，不同层次的变化不可还原到更低的层级，正如霍奇逊指出的那样，"更高层次的涌现特征（emergent properties）和因果关系意味着对更高层次选择过程的分析不能完全按照较低层次的分析进行。较高层次选择过程和时间范围与较低层次差别很大，因此对较高层次的现象解释就必须用较高层次的方法进行"[1]。需要指出的是，虽然演化经济学和演化论哲学一样强调非单一、不可还原的因果关系，但并不意味着将因果关系简化为"作用和反作用""互为因果"之类的判断，更不是要否定因果关系的存在。恰恰相反，"达尔文主义的核心就是决定论原则"，但这种决定论不是"可预测的决定论"和"律则性的决定论"，而是"发生普遍因果关系的基本原则"或者是"普遍存在的决定论"，即"任何事件都有导致其发生的原因"，或者说，"每一件事情都由与其相关的其他事情所决定"[2]。

在反还原论也即要求不同演化层级对应不同因果解释的纲领下，

---

[1] Hodgson, G. M., *The Evolution of Institutional Economics: Agency, Structure and Darwinism in American Institutionalism*, Routledge, 2004, p. 97.

[2] Hodgson, G. M., *The Evolution of Institutional Economics: Agency, Structure and Darwinism in American Institutionalism*, Routledge, 2004, p. 94.

因果关系如何体现在演化的不可逆中呢？霍奇逊在对亚里士多德的四因论进行的延伸中给出了一个尝试性的解答，即区分"有效的因果关系"和"最终的因果关系"。所谓"有效的因果关系"仅指能够产生影响的一种能力，而"最终的因果关系"则具有与目的相适应的特征，它是由目的、意图或者目标直接导致的。这种"有效的因果关系"和"最终的因果关系"虽然区分了"只要有关联并能引起变化的原因"和"最终与目的达成相关的原因"，但仍不够清晰，尤其是对于存在多层级的演化系统而言，这种划分没有区分不同层级中的因果差异性。要更清晰地回答这一问题，我们需要重构一种因果关系的解释。在孟捷在"归根结底起作用的矛盾"和"占主导地位的矛盾"基础上提出的系统因果性概念中，原因及其作用的对象的层级性也得到了分离，最初发生改变的原因作用于系统局部和单一层级，但导致系统最终发生变化的原因，则体现在系统全局和更高的演化层级上。

  从演化的过程性角度考察，我们不难理解系统因果性概念。在系统的演化过程中，系统本身及其内部因素都是变化的，不同时段中的因果关系、作用机制也当然是变化的，系统变迁的初始原因必然不同于系统变迁的最终原因。借用系统因果性的概念，我们同样可以说，**导致经济系统发生结构性变迁的最终原因，并不等同于经济系统演化的初始原因，无论初始变化的原因和现象是什么，都不意味着不可逆的出现。只有在导致经济系统发生结构性变迁的最终原因全部呈现时，经济演化的不可逆性，从而新的群类别、经济的结构性质变才得以确定。**以制度的演化为例，在霍奇逊所拓展的新凡勃仑制度主义分析框架中，制度演化遵循本能—习惯—习俗—制度的层级演化过程，存在着本能—习惯所对应的单个行为主体层级、本能—习惯—习俗对应的多主体小社群层级和本能—习惯—习俗—制度对应的匿名社会层级等多层次分析系统。在从微观到宏观的多个系统内，演化的初始原因可以是潜在的行为倾向、触发潜在行为倾向（本能）的环境刺激、重复博弈环境中的主体互动所形成的共有习俗等，但这并不构成习惯、习俗和制度形成的最终原因。习惯、习俗和制度不可逆地被选择出来，是经由竞争选择、扩散模仿等更为复杂的系统过程才完成的，也只有这种不可逆现象出现之后，我们才能说发生了习惯、习俗、制度的演化。

不仅制度演化，技术演化也同样可以在不可逆原则和系统因果性框架下得到解释。以工业革命为例，每一次工业革命或技术浪潮都对应着一次技术经济范式的变迁，但新技术和新行业并不意味着技术革命。唯有新技术扩散到本产业或部门之外从而引起整个生产体系的本质性变化时，才是真正意义上的技术革命。在这种扩散中，新的、革命性的技术以及围绕着这一技术领域所发生的种种创新，都可以被视为最初导致系统变化的原因，但这并非导致系统质变的最终原因。正如历史所呈现的那样，每一次技术范式的变迁都经历了漫长的时间，因为一种新的技术经济范式的产生，意味着经济产生了质的、不可逆的结构性变化，它需要形成一套从组织形式到生产技术乃至于消费习惯的相互关联的、通用性的技术和组织原则。[①] 只有在生产关键要素的动力部门（motive branches）、支柱部门（carrier branches）或者主导部门（leading sectors）以及受其影响而产生的"引致部门"（induced branches）之间形成一种匹配关系，使新技术和新的制度变革成为普遍性"常识"规则时，才意味着技术经济范式变迁的发生。

不仅制度变迁和技术变迁，在更为宏观的意义上，包含制度和技术因素的生产方式的变迁，也适用于不可逆原则及其包含的系统因果性解释框架。孟捷在用系统因果性概念对生产方式变迁进行解释时就认为，一种不可逆也即整体的、有机的生产方式变迁，初始原因、过程中的主导原因都不是决定性的，只有在系统满足了生产力发生根本变化的条件时，生产方式的变迁才能以不可逆的形式确定下来。在这种解释中，对因果性的考察是以"系统"也即生产方式的不可逆变迁为对象的，导致生产方式（系统）最初发生改变的原因，以及生产方

[①] 〔英〕卡萝塔·佩蕾丝：《技术革命与金融资本》，田方萌、胡叶青、刘然等译，中国人民大学出版社，2007，第14页。

式变迁过程中导致变化的原因，可以是技术（生产力），也可以是制度（生产关系），但都不必然等于生产方式这一系统在整体上发生"不可逆"变化的原因。要"以占有剩余为目的"的生产方式发生"不可逆"的、真正意义上的变化，就只有将剩余占有建立在生产力增长的基础上。

在技术、制度乃至生产方式的演化过程中，不可逆发生的条件是什么？从预测的意义上，无论是在技术还是制度层面上，要做出某种制度和技术是否会导致不可逆演化的预测是不可能的，因为演化不仅是不可逆的，同时也是不可预测的、不确定的，但这并不意味着我们无法对不可逆发生的基本原则进行总结。在熊彼特的意义上，所谓不可逆就是"创造性破坏"中"创造"和"破坏"的同时发生，只有在同时完成"创造"和"破坏"的基础上，新的类型才会因为主体和新环境及其他主体产生协同关系而得以确立，而被破坏掉的旧类型和旧类型所对应的选择环境都因不复存在，而无法使系统"可逆"地回到初始状态。在这里，不可逆之所以发生，在于形成了一个新的自增强系统，而新的自增强系统能否保持稳定性从而使系统不可逆，取决于系统内主体的耦合状态。系统的稳定不可逆状态可以有多种原因。例如，在新系统中，主体所获得的收益超过其在旧系统中的收益，或者因旧系统无法继续提供收益，从而使新系统中的收益成为该主体的唯一选择，新系统呈现出不可逆性；或者虽然在新系统中存在单个或部分主体收益低于其在旧系统中的收益的状态，但单个或部分主体不足以使系统重回变迁之前的状态，系统的不可逆性也可以得以维系。

自第一次工业革命以来，人类经济社会系统经历的六次康德拉季耶夫长波，或者说六次技术革命浪潮，本质上是经济结构六次大的、不可逆的、质的变迁。这种不可逆的质的变迁之所以发生并且不可逆，就在于每一次技术革命浪潮中，都能围绕着关键动力部门、支柱部门和引致部门形成部门间的自增强系统。这些部门间可以相互提供市场，深化分工，提供远比系统质变前更高的经济效率和经济回报，从而形成不可逆的自增强技术经济系统。在第一次工业革命的煤、冶铁、蒸汽机和棉纺之间，更先进的冶铁技术为生产更高效的蒸汽机提供材料，更高效的蒸汽机使采煤业具有更高的生产效率，更为廉价的煤炭能源又使冶铁和蒸汽机的生产更为经济，更广泛的动力又可使棉纺、毛纺业得到更广泛的发展。在第二次工业革命中的钢、石油、汽车和电力之间，高密度化石能源拓展了人类社会交往和生产的空间，从而集中分布式电力网络供应和大规模的铁路网络成为可能，交通运输工具又保障了人和物的空间拓展；在人类社会正在经历的第三次工业革命中，微芯片、存储材料、移动互联网、电子商务之间同样构成一个相互之间提供市场、技术支持的自增强系统，从而使新的技术经济范式逐步从单一的互联网和计算机行业中延伸到生产生活的各个领域，形成普遍性的通用技术规则和组织规则。简而言之，只有在这种自增强经济结构系统内，经济的结构性转变才是稳定的、不可逆的。

演化是永不停歇的过程，一个自增强的系统并非一个永远自增强的系统，一个自增强的系统走向自减弱从而被演化所淘汰的过程，也是一个新的自增强系统逐步形成的过程。这种涨落不仅体现在工业革命以来的数次技术浪潮或者说技术经济范式的变迁过程中，也体现在不同国家的不同宏观经济发展阶段中。在演化经济学的诸多流派中，法国调节学派以及以赖纳特等人为代表的演化发展经济学，都多次刻画了这种不可逆的自增强系统的兴衰过程。调节学派在分析福特制的自增强特性时就认为，二战后西欧和美国之所以出现以福特主义为标志的"黄金30年"，就在于其积累模式、调节模式和工业生产范式之间构成了一个自增强系统。

工业生产范式以规模经济和大规模消费为特征，调节模式则通过各种制度形式保证这种大规模消费和规模经济再投资和再强化的可能性，最终形成有大规模消费基础的内涵型积累模式。这一发展模式内部各部分彼此支持，构成一种良性循环。当以规模经济为代表的福特制工业生产范式劳动生产率提升困难、大规模消费乏力时，这种发展模式就开始从自增强走向自减弱,从而被后福特制这种发展模式所替代。演化发展经济学家赖纳特也刻画了类似的自增强系统。他认为,报酬递增的经济活动及随之而来的外部效应,可以导致劳动生产率和实际工资同时提高,这就有利于形成更强劲的消费需求和更高水平的储蓄,从而有利于形成规模经济和范围经济,进而有利于投资和资本积累,这就可以让经济发展进入一种正反馈循环中。但若劳动生产率提升仅导致产品价格下降而不带来实际工资的提升,上述过程就会因无法进入自增强过程而逐步衰减,并最后退出增长过程。

简而言之,作为演化经济学的关键特征之一,不可逆绝不仅仅只是"历史重要"的同义词,它和演化经济学的个体群思维是紧密相关的。较之"历史重要",不可逆更为深刻的含义在于强调发生在个体微观层次的新奇现象如何稳定地成为群层次上的宏观新奇现象,构成真正意义上的结构性变迁。理解广泛体现在创新扩散、技术范式变迁、制度演化以及生产方式变迁等领域内的不可逆现象,需要在系统因果性的框架下进行,尤其是对初始原因和导致系统最终发生不可逆变化的因素予以充分关注。

以《失败》一书为代表的政治制度决定论,遵循政治制度决定经济制度进而决定经济绩效的逻辑,对历史唯物论构成了直接的挑战。但是,这里要区分的是,导致生产方式(系统)最初发生改变的原因,可以是生产力,也可以是生产关系,包括所有关系和劳动关系,但它们都不必然等于生产方式这一系统在整体上发生"不可逆"变化的原因。最初变化的原因,不等于系统最终发生质变的原因,也不等于将系统锁定在某种不可逆状态的原因。如果生产方式的变迁不仅是通过生产关系的嬗变而实现的,而且最终显著地提高了生产力水平,那么这一变迁就获得了不可逆性。易言之,**有机生产方式的变迁仍然以生产力的根本进步为前提**。但在这里,生产力的决定性作用不仅可以表现在"事前",也可以表现在"事后"。如果生产关系的调节可以导致"事后"的生产力增长,那么将发生有机变迁;如果生产关系的调节并不导致"事后"的生产力增长，所发生的生产方式变迁就是可逆的，它无法获得"进化稳定性"。至此，生产力一元决定论的合理内核得到了另一种解释：生产力归根结底的作用不同于在历史过程中的直接决定作用，推动生产方式改变的直接原因可能和生产力的发展无关，但一种生产方式要在整体上实现不可逆的改变，却必须以生产力的发展为最终条件。而《失败》一书的关键问题，就在于完全忽视了这一导致生产方式系统性不可逆变化的根本原因。

三 为什么生产活动是不可逆的保障？

我们可以依据国家能力及其构成差异，来更为准确地刻画《失败》一书中的制度矩阵以及政治制度的关键特征。按照迈克尔·曼和维斯等人的划分，国家能力可以分为专制性能力和建制性能力。其中，以暴力垄断为基础的专制性能力只能是一种安全保障体现，它仅被视为一种前工业化国家的特征。在维斯等人看来，前工业化国家与其社会基础是相互脱离的，只能专制地运用权力去实现对社会的汲取。建制性能力是指国家渗透市民社会、在其统治领域内有效贯彻其政治决策的能力。与专制性能力不同，建制性能力是一种动员、激发和调用能力，以国家与社会的持续互动为基础，具有可持续性。建制性能力的形成意味着国家可以通过建制性的力量与公民社会建立起制度化的合作关系，由于建制性能力代表了"为发展目标而调动资源的能力"[1]，或"能增加对社会的渗透力和资源的汲取度并再分配资源到有需要的地方的能力"[2]，对经济发展具有极为重要的作用。

在维斯等人看来，建制性能力有三重维度：渗透能力、汲取能力和协商能力。其中，渗透能力即进入社会与人民直接互动的能力，它意味着动员和组织的深度和广度，以及共同目标达成的协商成本和维

---

[1] 〔澳〕琳达·维斯、约翰·M. 霍布森：《国家与经济发展：一个比较及历史性的分析》，黄兆辉、廖志强译，吉林出版集团，2009，第189页。

[2] 〔澳〕琳达·维斯、约翰·M. 霍布森：《国家与经济发展：一个比较及历史性的分析》，黄兆辉、廖志强译，吉林出版集团，2009，第5页。

持成本；汲取能力是从社会中汲取资源的能力，不仅代表着国家政治对国家经济社会事务的干预和管理能力，也代表着统合经济资源、提供公共品和社会福利的能力；协商能力即与经济组织合作从而协调经济的能力，指国家与经济社会组织的持续合作能力。按照维斯的理解，这三重维度的能力是相互依赖、相互联系的整体：持久的汲取能力依赖于深度的渗透能力和有效的协商能力，而渗透能力又和协商能力互为促进，无法渗透也就无法协商，而协商本身又可以强化渗透。维斯尤其强调，对后发国家更为重要的是有效的协商能力，协商能力越强大，渗透和汲取能力就越持久越强大。易言之，持续的协商能力可以为渗透能力和汲取能力提供保障，这种建制性协商能力，本质上就是伊文思的嵌入能力和韦德的驾驭市场能力。为此，维斯将伊文思的"嵌入"概念拓展为"嵌入式自主"（embedded autonomy）和"治理式互赖"（governed interdependence），认为国家既能嵌入社会又能继续保证自主是"有机强国家"的标志，而日韩等发展型国家之所以成功，就在于通过有效协商，将工商界融入国家的决策体系并同时保持自主性，从而把自主性转化成为能力。迈克尔·曼和维斯等人对多维度建制性能力的刻画适用于现代国家，因为现代国家国家能力的形成和变迁过程，也是其现代化和工业化的过程，同时也是国家型构的过程，而唯有这种建制性能力的增长和结构性变化，才代表着国家摆脱了单一专制性能力的脆弱基础，完成了现代国家的构建。正是在这一意义上，维斯才将建制性能力直接等同于国家能力。

简而言之，专制性能力仅仅意味着国家对社会具有统治、压制能力，但国家与社会之间缺乏深度联系因此也没有互动，在发展变化过程中，社会是被动的；而建制性能力意味着国家深度嵌入社会，社会可以被引领、被动员，具有主动性和内生动力，和国家一起"运动"。按照建制性能力的三重维度，一国可以仅仅具有渗透和汲取能力，也可以同时具备三重维度的能力，其差异在于，前者在静态条件下、在短期内可以保障国家与社会的互动，而后者由于具有协商能力，可以不断修正社会结构变化中国家与社会的关系，因此在动态条件下、在长期内可以保障国家与社会的互动。

按照上述国家能力的维度和内涵，我们可以重新对阿西莫格鲁备受指责的政治制度的内涵进行定义，包容性政治制度的足够集中与多元化也可以得到更为清晰的理解。所谓足够集中，本质上是指国家具有动员和组织社会进行经济发展的能力，而合法性认可只是其必然的题中之义。而多元化则是指政治秩序的开放程度，但它绝不是一个政党数量指标能涵盖的，而是包括对新生精英不断吸纳和整合的能力。足够集中保障了发展动员能力，而足够多元化则意味着，发展过程中嬗变的经济和社会结构可以在开放秩序下被吸纳和整合，从而保持其足够集中能力。这也就是同时具备三重维度建制性能力。按照这种对国家能力的理解，包容性政治制度的含义就更为明确：**一国既有组织动员发展经济所需资源的能力，如果这种能力不因政治秩序的开放而减弱，它就同时具备了足够集中和多元化两个特征**。如果从国家能力出发，那么《失败》一书所强调的攫取性政治制度，其实就是仅仅具有专制性能力的政治制度。

如果一国仅具有专制性能力，并实行攫取性经济制度，则是工业革命之前常见的帝国模式或封建模式的经济形态。在这种组合下，并非没有经济发展，但受制于攫取规模的边界以及攫取强度与反抗强度之间的平衡，在没有生产力进步的前提下，这种发展模式最终受限于马尔萨斯陷阱。如古埃及、古代中国、古代罗马，以及《失败》一书中所标示的刚果与乌干达等。但一国如果在具有专制性能力的前提条件下，同时发展了报酬递增的产业活动，就有可能走向包容性经济制度（见表2-1）。

如果一国具有建制性能力，也存在不同的情况。第一种情况是具有渗透和汲取能力，这种情况又可以分为两种类型。第一种类型下，国家具有渗透和汲取能力，但缺乏社会性经济组织，因此也不存在协商能力存在的必要性和可能性，经济组织的兴办发展均控制在国家手中，但其发展并非为少数人利益，而是具有共享性，经济发展从结果上看仍具有包容性特征。这种发展模式因缺乏社会性经济组织的内生激励而不可持续。第二种类型则是国家具有渗透和汲取能力，而且允许社会性经济组织的产生和发展，如拉美军政府时期、韩国的威权治理时期等。在这种类型中，如果国家开始孕育出协商能力，则随着经济发展和社会结构的变化，就有可能实现转型，如果国家始终无法建立起协商能力，则随着经济发展与社会结构的变化，有可能呈现内卷化倾向，即政体在威权—民粹中反复波动。第二种情况是同时具备渗透、汲取和协商能力，在这种情况下，社会组织具有内生激励和自发性生产活动的能力，国家完成从主导到引导的过渡。

表 2-1　经济制度和政治制度的矩阵组合——基于国家能力的划分

政治制度		经济制度	
		攫取性	包容性
	专制性能力	帝国模式 封建模式	第一波工业化国家初始阶段，如有报酬递增活动，则过渡到建制性政治制度与包容性经济制度组合，否则可逆。
	二维建制性能力 （渗透、汲取）	空集	无社会性经济组织
			有社会性经济组织
	三维建制性能力 （渗透、汲取、协商）		良性循环成功国家，不可逆

但是，**无论哪种组合，其稳定性均取决于生产活动的性质**。即使在三维建制性和包容性经济制度的组合中，国家也可能因为缺乏足够的协商能力以及足够的生产性活动而使其经济制度失去包容性。20世纪80年代以来，以美国为代表的西方发达国家在新自由主义的主导下，社会权力逐步从劳资平衡开始转向偏向金融、偏向资本，金融资本逐步建立对产业资本的引导权力，金融垄断日益凸显。在这种情形下，包容性制度中"对所有人经济权利的开放"已很难实现，形式上的自由市场经济沦为少数人、大资本主导的金融垄断经济，政治制度也相应地实现从开放政治秩序向少数精英控制和为少数阶层服务的变化。

第二章　循环累积：唯物史观的分析框架 | 77

　　为了进一步说明生产活动在攫取性制度向包容性制度转换中的决定性作用和对包容性组合不可逆的锁定效果，我们选择韩国和马来西亚，也即成功跨越中等收入陷阱和政治制度转型的"汉江奇迹"，与面临陷入中等收入陷阱和制度转型困境的"马来困局"作为比较。我们试图说明，生产活动的质的差异，是决定韩国从攫取性政治制度与包容性经济制度组合转向双包容性制度组合的关键；而独立以来一直保持攫取性政治制度的马来西亚尽管在 2008 年实现了包容性政治制度，但一直未能实现双包容性制度下的经济发展。之所以选择韩国与马来西亚作为比较研究对象，原因在于：第一，作为二战后独立的国家，两国均在不同程度上体现出政府引导的典型东亚特征；第二，威权政治在两国均存在较长时间，且在威权政治时期，两国均保持了较高的经济发展速度，也即攫取性政治制度下的增长；第三，两者分别在 1993 年和 2008 年实现从攫取性制度向双包容性制度组合的转换，但绩效迥然不同。关于这一点的讨论，也正是本节关注的重点。

　　图 2-5 显示了绝对标准也即人均 GNI 标准下两国的发展差异，图 2-6 则显示了相对标准下两国的发展差异。[①] 从绝对标准看，世界银行人均 GNI 操作指南分类中指出，1988 年中高收入范围为 1941~6000 美元。韩国 1971 年人均 GNI 为 1979 美元，1987 年达到 6535.7 美元，跨越中等收入陷阱，在中等收入国家这一阶段停留的时间是 16 年。而且，韩国在跨越中等收入陷阱后，人均 GNI 仍处于增长趋势，2014 年达到 24323 美元。相比之下，马来西亚 1970 年人均 GNI 为 1964 美元，1995 年达到 6011 美元，但 1995 年人均中高收入范围为 3036~9385 美

---

① 一种是绝对标准，即给出人均国民收入的范围，处在这个范围之内的是中等收入国家，如一国在进入中等收入国家 50 年后还未能跨越中等收入阶段，即这一国家出现增长停滞或负增长的情况，则视为陷入中等收入陷阱。另一种则是相对标准，即相对人均收入，用一国人均国民生产值与美国人均国民生产值的比值来表示，将该比值低于 20% 的国家认定为低收入国家，将该比值介于 20%~40% 的国家认定为中等收入国家，如果一国长期处于中等收入区间，未能实现朝向美国的收敛，则被视为陷入"中等收入陷阱"。参见黄群慧、黄阳华、贺俊等《面向中上等收入阶段的中国工业化战略研究》，《中国社会科学》2017 年第 12 期。

元，而马来西亚直到 2012 年人均收入才达到 9349 美元，根据 2016 年最新标准中高收入范围为 3956~12235 美元，所以马来西亚始终未能跨越中等收入阶段。按相对标准来看，韩国在 1983 年进入中等收入阶段，1993 年（即转向双包容性制度组合时）相对人均收入就超过世界银行标准（40%），在中等收入阶段停留的时间为 10 年。而马来西亚

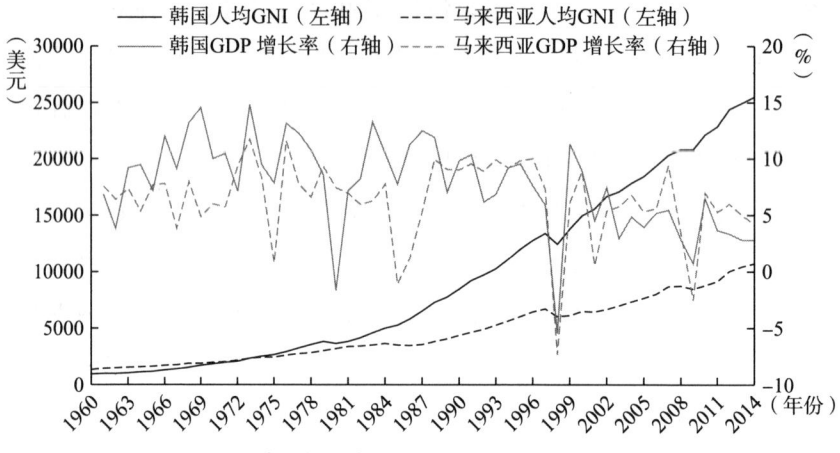

图 2-5 韩国与马来西亚人均 GNI 与 GDP 增长率

注：2010 年不变价美元计算。
资料来源：世界银行。

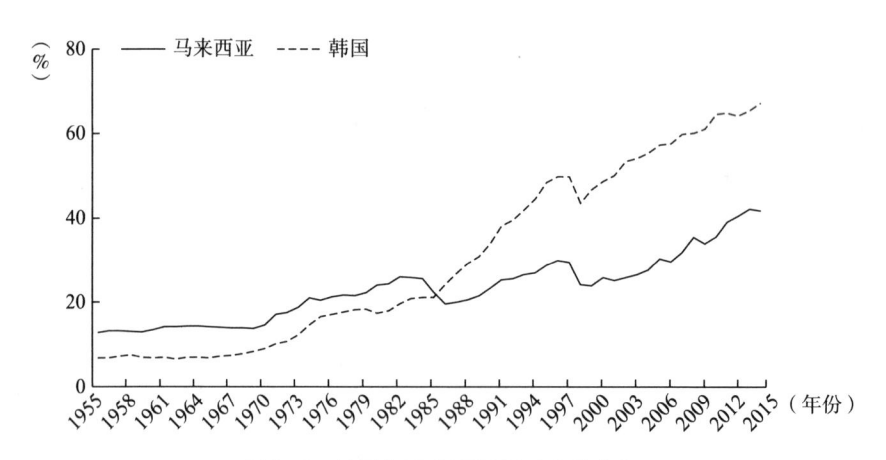

图 2-6 韩国与马来西亚相对人均收入

资料来源：GGDC。

相对人均收入自20世纪50年代以来一直低于40%，陷入中等收入陷阱。

我们进一步比较了两国的产业结构。从图2-7可以看出，1965~1977年，韩国工业增加值占比从21.3%提高到30.3%，1996年，韩国工业增加值占比提高到38%，增长显著。在跨越中等收入阶段后，韩国工业增加值占比维持在37%左右；韩国农业增加值占比在整个发展阶段中呈现下降趋势：自1965年的39.3%下降到1980年的15.1%，到1996年下降到5%，2015年农业增加值占比仅为2.3%。

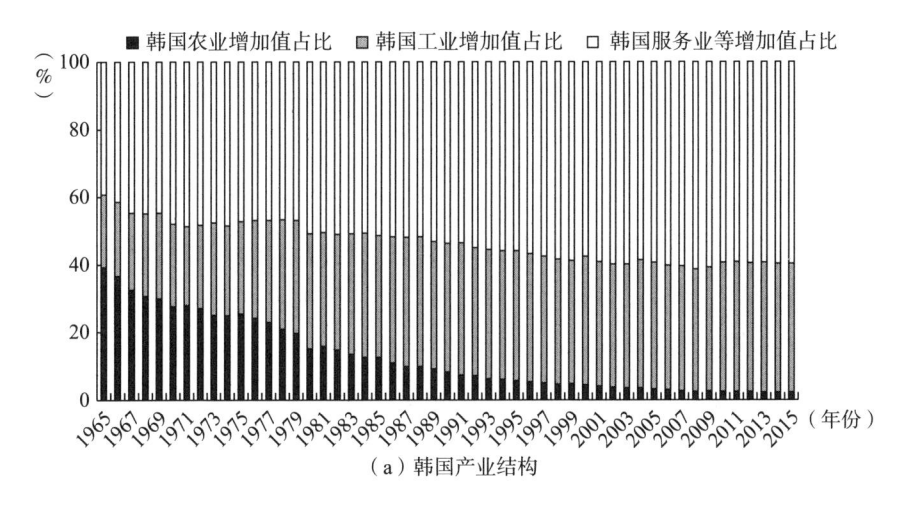

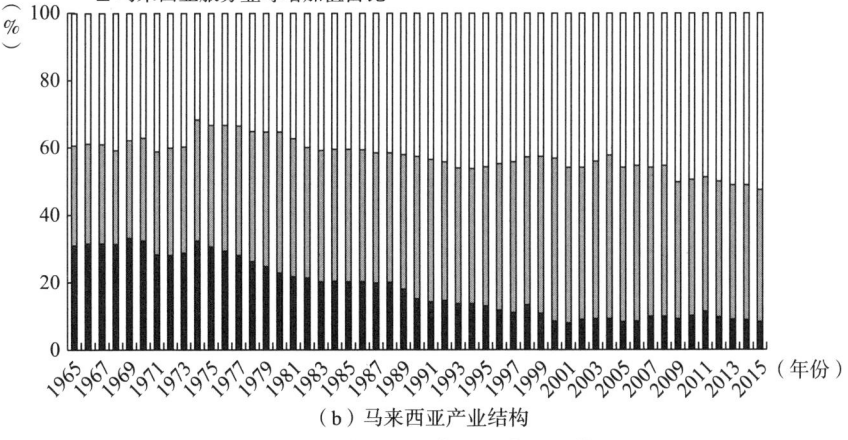

（a）韩国产业结构

（b）马来西亚产业结构

图2-7 韩国、马来西亚产业结构

1965~1973年，马来西亚工业增加值占比始终维持在28%~31%的水平，农业增加值占比为29%~33%，且在1970年前，农业增加值占比始终高于工业。1973~1977年，工业增加值占比有所增长，从31.2%增长至38.4%，此阶段工业增加值占比基本高于韩国，但农业增加值占比维持在28%左右，1974年高达32.5%。1977~1989年，马来西亚工业增加值占比几乎陷于停滞状态，始终徘徊在38%~41%，此时被韩国追上，农业增加值占比虽有所下降，但大多不低于20%。1989~2000年，农业增加值占比从18%下降至9%，之后也维持在这一水平，工业增加值占比则从39.8%增加至48.3%；2000~2008年，工业增加值占比基本不低于44%，2008年后下降到40%左右。

为了剔除产业间相对价格的变化和宏观经济波动的影响，我们采用2010年为固定价格计算制造业增加值占GDP的比重反映实际制造业增加值占比情况，结果如图2-8所示。在实际制造业增加值的比较中，可以看出，尽管马来西亚自1989年开始工业增加值占比有所上升，但实际制造业增加值占比在1992~2000年增速缓慢，在2000~2008年则陷于停滞，2008年以后开始呈下降趋势。与之相反，韩国在1965~1980年实际制造业增加值占比随着工业增加值占比的增加而增长迅速，尽管工业增加值占比在1996年后变化不大，但实际制造业增

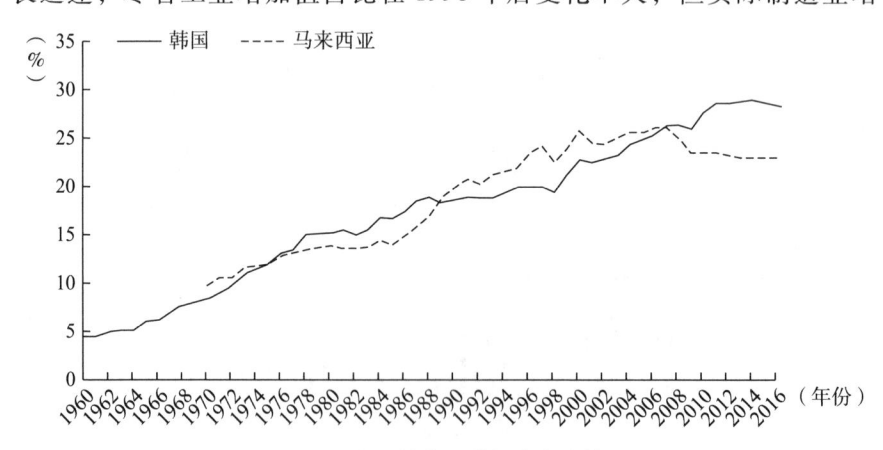

图2-8 实际制造业增加值占比情况

资料来源：世界银行。

加值占比仍呈现上升趋势，说明韩国内部制造业效率在不断提高，而马来西亚则与之相反。

尽管实际制造业增加值占比显示了两国工业质量的差别，但比较研究表明，至少从工业增加值占比上看，韩国并不对马来西亚构成压倒性优势，两国名义上制造业的差异，更多地体现在20世纪90年代之前的增速差异上，韩国工业增加值占比迅速上升，而马来西亚工业增加值占比增速较为缓慢。而在20世纪80年代之后，两国在工业增加值占比上差别并不算很大，但这一阶段，韩国跨越了中等收入阶段，而马来西亚未突破。

按照演化发展经济学的"产业活动的质量决定经济绩效"这一基本判断，我们更需要探究的是，在工业占比的背后，工业活动的本质存在怎样的差异？

从图2-9、图2-10可以看出，韩国自20世纪60年代以来，制造业出口占比不断增长，从1962年的18.2%增加至1980年的89.5%，随后制造业出口占比维持在90%左右；而制造业进口占比自1962年以来始终维持在50%左右的水平，1980年只有43%，1986~2005年维持

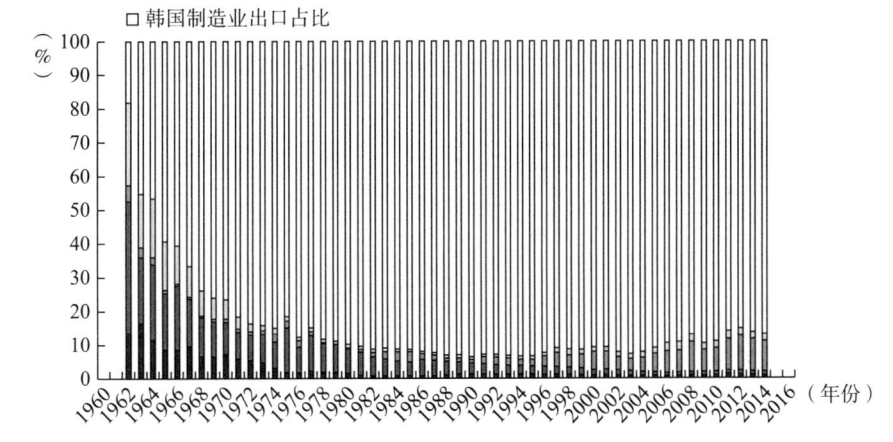

图2-9 韩国出口贸易结构

资料来源：世界银行。

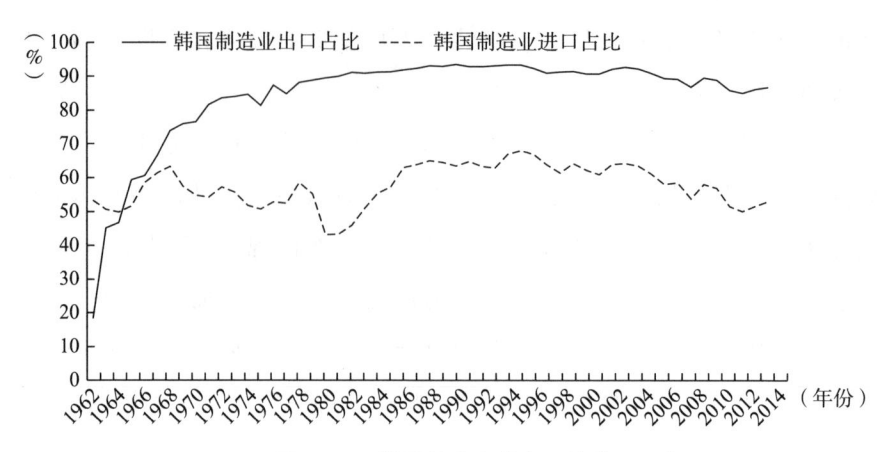

图 2-10 韩国制造业进出口结构

资料来源：世界银行。

在 61% 上下，2011 年又下降到 50% 左右。1965 年后，韩国制造业出口占比便开始超过制造业进口占比，在中等收入阶段下，即 1971~1987 年，制造业出口占比增长速度较快。

从图 2-11、图 2-12 可以看出，相比之下，马来西亚在 1990 年以前以原材料出口为主，其中农业原材料出口占比均为 30% 以上，制造业出口占比虽逐年增加，但不超过 50%；1990 年开始制造业出口占比

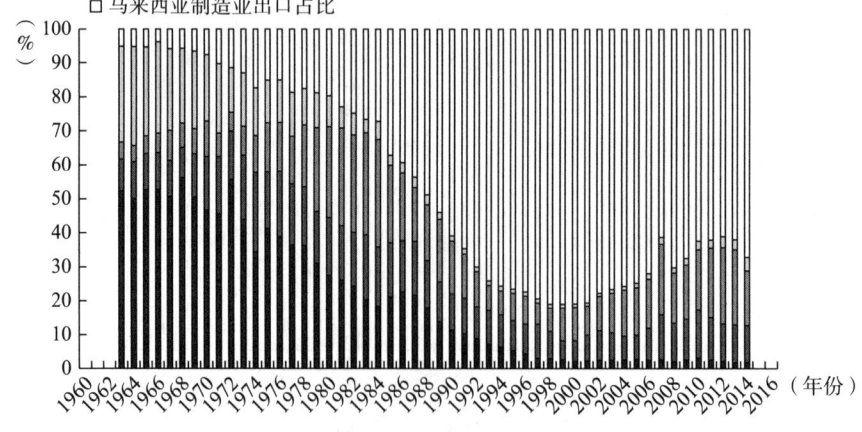

图 2-11 马来西亚出口贸易结构

资料来源：世界银行。

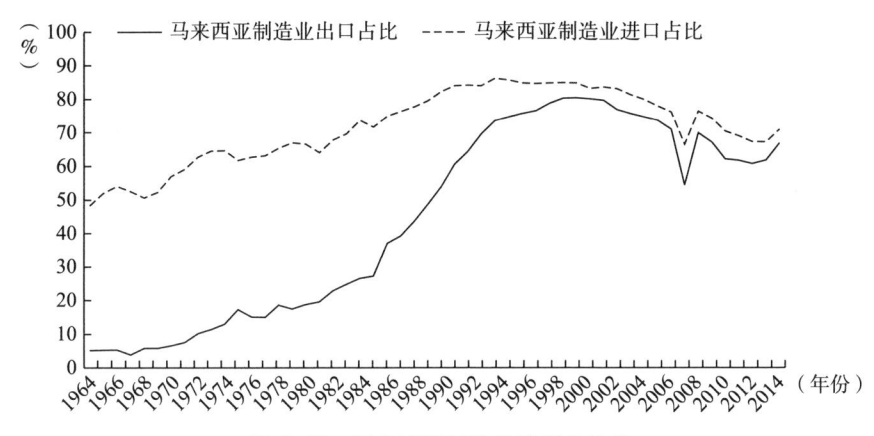

图 2-12 马来西亚制造业进出口结构

资料来源：世界银行。

超过50%，到2000年达到80%。但随着燃料出口的增加，制造业出口占比又开始下降，2013年为60%。从马来西亚制造业进出口结构来看，1964~1985年，制造业出口占比从5.1%缓慢增加到27%，而进口占比从48.2%增加到71.6%，远远大于出口；1986~2000年，制造业出口占比从37%迅速增加至80.4%，但制造业进口占比也从74.8%增加至84.8%，进口与出口占比差距虽然在缩小，但进口占比始终大于出口占比；2000年以后，制造业进出口占比同步下降。

《韩国贸易年鉴》等相关数据统计也表明，韩国在进入中等收入阶段之前，主要发展本国资源性产品，1962年初级产品出口占比高达73%，主要为大米和铁矿石这样的农副产品和自然资源；之后韩国则主要发展劳动密集型轻工业，1970年，尽管制造业出口占比上升至83.6%，但当时主要出口的是服装、胶合板和假发这类轻工业产品。在进入中等收入阶段后，韩国制造业开始逐渐向资本和技术密集型产业升级，1980~1985年，韩国制造业出口占比由91.8%上升至95.4%，主要出口产品种类也由1979年的纤维、电子产品和铁制品变为1987年的纤维、电子产品和汽车配件。

相比之下，马来西亚不仅自然资源出口占比一直很高，制造业也一直处在低端发展状态。马来西亚农副产品和自然资源的出口占比在

1975年、1980年和1985年分别82.1%、80.8%、72.5%，占绝对比重；而制造业出口占比增长缓慢，从1975年的17.3%上升至1985年的27.2%。但从马来西亚进口商品组成来看，1975~1985年机械设备的进口尤其是电气机械的进口由10.1%上升至24.9%，资本密集型产品严重依赖进口。在这10年时间里，尽管机械设备出口有所增长，但机械设备进口占比远远高于出口占比，说明其本国制造业发展没有很大突破。

韩国和马来西亚的比较研究表明：第一，在攫取性政治制度和包容性经济制度下（事实上，按照阿西莫格鲁的标准，威权国家的经济制度包容性一般不高，裙带资本主义、腐败垄断盛行），韩国依然取得了足够长时间的经济增长，但几乎在同样的制度组合模式下，马来西亚的绩效则远逊于韩国，这说明经济发展及其可持续性更多的是由经济活动本身的性质决定的，而无论是韩国还是马来西亚的转型，都发生在人均收入达到或接近中等收入水平之后；第二，马来西亚即使在实现转型之后，在双包容性制度组合下也仍未能成功跨越中等收入陷阱，经济活动也并未发生阿西莫格鲁等人预言的由"包容所鼓励的创造性破坏"，而始终陷在低附加值的出口导向活动中。这至少可以表明，包容性制度——创造性破坏——经济发展的逻辑环节远不是《失败》一书所预言的简单线性关系，而是要复杂得多。

第三节　循环累积：社会、经济与政治

一　被忽视的社会结构

政治秩序决定论和经济活动决定论以不同的方式涉及社会，前者强调组织，后者强调收入对阶层形成的意义，但均未单独将社会作为分析对象。事实上，社会结构通过影响社会成员流动性、经济与政治资源获取的机会差异和分配效应，对一国经济发展和政治秩序变迁有着重要的影响。历史地看，无论是作为"例外论"的英美，

还是多数欧洲国家的工业化历程,乃至东亚和拉美等后发国家的政治经济发展,都证明了这种影响因素的存在。流动性强、相对较公平的社会结构的确可以为经济活动和政治秩序的现代化创造有利条件,但这一结构的获得以及这一结构的稳定,本质上是特定经济活动的产物。社会结构、经济活动和政治秩序之间不仅存在着一种循环累积因果关系,而且这种累积效应具有正反馈和负反馈两种循环机制,进入正反馈和打破负反馈时的政策选择,应视不同的约束条件而定。高质量的经济活动有助于形成扁平化的社会结构和多元化的政治秩序,但政治秩序的变革和社会结构的人为重构也往往能促进经济、社会、政治进入良性发展通道,这并不能否定经济对政治和社会的决定性作用。

人是经济活动和政治活动的主体。对经济活动绩效和政治秩序变革的研究,不可能脱离对人这一行为主体的动机、偏好、相互关系的讨论。大量研究都从文化、宗教①、性别、社会资本的角度考察了这些因素对不同国家和地区经济与政治发展绩效的影响。其中,从社会结构,尤其是职业、身份和财产占有关系这一角度出发,观察社会结构、经济活动和政治秩序之间复杂关系的研究,尤其值得重视。

社会结构这一视角之所以引起重视,是因为:第一,相较于文化、宗教、性别和社会资本等因素而言,社会结构具有"重构"的可能性,它更适于发挥人的能动性,从而具有更广阔也更具操作性的政策空间,如采用移民、再分配政策、社会运动和宣传等,相比之下,对文化、宗教等的改造和重构都是极为困难和漫长的;第二,社会结构,尤其是在工业化和现代化进程启动之初的社会结构,不可避免地与宗教、种族、文化传统有关,这就使通过社会结构观察文化、宗教和种族的影响成为可能,即社会结构的研究在某种意义上可以包容其他因素;第三,社会结构的动态性特征更为明显,它不仅会影响经济活动

---

① Barro, R. J., McCleary, M. R., "Religion and economic growth across countries", *American Sociological Review*, 2003, 68 (5).

和政治秩序，同时也会被经济活动和政治秩序所影响，社会结构、经济活动和政治秩序的协同演化特征，使这一研究更具动态特质；第四，社会结构既与政治学中的"利益集团""多元化"等主题相关，也与经济学中的"分配""公平与效率""寻租"等主题相关，同时也和社会学中的"阶层""流动性"等主题相关，这一视角所具有的复杂多学科特征，吸引了更多学科的参与。

历史表明，以工业革命为观察起点，经济活动绩效较好、政治秩序变迁较为稳定的国家，在其发展之初，往往有着较为扁平、流动性强和财富占有较为公平的社会结构，无论是早期欧美国家，还是东亚、拉美和非洲国家的发展历程，都证明了这一点。然而，由于社会结构、经济活动和政治秩序之间存在相互影响、相互依存的关系，这就必然带来进一步的问题：初始社会结构的形成是一种历史偶然的路径依赖，还是可借由经济和政治作用重构的现实选择？社会结构的改造是否构成一国工业化和现代化的先决条件？一国工业化和现代化过程中，产业活动的选择是否以及如何继续影响既定的社会结构？在经济权利和政治权力的开放顺序上，东亚的"先经济权利，后政治权力"的开放顺序是针对特定社会结构的一种选择，还是普适性的经验？这类问题之所以长期以来非常重要，不仅是因为关系到解释"国富国穷"问题，更重要的是关系到"富国策"的选择，尤其是，当一国陷入社会—经济—政治的恶性循环时，究竟选择怎样的变革，才能有效地打破负反馈，从而进入良性循环？

我们认为，第一，社会结构、经济活动和政治秩序之间存在着循环累积效应，这种循环累积效应是通过分配和分配规则发生作用的，它可以是正反馈的良性循环，也可以是负反馈的恶性循环。第二，从人类社会发展的长期历史来看，经济活动对社会结构和政治秩序具有决定性的影响，但具体到一个"待启动"的社会或陷入负反馈的社会，关键性的启动因素则视约束条件而定，但经济活动的选择依然是保障社会结构、经济活动和政治秩序进入良性循环的关键所在。易言之，一个社会可以通过社会结构的重构和政治秩序的建立启动其现代化与工业化的进程，但这一进程能否持续稳定在良性循环的正反馈内，仍然是由经济活动的"质"，进而通过经济活动的分配效应来保障的。第三，在社会结构、经济活动和政治秩序的启动顺序上，社会基础的改造有利于经济活动的开展，但在既定的社会基础无法被暴力、革命和外来秩序所颠覆的情形下，通过经济活动的选择以及政治秩序的变革，仍可以改造社会结构，使其适应经济和政治的进一步发展。但这并不能否定经济活动的决定性作用，这是在既定约束条件下，上层建筑对生产关系的反作用力。

当涉及经济活动以及政治秩序变迁这一问题时，学者们所讨论的社会结构，主要是指在一种新社会形态形成的初始阶段，旧社会形态中所形成的社会阶层分布及其力量对比。在侧重于从阶级间相互作用角度来探寻制度变迁的巴林顿·摩尔学派中，这种社会结构分析法表现得尤为典型。以"无中产，无民主"的观点而闻名的摩尔认为，现代社会政治秩序的变迁只涉及四个阶层：中产阶层、工人阶层、地主和农民。这四者是重要的社会参与者，他们不同的诉求和力量的对比，决定了法治以及政治秩序的走向。对于早期资本主义起源的研究者而言，最初的社会结构只涉及"地主寡头和农民"。[①] 在《民主与专制的社会起源》一书中，摩尔指出，他力求阐明在农业社会向现代化工业社会过渡的过程中，地主和农民各自所发挥的政治作用。[②] 在巴林顿·摩尔学派的后续研究中，这种社会结构研究则被进一步拓展到国家与市民社会之间、各阶层与阶层联盟之间、跨国权力之间等。[③]

社会结构之所以对经济活动绩效和政治秩序的变迁有着重要的影

---

① 〔美〕弗朗西斯·福山：《政治秩序和政治衰败：从工业革命到民主全球化》，毛俊杰译，广西师范大学出版社，2015，第315页。
② 〔美〕巴林顿·摩尔：《民主与专制的社会起源》，拓夫、张东东等译，华夏出版社，1987，前言。
③ Huber, E., Rueschemeyer, D., Stephens, J. D., "The impact of economic development on democracy", *Journal of Economic Perspectives*, 1993, 7 (3).

响是因为，作为经济活动和政治秩序的行为主体，社会参与者的初始力量分布，意味着其接触经济和政治资源、获取经济权利和政治权力的意愿、机会和能力。经由经济活动的分配效应，这种初始力量分布又会使社会阶层进一步产生分化或固化，从而进一步影响社会参与者获取经济权利和政治权力的意愿、能力、机会和结果。而在经济活动和政治秩序的变迁过程中，围绕着经济权利、经济资源和政治权力的分布的改变，社会参与者的相对地位和群体数量也随之发生改变。这一逻辑，无论对于自发的市场经济演化模式，还是对于后发国家的组织型和动员型的经济发展模式，都同样成立。用福山的话说，工业化和现代化的本质就在于，让前工业化社会那种以不同生活目标、不同生活方式的群体，服从于一种同质化的理性经济规则，从而使资源配置效率按照市场原则趋于优化，而不是服从于其他非市场目标。[1]

  经济史的考察表明，从早期英国到后来的美、德、俄等国家，乃至东亚和拉美等地区的后发国家，社会结构对工业化、现代化乃至政治秩序的影响，都非常明显。英国之所以形成"英国例外"，就在于工业革命之前的英国已经形成了一种无农民的、土地占有相对公平的社会结构。[2] 在农业生产上，英格兰没有实行欧洲国家的分益耕作制，这使英国的土地占有相对平均，农民收入也较高。同时，英国很早就摧毁了欧洲那种社会等级制度，贵族和中产阶层不仅共享信仰、职业机会，而且相互通婚，社会流动性较高。因此，早在工业革命爆发前的15世纪甚至更早，欧洲大陆的典型社会结构——世袭贵族、僧侣、小资产阶级和农民在英国就不复存在，取而代之的是富裕农民（乡绅）、商人和贵族构成的社会结构。根据托尼等人的考证，在亨利八世于1538年解散了所有的修道院之后，大量土地被新一代资产阶级获得，这些地位不断上升的乡村士绅阶层强烈希望获

---

[1] 〔美〕弗朗西斯·福山：《历史的终结与最后的人》，陈高华译，广西师范大学出版社，2014，第99页。
[2] 清华大学国学研究院主编《现代世界的诞生》，管可秾译，上海人民出版社，2013，第68~69页。

得财产权保障，希望国王的权力受到制约。① 而海外贸易扩张所导致的重商主义和资本主义利益集团的制度取向同这一乡绅阶层十分相似，两者在 18 世纪为改革英国的制度而联合在了一起，促成了英国独有的政治和经济制度。

同样具有例外特征的是美国，美国的崛起则在很大程度上得益于其"无历史"的社会结构。卡岑斯坦指出，美国社会诞生于现代，它并不需要一个强有力的国家来摧毁传统社会，美国社会既没有封建结构，也没有贵族来阻碍社会和经济的发展。② 托克维尔也指出，美国没有城堡，没有世袭地主那样的大家族，没有佃农，只有家庭农场，农民拥有自己的土地，并且参与到不同的市场导向的经济活动当中。当经济权利开始对所有人开放的时候，借由西进运动、自由移民以及大规模的自然资源开发，美国经济在 19 世纪二三十年代就已经转向了一种由企业家精神主导的经济发展模式，快速地从自给自足的农业经济转变为世界上最先进的工业经济。③

对于德国和俄国等封建传统较为牢固的国家而言，对传统封建结构中的社会进行"结构重构"是这些国家在工业化和现代化进程中的首要任务，也只有在完成了这种社会重构之后，这些国家才有可能释放出经济的最大活力。身处落后的、尚未实现统一的、存在封建势力阻碍的德国，李斯特认为，德国封建贵族势力仍是当时德国最强大的政治势力，要以资本主义工业经济替代德国的封建农业经济，就必须对旧的封建残余制度进行破除，建立一个自由的、能最大限度激发个人与社会生产力的经济制度。在李斯特的理论体系中，对封建社会基础的改造是激发经济自由和经济活力的前提，激发了经济自由和经济活力，才能使他所倡导的关税保护和幼稚产业扶持等政策取得提高国

---

① 〔英〕R. H. 托尼：《宗教与资本主义的兴起》，赵月瑟、夏镇平译，上海译文出版社，2006。
② 〔美〕彼得·J. 卡岑斯坦：《权力与财富之间》，陈刚译，吉林出版集团，2007，第 76 页。
③ 转引自 Henretta, J. A., "Economic development and social structure in Colonial Boston", *The William and Mary Quarterly*, 1965, 22 (1)。

民生产力的效果。而和李斯特一样,格申克龙在研究俄国工业化进程时也意识到了俄国的封建制度对后工业化进程的制约作用:"只要某些可怕的制度障碍(诸如农奴制或者政治统一的普遍缺乏)依然存在,就没有任何工业化的可能。"①

　　东亚发展型国家在经济发展以及政治秩序变迁上所表现出的差异性,同样体现了社会结构的这种影响力。在摩尔看来,作为亚洲最早实现工业化的国家,日本之所以没有发生类似中国的底层农村革命,就在于日本在德川幕府时期,就通过税收的集体评定制度和固定地税制,使农民变得相对富裕,乡村社群关系和谐稳定且富有凝聚性。大野健一则认为,明治维新开始之前,被黑船叩开国门的日本农民受惠于生丝、茶叶等产品出口而变得更为富裕,同时对外贸易也促成了横滨商人阶层的形成。② 兰德斯也指出,早在19世纪中期以前,德川幕府统治下的社会结构就开始崩溃,旧的有关社会地位和级别的制度受到公开嘲讽。贫困的武士和商人的继承者开始联姻。富农、富商成为各地的显要人物,与豪门乡绅平起平坐,那种盲目顺从的年代已经过去了。③ 明治维新开始之后,明治政府又进一步将改变江户时代所形成的保守的社会等级隔离制度视为重要任务,政府用皇族、华族、士族和平民四种身份取代传统的身份等级隔离制度,宣布四民平等,取消武士特权。四民平等运动使平民可以自由择业和迁徙,从而为工业发展提供了大量自由劳动力。更为重要的是,四民平等运动通过社会平等以及对公民权利的保障,改变了传统社会中世袭罔替规则所包含的社会基本价值观,而代之以靠个人努力和奋斗取得社会地位和走向新生活的价值观,这在激发社会成员创造力的同时,也极大地促进了

---

① 〔美〕亚历山大·格申克龙:《经济落后的历史透视》,张凤林译,商务印书馆,2009,第12页。
② 〔日〕大野健一:《从江户到平成》,臧馨、臧新远译,中信出版社,2006,第33页、第60页。
③ 〔美〕戴维·S.兰德斯:《国富国穷》,门洪华等译,新华出版社,2001,第524页。

劳动力的流动。[1]

类似的社会结构改造还包括韩国的新村运动等。通过这种社会重构，上述国家充分地激发了民众的生产积极性、主动性和创造性，并成为后发工业化国家中的成功典范。房宁等学者认为，日韩等成功的东亚发展型国家的一个共同特点，就是在工业化之前或之初都经历了社会结构的较大变动，破除了原有社会的"等级高度差异"，使社会呈现一种流动性较强的"扁平化"趋势。

拉美国家缺乏像亚洲国家那样高度同质的文化基础和中央集权传统，其社会成员构成和国家传统均迥异于东亚国家，但不同拉美国家的不同社会结构，对拉美工业化和现代化的影响体现得同样明显：越是起始阶段相对扁平化、平等化的国家，其经济发展越稳定。萨尔瓦多和危地马拉这样的国家，因历史原因形成了文化、宗教和财产占有冲突性极强的社会结构，社会由印第安原住民、黑人、西亚和欧洲移民构成，与此同时也形成了根深蒂固的种植园经济模式，这种社会结构对其经济和政治发展构成了明显的制约。但是，本具有"清洁的石板"——同质化的欧洲移民、广袤的温带农业区的阿根廷，同样也没有成为"南美的加拿大"，其经济活动和政治秩序的不稳定性极强。究其原因，虽然不存在种族问题，但阿根廷19世纪20年代初就形成了极不均衡的寡头地主和种植园经济，自19世纪20年代开始，阿根廷政府就开始出售大量土地，最终少数家族以非常低廉的价格获取了雨量充沛的温带农业区大量适合家庭农场制的农地。一战时期，六个阿根廷最大地主的收入高于阿根廷国家主要部门的预算，这些土地寡头不仅垄断了经济，同时也控制了阿根廷的政治，成为阿根廷日后经济和政治发展的巨大阻碍。到20世纪初，美国3/4的家庭都在农村占

---

[1] 〔日〕森岛道夫：《日本为什么"成功"》，胡国成译，四川人民出版社，1986，第32页、第198页。身份等级制度在日本有着悠久的历史，除了士农工商等传统等级之外，奈良时期以来，日本社会还将乞丐、与动物和人的尸体打交道的人，都归为不可接触者，并通过制度化将这些社会成员隔离为最底层成员。四民平等运动持续的时间很长，1922年成立日本的全国水平社、1955年改名的部落解放同盟都是这一运动的产物。

有土地，而阿根廷有土地的家庭不到10%。与阿根廷形成鲜明对比的是哥斯达黎加，作为经济表现优异的南美国家，哥斯达黎加不仅有与阿根廷同样的"清洁的石板"——种族和宗教较为单一，更为重要的是，通过明智的土地政策，它始终没有形成像阿根廷、危地马拉那样的寡头地主和农民的社会结构，也没有形成种植园经济。

二 经济活动：社会结构的形成基础

良好的社会结构之所以有利于经济活动的开展，是因为现代经济体系的发展，要求劳动力、企业家资源的自由流动和有效率的配置，而特定社会关系的束缚，必然会对其产生抑制作用。种族隔离、种姓制度、世袭罔替和土地及其他财富的不公平占有，通过文化、习俗和生产依附方式，约束了这种经济主体的流动性，使社会无法按照经济效率的理性原则运行。但是，社会结构对政治和经济的影响如此明显，是否意味着只要进行过社会重构，或者天然地有着良好的、相对平等的社会结构，一国就能顺利地开展经济活动和形成良性的政治秩序？反过来说，如果一国天然缺乏良好的、相对平等的社会结构，是否就意味着与富裕无缘？

一些学者用地理位置、气候、移民、宗教等外在初始因素解释一个国家和地区初始社会结构形成的必然性。地理决定论认为，温带地区和热带地区经济发展的差异，就在于两者不同的气候、资源条件和拓殖方式导致了初始社会结构的差异。在戴蒙德看来，新大陆缺乏驯化物种是旧大陆拓殖胜出和两者制度差异的原因，[1] 而在萨克斯看来，热带地区发展之所以落后于温带地区，是因为热带地区缺乏港口和通航河流，不利于贸易，同时热带居民也比温带居民承受更多的疾病。[2] 在阿西莫格鲁和罗宾逊看来，新旧大陆的差异，是由于气候条件导致早期殖民者在不同殖民区域夭折率的差异，在可以安全定居的地方，

---

[1] Diamond, M.J., *Guns, Germs, and Steel: The Fates of Human Societies*, W.W. Norton & Company, 1999.

[2] Sachs, J.D., "Tropical under development", *National Bureau of Economic Research*, 2001.

欧洲人就会建立限制国家随意侵犯私产的制度，形成包容性的、鼓励个人创造的社会结构，而在疾病频发、定居成本太高的地方，殖民列强就会建立攫取性的经济制度，从而形成一种少数人掠夺多数人的社会结构。英国人发现了一块人口稀疏的陆地，就把土著人赶走，自己安家落户，长此以往，导致了一种绝对的种族隔离。西班牙人发现的却是新大陆人口最稠密的地带，他们与当地居民通婚，形成了更多元的人口结构。

不可否认，历史至关重要，但如果将一切差异归因于历史初始路径的微小分叉，却陷入了另一种被动的自然选择论，即我们只是环境的被动选择者，而非能动性的适应者和改造者，无限上溯初始路径的差异性，最终会将一切归因于"告别非洲"时的方向选择。历史的连贯性固然存在，但具有涟漪效应，即距离越远，其影响力越弱，初始因素会被后续其他因素冲淡。即使是萨克斯本人，后来也不得不承认："现在是到了该放弃'地理环境决定论'这种假想的怪物的时候了，这种错误的观念认为地理不利因素是唯一重要的因素，决定了一国经济的发展。而问题的关键仅仅是这些不利因素要求这些国家比那些地理上更为幸运的国家进行更多的投资。"[1]

从根本上说，一国社会结构的形成，仍然是其经济活动所决定的，地理位置、气候、移民等因素的影响，也只能通过经济活动这一核心机制体现出来。在非移民国家，如英国、日本，工业化之前具有流动性相对较强的社会结构，正是在于在其资本主义萌芽之前，特定的生产活动使传统社会结构产生了松动，为进一步的工业化和现代化奠定了基础，而即使是先天条件较好的移民国家，如阿根廷和美国，也会因生产活动的选择不同，而使初始社会结构产生差异。正如赖纳特所指出的那样，温带的确没有形成像热带那样的以种植业为主的奴隶制经济，也没有形成攫取性的殖民制度。因为热带地区的经济和社会结

---

[1] 详细论述可参见〔美〕杰弗里·萨克斯《贫困的终结——我们时代的经济可能》，邹光译，上海人民出版社，2007，第54页。

构稳定为一种主人和奴隶的分工。出口部门之外的土地所有制常常是封建主义的。而没有原材料的温带地区殖民地则常常有本质上的不同，这些殖民地吸引到的居民，到达殖民地之后只能自己养活自己，而不是通过使用奴隶，当地政府也常常以均等份额给每个农民分配土地。同样地，奴隶社会和封建社会以及以自耕农为主的国家在教育、公共资源投资建设的处理方式上也非常不同。这种经济活动的差异性，才是使不同的社会结构成为可能的唯一原因。

更为重要的是，即使地理位置、气候、移民和历史偶然因素构成了对经济活动选择的制约，人类的能动性和创造性也可以打破这种制约，通过有效的经济活动，形成更有利于要素流动和财富创造的社会结构。大量的历史案例表明，即使一国的初始社会结构并不适合"商品经济和政治民主"这样的现代化目标[1]，但通过启动经济活动，这种社会结构仍是可以改造的。1950 年之前，西班牙是一个传统农业国家，乡村豪绅、地主与农民构成了这个社会的主要成分，但在 1950~1960 年，西班牙的经济发展和城市化进程摧毁了这种传统的庇护-依附关系，大批农民被迫离开土地，来到城市，而地主也转变为面向全国乃至国际市场的更有效率的农业生产者。同样，新加坡和菲律宾气候、人口结构、资源禀赋都很相似，但菲律宾形成了强大的家族地主寡头制度和种植园经济。前文所提到的哥斯达黎加，就其自然条件和地理位置而言，是拉美国家中的"贫穷海岸"，但其大庄园之所以少于萨尔瓦多和危地马拉，政治权力也没有集中在保守派的土地寡头手中，是因为早期独裁者托马斯·瓜迪亚比同时代人开明得多，他大力推广教育，削减咖啡业精英的权利。[2] 最终，哥斯达黎加成功地摆脱

---

[1] 〔美〕巴林顿·摩尔：《民主与专制的社会起源》，拓夫、张东东等译，华夏出版社，1987，前言。
[2] 托马斯·瓜迪亚是哥斯达黎加 19 世纪 80 年代的总统。事实上，哥斯达黎加同样经受了政变动荡，但在近 60 年时间里则较为稳定，除了瓜迪亚之外，其经济起飞也和何塞·菲格雷斯·费雷尔 20 世纪 50~70 年代的经济政策直接相关，但哥斯达黎加始终没有形成大地主制度是事实。

了种植园农业以及阶层和种族分裂的普遍模式。同样的故事也发生在博茨瓦纳,这个独立之时只有几家屠宰场的"无希望之国"之所以避免了一些非洲国家的失败命运,就在于它通过合理的经济政策和种族政策调和了各种族、部落之间的经济利益,实现了经济成长的"国民共享"。

从一些成功国家的经验看,社会结构重构的确可以通过战争、革命等形式进行,但这并不是唯一的社会改造途径,事实上,**战争、革命和社会改造运动未必总是能改变社会基础,但成功的经济活动可以改造社会基础是确凿无疑的**。而且相较于战争、革命和社会改造,经济活动不仅更为有效,破坏性也更小。历史地看,战争不仅代价高昂,而且也并非所有地区和国家的经验。革命、内乱和改革的确让东亚"快亚洲"国家的社会结构被动地得到了一种扁平化改造,但这并不是普适性的经验。在拉美和非洲,所有内乱、冲突和改革,都很少触动社会中的阶级结构,其唯一的后果,就是政局的不断动荡和基础设施的严重毁坏。不仅如此,即使是经由战争、革命和社会改造所形成的流动性较强的社会,也仍需正确的经济活动来保持这种流动性和扁平化结构,如果新加坡、日本、韩国这些"快亚洲"国家在二战后没有实施经济发展规划和产业战略,它们仍然无法成为"快亚洲"国家。

不仅初始社会结构本质上仍是由经济活动决定的,而且适应现代化和工业化的社会结构,仍需要通过经济活动加以维系和强化。长期以来,人们虽然对经济活动的决定性作用有所认识,但更多地只是关注经济活动的"量",而没有注意到经济活动的"质"。**事实上,并非所有经济活动的量的单纯增长都可以有效地促进扁平化社会结构的形成,只有那些具有报酬递增效应的特定产业活动,才有可能形成"政府、企业和国民"三者共享的包容性发展,从而形成良好的社会结构,进而促成多元化的、开放的政治秩序**。在赖纳特看来,经济活动对社会结构和政治秩序的影响是通过经济分配效应和分配机制来完成的,而不同的经济活动具有不同的分配效应和分配机制,在以报酬递减为特征的古典发展模式中,技术进步更多地表现为劳动力收益的下降,只会塑造出冲突型的劳资关系,只有那些报酬递增的、具有技术溢出效应的经济活动,才能塑造理想的社会结构。经济活动的"质"决定了利润、工资和税收在雇员、雇主和政府之间的分配方式,也决定了国民如何获取以及获取多少收入,从而直接影响社会阶层的形成。这一点进而体现在政治秩序上,而政治秩序又会反过来影响经济活动。在赖纳特看来,一个成功的经济发展战略意味着多样性不断增加,从报酬递减的部门(传统的原材料行业和农业)一直到报酬递增的部门(科技密集的制造业和服务业),并在此过程中创造复杂的劳动分工和崭新的社会结构。兰德斯指出,南北美国家的差异与两者采取的不同的经济发展战略直接相关:独立后的拉丁美洲国家,几乎没有发生什么经济上的变化,几乎没有工业可言,它们像英国经典经济学家建议的那样,靠自己的比较优势吃饭,而且制造业有潜在的反社会性,会争夺本来已经缺乏的劳动力,从而产生一个不满的无产阶级。汉密尔顿鼓励年轻的美国发展工业,与欧洲一较高下,而巴西的卡鲁子爵最相信的是"无形的手",他不断重复着自由放任、自由通行、自由买卖这几句话。① 即使在二战后的黄金30年里,相较于东亚发展型国家,拉美国家的增长主要归功于人口的增长和大量的外国资本注入,而不是像东亚发展型国家那样,是基于劳动生产率提高的增长,而在1970年以来的30年时间里,拉美国家的劳动生产率也一直远低于东亚发展型国家。② 事实上,从长期看,独立以来的大部分拉美国家始终处于卡多佐所说的依附型发展格局之中,低质量的经济活动而非政治秩序和社会结构,才是拉美真正的"落后之源"。

三 政治秩序:必要性与有效性

如果高质量经济活动的选择是良好社会结构形成和改造的有效途径,而经济政策尤其是产业政策又由政治秩序决定,那么接下来的问

---

① 〔美〕戴维·S. 兰德斯:《国富国穷》,门洪华等译,新华出版社,2001,第441~442页。
② 数据的比较详见〔美〕弗朗西斯·福山编《落后之源:诠释拉美和美国的发展鸿沟》,刘伟译,中信出版社,2015,第74~75页。

题在于，怎样的政治秩序，才能保障这种高质量经济活动的选择？进一步的问题则在于，这种政治秩序又如何受到既定社会结构的影响？

如果政治秩序本身是社会结构的表达，体现出既定社会结构中的阶层力量对比，那么从理论上说，就会出现两种不同类型的循环。第一种是缺乏流动性的、隔离的、不平等的社会结构，对应这一社会结构的政治秩序，或者是直接由享有特权的效率低下的社会集团所掌控的专制性政体，或者是实际权力归于享有特权的、效率低下的社会集团的形式化民主政体。由上述集体所决定的、有利于少数人的经济活动进一步固化为缺乏流动性的、隔离的、不平等的社会结构。对这种循环，我们称之为恶性循环 F-。还有一种循环则与之相反：扁平的、相对公平的、流动性较强的社会结构——多元化、开放的民主秩序——有利于多数人的经济活动——进一步强化中产阶层的社会结构。对这种循环，我们称之为良性循环 F+。

完美的良性循环只是一种理想状态，良性循环也处于不断调整适应之中，因为经济基础的变化会不断地影响上层建筑的调整。经济增长本身是一种创造性破坏和破坏性创造的过程，每一次结构性转换都会相应产生出新的利益集团，如何实现这种新兴利益集团和原来掌控政治秩序的传统精英集团之间的权力分享和进一步的权力开放，始终是政治制度变迁的重大课题。这也就意味着，在恶性循环 F-向良性循环 F+的转换过程中，以及良性循环 F+出现之后，都存在一种长期的中间过渡状态，这种中间状态的主要问题，是既定政治秩序能否以及以何种方式吸纳新兴社会集团。

历史上，恶性循环 F-的形态曾长期、普遍地存在。以福山的"工业化之前的社会结构只有地主寡头和农民"这一标准判断，德意志第二帝国之前的德国、明治维新之前的日本、斯托雷平改革之前的俄国、1964 年之前的巴西、1968 年之前的秘鲁、皮诺切特之前的智利、朴正熙之前的韩国，都属于被地主寡头和农民锁定的社会结构，都处在恶性循环 F-中，报酬递减的农业和土地资产的不均分配，是这种社会结构所对应的经济活动的关键特征。但通过政治秩序的威权化，这些国家和地区成功地进入了良性循环 F+，或处于向良性循环过渡的中间状态。与之形成鲜明对比的则是菲律宾，作为最完美地移植了美式民主制度的国家，菲律宾始终保持着农村高度不平等的社会结构，少数传统的地主家族控制着这个国家大量的耕地，上层地主阶级缺乏活力和经济效率，但他们为了维护自己的社会地位和经济利益，通过议会控制了菲律宾的国家政治，继续保持着缺乏流动性的社会结构和土地资源型经济，福山将这种情形称为"民主的束缚"。[①]

如果梳理那些曾经被锁定在恶性循环 F-中的国家和地区摆脱锁定状态的历史，我们就会发现，这些国家和地区在其启动阶段都采取了一种特殊的政治秩序，这种政治秩序的共同特点就是：**没有让政治秩序成为既定社会结构的表达，易言之，政治秩序这个上层建筑，没有完全地体现出围绕生产资料占有所形成的特定生产关系，也即经济基础的特质。国家用专断的国家权力打破了既有社会集团的控制，更具体地说，通过威权体制，抑制了传统社会结构中地主寡头的利益诉求。**上述国家在特定阶段都是如此，它们通过威权体系，实施土地改革，改造社会基础，启动了工业化进程。由于在工业化伊始就打破了旧的社会结构，改变了经济发展导向下的分配结构，摆脱了那种有利于少数人的路径锁定，这些国家都实现了有利于大多数人的路径创造，进入一种政治—经济—社会的良性循环。这种发展过程，体现出了上层建筑对经济基础、生产关系对生产力的反作用。

市场导向的右翼威权主义国家之所以能有效地打破社会结构、经济活动和政治秩序之间的恶性循环，取得比民主国家更好的经济和社会绩效，在于市场导向下的威权体制既能有效地推进实施市场效率原则，又能有效地抑制可能破坏这一效率原则的社会利益团体的诉求。**威权体系的本质，不在于集体动员和集体组织，而在于在关闭了政治**

---

① 〔美〕弗朗西斯·福山：《历史的终结与最后的人》，陈高华译，广西师范大学出版社，2014，第 137 页。

权力通道的同时，开放了经济权利的通道，从而省去了社会协调的时间和经济成本，正是在这种强制性上，威权体系才表现为"威权"。因为如果允许所有相关的团体都参与政治，如果所有的法律和政策都必须在议会等机构得到充分讨论，虽然社会会更加民主，但是需要太多的时间；如果一种关键政策的采用不及时、不协调，这个国家就不能够启动增长，这正是民粹主义模式失败的原因所在。[1] 相比之下，启动阶段的民主秩序则往往实质上受制于既得利益集团，其政策目标更多地体现为对低效部门倾斜扶助的产业政策和民粹主义下的无经济支撑的、不可持续的社会福利政策。这就是为什么"历史地看，令人印象深刻的经济增长纪录的创造者多是这种类型（威权型）国家的原因所在"。"如果说要创造社会条件，以便实现资本主义的经济增长，又能在一段时间后促使稳定的民主出现，那么现代化的独裁国家，原则上远远要比民主国家有效得多。"

但是，由于社会结构、经济活动和政治秩序之间存在着循环累积因果关系，单纯一个环节的启动往往会使整个循环进入一种累积式的演化过程中，而不会稳定地停留在某一个特定状态。**威权体系的有效性只能在特定时期和特定社会结构中表现出来，一旦经济活动和社会结构发生转变，它就产生了向民主的、多元化的政治秩序转换的可能性。**威权发展模式的重要特点，是它具有转轨的性质，与民主制度不同，它不是所有国家都期望长期稳定保持的体制，而只是一个权宜之计。在渡边淳一看来，威权体制如果成功地实现了经济发展，也就埋下了毁灭自身的种子。[2] 因为经济发展会带来更高的生活标准、更多样化的社会阶层，新兴的中产阶层会有更多的自由诉求，会对威权体制不满，从而要求更多的民主。

正如青木昌彦所指出的那样，成功的国家和地区政府多半依赖市

---

[1] 青木昌彦、吴敬琏编《从威权到民主：可持续发展的政治经济学》，中信出版社，2008，第76页。
[2] 转引自青木昌彦、吴敬琏编《从威权到民主：可持续发展的政治经济学》，中信出版社，2008，第76页。

场力量来配置大多数要素，但是它们积极地干预商品和服务生产与交易的方式，但是即使在这些国家，威权"也只能在政治手段和寻租行为没有影响到产业政策决策过程的20~30年里发挥作用"。① 不难理解，从经济绩效上说，一旦政治手段和寻租的行为介入产业决策过程，干涉主义的经济政策就会被扭曲，裙带资本主义的弊端就会暴露出来；而要排除这种弊端，经济活动决策程序和政治秩序就需要变得更开放和更多元化，政府必然要面对由其自身经济绩效所塑造的新兴阶层的利益诉求。这就是为什么成功的威权必然埋下自身毁灭的种子。

即使威权体系实现了向民主秩序的转换，也不意味着理想状态的良性循环就会一直持续下去，正如前文所指出的那样，理想状态的良性循环只是一种假设，在真实世界中，过渡状态才是常态，再成熟的民主社会、再发达的经济体，也同样存在社会结构、经济活动和政治秩序的"摩擦力"，一个具有完全流动性的、彻底平等的社会，只存在于假想中，资本主义在过去数百年中打破了一种流动性枷锁，在释放出经济活力的同时，也给自己带上了另一种性质的流动性枷锁，抑制了更进一步的活力，创造出另一种形式的不平等。对这一现象，皮凯蒂的《21世纪资本论》已经给出了大量的解释。另外，工业化进程中所形成的新的既得利益集团，不仅借开放宪政原则要求进入具有排他性和自我封闭性的政治秩序，而且一旦进入，他们又会成为自身利益的捍卫者，排斥更符合集体利益和长远利益的经济政策和社会政策。正如德国社会学家罗伯特·米歇尔斯在1911年所提出的"寡头铁律"指出的那样，一个精英阶层退出历史舞台之后，另一个精英阶层马上就会登上历史舞台，两者之间除了身份不同之外，对既定权力结构的捍卫欲望不会有太大差别。社会结构、经济活动和政治秩序之间的循环累积，永远不可能静止地复制原有的逻辑，而是不断地螺旋式扩展或收缩。

---

① 青木昌彦、吴敬琏编《从威权到民主：可持续发展的政治经济学》，中信出版社，2008，第4页。

第三章　国家与经济发展：李斯特的思想谱系

在国家发展成功与失败的问题上，存在着斯密的世界主义经济学与李斯特的国家主义经济学两条不同的理论脉络。前者的关键词包括静态比较优势、自由贸易和世界主义，以资源最优化配置和"交换"为主旨，在经济思想上体现为以斯密、马歇尔、瓦尔拉斯、萨缪尔森为代表的盎格鲁-撒克逊传统的发展谱系；后者的关键词则包括动态竞争优势、保护主义和国家主义，以资源创造和"生产"为核心，在经济思想上体现为以焦万尼·博塔罗（Giovanni Botero）、安东尼奥·舍拉（Antonio Serra）、李斯特、桑巴特、熊彼特为代表的包括发展型国家理论、新熊彼特学派和演化发展经济学的发展谱系。在理论和实践两个领域内，斯密谱系和李斯特谱系分别体现出了不同的支配力。尽管富国之路一再体现了斯密谱系对现实的背离，但这一谱系不仅牢牢占据了经济学的主流地位，同时也驱逐了李斯特谱系经济学。作为成功的富国术，李斯特谱系并没有得到应有的理论尊重，尽管其政策一再被采用，理论也不断被证实。

从李斯特谱系的角度看，斯密谱系的错误在于"夸大了世界经济和市场机制的重要性，亦因此低估了主权国家调动国内资源的不同自主性与能力"。[①] 后发国家工业化的关键在于发挥国家在调动和组织资源上的自主性和能力。在李斯特谱系中，国家对替代性前提条件的构

[①] 转引自〔澳〕琳达·维斯、约翰·M. 霍布森：《国家与经济发展：一个比较及历史性的分析》，黄兆辉、廖志强译，吉林出版集团，2009，第1页。

建、强力介入市场并有明确的产业计划、选择正确的产业才是成功的关键所在。然而，李斯特谱系认为国家可以具备足够的"调动国内资源的自主性和能力"，这也意味着，国内资源的客观存在和可调动性是其理论的隐含前提，国家的作用对象和国家行动的传递机制都被视作完备的。这就不免使其具有了某种"唯国家"的理论向度，而对国家行动的作用对象及其传递机制的分析则有所欠缺。本书的观点是，与李斯特谱系一以贯之的"国家执念"相比，李斯特谱系对社会基础的重视程度的确是渐进的，其研究对象和核心观点也随着时代的变化而发生变化。这种变化，体现了国家、社会和市场经济是一个协同演化的过程，在这一过程中，国家建制性能力的形成，以及这种力量中的渗透能力、汲取能力和协调能力，对不同国家的工业化和现代化进程有着不同的影响。

在李斯特经济学理论体系中，民族国家将长期存在且存在利益差别是分析前提，生产力理论是核心，关税保护等政策主张是手段；而在生产力理论中，精神资本是决定性的。东亚等区域发展型国家的经济赶超实践丰富了李斯特的理论，同时也暴露出李斯特经济学对国家概念理解的不足，尤其是对国内政治秩序的忽视。当代李斯特主义者沿袭了李斯特国家主导经济和致力于发展战略性产业的传统，并对传统李斯特主义长期忽视的社会发展问题给予了关注。但是，在全球化时代，在新自由主义对民族国家的干预能力构成一种"自动的"或"宪政化的"约束的前提下，如何提供更具可行性的发展战略和产业政策，是当代李斯特主义者面临的挑战。

第一节　李斯特：斯密的另一极

一　李斯特的思想体系及其内在关系

基思·特赖布这样评价弗雷德里希·李斯特："（他是）19世纪最伟大的德国经济学家，他的名字与幼稚产业以及在既定国际秩序下如何促进国民经济发展这两方面的理论紧密相连。"① 在基思·特赖布看来，在李斯特的这两个理论中，后者更为重要。"在一个客观既定的国际环境下而不是在一个预设的世界中，一国如何寻求其发展道路，这才是李斯特最大的贡献。"遗憾的是，从维基百科到各种经济思想史教科书，学术界对李斯特的宣传都主要集中在作为保护主义者的李斯特上，而没有注意到李斯特经济学作为一种后发国家追赶理论的重要意义。

李斯特经济学理论的核心是生产力理论。大卫·列斐福尔认为，理解了李斯特的生产力理论，才能理解李斯特对政治经济学的贡献及其理论的重要性。② 在李斯特看来，国家富强本质是国家（国民）生产力的提高，而生产力最重要的部分是由"精神资本"创造的。在提高国民生产力的过程中，不同国家及这些国家形成的国际秩序构成了既定的约束条件。如何在这一约束条件下实现国民生产力的提高？李斯特给出了多种政策建议，关税保护和幼稚产业保护只是其中的一部分。在李斯特经济学理论体系内，国民生产力是目的，包括关税保护在内的政策只是特定条件下和特定阶段中的手段，而非无前提的普适性政策。

李斯特理论的践行者（从俾斯麦到明治天皇以及东亚的部分政治领导者）以及李斯特理论的发展者［从提出发展型国家（developmental state）理论的约翰逊（Chalmers Johnson）到张夏准、赖纳特等新李斯特主义者］③，无论在政策上还是在理论上，都没有拘泥于李斯特的关税保护或幼稚产业保护，而是专注于国家如何引导经济发展、如何提升国民生产力这样的问题。事实上，从"东亚奇迹"到"拉美陷

---

① Tribe, K., "Friedrich List and the critique of 'cosmopolitan economy'", *The Manchester School*, 1988, 56 (1).
② Levi-Faur, D., "Friedrich List and the political economy of the nation-state", *Review of International Political Economy*, 1997, 4 (1).
③ Selwyn, B., "An historical materialist appraisal of Friedrich List and his modern-day followers", *New Political Economy*, 2009, 14 (2).

阱",当李斯特理论的践行者注重国民生产力的提高并灵活地调整其措施时,它们都取得了成功;相反,当忽视李斯特对生产力本质的强调而只是拘泥于保护性手段的时候,这些国家就会陷入困境。①

李斯特所建立的,是一种与斯密的世界主义经济学相对立的国家主义经济学,克利斯托夫·温琦认为,斯密代表了古典模式,李斯特则代表了社会资本主义模式(social capitalist model)。② 这两种经济学的对抗始终存在,在全球化时代尤为明显:李斯特被比较政治经济学以及国际政治经济学的学者认为是最重要的政治经济学家,也被主流经济学尤其是国际经济学的学者认为是不入流的经济学家,其理论不堪一击,③ 克鲁格曼不无嘲讽地将李斯特经济学称为肤浅、虚妄而简单的概念堆积。④ 以马丁·沃尔夫(Martin Wolf)为代表的新自由主义者和以张夏准为代表的新李斯特主义者关于全球化下国家作用的讨论也是一段时期以来这两种经济学最有代表性的对话之一。

李斯特认为,经济科学的最高目标就是"解释经济现实,并阐明如何改善经济现实"。⑤ 对新李斯特主义者而言,重申"梯子"的存在固然重要⑥,但更为重要的是,在变化的约束条件下,如何实现国民生产力的提高。当前,新李斯特主义者面临的挑战在于,在全球化时代,政府权威由于技术、金融革新和各国经济加速一体化为一个单一的全球市场经济而受到削弱,这是一个"权力流散"的时代,李斯特

---

① Jessop, B., "Beyond developmental states: a regulationist and state-theoretical analysis", In Boyd, R., Ngo, T., (Eds.), *Asian States: Beyond the Developmental Perspective*, Routledge, 2005.
② Winch, C., "Two rival conceptions of vocational education: Adam Smith and Friedrich List", *Oxford Review of Education*, 1998, 24 (3).
③ Kenen, P. B., *The International Economy*, Cambridge University Press, 1994, p. 225.
④ Krugman, P., "Counter-response: proving my point", in Cho, D. S., Moon, H. C., (Eds.), *From Adam Smith to Michael Porter: Evolution of Competitiveness Theory*, World Scientific, 2000, pp. 53-54.
⑤ 〔德〕弗里德里希·李斯特:《政治经济学的自然体系》,杨春学译,商务印书馆,1997,第 16 页。
⑥ Hanlon, J., "Governance as 'Kicking Away the Ladder'", *New Political Economy*, 2012, 17 (5).

的国家主义该何去何从？领土国家不仅丧失了对商品和服务产出的控制权，还失去了对知识和信息的创造、储存和交流的控制权，李斯特推崇的那种"根植于精神资本"的国民生产力该如何发展？在各种国际组织和条约的框架范围内，以及更为根本地，在国家、经济组织和社会之间，是否存在一条新自由主义者和传统李斯特主义者所说的那种威权主义或新国家主义之间的第三条道路？

曾经的世界主义经济学拥护者、斯密的信徒李斯特是在美国之行后转变为国家主义经济学的倡导者并建立自己的学说的。1825~1829年美国的保护主义之争，以及美国学派的学者尤其是汉密尔顿、雷蒙德等人的观点对他影响巨大，李斯特的生产力概念直接来自汉密尔顿1791年发表的《关于制造业的报告》[①]，1827年出版的《美国政治经济学大纲》标志着李斯特经济思想初步形成。

将关税保护或幼稚产业保护作为李斯特的理论标签不仅是不适当的，也是错误地理解了李斯特思想体系的内在逻辑。无论是1827年的《美国政治经济学大纲》，还是1837年的《政治经济学的自然体系》以及1841年的《政治经济学的国民体系》，李斯特在论述上均沿袭了国家主义经济学——生产力理论——保护主义的顺序。他首先论述国家主义经济学存在的必要性和世界主义经济学的虚妄，再论述生产力的本质，最后再讨论关税保护、工农业协同的问题。这一排序所体现出的逻辑如下。首先，对李斯特而言，国家的长期存在这一客观事实是必须接受的约束条件，如果存在一个世界性的政府且没有国家利益之别，李斯特根本就没有必要也不可能挑战斯密的理论体系，"真正使李斯特有别于斯密的地方正是他所强调的国家利益"。[②] 其次，如果国家利益客观存在且不同国家之间存在着利益冲突，那么对国家而言，最为重要的是什么？对此，李斯特提出了生产力理论（The Theory of the Powers of Produc-

---

① Eicholz, H., "Hamilton, Harvard, and the German Historical School: a short note on a curious history", *Journal of Private Enterprise*, 2014, 29 (3).

② Tribe, K., "Friedrich List and the critique of 'cosmopolitan economy'", *The Manchester School*, 1988, 57 (1).

tion）。这一理论的特殊之处，在于它区分了财富的原因和财富本身，区分了富（拥有交换价值）和强（拥有生产力），而后者是决定性的。如果对国家而言最为重要的只是静态财富本身，那么即使李斯特反复论证国家利益和国家主义经济学的必要性，也只是重走重商主义者的老路。最后，在论述了国家主义经济学的必要性和财富的原因之后，李斯特才开始论及关税保护问题。关税保护只是提升国民生产力的手段，而不是目的。

关税保护不仅是手段，而且是只能有条件使用的手段。李斯特不认为保护性关税在任何情况下都能够促进生产力的发展，"保护措施的策略是否有效，我认为完全取决于一国的具体条件……我简直无法想象怎么能把一般规则运用于这些千差万别的国家"。① 在《政治经济学的自然体系》第五章中，李斯特广泛地讨论了世界各国的情况是否适合采取关税保护政策。他认为，人民受教育程度、社会结构、产权制度、国内市场整合程度都会影响关税保护政策的效果。他认为南美国家不适合保护性关税，因为那里缺乏受过良好教育的勤劳、有创造力的民众，也缺乏财产权利保护制度，保护性关税只能在南美孕育缺乏竞争力的厂商、质次价高的商品；俄国同样也不适合采取关税保护政策，因为缺乏政治自由，没有中产阶级；那不勒斯、西班牙和葡萄牙这样的地方与其实施保护性关税，不如致力于加强教育和健全产权制度。② 在李斯特看来，保护主义在美国之所以成功，是因为美国具有其他国家所不具备的条件：发达的农业经济、丰富的自然资源、庞大的国内市场、有效率的政治制度以及富于创造力的民众，而所有这一切，依赖于一个强大的国家做保障。在分析德国经济史的时候，李斯特指出，历史告诉我们，一个国家尽管拥有这一切有利的条件，如勤劳和富于创造力的民众、富饶的土地和丰富的自然资源，但是只要

---

① 〔德〕弗里德里希·李斯特：《政治经济学的自然体系》，杨春学译，商务印书馆，1997，第210页。
② 〔德〕弗里德里希·李斯特：《政治经济学的自然体系》，杨春学译，商务印书馆，1997，第40~43页。

社会不健全、政府软弱无力、国家处于四分五裂的状态，经济就会陷入衰落的境地。这些国家没有安全，没有法律，没有公正，没有流动自由，缺乏良好的运输设施，缺乏巨大的市场和贸易公司，严重的后果就是它们不能够刺激和保护本国的工业，如果"没有强大到足以建立和维持保护性关税制度的国家，其经济事务就只有受其它国家的法律的摆布"。[①] 需要指出的是，李斯特对关税保护适用性的这种讨论，实际上证明了李斯特对各国道路差异的深刻认识，在这一点上，李斯特堪称最早的比较经济学家。基思·特赖布评价道："他不是以批判斯密而获得经济学的历史地位的，而是以其对不同国家和地区多样性的发展路径的深刻认识而闻名的。"[②]

李斯特生产力理论的独特之处，在于认识到了精神资本（mental capital）的独特性。[③] 他认为，生产力包含三种类型的资本：自然资本，如矿产、河流；物质资本，如机器工具；精神资本。在这三者中，精神资本是最具决定性的。李斯特所说的精神资本是广义的，既包含了知识、技能和训练，也包含了产业、企业以及政府制度。温琦评价认为，分别作为古典主义和社会资本主义的代表，斯密和李斯特持有完全不同的职业培训理念和教育理念。在生产力理论的导向下，李斯特所针对的是长期的未来导向的经济，而斯密针对的是短期的、当前的经济。李斯特尤其重视科学技术，认为在一个工业化国家中，科学和技术必然流行。国家不仅应当吸引外国先进技术，更重要的是努力提高技术水平。也正因为如此，国家创新体系的理论构建者将自己的思想起源追溯到了李斯特。[④] 在弗里曼看来，李斯特所倡导的绝不只

---

① 〔德〕弗里德里希·李斯特：《政治经济学的自然体系》，杨春学译，商务印书馆，1997，第162页。
② Tribe, K., "Friedrich List and the critique of 'cosmopolitical economy'", *The Manchester School*, 1988, 57 (1).
③ 李斯特将资本划分为自然资本、精神资本和物质资本，认为前两者具有决定性作用。参见《政治经济学的自然体系》第222页。
④ Freeman, C., "The 'national system of innovation' in historical perspective", *Cambridge Journal of Economics*, 1995, 19 (1).

是幼稚产业保护，而是落后国家的赶超和经济发展，李斯特所倡导的政策绝大部分都与科学技术的引进、学习和应用有关。正是在李斯特的倡导下，德国才建成了世界一流的科教体系和技术培训体系，并且在19世纪中叶开始了对英国的赶超。较之现代增长理论和新制度经济学，李斯特对知识、教育、科技和制度体系对经济发展重要性的认识，足足领先了一个多世纪。

二 作为政策指南的李斯特主义

李斯特经济学理论对后世产生了深远的影响。作为一种强调国家利益和竞争优势的经济学，李斯特经济学理论（Listian Model）不仅对德国和欧洲，也对东亚诸国的现代化和工业化产生了深远的影响。[①]也有学者指出，从俾斯麦时期的德国，到二战后的日本乃至当代中国，都体现出李斯特经济学理论的特征。[②]

李斯特经济学理论和政策强烈的国家主义倾向，与当时德国的经济政治发展状况，尤其是地缘政治和国家建构问题密切相关。德国历史上是长期四分五裂的，被称为"一支军队拥有一个国家"，而且德国西有法国、东有俄国这样的强邻，在地缘政治上充满了不安全感，马克斯·韦伯1895年就任弗莱堡大学经济学教授时，做了一个题为"民族国家与经济政策"的演说，认为德国处在危险当中。这种强烈的焦虑和现实主义视角，也同样出现在李斯特那里。

东亚国家尤其是二战之后的日本、朴正熙执政期间的韩国的发展历程，具有非常典型的李斯特主义特征。约翰逊和阿姆斯登在总结上述国家发展经验的基础上提出了发展型国家理论。[③]约翰逊在总结战后日本发展历程时指出，发展型国家的典型特征是，把发展经济放在首要位置，国家有意识地追求经济发展并且通过某种程度的政府干预

---

① Winch, C., "Two rival conceptions of vocational education: Adam Smith and Friedrich List", *Oxford Review of Education*, 1998, 24 (3).
② Council, P., "Friedrich List on globalization versus the national interest", *Population and Development Review*, 2007, 33 (3).
③ 赵自勇：《发展型国家理论研究的进展和反思》，《当代亚太》2005年第11期。

和产业扶持来实现发展目标,"主张以经济增长和生产(而不是消费和分配)作为国家行动的基本目标"。① 阿姆斯登在分析韩国发展经验时同样也强调,在工业化优先战略引导下,韩国实施了有指导的市场经济(guided market economy),其产业政策具有明显的战略导向性,在这一过程中,政府用产业政策、关税政策扶持培育有竞争力的产业和企业,形成了紧密的政企关系。杰索普认为,拉美国家也曾表现出这种李斯特主义的发展特征,所不同的是,东亚国家表现出明显的出口导向,而拉美国家表现出一定程度的进口导向。"如果说早期工业化的西方经济走的是市场中心的增长路径,那么后发的工业化东亚经济体走的正是国家主义的增长路径。所不同的是,东亚表现出明显的出口主义导向,而拉美表现出一定程度的进口导向。"②

东亚发展模式最突出的李斯特主义特征,集中体现在对国家合法性的利用上。李斯特对国家利益和国家作用的论述,带有一种强烈的爱国主义特色,突出强调的是民族国家作为政治单元存在的必要性和长期性。无论是在《美国政治经济学大纲》、《政治经济学的自然体系》还是《政治经济学的国民体系》中,李斯特都反复强调国家对于保护大众、凝聚大众的重要性,认为国家的重要性在于,它使个人有自己的文化、语言、工作机会和财产安全,个人与国家贫富与共、荣辱与共。国家的使命在于努力维持独立,职责是维护本国的繁荣和自由,发展本国的文化、民族性、语言。③ 易言之,李斯特笔下的国家,通过爱国主义将其成员联结成一体。这就不难理解,为什么东亚发展型国家在推行李斯特主义的过程中,都将民族复兴、赶超和振兴这样最具有爱国主义意识形态的精神纽带放在了首要的地位。通过这种方

---

① 转引自〔澳〕琳达·维斯、约翰·M. 霍布森:《国家与经济发展:一个比较及历史性的分析》,黄兆辉、廖志强译,吉林出版集团,2009,第167页。
② 转引自何子英:《李斯特主义工作福利国家的兴起、危机与转型——杰索普关于东亚奇迹的政治经济学述评》,《教学与研究》2011年第5期。
③ 〔德〕弗里德里希·李斯特:《政治经济学的自然体系》,杨春学译,商务印书馆,1997,第28~30页。

式,国家对经济的积极干预才更容易进行,而这种"经济绩效合法性"优先于"政治程序合法性"的做法之所以能够在东亚国家获得普遍成功,在于彼时的国际环境使这些国家面临非常强烈的民族危机,经济民族主义极易唤起大众的共同体意识。在经济上,这种国家主导的经济发展模式之所以能够取得成功,或者说李斯特主义之所以在一百年之后能在东亚国家复活,是因为作为后发国家,它们面临着与19世纪初期的德国同样的问题:没有形成足够的市场组织,缺乏完善的市场机制,要在缺乏足够的资本积累的条件下完成工业化和现代化进程。在此前提下,利用国家的力量动员和集中资源并做出战略规划十分重要。

但是,东亚发展型国家的成功,不只在于其强调了国家动员,还有协调能力,尤其是将这种国家动员和组织能力用在战略性的、具有长期竞争力的产业培育上。在产业方向上,"李斯特所强调的最重要的部门(most important branches),也就是今天所指的国家领军企业(national champions)"。[1] 卡岑斯坦指出,与传统比较优势不同的是,东亚发展型国家强调竞争优势。日本经济之所以崛起,是因为没有满足于专门生产轻型耐用消费品,而是在20世纪50年代走上了重化工道路,这成为日本在60年代全球造船业和汽车工业当中获得成功的基础。1973年石油危机之前,日本已经宣布转向知识密集型产业发展。正是这种转向使得日本一度成为全球第二大经济体。[2] 在这种产业政策的制定和实施过程中,日本的官僚阶层起到了至关重要的作用。这一点恰好是李斯特所忽略的,"李斯特意识到了发展重要产业部门的作用,但他并没有讨论政府在做出正确选择方面的能力"[3]。卡岑斯坦指出,一些东亚国家和地区之所以在控制市场方面比其他国家更成功,正是因为这

---

[1] Council, P., "Friedrich List on globalization versus the national interest", *Population and Development Review*, 2007, 33 (3).
[2] 〔美〕彼特·J. 卡岑斯坦编《权力与财富之间》,陈刚译,吉林出版集团,2009,第3页。
[3] Council, P., "Friedrich List on globalization versus the national interest", *Population and Development Review*, 2007, 33 (3).

些国家和地区在不同程度上把官僚的自主性转化成协调工业变革的能力。

但是,这种紧密的官商结合和精英治理模式在提升统御市场能力的同时,也带来了典型的"东亚病",如裙带资本主义(crony capitalism)、财阀制度和腐败等。这使得在发展型国家,政府对经济的干预往往并非从国家利益出发,而是从少数商业和政治精英的利益出发。国家提供的公共品不过是一些人利用国家资财赚取个人私利过程中的副产品。这也同时暴露出传统李斯特主义以及发展型国家理论共有的弱点,那就是对国家的处理过于简单化了。无论是李斯特主义还是发展型国家理论,都忽视了作为"中间变量"的国内结构,仅强调国家的组织动员能力,或无条件地将官僚集团视为与国家利益完全一致的行为主体。但正如现代政治学研究者认识到的那样,国家具有三重意义:国际层次上的主权国家,国内层次上的一系列机构和合法强制力组织,以及个人层次上,由政治家和官僚个体组织的政府统治集团同时也是特殊利益集团。经济政策的制定和实施,体现着复杂的政治势力的博弈。这一点,即使在李斯特所处的时代也是如此,英、美、德诸国的产业政策和经济政策变迁,都是国内政治结构和各种利益集团博弈的综合结果。19 世纪 20 年代英国向低关税政策的转变,是英国国内权力调整在逐渐朝着有利于商业、工业和金融精英的方向倾斜,英国贵族化地主逐步被边缘化的结果。在德国,经济自由主义和经济民族主义都是国内政治中多变的联盟的结果。美国工业化的三项秘诀——关税保护、国际金本位制、国内统一市场,都是复杂的国内政党和利益集团之间博弈的结果。①

李斯特及其理论的东亚践行者的另一个疏忽,就是对国家和市场的二元化处理方式对处于国家和市场之间的社会力量考虑不足,尤其对国内社会结构变迁所带来的后果考虑不足。国家引导的资本主义在

---

① 关于这方面的详细论述,可参见〔美〕理查德·富兰克林·本赛尔《美国工业化的政治经济学》,吴亮、张超、商超等译,长春出版社,2008。

后发国家作用明显，在很大程度上是因为缺乏市场组织和社会力量。但随着市场组织的形成，由国家推动的经济快速发展以及随之而来的社会变迁在不断削弱自己的基础，如果不能以正确的方式处理和协调这三者之间的关系，势必引发很多问题，尤其是阶层冲突。东亚国家在实施发展型战略的过程中，对劳动力的压制和对工会的控制成为常见的手段。阿姆斯登在分析韩国的工业化时就指出，如果没有严厉的劳工压制，韩国资本家扩大榨取相对剩余价值和绝对剩余价值都将非常困难。阿图尔·科利也认为，类似韩国这种凝聚性资本主义国家（cohesive capitalist state）或右翼威权主义国家的特征，除了快速工业化、有效的官僚体系之外，就是压制和剥削劳动者。这也是发展型国家在后期都面临着从威权政治向民主政治过渡的压力的原因之一。

三 追赶理论中的李斯特传统

作为一种强调国家利益和竞争优势的经济学，李斯特主义对国家、生产力的强调，也集中体现在经济赶超和技术追赶理论中。按照法格博格等人的梳理，后发国家追赶理论有三个传统：一是凡勃伦和格申克龙对一战前欧洲后发国家的研究，二是学者对亚洲尤其是东亚国家追赶的研究，三是摩西·阿布拉莫维奇的长期宏观分析。以巴斯蒂安（Eduardo Bastian）的标准看，上述三者均属于侧重制度因素的追赶理论；而佩蕾丝、苏特和多西等人则是强调技术追赶理论的代表性学者。

凡勃伦和格申克龙的研究主题实际上是早期欧洲国家的工业化，其知识遗产主要体现在后发优势、发展型金融和凡勃伦-格申克龙效应[①]（Veblen-Gerschenkron Effect）等方面。凡勃伦在1915年的《德意志帝国与工业革命》一书中，实际上"预测了德国在20世纪将会做

[①] 凡勃伦和格申克龙都认为，后发国家与先发国家技术差距越大，越有利于从外国投资中获取技术，这被称为凡勃伦-格申克龙效应，见 Peri, G., Urban, D., "Catching-up to foreign technology? Evidence on the 'Veblen-Gerschenkron' effect of foreign investments", *NBER Working Paper*, No. 10893, 2004。

第三章　国家与经济发展：李斯特的思想谱系

些什么……事实上，纳粹德国和军国主义日本的许多头子似乎是从凡勃伦这位尖酸而极具洞察力的美国教授这里得到了启示"。① 在凡勃伦的技术-制度二分法中，作为慢变量的制度在先发国家更多地表现为一种对技术的抑制，而后发国家则没有这种既定制度结构的约束，这恰好构成了后发国家的优势。凡勃伦指出，与英国相比，德国没有英国原有的制度负担，因为"工业寡头们无须再去搞一些奸猾的手段以保护自己的金钱财产……不必承受商业所有权强加给物质商品生产的各种无形的桎梏。一旦一个国家摆脱了金钱回报要求的约束，不需要保护所谓的债权财富，她在建设工厂和生产机器方面就能够不屈不挠地向前推进"。② 这样德国就避免了领先者必须遭受的工业浪费的惩罚（"赢者诅咒"），经济能够快速扩张。格申克龙同样也意识到了这种制度差异对追赶者的影响，但他的分析更多地表现出一种对历史特定性的强调。在格申克龙看来，不存在一种统一的工业化模式，后发国家虽然缺乏先发国家的有利条件，但后发国家可以通过国家干预或其他制度手段完成前提替代（substitution of prerequisites）。格申克龙尤其强调追赶中的基础设施、金融体系和制度基础的支持，认为技术转移和扩散对技能和基础设施有着特别的需求，尤其是政府在金融和财税方面的支持，也即所谓发展型金融（development finance）。

　　基于东亚追赶经验研究而发展起来的发展型国家理论留下了大量的知识遗产。除了发展型国家这一概念本身之外，创新政策管理（managing innovation policies）、韦伯式官僚体系（Weberian Civil Service）、嵌入式自主（embedded autonomy）等后来技术追赶中极为普遍的概念均与其有关，包括国家创新体系这一重要概念，也源自对日本案例的研究，而大部分关于技术追赶机理和模式的经典研究也源自东亚案例。发展型国家理论最早源自约翰逊对日本的研究。其后，在阿

---

① 转引自〔美〕本·塞利格曼：《现代经济学主要流派》，贾拥民译，华夏出版社，2010，第159页。
② 转引自〔美〕本·塞利格曼：《现代经济学主要流派》，贾拥民译，华夏出版社，2010，第160页。

姆斯登对韩国的研究中，这一理论逐渐成形。在约翰逊对发展型国家的早期概括中，发展型国家主要包含四个特征：优秀官僚、国家自主、干预市场和经济计划机关。阿姆斯登对韩国的研究则细化了干预市场的内容，其核心是通过国家干预，如幼稚产业保护、限制新行业数量等措施取得与市场正确价格（get the price right）相对的"相对错位价格"（getting relative prices wrong）。

由于发展型国家理论源自对亚洲国家的个案分析，因此，其经验是否适用于其他国家和地区也自然成为讨论的焦点，即理念性和历史特定性之争。卡罗和卡特尔指出，伊文思和维德等人都没有解决这样一个问题，那就是在创新政策管理过程中，有效的制度能力和官僚体系究竟是怎么产生和维持的？他们只提供了历史解释，却没有提供理论框架，对环境条件变化时应当如何处置这样的关键问题则没有给出答案。[①] 郑为元总结了发展型国家的若干要素并指出，从普遍性意义上而言，有效统治（政治稳定、国家自主和有效的官僚体系、廉洁政府）、意识形态合法性和有活力的私人部门是所有后发国家的必备要素，而精英共识、计划部门、产业政策则是作为特定阶段的阶段性因素存在，可因时因地而发生变化。[②]

摩西·阿布拉莫维奇的研究对技术追赶理论产生了重大的影响。他提出的最为重要的两个概念是技术一致性（technological congruence）和社会能力（social capability）。第一个概念是指后发国家和先发国家在市场规模、要素供给特定性方面的一致性；第二个概念是指后发国家为了实现追赶而展开的努力和所具有的能力，如改善教育、增加基础设施投资以及更为普遍地增强技术能力（R&D 投入和设备购买）。[③]

[①] Karo, E., Kattel, R., "Coordination of innovation policies in the catching-up context: Estonia and Brazil", *International Journal of Technological Learning, Innovation and Development*, 2010, 3 (4).

[②] 郑为元：《发展型国家抑或发展型国家理论的终结？》，《台湾社会研究季刊》1999 年第 24 期。

[③] 〔挪威〕詹·法格博格、〔美〕戴维·莫利、〔美〕理查德·纳尔逊主编《牛津创新手册》，柳卸林、郑刚、蔺雷等译，知识产权出版社，2009，第 516 页。

技术一致性和社会能力两个概念有着密切的关系，并且两者都不是静止的，而是可以拓展的，具有历史特定性。技术一致性强调的是社会能力是否与当时的技术范式匹配，而只有那种与技术范式相互匹配的社会能力才能有效促进技术追赶。与格申克龙不同的是，当格申克龙在强调追赶限度取决于后发国家在特定技能上的制约时，阿布拉莫维奇强调了内生的社会能力可以拓展这种追赶的边界。他指出，欧洲的成功追赶就在于通过提高教育水平、公共和私人部门共享研发资源以及有效的金融体系提升了社会能力，而欧洲一体化进程又创造了一体化的大市场，为将美国基于大规模市场发展起来的技术转移到欧洲提供了良好基础，这就满足了技术一致性的条件。

在巴斯蒂安看来，上述研究都没有涉及技术本身，从技术变迁的属性出发，对后发国家技术追赶时机和追赶成本进行讨论的是佩蕾丝和苏蒂等人。佩蕾丝和苏蒂认为，技术追赶存在着不同的阈值和进入成本，在新技术系统的早期阶段，先进国家和落后国家的机会基本相同，因为所需要的知识只是"大学的公共知识"，所需的只是"可用的大学合格人才"，由于缺少传统技术经济范式的优势，在新的技术经济范式出现初期，已经在既定技术系统中积累了巨大优势的企业和国家，为了扔掉"错误"而面临更大的成本，而落后国家反而会具有某种优势，会"更轻更快"①。巴斯蒂安认为，佩蕾丝的这种分析过度关注技术经济范式本身，而忽视了其他支持制度，这就有了技术决定论的嫌疑。这种评价显然忽视了佩蕾丝后期的研究，在《技术革命与金融资本》中，佩蕾丝就深刻地揭示了技术经济范式变化的调整期内制度重组的重要作用。

巴斯蒂安进一步将技术追赶中的关键性概念分为四类：一是格申克龙的前提替代（substitution of prerequisites）；二是阿布拉莫维奇的社

---

① 〔英〕卡萝塔·佩蕾丝、苏蒂：《技术上的追赶：进入壁垒和机会窗口》，载〔意〕G·多西、C·弗里曼、R·纳尔逊等：《技术进步与经济理论》，钟学义等译，经济科学出版社，1991，第588页。

会能力（social abilities）；三是约翰逊、伊文思和张夏准等人的发展型国家（developmental state）；四是伦德瓦尔和佩蕾丝关于国家创新体系和机会窗口的研究。巴斯蒂安的这种界定，涵盖了后发国家的社会基础、政府作用和时机选择，将后发国家和地区的技术追赶归结为：选择何种技术实现赶超（机会窗口）、政府应当如何做（创新管理）、社会基础准备（社会能力）。就这三个问题，演化经济学提供了成熟的理论。就机会窗口问题，佩蕾丝指出了第二种机会窗口，即新兴产业的早期阶段是后发国家的追赶良机；就国家创新体系而言，弗里曼和伦德瓦尔也提供了成熟的理论，认为政府是国家创新体系的关键要素，政府可以以各种方式介入与其他要素（如企业、大学和公共科研机构等）的交互作用之中；就社会能力而言，法格博格和马丁·史洛克也做出了针对性的分析，认为社会能力主要由知识积累、金融体系和管理能力决定。[1]

尽管上述理论得到了充分的阐释，但是，随着全球化进程和技术进步速度的加快，出现了在创新政策趋同时，技术能力差别越来越大的悖论。[2] 在笔者看来，之所以出现这种情形，并不是因为机会窗口、国家创新体系和社会能力理论本身出现了问题，而是随着全球化进程和技术变迁速度的加快，上述政策实施的约束条件发生了变化。

第一，随着全球化进程的加快和各国经济联系紧密度的提高，发展型国家的政策自主性受到很大限制，在WTO、TRIPS和SCM[3]等制度框架约束下，发展型国家的政府自主空间受到了前所未有的挤压，国家能够利用的创新政策空间越发狭小。按照拉多舍维奇的理解，技术追赶的政策主张和学术观点在经历了进口替代阶段和"华盛顿共识"阶段之后，已经进入了"后华盛顿共识阶段"，这一阶段的特征

---

[1] Fagerberg, J., Godinho, M., *Innovation and Catching-Up*, Oxford University Press, 2009.
[2] Karo, E., Katte, R., "The copying paradox: Why converging policies but diverging capacities for development in Eastern European innovation systems?", *International Journal of Institutions and Economies*, 2010, 2 (2).
[3] 即补贴与反补贴措施协议（Subsidies and Countervailing Measures agreement）的缩写。

是围绕新兴产业、技术标准和知识产权的竞争更加激烈,竞争主体已经不可能只是企业自身,国家在其中的作用越来越重要。① 这意味着,后发国家必须有效地提升自己的国家能力和政策能力,单纯地强调国内意义的国家创新体系已远远不够,这一体系必须建立在国家对国际经济秩序的适应和引导能力的基础上。

第二,随着第五次技术浪潮的深入发展,以模块化生产为特征的全球产业链和全球价值链形态的变化,使先发国家更容易控制核心技术,而后发国家也更容易陷入"高技术幻象",这种幻象的特征是:虽然从事高技术行业生产活动,但并不需要高技术的社会能力基础和相关的创新体系,在技术范式变迁的机会窗口出现时缺乏主动性选择能力,而是被动嵌入既定的分工位。这也就是萨维奥第和派卡所指出的,先发国家得到技术发展的机会窗口时,后发国家却面临着更大也更难以克服的障碍。② 模块化生产事实上降低了对生产所在地人力资源和技术基础的要求,往往只需要大量的去技能化的劳动力即可实现新形态的"飞地经济",在这种形态的全球产业链中,作为链主的先发国家对后发国家有很强的控制力,链主通过价值链分割和模块化生产达到控制核心技术的目的,后发国家通过模仿、逆向工程来实现追赶已经变得极为困难。同时,由于受链主控制的模块化生产并不构成对本土高技术产品的需求,后发国家难以发挥需求在拉动创新中的作用,由此丧失了一个重要的引导创新的政策手段。

第三,随着技术体系的复杂化,技术的系统性和自增强效应越来越明显,单一领域或环节的技术追赶在缺乏其余相关部门的支持时很难完成。在早期的技术追赶过程中,一些后发国家之所以能在短期内完成技术追赶,一个不可忽视的因素就是当时的技术部门较少,如矿

---

① Radosevic, S., "Policies for promoting technological catch up: towards a Post-Washington Approach", *International Journal of Institutions and Economies*, 2009, 1 (1).
② Saviotti, P. P., Pyka, A., "Technological capability, social capability and social capital, generalized barriers to entry and economic development", *Journal of Evolutionary Economics*, 2011, 21 (2).

产、钢铁和化工等，总体上技术环节较少且技术之间的依赖性并不广泛。但随着技术的不断累积，部门体系逐步复杂化，一个部门甚至一个环节的技术进步在很大程度上也依赖于其他部门的既有技术水平。在先发国家产生的技术往往与其技术体系有着耦合性，但是对于后发国家而言，要完成这样的技术追赶，不仅普遍缺乏先发国家的研发能力，也缺乏相应的技术体系支持。对于先发国家而言，普遍的技术领先不仅更容易带来新技术的涌现，而且会反过来强化原有的技术基础，由于这种技术的系统性和自增强效应，当技术分工越来越细时，先进者越先进、落后者越落后的马太效应就日渐明显。

技术追赶的外部约束条件的变化的确构成了技术追赶的巨大困难，但这并不意味着技术追赶就没有可能。按照演化经济学的新陈代谢理论，知识是新陈代谢的而不是同质化的累积增长，基于干中学的内生增长理论只能解释既定技术范式下的增长，但不能解释技术范式变迁带来的"创造性破坏"式的增长。当新技术范式即将萌生时，既有的技术范式及其所建立起来的知识体系反而会成为创新突破的负担。当前，第三次工业革命方兴未艾，智能化、个性化、分散化和绿色化将成为未来生产体系的主要特征，这对于后发国家而言无疑是一个难得的机遇。对后发国家而言，演化经济学技术追赶理论一再强调的技术选择、创新体系和社会能力仍然极为重要，但国家的重要性无疑更为突出了，国家必须打破技术追赶的制度性约束，追求更多的政策空间，摆脱先发国家的制度性约束。同时，结合本土的技术适宜性进行针对性的创新引导，通过"路径创造"改变在全球产业链和价值链中的被动嵌入地位，创造技术的独特利基（specific niches）。

第二节 被曲解的和需要修正的李斯特主义

一 李斯特主义："NEO"和"NEW"

本·谢尔文（Ben Selwyn）将怀特·韦德（Wright Wade）、张夏

准（Ha-Joon Chang）等当代李斯特主义经济学家被称为"新"李斯特主义者（Neo-Listians），将他们的理论称为"新"李斯特发展经济学（Neo-Listian Development Economics）。在理论观点上，张夏准等当代李斯特主义经济学家沿袭了李斯特国家主导经济发展的理念，坚持用动态的竞争优势反对静态比较优势理论，在方法上则秉承了李斯特的历史分析和归纳分析方法。

20世纪90年代以来，无论是在实践上还是在理论上，"新"李斯特主义都作为一种反"华盛顿共识"和反新自由主义的理论而存在。这种"新"李斯特主义和新自由主义的分野，本质上是李斯特的国家主义经济学与斯密的世界主义经济学的分歧在全球化时代的再现。在大卫·列斐福尔看来，新自由主义极度夸大了全球化时代国家权威的去中心化，使国家主义的重要性在全球化时代被大大低估了。与新自由主义者强调自由贸易将导致国家经济发展趋同的论点针锋相对，"新"李斯特主义者通过大量的事实分析揭示了新自由主义对后发国家的毒害效果，认为在新自由主义的理论和政策导向下，发达国家和发展中国家的差距不是缩小而是拉大了。在张夏准和韦德等学者看来，李斯特所说的"一个人当他已攀上了高峰以后，就会把他逐步攀高时所使用的那个梯子一脚踢开，免得别人跟着他上来"[①]的现象依然存在，所不同的是其表现形式更为复杂了：借助"华盛顿共识"，借助各种国际机构和组织，借助各种带有附加条件的援助，发达国家依然在阻滞发展中国家向上攀升。韦德指出，在 WTO、TRIPS 和 SCM 的约束下，发展中国家的政府自主空间受到了前所未有的挤压，约瑟芬·翰龙则更是尖锐地指出，新自由主义最大的霸权不是自由贸易的霸权，而是知识霸权，尤其是通过美国的经济学教育对发展中国家的精英输出"好的治理"的理念，极力强调少的政府干预、建立在私有产权基础上的市场经济的优越性，使发展中国家不自觉地将所谓"好的治

---

① 〔德〕弗里德里希·李斯特：《政治经济学的国民体系》，陈万煦译，商务印书馆，1997，第307页。

理"视为理应追求的目标,而那种与之相反的"坏"的治理,恰好是发达国家曾经采用过的政策措施。这集中体现在发达国家的产业政策上,无论是过去还是现在,"坏的治理似乎已经成为了发达国家的特权"[①],对此,即使是"新"李斯特主义的对手、全球化的旗手马丁·沃尔夫在其撰写的《全球化为什么可行?》一书中也不得不表示同意。[②]

后发国家应当如何做才能避免被踢掉梯子?"新"李斯特主义者的答案是重复发达国家的发展过程,即发展中国家应选择创新机会窗口大的产业,通过建立国家创新体系推动自主创新,通过产业升级和生产效率提升,最终提高国家的收入和福利水平。张夏准和格兰贝尔在对发展中国家成功范例的研究基础上,提出了一系列有助于发展中国家实现经济追赶的策略。第一,保护战略工业以确保国家经济长期增长;第二,相对于私有化,优先实行组织管理的变革;第三,优先考虑人口教育问题,提高劳动力素质,刺激知识进步,而不是将知识产权保护放在第一位;第四,引导和管理外国直接投资(FDI),使其符合国家发展战略的方向,而不是完全放任自流;第五,使金融部门从属于国家发展需要;第六,用货币政策追求增长,而不是一味地专注于消除通货膨胀。[③]

对于"新"李斯特主义者而言,揭示梯子的存在只是强调了一点,那就是在全球化时代,国家利益和国家边界依然存在。但无论国家主义者的理由多么充分,都无法回避全球化使各国经济关系变得更

---

① Hanlon, J., "Governance as 'Kicking Away the Ladder'", *New Political Economy*, 2012, 17(5).

② 马丁·沃尔夫在书中的一章中套用了张夏准的著作名称"富国的伪善",在对比了发达国家对发展中国家的劳动密集型产品的平均关税和农产品的平均关税后他不得不得出了这一结论:发达国家对发展中国家的政策是一种耻辱。但他仍补充道,就此认为通向繁荣的贸易之路就堵死了也不免夸大。详见〔英〕马丁·沃尔夫《全球化为什么可行?》,余江译,中信出版社,2008,第176~181页。

③ Chang, H.J., Grabel, I., *Reclaiming Development: An Alternative Economic Policy Manual*, Zed Press, 2004.

为紧密这一事实,这就需要"新"李斯特主义者进一步回答更为现实的问题:在现有的国际秩序下,国家作为政治单元,其自主性和独立性是否如初?当李斯特时代的原材料和制成品之间的贸易在全球产业链分割下化身为产品内贸易时,一国如何通过保护主义实施对其"幼稚环节"而非"幼稚产业"的培养与保护?当"后福特主义"成为当代世界秩序中主导性的生产方式时,如何促进本国生产力的提高和国民福利的增加?尽管李斯特早就给出了基于"精神资本"的创新驱动才是国家赶超秘诀的答案,但正如法格博格等人指出的那样,在新的国际制度环境和技术变迁速度下,后发国家实现追赶已日趋困难,全球价值链的链主会采取转移旧技术、知识产权保护等各类策略性行为维护自身核心利益,防止发展中国家的赶超。[①] 由于发展中国家已很难通过模仿和逆向工程来实现赶超,选择怎样的新产业进行突破,才能使之产生巨大的技术外溢效应、带动更多的产业部类从而实现国家竞争力的提升?尤为重要的是,在由美元霸权主导的国际金融体系下,一国生产的财富极有可能在无形中"被转移",难以实现生产力和实际工资的双提高,那么应如何应对这种金融霸权体系?

二 被曲解的李斯特

作为一种以国家利益为导向、以生产力发展为核心的经济学理论,李斯特的理论及其政策主张对后发国家有着重要的意义。但长期以来,李斯特被简单地归为保护主义者,其理论体系的核心——生产力理论反而没有得到正确的解读,而且他的其他理论,如平衡发展理论、创新理论和国内外市场理论也被忽视了。全球价值链的兴起和美元霸权的出现,对李斯特经济学的理论和政策主张提出了新的挑战,也正因为如此,有学者提出,结合时代条件的变化,立足中国国情,再次强调国家利益和生产力导向、构建中国的新李斯特经济学,对于解释中

---

① Fagerberg, J., Srholec, M., "Catching up: What are the critical factors for success?", *Working Papers on Innovation Studies*, Centre for Technology, Innovation and Culture, University of Oslo, 2005.

国经济问题、突破中国经济困局有着重要的理论和实践价值。[①]

如前文所述，李斯特的独特之处，在于他建立了一种与以斯密为代表的世界主义经济学针锋相对的国家主义经济学体系。这种以国家利益为核心、强调国家主导的"另类"理论不仅改变了当时人们的认识，也影响了今天的世界政治经济格局。但是，对今日的大部分读者而言，李斯特及其理论，即使不是陌生的，也是一种仅仅与保护主义和幼稚产业保护同义的学说。这一方面是因为，在以盎格鲁-撒克逊传统为主线的经济思想史中，德奥传统没有得到应有的重视；另一方面，在斯密的世界主义经济学理论及其政策主张占据主导地位的时代，李斯特的理论和政策主张已经被有意无意地隔离起来。从维基百科到各种经济思想史教科书，学术界对李斯特的宣传主要集中在作为保护主义者的李斯特，而淡化了李斯特经济学作为一种后发国家追赶理论的重要意义。然而，正如经济思想史专家基思·特赖布指出的那样，李斯特最大的理论贡献在于，为一个国家"在一个既定的国际环境下而不是在一个预设的世界中，寻求发展道路提供了见解"。[②]

对于大部分读者而言，李斯特影响德国崛起这一事实或许并不陌生，但对美国如何采取保护主义实现经济发展、三代美国学派学者和李斯特理论之间是何种关系、俄国晚期重要国务活动家谢尔盖·维特（1849~1915）如何推崇和实践李斯特经济学（通过推行俄国版的李斯特模式——"维特体制"，实现了俄罗斯现代化的第二轮"大冲刺"）却并不清楚。发掘近现代强国发展的历史，赫然存在着一个与李斯特经济学理论传播轨迹相一致的、以李斯特发展模式为特征的强国轨迹。李斯特的理论和政策主张不仅直接导致了美国和德国的兴盛，对日本、俄国、罗马尼亚、爱尔兰、意大利等国家的工业化也产生了巨大影响。贾根良认为，明治维新时期的日本拒绝了斯密经济学而选择了李斯特

[①] 贾根良等：《新李斯特经济学在中国》，中国人民大学出版社，2015。

[②] Tribe, K., "Friedrich List and the critique of 'cosmopolitical economy'", *The Manchester School*, 1988, 57 (1).

的理论和政策,与之相反,斯密经济学却得到了启蒙思想家严复的推崇,1900年前的中国对李斯特经济学几乎一无所知,是否接触到和深入领会李斯特经济学很可能是导致中日两国在近现代史上发展道路"大分流"的首要根源。

按照张夏准和赖纳特等学者的研究,事实上还存在着思想上的"踢掉梯子",发达国家普遍采取了李斯特的富国之道之后,就从思想和政策史上对后发国家隔离和扭曲了李斯特经济学。从这个意义上说,美、德以及俄国和明治维新时期的日本如何受益于李斯特经济学这样的历史不为人所知是有"人为"原因的。从时间甚至空间距离上,还存在着一个李斯特经济学理论及其应用的最新版本,那就是20世纪80年代以来在关于"东亚奇迹"的讨论中兴起的发展型国家理论,而且正如发展型国家理论的创立者之一查默斯·约翰逊指出的那样,"发展型国家的理论之根在李斯特及其所代表的德国历史学派,李斯特坚持认为德国需要实行一种国家主导型的发展从而实现对大英帝国的赶超这一观点,正是亚洲发展型国家重要的理论来源"。[1] 作为一种强调国家利益和竞争优势的经济学,李斯特模式(Listian Model)在东亚延续了它的理论价值和实践价值。遗憾的是,学术研究同样容易犯下黎巴嫩诗人纪伯伦所说的"出发得太久,以至于忘了为何出发"的错误。关于发展型国家的讨论和反思日益深入,却与李斯特之根渐行渐远。当代发展型国家的研究者越来越关注如何实现嵌入性、如何实现国家自主性这类"手段"问题,而更为重要的"目标"问题则在这种讨论中被忽视了。究竟什么是评价发展型国家成功的指标?为什么有些发展型国家成功了,有些发展型国家却失败了?要回答这类问题,仍然而且必须回到发展型国家的李斯特之根。因此,李斯特经济学和他的主张究竟是什么就成为一个无法回避的问题。

李斯特经济学理论体系存在着非常清晰的脉络:国家利益——生

---

[1] Johnson, C., *MITI and the Japanese Miracle: The Growth of Industrial Policy*, Stanford University Press, 1982, pp. 1925-1975.

产力理论——精神资本，也只有理解了这一脉络，才能理解李斯特的包括保护手段在内的多种政策主张。国家利益是李斯特的出发点，基思·特赖布指出："真正使李斯特有别于斯密的地方正是他所强调的国家利益。"[①] 那么，对国家而言最为重要的是什么？对此，李斯特提出了生产力理论，这一理论的特殊之处在于，它区分了财富的原因和财富本身，区分了富（拥有交换价值）和强（拥有生产力），后者是决定性的。"财富的生产力比之财富本身，不晓得要重要多少倍；它不但可以使已有的和已经增加的财富获得保障，而且可以使已消失的财富获得补偿。"[②] 李斯特指出，国家富强本质是国家（国民）生产力的提高，而生产力最重要的部分是由"精神资本"创造的。简言之，离开了生产力理论，任何对李斯特的讨论和批评都是不完整的。

长期以来，许多经济思想史的研究者在不同程度上误解了李斯特的保护主义主张，甚至将李斯特经济学理论等同于关税保护论和幼稚产业保护论。但事实上，作为一种促进生产力的手段，李斯特的保护主义只是一种手段，而且并非唯一的手段，更不是无条件的手段。李斯特就如何实现国家生产力的提高给出了多种政策建议，关税保护和幼稚产业保护只是其中的一部分。李斯特的贸易保护论绝非像人们通常所理解的（通过较高的进口关税保护国内工业的发展）那样简单。贸易保护本身是一个比较复杂的系统性工程，何时保护、保护什么、如何保护、保护程度如何、如何动态调整保护措施的组合，都需要审慎对待。而且，贸易保护论在李斯特经济学理论体系中并不是孤立的，它需要与其他一系列因素相结合才能真正发挥作用，如基础设施建设、制度和组织建设、教育投资、科学研究、技能培训、自由、企业家精神、政治和文化因素、道德因素、民族团结与统一，等等。李斯特经济学理论体系中尚有许多不为人所知或熟悉的理论观点，如李斯特对

---

① Tribe, K., "Friedrich List and the critique of 'Cosmopolitical Economy'", *The Manchester School*, 1988, 57 (1).
② 〔德〕弗里德里希·李斯特：《政治经济学的国民体系》，陈万煦译，商务印书馆，1997，第118页。

货币和信用体系的独立性和自主性的强调、对国内统一市场的重视，以及平衡增长理论、政府与市场关系理论、国家创新体系理论等。其中，尤其值得强调的是平衡增长理论，因为长期以来，平衡增长理论只被认为与罗丹和纳克斯有关。事实上李斯特更早提出了平衡增长理论，而且不同于罗丹和纳克斯的是，李斯特从知识外溢的角度阐述了平衡增长的必要性。在李斯特看来，由于知识与技术的外溢性，各工业部门之间的技术进步以一种相互促进的方式发生，从而在整个工业体系中形成一种技术变迁的正反馈机制，各部门之间互为市场不仅为平衡增长提供了可能性，而且各部门之间的交互式需求是整个工业部门能够实现平衡增长的基本条件。**这一理论所蕴含的政策意义，尤其对于大国而言的政策意义在于，李斯特认为后发国家完全可能也有必要通过深化内部分工，达到在提升生产力的同时保持经济独立性和自主性的目的。**

三 需要修正和发展的李斯特主义

李斯特主义的精髓在于"国家生产力的提高"。至于如何提高，李斯特基于他所处的时代背景，提出了一系列有操作性的政策建议。很显然，这些建议乃至李斯特经济学理论本身并不是教条，对不同时代、不同禀赋和面临不同外部环境的国家而言，究竟应采取怎样的政策手段去促进生产力的提升，需要具体情况具体分析。历史表明，从"东亚奇迹"到"拉美陷阱"，当李斯特经济学理论的践行者始终以国家生产力的提高为目的，并围绕这一目的灵活地调整其政策时，它们都取得了成功；相反，忽视了提升国家生产力这一目的，或者教条式地拘泥于李斯特的论述，甚至错误地理解和应用政策组合，国家就会陷入困境。发展主义的代表人物普雷维什的政策主张在拉美之所以没有像在东亚那样带来"拉美奇迹"，其中非常重要的一点，就是普雷维什在通过关税保护推行进口替代工业化战略的同时，又将积极地引进外国直接投资作为进口替代工业化的基本手段，这完全抵消了保护主义的积极效应，交出了民族工业的自主权和发展空间，使拉美国家通过贸易保护改变其不利的国际分工地位的努力完全被外国直接投资所瓦解，这是拉美国家进口替代工业化战略在后期陷入困境的主要原因，也是拉美国家即使实行贸易保护也无法改变依附型经济命运的基本原因。造成这一结果的原因，就其根本来说，就是在普雷维什所处的时代，跨国公司和对外投资的规模与李斯特的时代不可同日而语，普雷维什忽视了这种外部条件变化，提出了相互矛盾的政策组合，犯了典型的教条主义的错误。

简言之，如果不能随着环境条件的变化修正和发展李斯特经济学理论，那么无论在理论上还是在实践上，李斯特经济学理论就会失去生命力。李斯特经济学理论之所以在历史上始终成为不同国家的富国指南，就在于睿智的学者和政治家们不断地在对李斯特经济学理论及政策主张加以创造性地发展。那么，今天李斯特经济学理论面临着怎样的挑战？李斯特的政策主张需要哪些修正？从政策的适用性看，由于自20世纪70年代以来，世界政治经济格局和资本主义生产方式产生了一系列重大变化，如全球价值链的兴起、跨国公司的出现和国际投资贸易体制的变化等，李斯特当时所提出的一系列政策建议，如强调制造业、幼稚产业保护等，面临适用性的考验，因而必须做出相应的调整。

第一，全球价值链的兴起对传统的李斯特的制造业致富原则提出了挑战，需要后发国家在战略产业以及促进产业发展的政策手段选择上有所创新。李斯特一直强调"进口原材料并出口制成品"，这一法则也得到了历史的验证。但是在李斯特的时代，制造业是唯一具有"历史性报酬递增"（技术创新加规模报酬递增）和不完全竞争的特点的部门。在全球价值链兴起之前，整个制造业的价值链基本上是局限于一国之内的，一国只要抓住了制造业，就能最大化地发挥知识外溢和产业协同效应，从而提高国家生产力。因此，制造业是重要的，也是需要扶持和保护的。但在全球价值链兴起之后，制造业的各个环节可以被分解到不同国家和地区，后发国家完全可因成本低廉而成为发达国家的"飞地制造业基地",但无法获得知识外溢和产业协同效应,而且原先只有制造业具备的历史性报酬递增和不完全竞争的特征在原材料、农业、服务业的高端环节也出现了。如此,"进口原材料并出口制成品"这一李斯特法则就不再成立。在所谓全球价值链分工的新时代,李斯特主义的国家致富原则就应该被修正为"进口低端产品并出口高端产品"。

第二,跨国公司的出现和国际投资贸易体制的变化,对李斯特的幼稚产业保护的理论和政策建议提出了挑战。在李斯特时代,很少有跨国公司母国控制的在东道国的外国直接投资,也没有具有普遍性的诸如WTO的国际投资贸易制度框架。所以,李斯特的保护幼稚产业理论只是强调通过关税将外国工业品挡在国门之外,使本国民族企业独占国内市场。但在以跨国公司为主体、以各种国际投资贸易制度框架为平台的当代,若要更为有效地保护幼稚产业,更应当强调和重视的是外国直接投资,后发国家必须对外国直接投资采取严密的防范措施。因为缺乏外资监管和限制措施的严重后果在于,先发国家的跨国公司可以通过直接使用后发国家的廉价劳动力,与后发国家的本土企业在新兴行业和价值链高端环节展开直接竞争,扼杀后发国家任何试图向价值链高端攀升的努力,从而将后发国家锁定在全球价值链的低端。

第三节 一再被强调的国家和逐步被重视的社会

如前所述,与传统的斯密世界主义经济学相对,经济思想史上存在着一条清晰的重商主义——李斯特的国家主义经济学——格申克龙的后发国家——发展型国家——演化发展经济学的理论谱系。这一谱系强调国家利益、保护主义和竞争优势,尤其重视国家在现代化和经济赶超中的作用。与其一以贯之的"国家执念"相比,李斯特思想谱系对社会基础的重视程度是逐步加强的。其对社会基础的关注对象

（关键行动者），也逐步从城市资产阶级、封建贵族扩展到企业组织和广大民众。在国家与社会的关系的认识上，也逐步从单向度的国家作用发展到国家-社会互动的观点。李斯特思想谱系的这一变化，体现了国家、社会和市场经济之间的渐进协同演化过程。在国家与社会的交互作用过程中，国家的专制性能力向建制性能力的转化，以及建制性能力中的渗透能力、汲取能力和协调能力的形成过程对不同国家的工业化和现代化进程有着不同的影响。

一 一再被强调的国家

斯密思想谱系和李斯特思想谱系的分野，在某种程度上可以看作"市场笃信"和"政府执念"的对立。从重商主义到李斯特的国家主义经济学以及德国历史学派，从格申克龙的后发国家理论到赖纳特和张夏准的演化发展经济学，直至维斯等人的新国家主义，都包含着对国家作用的一再强调。更具体地说，针对后发国家的经济发展过程，李斯特思想谱系一直在强调国家在整合资源和引领方向上的不可或缺性。

从源头上看，也就是从重商主义时期开始，李斯特思想谱系就与国家作用密不可分。因为，在时间上，维斯等人指出，欧洲民族国家的建立和经济的发展两个过程是同步进行的，欧洲民族国家的形成，实际上也是一个国家将自己从私营或社会行动者的日常需求中脱离出来的过程。[1] 这种重商主义和欧洲民族国家在形成时间上的惊人一致性，并不是一种巧合，因为重商主义锻造了民族国家的汲取能力和组织动员能力，而国家推行重商主义政策的成功也进一步强化了重商主义在资本主义兴起时期的"富国策"地位。在民族国家缔造过程中，对经济和政治的联合规划，我们称之为重商主义。[2] 基于对（普鲁士）

---

[1] 维斯等人在其著作的第 2、第 3 章中对此进行了详细的考证，参见〔澳〕琳达·维斯、约翰·M. 霍布森《国家与经济发展：一个比较及历史性的分析》，黄兆辉、廖志强译，吉林出版集团，2009。

[2] 〔美〕埃里克·S. 赖纳特：《富国为什么富 穷国为什么穷》，杨虎涛、陈国涛等译，中国人民大学出版社，2013，第 81 页。

王权干预下的重商主义制度特点的总结，施穆勒（Gustav Schmoller）认为，重商主义"最核心（的）不过是国家的构建（staatbildung/state making）——不是狭义上的国家的构建……是由经济的共同体创造出政治的共同体，并赋予它深远的意义"。① 尽管从某种意义上来说，重商主义指引下的早期国家经济发展，只是一个奢侈品、战争、领地和财富追求过程中"无意间"的结果（unintended consequences），但这并不能否定这样一个事实：是国家有目的的需求导致了这一时期资本主义的发展；是战争对财政的需求从而对关税的需求导致了保护性政策的兴起；同样，是战争的需求导致了冶炼锻造、船舶制造等领域的创新和技术变迁。

国家利益同样也是李斯特经济学理论的出发点，正如基思·特赖布指出的那样，"真正使李斯特有别于斯密的地方就是他所强调的国家利益"。② 李斯特的整个理论体系，按照民族国家的独立性——民族国家利益的不可否定性——国家富强本质是国家（国民）生产力的提高——生产力最重要的部分是"精神资本"这一逻辑脉络展开。其中，国家不仅是国家利益的载体和前提，也是提升生产力的重要推手。李斯特经济学理论中的国家作用，不仅体现在关税保护和幼稚产业扶持上，也体现在教育、培训、基础设施、法律制度等方面。作为先驱，李斯特的国家主导思想也对德国历史学派产生了重大影响，无论是旧历史学派的罗雪尔还是新历史学派的施穆勒，都将国家视为经济活动中最为重要的因素。罗雪尔认为国家是经济活动中一种不可或缺的"无形资本"。③ 施穆勒更是指出："没有一个坚强组织的国家权力并具备充分的经济功用，没有一个'国家经济'构成其余一切经济的中心，那就很难设想有一个高度发展的国民经济。"④

---

① 〔德〕施穆勒：《重商主义制度及其历史意义》，严鹏译，东方出版中心，2023，第100页。
② Tribe, K., "Friedrich List and the critique of 'cosmopolitical economy'", *The Manchester School*, 1988, 57 (1).
③ 转引自魏建《德国历史学派兴衰述评》，《经济科学》1999年第2期。
④ 转引自汤在新《论历史学派》，《经济评论》1991年第2期。

在格申克龙的后发国家理论中，国家作为替代性条件的构建者，同样也是经济发展成功的关键所在。在格申克龙看来，落后与发展的高期望值之间的紧张关系构成推动工业化发展的力量，而这种力量要转化成经济发展的效果，取决于国家对经济发展所缺乏的替代性条件，如较大规模的私人资本积累、工业制成品的市场容量等的强力建构。格申克龙认为，国家可以也有必要通过有效的干预提供这种替代性条件，具体表现为：通过政府的高积累或者投资银行来代替私人储蓄，以铁路建设等公共工程支出来弥补国内落后的农业经济对于工业品需求的不足，通过引进和吸收国外的先进技术和移民来补充本土创新的缺乏和技能型劳动供给的短缺等。① 这样，即使在不具备先发国家所具备的那些发展条件的前提下，后发国家也可以通过这些建构出的替代性条件节约时间、实现跨越式发展。相反，如果后发国家政府不能结合本国社会经济环境，适时地进行这种替代性条件的建构，就有可能失去其后发优势。格申克龙同时还判断，国家的这种积极作用对后发国家的前期发展至关重要，但对于先发国家或者当后发国家完成工业化之后，就不那么重要了，国家作用呈倒 U 形的曲线。

后发国家理论完整地继承了李斯特的国家主导传统，并进一步细化了政府的作用机制、方向和运作原则。查默斯·约翰逊指出："后发国家的理论之根在李斯特及其所代表的德国历史学派，李斯特坚持认为德国需要实行一种国家主导型的发展从而实现对大英帝国的赶超这一观点，正是亚洲后发国家重要的理论来源。"② 后发国家理论的提出者，从约翰逊到韦德，无不强调国家主导是东亚国家成功实现工业化的关键所在。按照约翰逊的理解，东亚发展型国家事实上已经具备了一种不同于英美体系那种市场-理性的国家介入的市场经济，即计

---

① 〔美〕亚历山大·格申克龙：《经济落后的历史透视》，张凤林译，商务印书馆，2009，译者前言，第 iv 页。

② Johnson, C., *MITI and the Japanese Miracle: The Growth of Industrial Policy*, Stanford University Press, 1982, p.17.

划-理性市场经济模式。韦德和怀特等人则认为,在东亚成功的工业化国家中,国家都是社会经济发展的推动者、组织者和主要行动者,国家不仅通过产业规划、产业政策和关税政策等一系列制度手段有效地引导和组织了国民经济活动,同时也有效地保持了微观经济主体的活力,使市场保持了竞争性。

在对之前李斯特思想谱系理论系统梳理和整合的基础上,结合新熊彼特学派的国家创新理论,以埃里克·赖纳特(Erik Reinert)、阿诺·达斯特(Arno Daastøl)和张夏准等人为代表的演化发展经济学家提出,国家成功发展的关键在于选择正确的产业活动,选择怎样的产业活动是决定一国经济质量、国民实际收入、国际分工地位乃至政治秩序的先决条件。在所有的产业活动中,报酬递增行业是国家致富的基石。在报酬递增行业的带动下,通过产业协同效应形成正反馈,可实现更多行业的生产率提高,后发国家应选择创新机会窗口大的产业,通过建立国家创新体系推动自主创新,通过产业升级和生产效率的激增,最终提高国家的收入和福利水平。在这一过程中,政府必须有意识地扶持且保护报酬递增行业的生产活动,对具有潜力的生产活动减税、提供低成本信贷、提供出口补贴,重视知识和教育,对有价值的知识进行专利保护等。后发国家需要通过一系列的手段,如关税保护、资金支持(政府的信贷优惠)、技术支持以及政策支持(税收减免、出口补贴、专利保护、对教育与科研的投入)等来帮助自己提升在价值链中的位置。

二 逐步被重视的社会

(一)国家型构与反封建:从柯尔贝尔到格申克龙

正如前文所指出的,李斯特思想谱系认为国家可以具备足够的调动国内资源的自主性和能力,这也意味着,国内资源的客观存在和可调动性是其理论的隐含前提。问题在于,国家可调动的资源和国家行动的对象是什么?它们是否可以被国家激励、调动和组织?国家通过什么机制调动它们?它们的被激励、被组织和被调动,又是否与国家作用之间构成循环作用关系？不难理解，这种可被调动的资源，从根本上而言只能是构成民族国家的人民，是经济学意义上的经济行为主体，但更为重要也更为根本的是，它们也是国家行动所赖以发挥作用的社会基础。

重商主义者基本上对这一社会基础及其可能产生的反制作用没有进行讨论。这在很大程度上是因为，与重商主义推行相伴随的民族国家兴起过程，本身就是欧洲社会重塑的过程，是权威形成和共同体意识形成的过程，在这一过程中，"主要的斗争不是统治阶级与下层阶级的斗争，而是国家与统治阶级的斗争"。[①] 因此，本质上，重商主义的政策也是商人利益集团和王权基于共同利益的一种合谋，国家与社会的边界在这一阶段并不清晰。在重商主义和民族国家的同步形成过程中，随着商品经济的发展、商人实力的增强，君主对商业财富的需求加深了王权与商人的合作，城市商人的商业观点成为王权政府制定政策的重要来源。这样，重商主义通过商人和王权的协商，将行会习俗、城市传统和商人对利润的渴求转化为重商主义的国家政策。商人资本家在实现了对城市和商业、制造业的控制的同时，也完成了城市市民向国家公民身份的转变。重商主义时期的代表人物或出身商人家庭，或以商人自居，但同时也是官员甚至重臣，如托马斯·孟、柯尔贝尔、米尔斯、马林斯、米塞尔登等，这一独特现象在某种程度上也证明了重商主义和国家在这一时期的合作关系。[②]

因此，从这一意义上说，重商主义的理论和政策主张实质上是一种主体对主体利益实现的主张，**意愿主体和行动主体本身是合二为一**

---

① 〔澳〕琳达·维斯、约翰·M. 霍布森：《国家与经济发展：一个比较及历史性的分析》，黄兆辉、廖志强译，吉林出版集团，2009，第 59 页。
② 关于这一时期商人和王权贵族的关系，参见刘程《西欧重商主义保护原则的历史探源》，《山东财经大学学报》2014 年第 1 期。刘文同时也考证了重商主义保护原则的起源，认为保护主义实际上源于行会、城市等小共同体的利益保护原则，而后在经济力量的推动下逐步演化成为大共同体亦即国家的经济政策，这也同时说明了这一时期国家与社会的协同演化。

的，这就必然会忽视商人和王权之外的社会基础。[①] 这种建立在合二为一主体基础上的重商主义，不仅在理论体系中弱化了社会基础的重要性，而且在实践过程中也表现出民族国家进一步的渗透能力的缺乏和行动效率的不足。在对马格努松、施穆勒和李斯特等人关于重商主义政策绩效的讨论文献梳理的基础上，严鹏对重商主义研究的文献梳理表明，尽管欧洲国家在重商主义时代已经广泛采用货币政策、财政政策和产业政策等极具现代性的手段来管理经济，但往往效果不佳，原因就在于近代早期的欧洲国家在相当长的时间内仍然保持着传统的政治组织形式，缺乏高效的行动能力，君主专制国家的权力也存在着"去中央集权化"与"碎片化"的现象。[②]

相较于重商主义者，李斯特开始关注社会基础对工业化进程的影响，但李斯特对社会基础的讨论更多地强调的是社会的政治结构尤其是封建残余制度对工业化的阻碍。身处落后的、尚未实现统一的、存在封建残余制度阻碍的德国，李斯特认为，德国封建贵族势力仍是当时德国最强大的政治势力，要以资本主义工业经济替代德国的封建农业经济，就必须对旧的封建残余制度进行破除，建立一个自由的、能最大限度激发个人与社会生产力的经济社会制度。

在李斯特经济学理论体系中，对封建社会基础的改造是激发经济自由和经济活力的前提，激发了经济自由和经济活力，才能使他所倡导的关税保护和幼稚产业扶持等政策取得提高国民生产力的效果。这就使李斯特的观点表现出一种形式上的矛盾：既强调内部的政治与经济自由、市场整合和关税统一，又强调积极的政府干预。这种形式上的矛盾，正是基于他对德国当时社会基础中的最大阻碍因素——封建

---

① 在这一点上，维斯提出了与马克思不同的观点。马克思认为国家是统治阶级的工具，国家是以贵族的名义或应贵族的要求行动的，但维斯认为，国家的形成显然经过了与贵族的竞争、合作与冲突。参见〔澳〕琳达·维斯、约翰·M. 霍布森《国家与经济发展：一个比较及历史性的分析》，黄兆辉、廖志强译，吉林出版集团，2009，第22页。

② 参见严鹏《国家作用与中国的工业化道路：一个新李斯特主义的解读》，《当代经济研究》2015年第12期。

残余制度的认识。

和李斯特一样,格申克龙也意识到封建残余制度对后工业化进程的制约作用,"只要某些可怕的制度障碍(诸如农奴制度或政治统一的普遍缺乏)依然存在,就没有任何工业化的可能。"① 但是格申克龙对社会基础的分析,**强调的是社会态度和社会价值观**,尤其是这种社会态度和社会价值观对企业家和创新的影响。"'社会的作用'以及促使预期的行为被实施的认可行动再一次地占有中心地位。"② 对企业家的社会认可是激发企业家活力和增加企业家数量的关键因素,理论公式具有令人信服的简单性,那就是对企业家活动的社会赞许极大地影响着它的规模和质量。③ 与此同时,对社会价值观和社会态度的适合后工业化的改造,还有助于两种形态的经济变迁,经过良好整合的社会,其经济创新将成为一种普遍的行为模式,创新过程中所产生的创造性毁灭所带来的经济变迁的受害者不同的个人价值观,或者可以被忽略,或者可以通过社会整合,将其彻底地纳入社会的价值标准。不过,格申克龙仅用社会态度和社会价值观替代了社会基础,没有进一步讨论这种社会变迁对国家能动性的反作用。在格申克龙看来,甚至这种对创新和企业家的社会认可也应由国家主导。在讨论法国的社会不赞成对企业家活力的制约时,他写道:"也许是因为一个社会认可体系常常是过于软弱的,除非由国家的认可来施加,否则将难以实施。"④

(二)政治-经济连接及其相互作用:发展型国家与演化发展经济学

发展型国家理论在社会基础上的侧重点,主要是企业组织,其突出特征,就是一再强调政府与经济组织的连接。正如宋磊所强调的那

---

① 〔美〕亚历山大·格申克龙:《经济落后的历史透视》,张凤林译,商务印书馆,2009,第12页。
② 〔美〕亚历山大·格申克龙:《经济落后的历史透视》,张凤林译,商务印书馆,2009,第69页。
③ 〔美〕亚历山大·格申克龙:《经济落后的历史透视》,张凤林译,商务印书馆,2009,第72页。
④ 〔美〕亚历山大·格申克龙:《经济落后的历史透视》,张凤林译,商务印书馆,2009,第73页。

样，发展型国家理论主要研究的就是"赶超过程中企业和政府的结构性特征"。① 尽管不同的发展型国家理论的提出者所强调的连接对象存在差异，如韩国侧重扶持财阀等，但都是在强调政府与企业组织的经济连接。约翰逊所描述的国家关键因素，就着力于强调国家与企业组织的连接，如官僚与商业精英的紧密联系、信息交换与合作等；这种政治经济连接的边界在于"把政策网络与日常个别利益集团压力和不利于增长的要求隔离"开来。② 在韦德的驾驭市场理论中，驾驭对象也是企业组织。伊文思则提出了嵌入性自主概念，但其嵌入性仍然是针对企业和产业而言的，仍然是强调公私合作。他认为，国家在产业嵌入中可以扮演四种角色，即监护者、创造者、助产者和管理者③，这些角色的差别在于国家如何运用政策工具来形塑国家与产业的关系。在伊文思看来，只有当国家在扮演助产者和管理者角色时，才会将嵌入性自主的力量发挥到最大。值得注意的是，近年来，伊文思开始对发展型国家的目标做出修正，开始关注国家、社会和企业之间的关系调整。他认为，发展型国家理论应当从传统的经济发展目标转向更广义的社会发展目标，实现一种阿玛蒂亚·森所说的"人的自由"的发展，在将人的发展列为发展的更高目标的同时，也使人的发展成为提高国民生产力的手段。

同样是从东亚成功的发展型国家和失败的一些拉美、非洲国家的对比研究中，演化发展经济学家如赖纳特等人意识到，经济活动与政治秩序之间存在密切的互动关系，经济活动与社会秩序演化的逻辑是：

---

① 宋磊认为，关于后发国家赶超过程的结构性特征，存在两类研究。第一类研究关注赶超过程各个阶段的顺序或宏观趋势，第二类研究关注赶超过程中经济主体的特征。依据研究重点的不同，第二类研究可以进一步区分为主要研究赶超过程中企业和政府的结构性特征的两种研究。前者的代表是经济史、经济社会史和企业史领域的一组比较研究，后者的典型则是发展型国家理论。详见宋磊《格申克龙-道尔命题与中国实践》，《开放时代》2015年第4期。

② 〔澳〕琳达·维斯、约翰·M. 霍布森：《国家与经济发展：一个比较及历史性的分析》，黄兆辉、廖志强译，吉林出版集团，2009，第167页。

③ Evans, P. B., *Embedded Autonomy*, Princeton University Press, 1995.

产业活动选择——收益分配——中产阶层形成——反制性力量与民主进程。在赖纳特看来，产业活动的性质决定了利润、工资和税收在雇员、雇主和政府之间的分配方式，也决定了国民如何获得及获得多少收入，从而直接影响了社会阶层的形成。这进而会体现在政治秩序上，而政治秩序又会反过来影响经济活动。因此，一方面，经济的发展会推动民主进程的发展，推动政治秩序的变迁；另一方面，一国政治权力的构成对其经济发展尤其是长期发展又有着至关重要的影响。赖纳特指出，"政治秩序和经济活动之间这种至关重要的联系——也就是民主制度和一种不依赖于农业和原材料的经济多样化之间的联系——是另一堂重要的历史课"①。因此，在缺乏健康的经济活动前提下盲目地推进民主进程无助于经济发展和社会稳定，赖纳特多次以非洲为例指出，在经济结构基本上还处于封建时期或前资本主义时期的非洲强行植入西方式的民主只会导致无休止的政府更替与内战。从政治秩序对经济的反作用看，一个国家的政治权力具体掌握在哪些人手中，对一个国家的经济发展也会产生深远的影响。赖纳特多次以亨利七世时期英国的工商业主与地主贵族的矛盾、美国内战时的南北矛盾、拉美殖民地时期的庄园经济为例强调这一观点，并警示后发国家应通过开明政府回避错误。在赖纳特所描述的那些面临崩溃危机的国家中，政治权力往往被那些从事无益于经济长期发展的报酬递减的经济活动（如原材料行业）的资本家所绑架，从而阻碍了国家走向正确的发展道路。

三 李斯特思想谱系中的变化社会

按照维斯的总结，所有发展成功的国家都是强国家，而强国家的力量，并不是一种是前工业社会的专制性能力，而是一种建制性能力。这种能力包含了三个维度。第一是渗透能力，即进入社群并与人民互动的能力，这是一种将期望转化为行动的能力。第二则是汲取能力，

---

① Reinert, E. S., *How Rich Countries Got Rich and Why Poor Countries Stay Poor*, Constable, 2008, p. 311.

即从社会汲取资源的能力，它建立在渗透能力之上。如果一个国家的汲取能力是稳定的、持久的，就说明它具有一种与社会权力组织协商的元素，这一元素就是维斯所说的最重要的第三个维度——建制性能力的协商维度。

从这种角度看，一直到 18 世纪，实行重商主义的欧洲国家基本都处在从前工业化时期的专制性能力向资本主义发展所需要的建制性能力的发展与转型过程中，都在获取上述三种能力的过程中。由于这一时期的国家和社会同处在一个协同演化过程中，当我们在评价重商主义者只关注"国家"时，毋宁说我们指出了另外一个事实，那就是他们也关注了与国家同处在一个演化进程中的"社会"。只不过，这个社会在重商主义者那里被关键行动者如商人、贵族和国王所替代。因为"资本积累的历史就是国家建制性权力（能力）的历史。事实上，国家（建制性）力量（能力）造就了资本主义，而资本主义同样造就了国家力量。这便构成了国家力量的根本特点：国家能以相互合作的关系，而非损耗主要社会参与者的方式，来获得更大力量"①。

与重商主义国家相比，李斯特研究的德国和格申克龙研究的俄国在共同体意识上已经明显增强，由于英法等先发国家的存在，格申克龙所说的"落后与发展的高期望值之间的紧张关系"在德俄两国都十分明显，但德俄两国既非最先演化出的"**通过关键的社会行为者行使国家权力**"②的英国，亦非在新大陆上形成的无历史记忆的美国③。从国家能力的意义上看，它们仍只具备维斯所说的"前工业社会的专制性能力"，而不具备国家的建制性能力。同时，两国的统一程度不高，这必然会影响资本主义的进一步发展，因为"资本主义就如现代国家

---

① 〔澳〕琳达·维斯、约翰·M. 霍布森：《国家与经济发展：一个比较及历史性的分析》，黄兆辉、廖志强译，吉林出版集团，2009，第 65 页。
② 〔澳〕琳达·维斯、约翰·M. 霍布森：《国家与经济发展：一个比较及历史性的分析》，黄兆辉、廖志强译，吉林出版集团，2009，第 53 页。
③ 在卡岑斯坦看来，美国社会诞生于现代，它并不需要一个强有力的国家来摧毁传统社会，既没有封建结构也没有贵族来阻碍社会和经济的发展。参见〔美〕彼特·J. 卡岑斯坦编《权力与财富之间》，陈刚译，吉林出版集团，2009，第 76 页。

一样，需要统一的国土基础。一个分裂的国土基础，意味着所有生产要素均处在不能流动和不自由的状态，而一个统一的国土基础就会解除所有生产要素的束缚——这是资本主义的必要条件"。[1] 对于德俄两国而言，影响这种建制性能力形成的主要因素，就是残余封建制度，在没有打破这种制度之前，国家不可能形成向社会渗透、汲取和协调的能力，即国家既不可能获得将期望转为行动的能力，也无法获得稳定的汲取能力，同时也缺乏与经济组织的有效连接和协商，动员和组织的社会基础和社会资源也就缺乏有效的传递机制。因此，应在打破封建残余制度后阻碍之后，建立起与社会基础互动的机制。在李斯特和格申克龙看来，只要打破封建残余制度，社会基础就会获得自由而释放出创新活力。与此同时，**这也是李斯特和格申克龙都专注于封建残余制度而不是社会大众的原因。**

与重商主义者和李斯特、格申克龙相比，后发国家对社会关键行动者的关注已经从商人、封建领主转变为企业组织，演化发展经济学则已经开始关注中产阶层的形成以及他们对政治制度的反制性影响，这无疑使李斯特思想谱系的社会研究得到了扩展。但后发国家并没有将社会基础推及社会大众层面，也没有超越经济连接和有效嵌入这样的概念，而演化发展经济学家在通过中产阶层切入产业结构-政治结构的互动分析的同时，也忽视了社会基础的初始状态。从维斯等人的角度看，后发国家的成功，的确在于它们获得了第三维度的建制性能力，即协调能力。但无论是后发国家理论还是演化发展经济学，都忽视了建制性能力中汲取与渗透能力的获取过程，以及这两种能力对于协调能力的影响。

协调之前的渗透和汲取之所以重要，是因为后发国家在开始工业化进程之前，首先要完成"从意愿到行动"的过渡。对于东亚发展型国家以及拉美和南亚的众多在二战之后获得独立地位的民族国家而言，

---

[1] 〔澳〕琳达·维斯、约翰·M. 霍布森：《国家与经济发展：一个比较及历史性的分析》，黄兆辉、廖志强译，吉林出版集团，2009，第64页。

殖民时代以及战后国际秩序的安排，使它们被动地获得了一种"形式上的建制性能力"，但实质性的建制性能力尚未形成。二战之后东亚发展型国家已经不同程度地形成了各自不同的社会结构，并形成了一定的经济组织，如地主庄园经济体等。东亚发展型国家的成功，不仅在于获得了建制性能力的第三维度能力，更为重要的是，在获取这种能力之前，通过革命、运动和改革，实现了渗透性，进而通过权力和权利的对冲机制，实现了威权引导下的工业化。房宁等学者认为，从社会角度考察，日韩这类成功的发展型国家在工业化和现代化初期都有一个共同特点，那就是经历了社会结构的较大变动，在破除原有社会的"等级高度差异"的同时，社会形成了一种流动性较强的"扁平化"趋势。这就使其可以采取一种导向性和约束性的特殊的政治体制及发展策略，将工业化进程中的社会流动导向经济社会领域，形成促进经济增长的广泛而强劲的动力，同时约束了政治参与、限制了政治纷争[1]。在笔者看来，这一社会基础改造的实质，就是通过社会结构的扁平化使国家获得了"从意愿到行动"的渗透能力。

后发国家之所以表现出与以英国为代表的先发国家赶超模式的差异，其中一个重要的原因，就在于这种建制性能力中渗透能力的获取方式不同。先发国家可以依靠重商主义时期的国家建制性能力演化过程中的社会结构演化，但是对于后发国家来说，格申克龙所说的替代性条件中尚有一个被忽略的前提，那就是与工业化和现代化相适应的社会秩序还不具备。这个替代性条件在英美这样的国家是自然演化出来的，但是在其他后发国家就必须通过革命、战争和改革等方式，进行一次破除式的重构，从而获得更广泛的经济主体流动性。亚洲的经验表明，亚洲的"快国家"和"慢国家"的差别，与这种渗透能力形成的差异密切相关。菲律宾、印度等国家之所以成为"慢国家"，主要是因为它们在"工业化起步阶段传统社会结构没有像东亚地区那

---

[1] 房宁等：《民主与发展——亚洲工业化时代的民主政治研究》，社会科学文献出版社，2015，第16页。

样,被革命、内战和改革所打破"[①]。这就使这些国家的工业化和经济社会发展缺乏整体性,社会在工业化进程中不仅没有被"集体激活",而且加剧了分裂。与之相反,东亚国家在工业化之前大多经历了一次社会基础重构,如日本明治维新时期的"四民平等"、韩国的"新村运动"等。这种重构充分地激发了国民生产的积极性、主动性和创造性,不仅使渗透能力得以形成,也使政府的协调能力得到了提升,并且为之后三重维度的建制性能力的形成奠定了基础。

在考察亚洲的"快国家"和"慢国家"的过程中,房宁等学者还提出了权力和权利的对冲假说。认为开放政治权力和经济权利的先后顺序也导致了"快国家"和"慢国家"的差别。例如,菲律宾和印度等国独立后直接效仿英美体系建立宪政制度,同时开放了政治权力和经济权利,但由于缺乏社会基础重构,这种"双开放"反而导致了"慢国家"的形成,而东亚国家则首先开放经济权利,然后开放政治权力,由于之前进行了社会基础重构,这种权力和权利的对冲就使其成为"快国家"并顺利地实现了转型。

在笔者看来,这种权力和权利的对冲,本质上所体现的仍然是建制性能力的差异。第一,是否进行过社会基础重构,会影响国家建制性能力的渗透能力也即"从意愿到行动"的能力。诸如印度这样的"慢国家",其传统社会结构限制了公民的平等权利,妨碍了国民进入工业化经济进程的机会,必然会抑制社会的积极性和主动性。此外,传统社会结构的存在也容易形成垄断性的分利集团,进而妨碍工业化进程,使传统经济权利获取政治权力继而转型为现代垄断经济权利,比如菲律宾工业化过程中的传统地主家族。第二,是否进行过社会基础重构,将对国家建制性能力的协调能力是生产性的还是非生产性的产生影响,"快国家"建制性能力的协调能力主要体现为国家与企业和产业的协调,即后发国家理论所称的经济连接,这体现出的是一种

[①] 房宁等:《民主与发展——亚洲工业化时代的民主政治研究》,社会科学文献出版社,2015,第353页。

制度的生产力；而"慢国家"建制性能力的协调能力必然会大量表现为与传统社会阶层的民主协调、博弈以及向稳定社会的努力，更多地体现为一种非生产性的协调能力。第三，是否进行过社会基础重构，决定了经济-政治连接是走向良性循环还是恶性循环。无论是亚洲"慢国家"还是"快国家"，一旦启动工业化进程，既定的社会基础就会开始受到刺激，开始对权力-权利机制产生影响。在未经重构的社会基础上，原有的少量残存社会基础最容易影响经济权利的决策机制，也最易从启动的经济进程中受益从而扩大和强化自己的经济权利，进而对政治权力产生更大的影响，从而使政治-经济连接进入一种有利于少数人的路径锁定。与之相反，进行过社会基础重构的国家则由于在工业化伊始就打破了旧的社会秩序、改变了经济发展导向下的分配结构、摆脱了那种有利于少数人的路径锁定，从而完成了有利于大多数人的路径创造，进入一种政治—经济—社会的良性循环。

李斯特思想谱系对国家的一贯重视和社会基础研究对象的不断变化，既反映了不同时代不同国家发展的不同路径，也反映出国家-社会复杂的协同演化过程。在这一过程中，虽然这一谱系始终在强调国家作用，但国家作用的对象、方式和领域一直在随着社会中的"关键行动者"的变化而发生变化，在"关键行动者"从少数贵族地主扩展到企业组织和普通大众的过程中，国家的能力和内涵都在发生重大的改变。这一过程既体现了传统国家向现代国家的嬗变，也说明社会的反作用对现代市场经济和国家政治制度的健康发展的影响力日渐增强。

第四章　理解中国：国家能力与国家治理

近年来，国家理论在中国引起了广泛的关注，尤其是关于中国的国家建构、国家特征和国家能力等问题。继20世纪90年代初期金观涛等人的"超稳定结构论"以及流行一时的"大陆-海洋文明论"之后，中国学术界重新对中国的国家特征和形成过程进行了更为全面的考察，不仅形成了诸如大国宪制、齿轮模型、中原—草原—高原—雪原—海洋共生演进之类的长期国家形成史的观点，也产生了武力等的重在考察新中国成立以来尤其是改革开放以来历史的发展史视角的研究。与此同时，对中国国家特征的重新认识，也融入对中国经济发展奇迹的相关研究中，如地方政府竞争、制内市场、党的领导等；这些研究，都将中国独有的国家特征视为形成中国模式的重要因素甚至是关键因素之一。相较于之前的研究，这一次的显著不同，就是在基于文化自信和经济自信对基础上，改变了之前"追赶者"视角的反思，而转向一种更为平等、自信和客观的"并行者"视角的研究。伴随着中国成为世界秩序的重要组成部分，国家理论中的多个主题，尤其是国家能力、国家自主性和国家治理等问题，其重要性将会进一步凸显。重新认识现代中国国家建构的独有历史和特殊力量，理解中国国家能力和国家治理的特质，才能够准确地、更好地把握中国在改革开放以来的国家引导下的发展，以及在未来很长一段时间内，国家、社会、经济三者耦合过程中可能会遇到的问题以及可能会产生的结果。

第一节 中国国家能力的特质

强大的国家能力是持续发展的基础，但在对中国模式的解读中，国家能力是一个相对被忽略、未得到系统量化和比较说明的维度。改革开放以来，在国家能力各个指标方面，中国均出现了标准的"J形"发展趋势。同时，作为一种典型的国家主导型的发展，中国模式不仅体现出了"强国家、高发展"的典型特征，而且在强国家能力的来源和持续性保障基础上，也体现出了中国独有的特征，这集中体现在：高度的自主性和濡化程度为国家建制性能力提供了基础性保障，国有经济承担了重要的嵌入协商功能，并发挥了重要的统合与引领作用，服务性渗透能力与管理性渗透能力的同步增强，强大的协商能力能使发展过程中的政治、经济和制度资源得到有效的吸纳、整合与动员。

一 国家能力的内涵与测度

在过去的近半个世纪里，人类经济史上最大规模、对世界政治经济格局影响最为深远的事件，无疑是中国崛起。对中国模式的解读已是一个无法回避的宏大课题。大致上，对中国发展道路的关注和解读可以分为四个时期：第一个时期是改革开放之后，其核心议题是计划经济与市场经济的选择、兼容性等问题；第二个时期则始于20世纪90年代苏联解体之后，核心议题是社会主义国家的经济转型；第三个时期是2003年前后，以辛格、雷默等人归纳的"北京共识"为代表，核心议题是中国融入世界经济体系的方式、后果与挑战；第四个时期则出现在2008年全球金融危机之后，关键词是中国模式，仅在2009年，关于中国模式的论文就达到了3000多篇。[①] 随着时间的推移，中国的发展道路表现出越来越多的"意外性"，它不仅使历史的终结、"华盛顿共识"这类带有意识形态色彩的预判落空，也使一些纯粹的

---

① Fewsmith, J., "Debating the China Model", *China Leadership Monitor*, 2011, 35 (21).

经济预判,如"中国崩溃论""低端依附论"受到了越来越多的质疑,中国发展所展示出的独有特征,使肖恩·布雷斯林感叹:中国模式的研究应该从"中国不是什么和不代表什么"去考虑①。

中国模式的独特性并不在于它挑战了增长理论,因为中国的经济发展依然来自资本、劳动、技术、制度等要素。但在中国持续的发展过程中,在特定的、多变的情景下,这些要素的来源、动力机制、持续性、相互关系却是值得深究的问题。这就构成了观察中国模式的多重视角,也形成了多种系统性的解释。典型如中国学者的新结构论、超常发展论等②。西方学者也尝试用诸如新发展型国家(New development state, NDS)③、新李斯特型发展型国家(New Listian developmental state)④和后社会主义发展型国家(Post-socialist developmental state)⑤等概念形容中国模式。尽管存在不同的解读,但在中国模式是一种"国家主导下的发展"这一点上,并无多大分歧。

国家主导的发展并非偶然,而是历史中所有国家都曾经经历过或者试图经历的事。尽管就"强国家"是否必然意味着发展,市场中心论者和国家主义者还存在着不同的观点,但大量针对东亚和拉美、非洲等国家和地区的比较研究都表明,正是国家能力的强弱高低决定了东亚奇迹与拉美陷阱和非洲失败国家的分野。这至少意味着,强大的国家能力即使不是发展的充要条件,也是其必要条件。"强国家"未必有发展,但若不是强国家,则一定不会有发展。而一个国家要成为具有国际能力的"强国家"并非易事。阿西莫格鲁指出,在西方发达

---

① 肖恩·布雷斯林、冯瑾:《"中国模式"与全球危机:从弗里德里希·李斯特到中国治理模式》,《当代世界与社会主义》2012年第1期。
② 史正富:《超常增长:1979~2049年的中国经济》,上海人民出版社,2013。
③ Trubek, D. M., "Developmental states and the legal order: towards a new political economy of development and law", *Law & Development Review*, 2008, 25 (2).
④ Breslin, S., "The 'China Model' and the global crisis: from Friedrich List to a Chinese mode of governance?", *International Affairs*, 2011, 87 (6).
⑤ Bolesta, A., "China as a Post-socialist developmental state: explaining Chinese development trajectory", London School of Economics, PhD thesis, 2012.

国家,一个有能力执行法律、规制经济和提供公共物品的国家被视为理所当然的存在,但无论是过去还是现在,都存在大量缺乏这种能力的欠发达国家。[①] 对于后发国家而言,国家的作用类似"引擎"[②],后发追赶过程中需要国家进行资源组织、整合和调用,国家有无能力实现工业化与现代化的型构,体现着"引擎"力的大小。

尽管就中国是"国家主导下的发展"已有高度共识,但在对中国模式的考量中,一个相对被忽视,并缺乏系统量化体现的考察维度,就是对中国国家主体能力的强弱、结构、初始来源及其动力机制的系统考察。造成这一局面的原因之一,在于国家能力本身迄今仍是一个缺乏准确内涵和量化体系的概念。在不同的学科中,国家能力依照不同的研究目的被分解成为不同的观察视角,从而侧重的评价指标也不一样。在政治学中,它与治理有关,指标采取上往往侧重于政体质量和稳定性;在经济学中,它与经济发展有关,度量上则往往简化成为税收汲取能力和公共物品提供能力。而中国乃至于所有后发工业化国家的发展过程,本质上如杰索普指出的那样,并非国家的单一作用,而是市场机制、国家干预和社会结构三者契合与协同作用所形成的结构化的动力机制的结果,是国家-经济-社会三者的结构性契合的故事。[③] 因此,要系统地考察国家能力,不能拘泥于单纯的政治、经济、社会维度,而必须从三者的结构动态中把握可观察、可量化和最为关键的变量。沿袭迈克尔·曼和琳达·维斯等人的权力观,我们拟从渗透能力、汲取能力和协商能力三个维度对中国发展过程中国家能力的结构、来源和数量变迁进行描述,并对其初始来源、变迁动力进行进一步的考察,并试图形成一个解释中国模式的新视角。

[①] Acemoglu, D., Garcia-Jimeno, C., Robinson, J. A., "State capacity and economic development: a network approach", *American Economic Review*, 2015, 105 (8).

[②] Kasahara, S., "The Asia developmental state and the flying geese paradigm", UNCTAD Discussion Paper, 2013.

[③] 何子英:《李斯特主义工作福利国家的兴起、危机与转型——杰索普关于东亚奇迹的政治经济学述评》,《教学与研究》2011年第5期。

正如卡伦·亨德里克斯指出的那样，尽管国家能力对于理解国际国内冲突、经济发展和社会政策都极为重要，但国家能力至今仍是一个从概念到测度都亟待研究的概念。[1] 对于什么是国家能力，不同学者有着不同的理解。例如，米格达尔认为国家能力是国家通过种种计划、政策和行动实现其领导人所寻求的社会变化的能力。[2] 斯考克波则认为国家能力与国家自主性是相互联系的，国家自主性是指国家独立于社会自主决策的程度，国家能力则是指国家通过社会执行其政策的能力。前者是在政策制定层面探讨国家有多大独立于社会的自由度，后者是在政策执行层面讨论国家通过社会达到其目的的能力。[3] 从不同的功能上，国家能力又可以细分出外交能力、军事能力、经济管理能力、社会管理能力等，具体内涵和外延，取决于研究主题的需要。

对国家能力的定义，直接关系到对国家能力的度量。按卡伦·亨德里克斯的梳理，在国家能力的度量上，沿袭不同的国家能力定义，有三种不同的路径。第一种是通过军事实力来定义和衡量国家能力，其理论依据是韦伯的"国家是社会中掌握着合理使用暴力的垄断权力的那个机构"这一定义。按照这一理解，国家能力被确定为"国家阻止与压制对其威权进行挑战的能力"[4]，其度量可使用人均军事人员和人均军事费用这类指标，数据主要来自国际军事争端数据库中的战争相关指数（Correlates of War，COW）[5]；第二种则是通过政府治理能力、官僚能力来定义和度量国家能力，其理论依据依然是韦伯的理性官僚理论。在具体度量上则有多种方法：一是依托于专家评估做出的

---

[1] Hendrix, C. S., "Measuring state capacity: theoretical and empirical implications for the study of civil conflict", *Journal of Peace Research*, 2010, 47 (3).
[2] 〔美〕乔尔·S. 米格达尔：《强社会与弱国家：国家与社会关系和第三世界的国家能力》，张长东、朱海雷、隋春波等译，江苏人民出版社，2012，第5页。
[3] 转引自朱天飚：《比较政治经济学》，北京大学出版社，2006，第95页。
[4] Hendrix, C. S., "Measuring state capacity: theoretical and empirical implications for the study of civil conflict", *Journal of Peace Research*, 2010, 47 (3).
[5] 战争相关指数是国际军事争端数据库（MID Data, Material Capabilities dataset）提供的一项指标。

政府质量评价，常用指标包括政府质量排行（quality of government）、世界银行营商指数（corporate business environment indicators）、国际风险指标（ICRG）①中的选举质量、政府变更换届时政府继续提供服务的能力等数据；二是用产权保护和合约执行力度进行评价，强调国家对私有投资者的可信承诺的程度；其常用指标侧重于国际风险指标（ICRG）中的财产罚没和政府违约风险评价；三是用汲取能力评价国家能力，包括自然资源出口占GDP比重、初级制成品出口占GDP比重、税收占GDP比重等。第三种方式，则是将政治民主化程度和民主质量视为国家能力的体现，是典型的"政体思维和政体决定论"，强调政治制度的质量，政治秩序的连贯性和稳定性，度量指标上侧重于民主化程度，包括领导人选举、民众参选比例、对政治权力执行者的限制程度等。

贝斯利和佩尔松则认为，国家能力通过生产支持、财政收入和集体服务能力来体现，这三种能力同时也对应了三种类型的政府功能，从而可以用相应功能所对应的指标来刻画：一是选择和应对公众的共同需求的集体服务能力，可用公共服务供给表达，包括教育、医疗等；二是帮助市场经济发展的生产支持能力，可用投资者的司法保护程度测算，如产权保护指数等；三是筹集政府运转所必需的资金的财政收入能力，数据以国际货币基金组织（IMF）所提供的税收收入进行测算。贝斯利和佩尔松同时指出，这三方面的政府能力都具有互补的特征。②

王绍光也就国家能力的定义和度量提出了自己的看法，在《安邦之道：国家转型的目标与途径》一书中，他提出"国家能力=国家实际实现的干预程度/国家希望达到的干预范围"，这一指标反映国家将

---

① 国际风险指标（international country risk guide, ICRG）是政治风险服务集团（Political Risk Service Group, PRSG）对140多个发达及发展中国家的政治经济以及金融风险进行评估而编制的，自1982以来每年发布一次。
② 〔英〕蒂莫西·贝斯利、〔瑞典〕托尔斯滕·佩尔松：《中国面临的挑战：通过制度改革提升政府能力》，《比较》2014年第5期。

自身意志转化为现实的能力，得分高的国家就是"强政府"。① 这一公式定性地刻画了国家意志和国家能力的关系，但缺乏可度量性。2014年，王绍光又进一步提出，基础性国家能力包括八项：第一是强制能力，可用军队警力方面的指标衡量；第二是汲取能力，可用政府收入衡量；第三是濡化能力，也即共同价值认可程度，但他未就此提出指标；第四是国家的认证能力，也即是"可读性"（legibility）②能力，可以用人口普查、户籍人数等指标来衡量；第五是规管能力，可用法制健全程度衡量；第六是统领能力，可用政府自我约束监督的质量衡量；第七是再分配能力，用社会公共支出衡量；第八是吸纳和整合能力，也即政府将所有政治化的社会势力纳入制度化参与渠道的能力，但对于这一能力如何度量，他没有提出对应指标。③

上述方法尽管侧重点不同，但也存在一定的共同地带，如汲取能力、法制程度、治理能力等。虽然这些方法可以在一定程度上可以体现出政府能力，但也存在一些局限性。例如民主化、选举制度、政体指数这类指标只能反映一个国家政体的程序合法性，但并不能反映绩效合法性，也无法体现国家自主性。用原材料出口占比和税收占比的结合对比刻画汲取能力，可以一定程度上反映出国家-社会的相对隔离程度，但这种方式更适用于资源型国家。此外，在数据来源上，也不同程度地存在主观性过大、样本过少、选取指标不具备普遍性等问题。例如，在治理排行榜上和营商指数内容上，主要通过问卷和专家打分的方法得住结果，但无论是专家评价还是问卷，都存在样本数过

---

① 王绍光：《安邦之道：国家转型的目标与途径》，生活·读书·新知三联书店，2007，第12页。
② 普林斯顿大学的 Melissa Lee 和马克斯·普朗克学会的 Nan Zhang 用"可读性"（legibility）这一概念来概括国家获取社会信息的能力。如果国家和社会之间的接触较少、国家获取社会信息的范围有限、国家"读到"并"读懂"社会的能力低。反之，社会在国家面前"可读性"越高，国家攫取社会资源的能力越强、提供公共服务的情况越好，这一能力指标类似于历史学家黄仁宇提到的数目化管理能力。
③ 王绍光：《国家治理与基础性国家能力》，《华中科技大学学报》（社会科学版）2014年第3期。

少的缺陷，这在一定程度上也削弱了数据的真实性和有效性。

国家能力不仅是一个随环境而变化的概念，而且也是一个随着国家发展程度而变化的概念。对后发国家而言，国家能力的关键在于是否可以促进与控制转型，因此其内容更需要反映国家和其对象如社会、经济组织、国民之间的初始关系及其变化，从而有助于观察国家能力的初始状态和结构性变化等多方面的内容，因而，某些特定的内容对刻画后发国家的国家能力更为重要。

在《社会权力的来源》中，迈克尔·曼着重强调了国家的建制性能力，即指国家渗透市民社会，在其统治领域内有效贯彻其政治决策的能力。为了凸显后发国家所需的国家能力的关键特征，维斯对迈克尔·曼的建制性能力概念进行了进一步的丰富和拓展，并赋予了不同的含义，如"为发展目标而调动资源的能力"①，或"能增加对社会渗透力和资源的汲取度并再分配资源到有需要的地方的能力"②。在维斯看来，建制性能力有三重维度：渗透能力、汲取能力和协商能力。其中，渗透能力即进入社群与人民直接互动的能力，汲取能力是从社会中汲取资源的能力，协商能力即与经济组织的合作互惠从而可以协调经济的能力。这三重维度的能力是相互依赖、相互联系的整体：持久的汲取能力依赖于深度的渗透能力和有效的协商能力，而渗透能力又和协商能力互为促进，无法渗透也就无法协商，而协商本身又可以强化渗透。维斯尤其强调，对后发国家更为重要的，是有效的协商能力，协商能力越强大，渗透和汲取能力就越持久越强大。易言之，持续的协商能力可以为渗透能力和汲取能力提供保障，这种建制性协商能力，本质上就是伊文思的嵌入能力和韦德的驾驭市场的能力。为此，维斯将伊文思的"嵌入"概念拓展为"嵌入式自主"（embedded autonomy）和"治理式互赖"（governed interdependence），认为国家既能嵌入民间

---

① 〔澳〕琳达·维斯、约翰·M.霍布森：《国家与经济发展：一个比较及历史性的分析》，黄兆辉、廖志强译，吉林出版集团，2009，第189页。
② 〔澳〕琳达·维斯、约翰·M.霍布森：《国家与经济发展：一个比较及历史性的分析》，黄兆辉、廖志强译，吉林出版集团，2009，第5页。

又能继续保证自主是"有机强国家"的标志，而日韩等发展型国家之所以成功，就在于通过有效协商，将工商界融入国家的决策体系并同时保持自主性，从而把自主性转化成了能力。

相较于卡伦·亨德里克斯所总结的诸多方法，以及贝斯利和佩尔松的评价体系而言，迈克尔·曼和维斯的多维度建制性能力更适用于后发国家。因为后发国家的国家能力形成和变迁的过程，也是其现代化和工业化的过程，同时也是国家型构的过程，而唯有这种建制性能力的增长和结构性变化，才意味着国家摆脱了单一专制性能力的脆弱基础，完成了现代国家的型构。正是在这一意义上，维斯才将建制性能力直接等同于国家能力，而专制性能力则被视为一种前工业国家的特征。在维斯看来，前工业化国家与其社会基础是相互脱离的，只能专制地运用权力去实现对社会的汲取，而现代国家则可以通过建制性的力量与社会建立起制度化的合作关系，从而实现其渗透能力和汲取能力，对后发国家的经济发展而言，尤其需要对社会经济和制度资源的调用、整合和动员组织。以暴力垄断为基础的专制性能力只能是一种安全保障体现，但却不是一种动员、激发和调用能力的体现，而建制性能力是以国家与社会的持续互动为基础，具有可持续性。

因此，渗透、汲取和协商这种三维度的建制性能力概念更适合刻画中国这样的转型后发大国的国家能力变化轨迹。渗透能力意味着动员和组织的深度和广度，以及共同目标达成的协商成本和维持成本，汲取能力一方面代表着国家政治对国家经济社会事务的干预和管理能力，也代表着统合经济资源、提供公共品和社会福利的能力，协商能力则是指国家与经济社会组织的持续合作能力。对于后发国家而言，渗透、汲取和协商的能力变化必然是一种动态的结构性变化，因为后发的发展过程，本质上就是一个经济、社会与政治的不断耦合与重构的过程。

但是，维斯的三维度建制性能力也存在一些不足。首先，维斯并没有像考虑自主性的国内外之分，而左右国家自主性的，不仅有国内利益集团和既定阶层结构,也有来自国家之外的压力,一国的军事外交实力则构成应对这种外部压力的保障;其次,维斯的协商能力,主要考虑的是政商合作,尤其是如何保障各种经济资源服从于战略性目标,因此协商的维度也仅停留在产业层次,但随着社会结构在转型发展过程中的不断变化,协商显然不止于通过产业政策,而是在政治-经济-社会层次都需要的行为。按照拉克曼的国家精英结构论,国家内部的精英结构、联合或斗争状态制约着国家的力量和自主性,国家需要不断吸纳经济资源和制度资源,才得以扩张权力[1];再次,维斯的渗透能力、汲取能力和协商能力都没有考虑能力成本,易言之,没有考虑国家在实现渗透、汲取和协商的阻力,而这种阻力与社会结构、种族、文化传统和教育密切相关;最后,维斯并没有就如何度量渗透能力、汲取能力和协商能力提出具体的指标,甚至对建制性协商能力这一她极为看重的指标,维斯也不得不承认,这种建制性能力没有准确的数量,它的存在与否,在不同情况下有不同的表现。[2]

二 中国国家能力的多维度考察

鉴于维斯对建制性能力三重维度的划分更适合于描述后发国家的国家能力的结构,我们拟通过渗透、汲取和协商能力三重维度对自改革开放以来中国国家能力的变迁进行量化表述。但考虑到维斯对建制性能力刻画的上述不足,在渗透、汲取和协商三种能力的基础上,我们还补充了另外两个指标:第一,以军费开支作为评价国家外部自主性的指标,从而表明国家发展过程中战略目标、政策实施和制定上的自主性程度;第二,为了凸显渗透、汲取和协商三者的"净能力",我们引入了王绍光提出的濡化程度,即"共同价值认可程度"作为辅助指标。有理由认为,共同价值认可程度越高,则渗透、汲取和协商的阻力越小,从而渗透、汲取和协商的相关数值更能反映出其"净能

---

[1] 〔美〕理查德·拉克曼:《国家与权力》,郦菁译,上海人民出版社,2013,序言,第5页。
[2] 〔澳〕琳达·维斯、约翰·M.霍布森:《国家与经济发展:一个比较及历史性的分析》,黄兆辉、廖志强译,吉林出版集团,2009,第5页。

力"，语言的一致性、民族结构、教育普及、党员和共青团员人数都可以反映出这种濡化程度。

在对自主性和濡化程度进行说明之后，我们再引入维斯的三维度建制性能力度量。由于渗透、汲取和协商能力之间具有结构互补性，为了使指标不重叠，我们用行政开支作为管理性渗透指标，通过刻画行政机构深入社会的规模和力度来说明"管理性渗透能力"，而用社保、医疗、教育支出作为服务性渗透指标来说明"服务性渗透能力"。在汲取能力的度量上，我们综合了税收、中央财政收入、发债收入、土地出让金、国企利润、社保收入以及税收占 GDP 比重或人均税负指标来进行考察。最后，对于协商能力这一相对难以量化的指标，我们拟通过两个指标进行反映。一个是国企资产占比和国有投资带动社会投资的比例，因为国企作为中国政府直接掌控的经济和制度资源，已经通过国家对国有企业的直接管理替代了维斯所讨论的政企协商，而国企资产占比和国有投资带动社会投资的比例则可以折射出国有经济对其他经济成分的引领性，从而间接地体现出政企协商能力。另外，协商能力也包含了对发展过程中新生经济精英和经济资源的吸纳统合能力，为了刻画这一能力，我们选择的另一个指标是民营企业一百强法人或董事长的政治社会身份。

（一）外部自主性能力

尽管建制性能力的度量不需要涉及军事能力，但正如朱云汉指出的那样，严格说来，世界上除了美国、中国和俄罗斯等少数大国之外，绝大多数国家都仰赖于超级大国的安全城堡，经济主权不完整，被国际组织多边协议所架空。[①] 因此，军费开支这一指标能有效地评价国家是否具有完全的外部自主性和足够的安全保障能力，同时也一定程度上体现了国家的汲取能力。

图 4-1 表明，中国国防总支出与人均国防支出的变化趋势呈现标准的"J"形。中国国防支出从 1950 年的 28 亿元增长至 2014 年的

---

① 朱云汉：《高思在云：中国兴起与全球秩序重组》，中国人民大学出版社，2015，第 204 页。

8082.3亿元，其中，1949年至20世纪70年代末期，人均国防支出和国防支出总额都相对稳定在较低的水平，但进入20世纪80年代初期后开始稳步上升。2004~2014年，中国的军费开支从2200亿元增加到9804亿元。总体上看，国防总支出年均增长率为9.256%，1980~1988年国防预算年均增幅在6%以内，1989年以后的国防预算增幅则均在10%以上，大多数年份增幅超过15%。这显示了强大的安全保障能力的提升，同时也保障了国家建制性能力的发展。

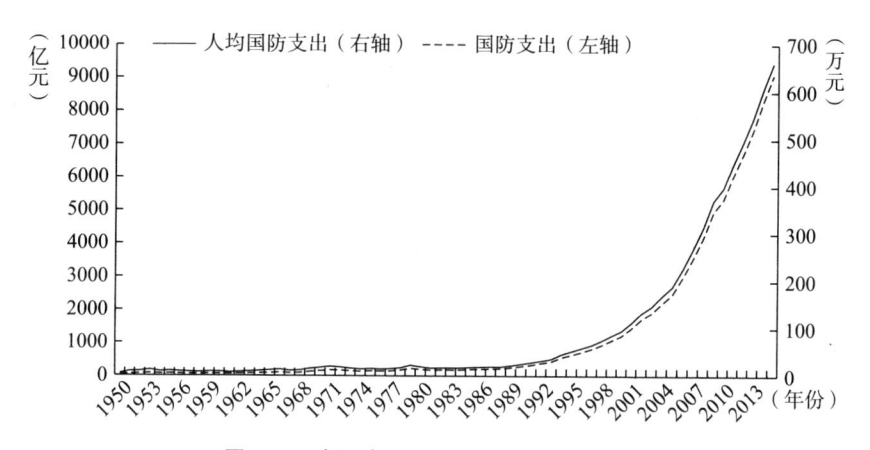

图4-1 中国人均国防支出与国防总支出

资料来源：根据历年《中国财政年鉴》相关数据整理计算所得。

（二）濡化能力

共同的教育背景、文化和价值观念，有助于国民形成统一目标的认可，以及对政治体制的认可程度。濡化能力的高低，不仅直接影响着渗透、汲取和协商的成本，也直接影响着国家战略目标的稳定性和社会认可程度，从而进一步影响着国家发展过程中能否长期有效地动员、激励和引导。对东亚和拉美的大量比较研究都表明，东亚的发展主义之所以取得成功，原因之一就是其政治文化背景具有较高的同质性，如儒家传统、集体主义文化以及民族主义等，这使得在这些国家和地区建立一个强大的干预主义国家的理念容易取得合法性，从而其首要任务——经济优先目标的高度共识和集体意愿的一致性，就更易于达成，也更易于坚持和不偏离。

截至2021年6月5日，中国共产党党员总数为9514.8万人，党的基层组织总数为486.4万个。在不到一百年的时间里，中共党员人数从1921年的57人，增加到2021年的超过9500万人。以1949年449万名党员为基数，全国党员总量比1949年新中国成立时增长约20倍。其中，近1/4的党员不超35岁，具有大专及以上学历的党员达4951.3万名，占党员总数的52.0%。全国目前共有党的各级地方委员会3199个，共有党组12.5万个、工委2.2万个。党的基层组织由新中国成立时的19.5万个增至486.4万个，增长约24倍。全国8942个城市街道、约3万个乡镇、11.3万个社区（居委会）、49.2万个行政村均建立党组织。全国共有机关基层党组织74.2万个，事业单位基层党组织93.3万个，企业基层党组织151.3万个，社会组织基层党组织16.2万个，基本实现应建尽建。这不仅体现了执政党价值观强大的社会濡化程度，从而使执政党的战略目标，更易于获得支持和实施，更有利于基层党组织战斗堡垒作用和党员先锋模范作用充分发挥。①

教育因其对价值观、共同体意识形成的基础性作用，是重要的濡化方式。在教育上，中国实行教育优先的发展战略，2000年实现了基本普及九年制义务教育和基本扫除青壮年文盲的目标，高等教育进入大众化阶段。1978年小学学龄儿童的净入学率为95.5%，小学升学率为87.7%，1978~1984年净入学率稳定在95%左右，但升学率逐年下跌，到1984仅为66.2%。随后入学率升学率双双开始增长，1999年以后净入学率稳定在99%以上，升学率稳定在95%以上。2014年以来，中国九年义务教育普及率已达100%。② 而这一阶段的教育机构均由国家直接建立和管理，从而有助于形成统一的价值观和共同体意识。需要指出的是，虽然通过教育形成国民共同体意识、共同价值观念是

---

① 《从50人到9500万人 党员人数的变化彰显中国共产党恒久魅力》，央视网，https://news.cctv.com/2021/07/01/ARTIzdvNEZab4MXMFO4ojiyu210701.shtml，2021年7月1日。
② 数据来源：中经网统计数据库。

所有国家的共同目标，但这一目标的实现并非易事，中国重视教育的传统、语言的一致性程度、共同的历史传承与文化背景，不仅有利于国民素质的提高，也有助于共同价值观和共同体意识的形成。近年来，以中国梦为核心的种种国民意愿和共同体意识的形成与表达，就是这种濡化能力的客观体现之一。

（三）国家建制性能力

1. 汲取能力

汲取能力是国家固有基本属性，高汲取能力，体现了政治稳定性和制度连续性，同时需要强大的"可读性"（legibility）作为保障。虽然大部分研究都将中央税收的总量及其占 GDP 比重作为衡量国家能力的重要甚至唯一标准，但贝斯利和佩尔松指出，政府发债和负债能力也是政府能力的一种表现，缺乏信用的政府也缺乏筹集更多资本和加速经济发展的能力，而弱政府也无力承担和偿还债务。[①]

因此，在整体考察国家收入情况时，我们综合考虑了国家一般性财政收入（含税收收入，但不含外债收入）和预算外收入（含土地出让金收入）以及债务性收入（2006 年后统计口径变为债务余额）。图 4-2 和图 4-3 显示，从 20 世纪 80 年代初期，无论是广义上的国家收入，还是国家的债务收入都开始进入了"J"形增长轨迹。图 4-2 显示，全国一般公共预算收入从 1950 年的 62.17 亿元增长到 2020 年的 182913.88 亿元，年均增幅为 12.1%，1993 年分税制改革以后，年均增幅为 14.9%；就收入情况而言，全国一般公共预算收入进入快速增长的时期要早于预算外收入，且比较稳定。预算外收入从 1952 年的 13.62 亿元增长至 2020 年的 81446.05 亿元，年均增幅为 13.6%。[②] 而图 4-3 则表明，1983 年之后，国家债务收入开始快速上升，2003 年之后进入加速上升阶段。国家债务收入从 1950 年的 8.18 亿元增长至

---

① Besley, T., Ilzetzki, E., Persson, T., "Weak states and steady states: the dynamics of fiscal capacity", *American Economic Journal: Macroeconomics*, 2013, 5 (4).
② 《中国财政年鉴》自 2011 年起不再统计预算外收入和土地出让金收入，之后的数据为全国政府性基金收入。

2004 年的 6922.87 亿元，年均增长率为 13.2%，统计口径从债务性收入变为债务余额后，债务余额的年均增长率也达到了 13.1%，总额从 2005 年 32614.21 亿元增长至 2021 年的 232697.3 亿元，体现出极强的国家筹措资本和经济加速能力。总体而言，按照贝斯利和佩尔松等人的观点，汲取能力的提升不仅直接体现国家财政能力的加强，也意味着较高的生产支持能力和集体服务能力。与此同时，也说明国家对社

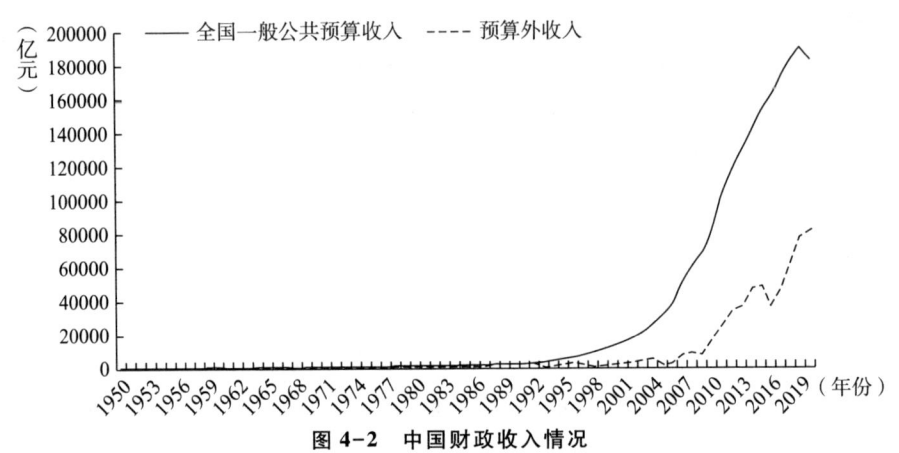

图 4-2 中国财政收入情况

资料来源：全国一般公共预算收入数据来自 EPS 数据平台，预算外收入来自历年《中国财政年鉴》以及 EPS 数据平台。

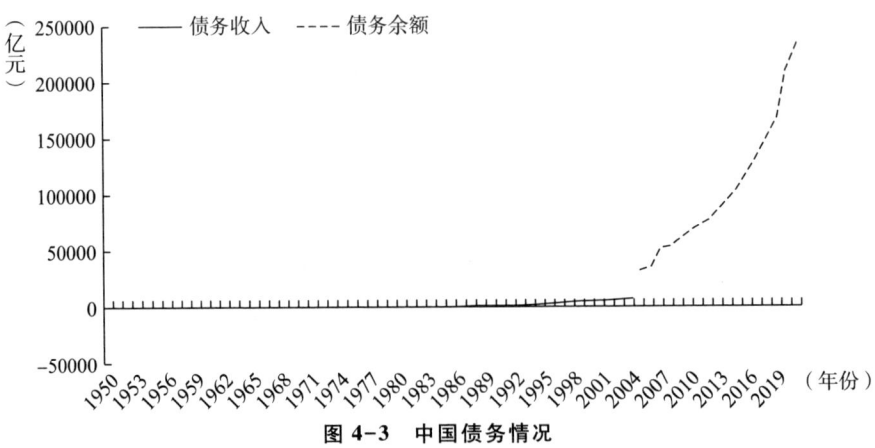

图 4-3 中国债务情况

资料来源：债务收入数据来自历年《中国财政年鉴》，债务余额数据来自 EPS 数据平台。

图 4-4　中国国家行政管理费用

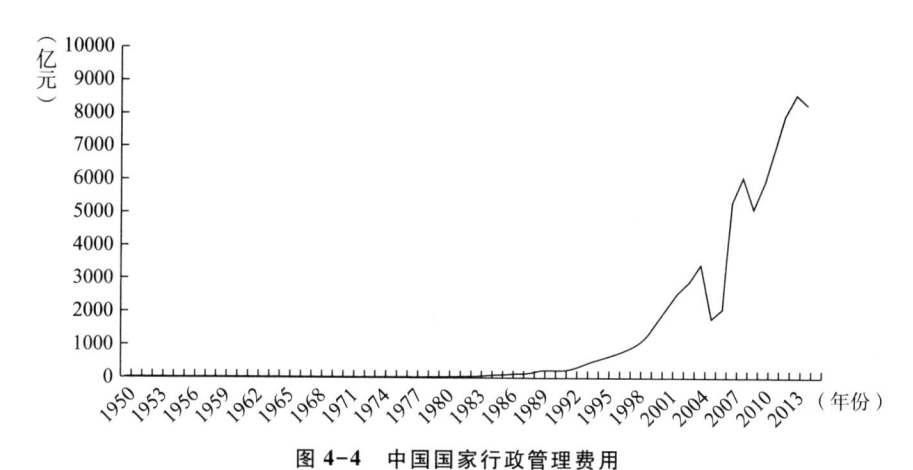

资料来源：根据历年《中国财政年鉴》相关数据整理计算所得。

会的认证、读取或者说"数目字管理"能力得到了极大提升。借此能力，国家可以有效地实现对社会经济的信息获取和管理。

2. 渗透能力

（1）管理性渗透能力

国家渗透能力意味着动员和组织的深度和广度，大部分研究用官僚机构层级、规模和服务质量来描述这一指标。但本章区分了管理性渗透和服务性渗透，前者代表了国家治理的规模，后者代表国家对公众提供的公共服务。由于国家公务员历史数据的缺失，我们无法获得历年公务员数量指标，因此用其替代性指标，即行政管理费用来显示国家的管理性渗透能力。

图 4-4 显示，行政管理费用自 20 世纪 90 年代以来有了较大幅度上升，虽然在 2004 年和 2008 年有较大幅度的波动，但总体趋势呈现了"J"形增长模式。1950 年国家行政管理费用为 13.13 亿元，到 2014 年已经增长至 13267.5 亿元，年均增长率为 11.4%。1992~2014年，行政管理费明显加速增长，从 463.41 亿元增长至 13267.5 亿元，年均增长率为 16.4%。需要指出的是，对于行政管理费用占财政支出的比重以及绝对数量的增长是否过高、过快，一直存在争论，本章并不打算就这一数值的合理范围展开讨论，而只是试图说明，中国经济

发展与行政管理费用的增长，虽然只是再现了瓦格纳法则，但这同时可以说明国家对社会的管理性渗透能力在不断增强。

（2）服务性渗透能力

教育、社保作为国家提供的公共服务，体现了国家的服务性渗透能力。教育、社保支出占财政支出比重及国家教育经费支出和社保基金收支也一直呈高速增长状态，尤其 1992 年以后增长更为迅速。其中，国家教育经费支出从 1992 的 867 亿元增长至 2020 年的 36359.94 亿元，年均增长率为 14.27%，国家社保基金收入和支出在 1992 年分别为 377.40 亿元和 327.10 亿元，到 2020 年分别增长为 75512.50 亿元和 78611.80 亿元，年均增长率分别为 20.83% 和 21.63%。[①]

教育和社保支出的快速增长，说明国家的服务性渗透能力的快速提升。需要指出的是，社保基金的收支具有双重意义，国家征收的社会保障基金支出不仅本身构成了服务性渗透的能力，而且本身构成国家汲取能力的一部分，而汲取本身同时也体现了国民对国家未来提供保障的预期稳定性和对政府的信任程度。

3. 协商能力

国家协商能力是指国家与经济社会组织的合作能力。在发展型国家理论中，这一能力被视为最为重要的发展因素，但却未得到过系统度量。而协商能力的本质，是统合经济社会结构变迁中新生的经济资源和政治资源的能力。中国的国家协商能力不同于东亚发展型国家的关键之处，就在于拥有相当规模的国有经济部门，国家对国有经济的引领，直接替代了东亚的协商型政商关系。国有经济本身就直接构成国家能力的一部分，以此为基础，国有经济对非国有经济的引领和带动作用，就从另一方面折射出国家对非国有经济部门的经济协商和统合能力。通过图 4-5 中固定资产投资额完成情况可以看出，各资金来源完成额度都呈现上升趋势。内资企业固定资产投资完成额从 2004 年的 52060.68 亿元增长到 2016 年的 570431.22 亿元，年均增长率为

---

① 数据来源：EPS 数据平台。

22.1%。其中，国有控股企业和集体控股企业的固定资产投资完成额分别从 2006 年的 44823.95 亿元和 6471.98 亿元增长至 2016 年的 213775.53 亿元和 19397.67 亿元，年均增长率分别为 16.9%和 11.6%。私人控股企业的固定资产投资完成额从 2006 年的 33378.16 亿元增长至 2016 年的 291678 亿元，年均增长率为 24.2%，外商投资企业和港澳台商投资企业的固定资产投资完成额分别从 2004 年的 3854.01 亿元和 3113.5 亿元增长至 2016 年的 11846.32 亿元和 14223.21 亿元，年均增长率分别为 9.8%和 13.4%。2010 年，社会投资完成额度超过国有控股完成额度。

总体上看，国家投资和社会投资尽管同时在增长，但社会投资增长更快。图 4-6 则显示，国有资产和全国国企资产总额虽然同时上升，但占比在下降。全国企业资产总额和国有资产总额分别从 1997 年的 124975.2 亿元和 44340.2 增长至 2015 年的 1406831.5 亿元和 378101.1 亿元，年均增长率分别为 14.4%和 12.6%，从占比上看，国有企业资产占比从 1997 年的 35.5%下降到 2015 年的 26.9%。这从另一方面印证了图 4-5 的国有投资带动社会投资的情况，说明国有经济的引擎作用得到了实质性增强。

图 4-5 和图 4-6 共同表明，国有经济部门不仅在服务于国家经济社会发展战略目标中直接扮演着重要行动人的角色，同时也有效地引领了社会资本，体现了国家吸纳新生经济资源从而使其服务于国家整体战略目标的强大能力。这充分表明了国家日益增长的协商能力。

构成中国国家协商能力的另一关键特征，则是国家对经济社会结构性变迁中新生精英的吸纳和引导能力。在社会发展的任何阶段，精英在其中发挥的作用都极为关键，尤其是在现代经济社会发展的过程中，技术变迁、社会流动都会使社会原有的结构和阶层不断处于变化之中，新生的职业不断出现，社会利益格局也不断处于变化过程中。在这一过程中，如何稳定地吸纳新生阶层，尤其是新生阶层中的代表性精英分子，是国家能力的一个重要体现。转型"是一个具有内在相互联系的客观外在性和内在动因的历史过程的扩展，同时也是各国当

国家发展的道路

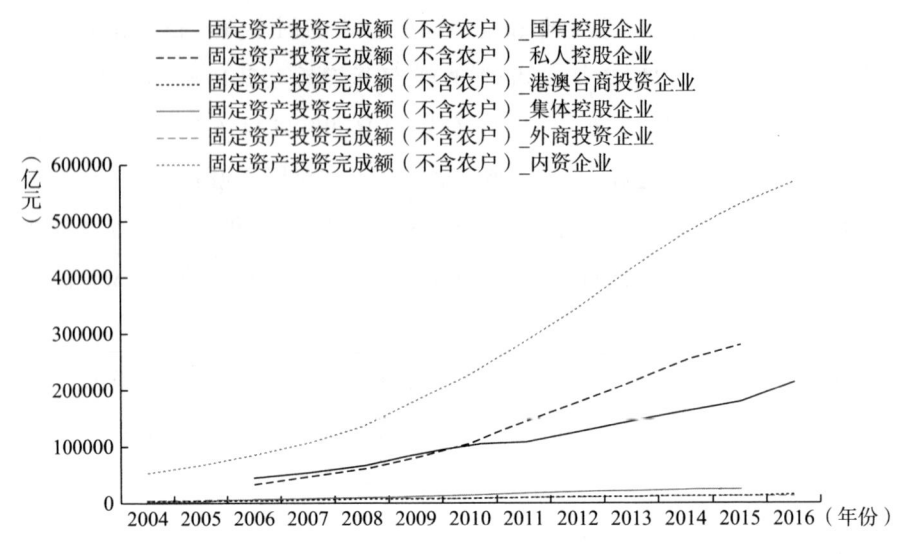

图 4-5 固定资产投资额分布

资料来源：中经网统计数据库。

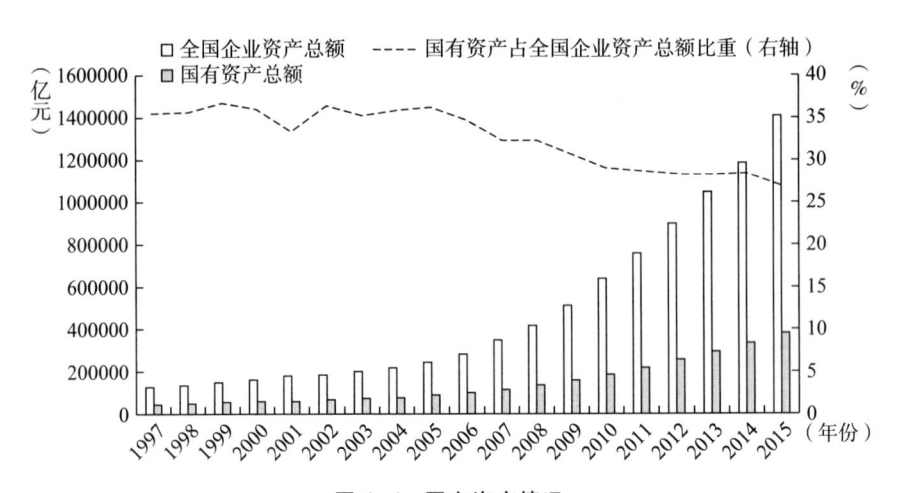

图 4-6 国有资产情况

资料来源：根据历年《中国财政年鉴》相关数据整理计算所得。

地传统、各国精英自主选择的一个多样性得以实现的过程"①。如果不能很好地处理新生阶层，就容易形成分裂，同时给社会发展带来阻力。

---

① 冯绍雷：《原苏东、南欧、拉美与东亚国家转型的比较研究》，《世界经济与政治》2004年第8期。

这也是政治秩序论者反复强调"组织"的原因。在亨廷顿看来，不能很好地将新生阶层纳入社会政治体系，就有潜在的危险："革命发生的必要条件除了需要抵御参与扩大的政治制度，还必须有追求并具备扩大能力的群体。理论上讲，任何未被纳入政治体系的社会群体，都有发动革命的可能性。"① 在亨廷顿的理论中，如果旧有的政治制度无法吸纳新的社会精英，则政治之外的社会势力具有参与政治的愿望。② 这可能造成社会动荡，这一问题在本质上是因为缺乏国家的协商能力。

在迈克尔·曼看来，国家权力分为专制性能力和建制性能力。就政治体制而言，专制性能力反映是体制内的精英与反体制精英的对抗能力，建制性能力反映的是体制内精英与体制外精英之间吸纳、协商的能力。维斯在建制性能力的基础上，将伊文思的嵌入概念拓展为"嵌入式自主"和"治理式互赖"，认为一个有机的强国家应该是对民间既能嵌入又能保持自主性。这形象地说明了建制性协商是体制内精英对体制外精英进行引导与协商，来保持与体制外精英的互动，在提高执政能力的同时，以保持政治稳定。

中国的政治协商制度，不仅是中国共产党根据革命历史和现实国情在政治生活的伟大创造，也是建制性吸纳的重要途径。通过政治协商制度建立建制性协商机制，体制内精英能够广泛听取意见和建议，广泛接受批评和监督，广泛达成决策和工作的最大共识。我们对2016年中国民营经济一百强负责人的社会身份和任职进行了逐一分析（信息以各级政协、人大、青联、工商联官网信息为准）。结果表明，中国民营经济一百强的负责人均在上述机构中担任了相应的职务，参政议政渠道有效。具体而言，在中国民营经济一百强的负责人中，全国人大代表比例为19%，省市人大代表比例为15%，工商联成员、政协

---

① 〔美〕塞缪尔·P. 亨廷顿：《变化社会的政治秩序》，王冠华、刘为等译，上海人民出版社，2008，〔美〕塞缪尔·P. 亨廷顿：《变化社会中的政治秩序》，王冠华、刘为等译，生活·读书·新知三联书店，1989，第229页

② 〔美〕塞缪尔·P. 亨廷顿：《变化社会中的政治秩序》，王冠华、刘为等译，上海人民出版社，2008，第229页。

委员比例为 27%，青联、行业协会、商会、企业联合会等其他社会团体组织负责人比例则达到了 39%。①

三　中国的国家能力及其特征

长期以来，对中国模式的理解主要集中在经济体制与经济政策维度。事实上，作为一种国家主导的发展，对国家这一"主导主体"本身的能力在中国发展过程中的结构性与量化考察，同样也是必要和必需的。国家能力的强弱存续，在激励和引导社会群体对国家发展计划的参与及合作的可能性与方式，乃至于在对经济、社会与政治的战略转型的把握等方面，具有基础性和决定性的作用。后发国家能否实现有效而持续的引导、动员、组织与协调，能否在强化政治参与的合法性同时，通过相互合作而不是损耗主要社会参与者的方式，来获得更大的力量②从而实现政治—经济—社会的良性契合，首先取决于能否形成强大而持续的国家能力。在对相关国家能力的内涵和外延进行系统分类的基础上，我们通过对国家外部自主性、濡化能力、建制性能力的渗透、汲取、协商三重维度的量化考察，得出如下结论。

第一，强大的军事实力构成了中国外部自主性的保障，并为国家的自主发展奠定了基础。

第二，执政党的群众基础、基于中华文明背景的国民基础性教育，使国民共同体意识、共有理念和集体目标的形成更为稳定，不仅使发展型国家的统合目标易于达成，也极大地提升了国家的基础性"净能力"，即相对更容易实现较高的渗透、汲取和协商能力。

第三，各种数据表明，中国不仅具有强大的、日益增长的管理性渗透能力，也具有强大的日益增长的服务性渗透能力，而在经济社会的长期发展过程中，国家的汲取能力也在不断提高，为服务性渗透提供了有力的支持，从而也为管理性渗透提供了进一步的合法性。

---

① 数据来源：根据互联网公开信息整理。
② 〔澳〕琳达·维斯、约翰·M.霍布森：《国家与经济发展：一个比较及历史性的分析》，黄兆辉、廖志强译，吉林出版集团，2009，第65页。

第四，在经济社会的结构性转变过程中，中国的国有经济的存在、发展与壮大，直接构成了国家能力的一部分，同时也发挥了对新生经济资源的引导能力，从而形成了不同于东亚发展型国家的协商模式；而国家对新生精英的吸纳能力则以另一种方式体现了国家的协商能力。

这四个特征并非孤立发挥作用。例如，作为社会主义公有制的最重要、最直接的经济载体，国有企业、党的集中统一领导和社会主义发展目标这三者，在中国经济社会发展过程中形成了一种独有的发展力量和发展模式。对此我们在后文中将通过国家电网的案例进行专门说明。

在同样体现出"国家主导"特色的后发国家中，无论与较为成功的凝聚型资本主义国家（东亚发展型国家）相比，还是与失败的新世袭型国家以及分散性多阶级国家[①]相比，国家能力的量化表现以及结构性特征，都是理解中国模式的关键所在。大量研究都表明，失败的新世袭型国家，基本上缺乏有效的建制性能力；而不太成功的分散性多阶级国家，其国家能力则表现极不稳定，尤其缺乏有效的协商能力，缺乏对变革中的社会阶层的引领与整合能力，使其难以长期保证发展目标和发展能力。与较为成功的东亚发展型国家和地区一样，在中国模式的背后，在中国的快速经济发展过程中，中国也体现出强大的、不断提升的国家能力，但在自主性、协商能力及其来源方面，中国都具有较之东亚发展型国家更为独特的方式和文化基础。在短期内，这种能力与计划经济时期所建立的国家干预和治理能力不无相关，而在长期内，这种能力则可追溯至中国悠久的政治文化传统。更为充足的政治文化传统不仅提供了合法性来源，而且在国家政治体制与经济体制的最终目标设置上，有着追求更为自主，也更为适宜体制的诉求与自信。简言之，中国独特的国家能力来源及其形式，不仅构成了某种

---

① 阿图尔·科利将后发国家区分为凝聚型资本主义国家（东亚发展型国家如韩国），新世袭型国家（如尼日利亚等）以及分散性多阶级国家（印度等），详见〔美〕阿图尔·科利《国家引导的发展：全球边缘地区的政治权力与工业化》，朱天飚、黄琪轩、刘骥译，吉林出版集团，2009，第11~14页。

中国模式内在的特色，也为中国进一步的经济社会发展奠定了强有力的基础保障。

第二节　国家治理与基本经济制度的协同演化

国家对社会、政治、经济诸多领域的治理，直接体现着国家的能力的变化与绩效，在这一过程中，国家作为行为主体，必然要与社会之间产生直接的互动，而基本经济制度作为经济关系的集中体现，本身就承载着社会成员在经济活动中所结成的关系这一"社会"含义，在这一互动的过程中本身也在发生变化。基于唯物史观，基本经济制度与国家治理之间的关系本质上是经济基础与上层建筑之间的关系，而从国家治理与中国基本经济制度两者的协同演化过程中，也可以考察中国特色社会主义的发展逻辑。

国家治理与基本经济制度的关系，本质上是上层建筑与经济基础的关系。基本经济制度的形成、发展与变化，对国家治理体系和治理能力的现代化进程具有系统性重要影响，正如习近平总书记指出的，"经济基础决定上层建筑。经济体制改革对其他方面改革具有重要影响和传导作用，重大经济体制改革的进度决定着其他方面很多体制改革的进度，具有牵一发而动全身的作用"。[①] 新中国成立以来，中国基本经济制度的变化，无处不体现出国家治理体系与治理能力的影响；基本经济制度的不断发展和完善，同时也伴随着国家治理体系和治理能力的不断提升与发展。在建设中国特色社会主义的过程中，包括国家治理体系在内的上层建筑，也需要不断适应和促进基本经济制度的完善与发展。

历史唯物主义关于上层建筑与经济基础的理论为我们理解国家治理与基本经济制度的关系提供了一个根本性的分析框架，**但这并不意**

[①] 习近平：《切实把思想统一到党的十八届三中全会精神上来》，《人民法院报》2014年1月1日第1版、第4版。

味着历史唯物主义为我们在特定的、变化的现实条件下如何促进和发展基本经济制度，如何优化国家治理体系和提升治理能力提供了固定的蓝本和现成的答案。经典作家关于经济基础与上层建筑之间的决定与反作用的论述，回答的是长时段、根本性的问题，但如何将其转化为中国语境下的具体机理与实际对策，则需要马克思主义者辩证地运用这一原则进行具体问题具体分析。例如，新中国成立七十多年来，中国的基本经济制度与国家治理体系的互动演化历程是怎样的？决定与反作用是如何体现的？国家治理的目标、对象和手段的变化，在何种程度、何种意义上受到中国基本经济制度的决定与制约？作为一个制度体系的基本经济制度，所有制、分配制度和市场经济体系三者之间的互动演化机理是怎样的？

一　国家治理与基本经济制度的互动

"治理"一词在中国实现标的对象从"物"到"人"的转化，是在 20 世纪 90 年代中期之后。[①] 党的十三大报告首先使用"治理"一词，到党的十八大时，"治理"一词已经成为高频词。从实质内容而言，国家治理是上层建筑对社会、政治、经济等领域的全方位能动作用。就基本含义而言，国家治理"就是在中国特色社会主义道路的既定方向上，在中国特色社会主义理论的话语语境和话语系统中，在中国特色社会主义制度的完善和发展的改革意义上，中国共产党领导人民科学、民主、依法和有效地治国理政"。[②]

而"基本经济制度"一词，则具有鲜明的中国特色。如果将基本经济制度等同于所有制，那么在党的文件和学术研究中关于所有制的论述很早就有大量论述和研究。明确使用基本经济制度一词，是在党的十五大报告中："公有制为主体、多种所有制经济共同发展，是我国社会主义初级阶段的一项基本经济制度"。党的十九届四中全会则

---

① 王绍光：《国家治理与基础性国家能力》，《华中科技大学学报》（社会科学版）2014 年第 3 期。

② 王浦劬：《国家治理现代化：理论与策论》，人民出版社，2016，第 39~40 页。

进一步将分配方式和经济体制列入其中,这是继十五大之后,以党的全会决议明确通过的关于基本经济制度的第二次修改与变化。① 与十五大相比,党的十九届四中全会将分配方式和市场经济体制纳入基本经济制度中,无疑是一个突破。**基本经济制度不仅涵盖了界定生产资料所有的制度、也涵盖了分配、交换与生产的制度**,这不仅更符合马克思关于经济基础的表述:"人们在自己生活的社会生产中发生一定的、必然的、不以他们的意志为转移的关系,即同他们的物质生产力的一定发展阶段相适合的生产关系。这些生产关系的总和构成社会的经济结构,即有法律的和政治的上层建筑竖立其上并有一定的社会意识形式与之相适应的现实基础。"② 同时也将生产关系的再生产纳入其中——在既定的所有制结构下,生产、交换与分配活动的不断进行又将深刻地影响着所有制结构下的个体与组织,并进而引起生产、分配和交换的变化,这就能更为全面、更为动态、更为长期地把握**基本经济制度的要义和变化趋势**。把按劳分配为主体、多种分配方式并存、社会主义市场经济体制上升为基本经济制度,是习近平新时代中国特色社会主义经济思想的重要创新和发展,具有科学的理论基础、广泛的实践基础、深厚的群众基础。③

从唯物史观出发,国家治理与基本经济制度的关系,本质上是上层建筑与经济基础的关系。两者的互动、机制与最终约束,又服从于能否最终促进和适应生产力的发展这一目标。而从生产力的标准看,"按照唯物史观……生产工具与人结合形成的生产力和生产方式,是国家治理的历史阶段、根本性质、制度机制和实施方式的根本决定因素。""生产工具的发明和发展促进的社会经济水平和状况,是国家治

---

① 党的十二届三中全会做出的《中共中央关于经济体制改革的决定》第一次提出社会主义经济 "是在公有制基础上的有计划的商品经济" 的新论断;党的十四大明确提出 "我国经济体制改革的目标是建立社会主义市场经济体制",为社会主义基本经济制度的确立奠定了坚实的体制基础,但都没有使用基本经济制度一词。
② 《马克思恩格斯选集》第二卷,人民出版社,1995,第 32 页。
③ 刘鹤:《坚持和完善社会主义基本经济制度》,《人民日报》2019 年 11 月 22 日。

理的物质基础。同时，人类社会的国家治理的形态和方式的文明性质，必须以是否有利于促进生产力发展作为根本标准"。①

在研究中国特色社会主义建设与发展过程中的国家治理与基本经济制度的相互作用机理时，唯物史观具有不可替代的地位。相较于唯物史观的"决定与反作用"的"抽象"，西方学界关于国家治理与基本经济制度的答案似乎更为简洁，而其研究结论也往往是不言而喻、不证自明的：上层建筑被简化为国家政治制度或政治秩序，基本经济制度则被等同于私有产权，两者被同时预设为人类社会发展进程中的"理想类型"（ideal type）和"历史的终结"。在福山、阿西莫格鲁和罗宾逊等人的论述中，西方民主制度和基于私有产权的市场体制是"国家成功"的双标准，虽然承认政治制度和经济制度是相互作用的，但其结论与唯物史观截然相反，认为政治制度和经济制度是相互作用的，但起决定性的是政治制度，经济制度只是反过来影响政治制度。虽然经济制度对决定国家的贫穷或富裕极其重要，但决定国家经济制度的是政治和政治制度。② 限于篇幅，本章不对此类观点一一进行评述，也不讨论这种研究的选择性史实的问题。事实表明，此类"简洁明了"的答案既无法回答当代资本主义的多样性问题，更无法解释 20 世纪以来人类经济社会发展史上的奇迹——中国崛起。这种看似清晰的分析，或者选择性地隐蔽和抽离了西方国家的经济社会发展历史，或者有意无意地在预设西方制度优越性的同时也强化了西方学术界的话语权。

值得注意的是，就国家治理理论而言，西方治理理论中的社会中心主义甚为流行。其核心主张是多元共治、放权授权，"治理"主要意味着政府分权和社会自治。但正如王浦劬指出的那样，西方的国家治理和中国共产党人的国家治理不一样，中国共产党人的国家治理既在本质上区别于中国传统统治者的治理国家，又在价值取向和政治主

---

① 王浦劬：《国家治理现代化：理论与策论》，人民出版社，2016，第 9 页。
② 〔美〕戴伦·艾塞默鲁、詹姆斯·罗宾森：《国家为什么会失败：权力、富裕与贫困的根源》，邓伯宸、吴国卿译，卫城出版社，2013，第 68 页。

张上区别于西方的治理理论及其主张。① 西方治理理论的分析范式之所以不适用于中国，根本原因在于在资产阶级统治的阶级社会中，国家治理的主客体关系中存在着深刻的悖论。而这种深刻的主客体悖论，在始终"尊重人民主体地位，保证人民当家做主"的政治建设、国家治理和社会治理过程中，失去了存在的主客观基础。因为人民当家做主，既是马克思主义的内在要求，也是中国特色社会主义事业的必然选择，更是我们党的一贯主张。

研究中国经济社会发展中的重大历史与现实问题，必须也只能回到唯物史观，对于国家治理与基本经济制度的发展及其相互关系问题，更是应当毫不犹豫地坚持唯物史观。这是因为，第一，唯物史观的抽象，本质源于其宏大历史取向，"两个必然"和"两个决不会"的科学判断正是建立在人类社会长期发展历史经验和趋势的基础上，而新中国经历了一个从半殖民半封建社会到社会主义初级阶段并正在走向更富更强的时期，这就为唯物史观的检验和发展提供了一个真实而长期的社会试验；第二，唯物史观是承认多样性发展道路的史观，这些原理的实际运用，正如《共产党宣言》中所说的，随时随地都要以当时的历史条件为转移。② 这不仅对理解中国发展和分析中国问题，也为人类命运共同体的包容性发展提供了坚实的基础；第三，唯物史观肯定人民群众是历史的创造者，是社会历史发展的真正推动者，对于我们今天建设以人民为中心的中国特色社会主义，解决"为何发展""发展为了谁""发展依靠谁"等问题意义重大。

二 唯物史观下的国家治理与基本经济制度

马克思主义国家理论认为，国家的政治统治和社会管理职能是辩证统一的，"政治统治到处都是以执行某种社会职能为基础，而且政治统治只有在它执行了它的这种社会职能时才能持续下去"。③ 而社会

---

① 王浦劬：《国家治理现代化：理论与策论》，人民出版社，2016，第43页。
② 《马克思恩格斯文集》第2卷，人民出版社，2009，第5页。
③ 《马克思恩格斯选集》第3卷，人民出版社，2012，第560页。

管理职能的核心内容,在于"为了使这些对立面,这些经济利益互相冲突的阶级,不致在无谓的斗争中把自己和社会消灭"[①]。恩格斯的论述清楚地指出,国家治理社会的关键,在于抓住经济基础和围绕经济基础产生的各种矛盾。基本经济制度从根本上决定着国家治理体系和治理能力的性质,而国家治理体系和治理能力不仅应当适应基本经济制度的发展,同时也对基本经济制度的发展有着深远的影响。

不能否认的事实是,在人类社会发展的历史上,的确大量存在通过上层建筑的主动干预、积极治理和建构制度,促使国家完成了经济社会快速变化的案例;同样,也存在大量上层建筑不当干预、恶的治理和不作为,导致国家经济社会的全面失败的案例。这就要求历史唯物主义做出正面的解答:上层建筑的反作用是否可以并已经在现实中上升为决定性作用?上层建筑与经济基础的二元对立的划分方法是否继续有效?鉴于第二国际、第三国际关于马克思主义的经济决定论解释传统所产生的深远影响,当代马克思主义者一直致力于澄清决定论的误解,无论是密里本德的工具主义,还是墨菲等"新葛兰西主义"代表人物,都在二分法的适用程度、作用和反作用谁更重要等问题上不遗笔墨,而戈德利亚的"某阶段可分论"也正是纠缠于经济基础和上次建筑的二分法的适用性。事实上,脱离生产力发展、孤立地考量经济基础和上层建筑的关系,不仅会割裂唯物史观,同时也势必在多元决定论与调和论之间纠缠不清。而只需要回到上层建筑的反作用能否促进生产力的发展上,这一问题的答案就会变得更为系统化也更为清晰:**一种上层建筑的积极建构与反作用的确可以深远地影响社会经济结构,但这种作用最终要服从于生产力标准;如果上层建筑对经济基础的积极干预并未带来如期的生产关系适应和促进生产力的发展,那么这种上层建筑的能动性作用势必是短期、不可持续的,是可逆的。**

从唯物史观出发,经济基础及其所对应的社会结构、上层建筑及其对应的政治秩序、生产力所对应的经济活动三者之间存在着一种循

[①] 《马克思恩格斯选集》第 4 卷,人民出版社,1995,第 170 页。

环累积效应，这种循环累积因果可以良性循环，也可以恶性循环。从人类社会发展的长期历史来看，生产力对经济基础和上层建筑具有决定性的影响，但具体到一个"待启动"的社会，上层建筑在某一时刻的特定反作用也可能成为关键性的启动因素，但这种启动带来的推动力能否持续，社会结构、经济活动和国家政治秩序能否进入良性循环，仍取决于这种变革是否适应与促进生产力的发展。**易言之，一个社会可以通过上层建筑的能动性作用，实现经济社会结构乃至政治秩序的改良或重构，但这一进程能否持续地稳定在良性循环的正反馈内，仍然是由这种能动性作用最终能否促进生产力发展来保障的。**

从生产力—生产关系—经济基础—上层建筑的互动关系考察，可以存在两个极端类型的循环：如果"适应与反作用"都最终能促进生产力的发展，就会形成良性循环；如果"适应与反作用"都阻滞生产力的发展，就会形成恶性循环或者停滞状态，也即"锁定"。而完美的良性循环只是一种理想状态，生产力—生产关系—经济基础—上层建筑将处于不断的调整适应之中，因为生产力的发展本身是一个结构性转换的过程，这种结构性转换同时也改变了社会经济结构，从而使经济基础也发生了结构性变化，而经济基础的不断变化，又会不断地影响既定的上层建筑。随生产力变化而发生变化的经济基础将通过对政治、经济、社会的各种新的诉求对上层建筑产生调整的压力，如何应对这种要求：适应经济社会结构的变化，并推进其朝向更能推动和适应生产力发展的方向发展，是上层建筑尤其是国家和政府始终面临着的重大课题。习近平总书记强调，增长动力"只能从改革中来，从调整中来，从创新中来"[①]，背后的深刻含义也正在于此。生产力—生产关系—经济基础—上层建筑的这种持久互动关系意味着，"待调整"和"待适应"是现代政治秩序的常态，也正是在这一意义上，在对国家能力的研究中，"协商能力"（对应变化的社会经济结构的能力）被赋予了最高的优先级。

---

① 《十八大以来重要文献选编》（上），中央文献出版社，2014，第435页。

历史上，生产力—生产关系—经济基础—上层建筑的不同循环类型曾长期、普遍地存在，既存在大量通过上层建筑的能动作用打破恶性循环、推进经济社会发展的成功案例，也存在大量上层建筑持续阻碍经济社会发展的失败案例。德意志第二帝国之前的德国、明治维新之前的日本、斯托雷平改革之前的俄国，都属于被地主寡头和农民锁定的社会结构，报酬递减的农业和土地资产的不均分配，是这种生产关系所对应的经济活动的关键特征。但通过国家的"积极变法"，上层建筑对社会经济结构的适当干预——实施土地改革，改造社会基础，打破旧的社会结构，改变分配结构，这些国家都实现了有利于大多数人的路径创造，进入了政治—经济—社会的良性循环。与之形成鲜明对比的则是历史上的菲律宾、阿根廷等国家，基本复制了西方民主制度的菲律宾和阿根廷长期以来一直保持着高度不平等的社会结构，少数地主家族控制着大量土地，地主阶级为了维护自己的社会地位和经济利益，通过议会控制了国家政治，继续强化土地庄园型经济结构，从而继续保持着缺乏流动性的社会结构。即使是作为唯一例外的原发型资本主义国家的英国，也同样体现了积极变法的效能。经济史的考察表明，英国之所以形成"英国例外"，就在于工业革命之前的英国通过王权对教权的斗争和贵族直接的妥协，已经形成了一种独特的社会结构，**在这一发展逻辑中，同样是首先由上层建筑发动对经济基础的改造，变化的经济基础继而形成上层建筑的调整压力，从而形成了所谓原发型资本主义。**

上层建筑适应与反作用的一度成功并不意味着永久成功，在恶性循环向良性循环的转换过程中，以及良性循环出现之后，都存在一种长期的"待调整"和"待适应"状态。如我们所知，上述国家和地区在经历二战之后的黄金30年之后，就陷入了新自由主义主导下的抑制性长萧条之中。尽管这一时期发生了以通信、信息技术为代表的第五次技术革命浪潮与以生物技术、人工智能和新能源为代表的第六次技术革命浪潮，西方资本主义的长萧条症候仍未缓解。从唯物史观的角度看，这种"停滞"的本质，是经历经济、社会、政治的良性循环之后，社会经济结构发生了重大改变，以非生产性活动为代表的食利集团日益控制上层建筑并主导了社会经济生活的走向，隐形的社会隔离与实际的等级差异限制了国民的生产积极性、主动性和创造性，从而也抑制了生产力的进步与发展。在这里，既体现了由金融资本占主导地位的"这些生产关系的总和构成社会的经济结构，即有法律的和政治的上层建筑竖立其上并有一定的社会意识形式与之相适应的现实基础"①，也说明了这种被决定的有一定的社会意识形式与之相适应的法律的和政治的上层建筑已经失去了重构经济基础并引导其朝向促进生产力方向发展的能力。

党的十九届四中全会将公有制为主体、多种所有制经济共同发展，按劳分配为主体、多种分配方式并存，社会主义市场经济体制三项制度并列，都作为社会主义基本经济制度，不仅是国家主体在制度、意识形态等上层建筑意义上对有利于生产力发展的经济基础的客观肯定，也是对历史唯物主义的重大创新。所有制、分配方式和市场经济体制共同作为基本经济制度，涵盖了动态的社会结构变化：所有制决定了经济活动中生产的支配权，分配方式决定了剩余的分配方式，进而也决定了财产增量的结构性变化，而市场经济体制则决定了经济资源的配置方式和交换形式。在这一连贯的经济活动循环累积中，随着收入和财产结构的变化，生产组织形式和社会结构也将随之不断发生变化。如何适应这种变化，并使制度保持公平公正，不断激发社会生产的活力与创造性，也正是上层建筑适应性和能动性的表达。

第三节　上层建筑与经济基础的良性互动

一　新中国成立以来的制度变革

70余年来，中国经济社会得到了全面而快速的发展。国内生产总

---

① 《十八大以来重要文献选编》（上），中央文献出版社，2014，第551页。

值在 1952~2018 年增长 174 倍，成为世界第一大外汇储备国、第一大货物贸易国和第二大经济体。7 亿多农村贫困人口实现脱贫，超过 14 亿人民生活总体达到小康水平，形成了世界最大规模的中等收入群体。[①] 在 70 多年的发展过程中，中国的经济基础与国家治理体系、国家制度也发生了深刻的变化，而这种深刻的变化也折射出上层建筑与经济基础之间的良性互动。

从所有制结构上看，70 余年来，所有制结构经历了社会主义改造——公有制为主体——允许、肯定和鼓励除公有制之外的其他多种所有制发展——将公有制为主体、多种所有制经济共同发展确定为一项基本经济制度的不同阶段。从消灭官僚资本主义、改造民族工商业和手工业，直至建立起以公有制为主的计划经济体制，到公有制为主体、多种所有制经济共同发展的变化，**既不是简单的循环，更不是执政理念的摇摆**。无论是对脱胎于半殖民地半封建社会的经济基础的重构，还是对计划经济体制的改革，其目的都在于通过主动变革经济基础达到促进社会生产力发展的目的，而这正是历史唯物主义的本质要求。而之所以每一次上层建筑的积极能动，都能最终达到促进经济基础进而促进生产力发展的目的，**根本原因在于执政党是以人民为中心的党，代表了广大人民的根本利益，为广大人民谋福利的改革举措有其坚实的社会基础**。所有制结构的这种变化过程不仅体现了执政党对中国特色社会主义所有制问题认识的不断深化，也体现了贯穿于新中国 70 多年发展进程中，上层建筑适应和反作用于经济基础并最终推动了生产力发展的良性循环。

新中国成立之初，恢复和发展生产是中心任务，在接管、没收官僚资本主义企业外，保留了民族工商业和手工业。1953~1956 年进行生产资料的社会主义公有制改造，主要任务是实现变多种所有制为公有制。1957 年，城镇个体劳动者占比已经下降到 3.2%，工业总产值

---

① 《铸就新时代中国的更大辉煌——热烈庆祝中华人民共和国成立 70 周年》，新华社，https://news.163.com/19/0930/10/EQAL35EM00018AOQ.html。

上，国有工业占 53.8%，集体工业 19%，公私合营工业 26.3%。① 到 1975 年，工业总产值中，国营经济占 81.1%，集体经济占 18.9%，在社会商品零售额中，国营经济占 56.8%，集体经济占 43%；非公有制经济基本消失。② 这一时期，就基本经济制度而言，就是在确立了生产资料公有制为基础的社会主义经济制度的同时，也基本确立了按劳分配和计划经济体制。**生产资料公有制、按劳分配的分配制度和计划配置资源的经济体制，构成了计划经济时期经济活动的主要组织形式和组织手段。而这一系列经济制度建立，是与新中国实现社会的组织化、奠定自主工业化基础、保障初生政权安全稳定和国家统一这一系列目标相对应的。**

第一，实现社会的组织化既是积贫积弱的中国实现现代化和工业化的必经之路，也是新生的共和国凝聚国民：形成基本国家治理能力（例如读取、渗透、濡化等能力）的必要手段。新中国成立之初，通过整合、赎买、没收和新建公有制企业，将更多国民纳入公有经济组织内进行生产活动，既有利于摆脱半殖民化的对外经济依赖，清除旧社会制度残余，也有利于实现国民的组织化；而通过建立不同层次、不同规模的公有制企业，国家也事实上实现了对社会的有效渗透，形成了国家能力的基础。③

第二，这种基本经济制度与打造自主工业化基础是相适应的。通过公有制对土地等自然资源整体占有的优势，利用计划经济体制对资源统一配置的优势，集中有限的人力、物力和财力，保证了国家重点建设，在很短的时间里就建立起了独立的、比较完整的工业体系和国

---

① 刘戒骄、王德华：《新中国成立 70 年来所有制结构的变革与展望》，《区域经济评论》2019 年第 5 期。
② 葛扬、尹紫翔：《70 年所有制改革：实践历程、理论基础与未来方向》，《经济纵横》2019 年第 10 期。
③ 按照王绍光等人的理解，国家治理建立在国家能力的基础上，而就国家的基础性能力而言，与社会的互动，包括读取、渗透、濡化、汲取等能力，事实上构成了国家能力能否形成与能否持久的关键。参见王绍光《国家治理与基础性国家能力》，《华中科技大学学报》（社会科学版）2014 年第 3 期。

民经济体系。在短时间内，在内外各种压力环境之下，要实现一个大国的工业化基础锻造，这种基本经济制度是唯一的选择：通过控制土地等自然资源，以及对消费品价格和数量的管制，确保剩余积累用于最为紧要的工业化目标，也确保工业化的"低成本"。[1]

第三，这一经济基础也是满足保障初生政权安全稳定和国家统一的目标相互适应的。确保政权稳定和安全，需要强大的工业基础，尤其是国防工业基础。如果不能在短时间内集中资源实现这一目标，新生共和国的稳定性将受到极大的威胁，国家的自主性就会受到极大的限制，而自主性是国家自主选择发展道路、不受外界实力干扰的基本保障，也是发挥国家能力的前提和保障。

这一经济基础的重构过程是在新中国的上层建筑积极主动建构性结果，是我国具有深远意义的社会变革。这种对经济基础的创造性、引领性的建构之所以能够成功，得益于坚实的制度基础。根本性的国家制度主要是1949年9月中国人民政治协商会议第一届全体会议制定和颁布的《新民主主义社会建国纲领》（即《共同纲领》），以及1954年9月第一届全国人民代表大会制定和颁布的《中华人民共和国宪法》等一整套新制度。这些制度的建立不仅实现了从旧制度向新制度的根本转变，而且也开启了中国国家制度现代化的历史进程。新中国三大基本政治制度由此而确立：**共产党领导的多党合作与政治协商制度、民族区域自治制度和人民代表大会制度。这些核心制度，构成了治国理政的制度基础**。

党的十一届三中全会明确提出要把党的工作重心转移到经济建设上来，并指出要"多方面地改变同生产力发展不相适应的生产关系和上层建筑"。这种上层建筑对经济基础的积极改革，同样是为了进一步推动生产力的发展。因为在基本工业体系的建设完成之后，亟待解决的不仅是工业体系的质量和效率，还有满足广大人民群众日益增长

---

[1] 关于计划经济体制与共和国工业化建设的详细史料，可详见武力主编《中华人民共和国经济史》（上下卷），中国时代经济出版社，2015。

的物质文化需求。虽然在特定的历史条件下，实行计划经济体制对于加快经济社会发展、巩固社会主义制度有着重要的积极作用。但是随着条件的变化，这种体制"越来越不适应现代化建设的要求"。① 在总结历史经验的基础上，从进一步解放和发展生产力出发，党和政府推进了以经济体制为重点的全面改革，实现了社会主义与市场经济的有机结合，在更新经济体制的同时，也创新了基本经济制度。

在上层建筑这种适应性变革的积极推进下，我国的所有制结构发生了很大变化，个体、私营、外资和混合等经济成分从无到有，公有制经济在国民经济中的比重下降，但功能地位得到加强。从就业上看，1978~2017 年，城镇就业方面，国有单位比重从 78.3% 下降到 14.3%，集体单位比重从 21.5% 下降到 1.0%，公有制经济下降了 84.5 个百分点。但国有企业资产总额依然最高，2017 年占比为 39.2%，相比 1978 年降低了 31.4 个百分点。集体企业的资产总额占比降幅最大，从 1978 年的 29.4% 降到 2017 年的 0.4%。就所有制结构变化来说，已经有 5 种经济类型的工业企业资产总额占比超过 10%。②

值得注意的是，伴随着这种所有制结构变革而发生的，是中国产业结构的深刻的变化，新中国成立时，中国还是一个传统的以农业为主的国家，"当时 5.4 亿人口中 4.8 亿是农民"③。1953 年，全国 83.1% 的劳动力从事农业生产，工业就业仅占 8.0%，工业增加值占 GDP 比重仅为 17.6%。1978 年，工业增加值占 GDP 比重已达 44.1%。④ 2016 年底，全国总人口 138271 万人，其中城镇常住人口 79298 万人，农村常住人口 58973 万人。⑤ 考虑到农民工和乡镇企业就业人口，农业

---

① 《江泽民文选》第 1 卷，人民出版社，2006，第 212 页。
② 刘戒骄、王德华：《新中国成立 70 年来所有制结构的变革与展望》，《区域经济评论》2019 年第 5 期。
③ 武力：《新中国 70 年的经济发展和辉煌成就》，《史学月刊》2019 年第 9 期。
④ 蔡昉：《新中国 70 年奋斗历程和启示》，全国人大网，http://www.npc.gov.cn/npc/c30834/201908/e3b15ac9f8f14dfeb2a97b7fd0ae2bed.shtml，2019 年 8 月 27 日。
⑤ 《中华人民共和国 2016 年国民经济和社会发展统计公报》，http://www.stats.gov.cn/statsinfo/auto2074/201708/t20170811_1522293.html。

人口已经大幅下降，同时制造业和服务业就业人口则大幅上升。**这一方面说明，在总体经济规模增长的过程中，所有制结构的变化主要来自增量的变化。另一方面也说明，这种所有制结构的变化是适应重工化体系建设之后，为了适应经济体系结构完整性发展的要求，而尽可能地释放更多的经济主体活力的必然结果。**因为在国家安全和统一问题目标优先、资本严重短缺和农业剩余有限、重工业严重不足的三大因素制约下，"出于尽快建立保障国家安全的国防工业和保障低收入下实行高积累政策并能够保持社会稳定，以及尽快补上重工业这个短板，中国选择了优先发展重工业的社会主义工业化道路，即在快速推进工业化的同时，实行了社会主义改造，建立起计划经济体制"①。如果继续实行计划经济和公有制唯一模式推进经济社会发展，势必要付出更长的时间和高昂的组织成本，但西方发达国家此时已经历了战后黄金30年的快速发展，如不能实现经济赶超，必然会进一步拉大与发达国家的距离，无法体现社会主义促进和发展生产力的优越性。因此，根据环境条件的变化，适应于解放和发展社会生产力，彰显社会主义道路的优越性，党的十一届三中全会之后开始在所有制政策和经济运行机制上的改革是一种必然的选择。

在上层建筑对经济基础的适应性推进和改革进程中，渐进性和稳定性一直是首要考虑，从而保障了上层建筑的反作用过程的稳定性。"对大多数观察者而言，在保持政治稳定的同时，促进增长的实验与非意识形态承诺是中国治理模式的关键特征。"②**渐进式改革的本质是一种上层建筑基于系统长期稳定和长期效率的适用性和试错性变革。**改革初期，从经济主体的层次考察，形成于计划经济时代的庞大国有经济体系无疑是经济主体，但并不是彻底的市场经济主体，国家和城市居民、国企管理者和员工之间存在着包含着终身雇佣及其他福利承

---

① 武力：《新中国70年的经济发展和辉煌成就》，《史学月刊》2019年第9期。
② 肖恩·布雷斯林、冯瑾：《"中国模式"与全球危机：从弗里德里希·李斯特到中国治理模式》，《当代世界与社会主义》2012年第1期。

诺内容的"隐性契约",要对其进行市场化导向的激活和改造并不容易。相较之下,中国潜在而易于激活的经济主体主要是农村、乡镇集体企业和个体企业,在国有经济为主、缺乏足够量的市场经济主体的前提下,中国的发展首先选择了体制外的边缘改革,释放阻力最小的经济主体的活力,并随着经济发展,逐步形成了多元的,竞争与合作并存的所有制结构,但其中国有经济仍然占主导地位,同时农村的土地仍然是农民集体所有。这种上层建筑的基于稳定性和渐进性的变革的"艺术"之所以得以成功,源于上层建筑的合法性广泛而持久地建立在人民大众的基础之上,在一个"代表人民利益"并"以人民利益为中心"的上层建筑的推进下,不仅"变革"的预期更为稳定,而且每一次"变革"的"人民化收益"也进一步强化了这种预期,从而使后续的改革更为深入人心。

新中国"站起来"和"富起来""强起来"是一个不可分割的有机的整体历史进程。在这一连贯的发展过程中,基本经济制度和国家上层建筑的良性互动也一直得到了全面而系统的体现。其突出表现,就是国家治理对基本经济制度的积极建构作用真实而有效地推动了社会生产力的发展和生产积极性的提高。新中国成立70多年来的实践充分表明,一个国家制度和治理体系的模式与效能,并无普适性的答案,关键在于这种制度体系"是否行得通、真管用、有效率"。70多年来,所有制结构从新中国成立初期的国营经济、资本主义经济、个体经济并存,到基本以公有制经济为主,再到以公有制为主体,多种所有制经济并存的结构;分配方式从按劳分配发展到按劳分配为主体、多种分配方式并存,资源配置方式从计划到市场的过程,也是中国经济站起来、富起来和强起来的过程。国家这一上层建筑中最主要也最具有集体行动力的政治组织的积极改革,在这一过程中始终发挥着至关重要的引领作用。而与经济社会基础结构不断变革相适应的,同样也包括国家的治理体系、治理方式和治理能力。新中国七十年发展史中上层建筑和经济基础的良性互动,成为验证和发展历史唯物主义的难得样本。

二 制度优势与治理效能的互促互推

党的十九届四中全会提出,要"突出坚持和完善支撑中国特色社会主义制度的根本制度、基本制度、重要制度,着力固根基、扬优势、补短板、强弱项,构建系统完备、科学规范、运行有效的制度体系,加强系统治理、依法治理、综合治理、源头治理,把我国制度优势更好转化为国家治理效能"①。就根本制度而言,着力强调了"坚持马克思主义在意识形态领域指导地位的根本制度"和"坚持和完善人民代表大会制度这一根本政治制度"。两者都是中国特色社会主义制度的基石所在。而就基本制度而言,最为关键的无疑是基本经济制度,基本经济制度不仅体现了中国特色社会主义的经济基础的独特性,也会影响经济和社会结构,进而深刻地影响着国家治理体系、治理对象、治理目标和治理方式。

中国特色社会主义的制度优势需要转化为国家治理效能,并通过治理效能来实现和彰显。治理效能的高低、能否"证实"和凸显既有制度体系的优势,直接关系到中国特色社会主义制度的根本制度、基本制度、重要制度的稳固性和方向性。如果一种制度在其治理效能中不能体现为善治、良治、有为之治、适应之治,就会引起治理主体和客体对制度体系本身的怀疑,失去对制度的信心,从而在根本上动摇中国特色社会主义。具体到基本经济制度,也同样需要强大的治理效能来肯定其合理性,并通过治理绩效的反馈而得到不断完善和发展。公有制为主体的多种所有制共存、按劳分配和社会主义市场经济体制的优越性,最终要看国家治理的效能如何,是否能在客观上体现基本经济制度的优越性。

只有被执行的制度才是制度,也只有通过制度绩效的不断反馈与调整,制度才能得以不断完善与改进。国家治理体系、治理能力与基

---

① 《中共中央关于坚持和完善中国特色社会主义制度 推进国家治理体系和治理能力现代化若干重大问题的决定》,新华社,https://china.huanqiu.com/article/9CaKrnKnC4J,2019年11月5日。

本经济制度的关系，是通过制度和制度执行体现"元制度"的关系，中国特色社会主义的基本经济制度能否给国家和人民带来实实在在的好处，推动发展、改善民生、维护秩序、促进和谐，取决于治理效能的反复发挥。而基本经济制度的制度优势能否转化为对应的国家治理效能，取决于多方面的因素：第一，制度本身的合理性，是否适应国情和发展要求，是否具有可执行性；第二，制度体系内各制度在执行过程中，是形成制度合力从而提升整体制度效能，还是加大制度执行的冲突成本，降低制度效能，取决于各种制度间，包括正式制度和非正式制度，也即习俗、文化、惯例之间的耦合程度；第三，制度的执行者和制度执行的方式方法，制度执行者对制度的认知、理解和执行过程中对原则性与灵活性的尺度把握，同样也关乎制度的执行效能；第四，制度环境的影响（制度的约束条件）并非总是固定不变的，随着国际国内环境，包括技术变迁、经济发展和社会结构的变化，制度的环境也随之发生变化，对于具体政策而言尤其如此，这就要求制度本身要随着对制度环境的把握、制度环境的变化而进行适应性的修正。

从制度本身的合理性看，中国特色社会主义基本经济制度的最大制度优势，在于一切从人民利益出发。是否有益于人民，是否有益于生产力的发展，是对基本经济制度的最高评判标准，也是中国特色社会主义市场经济从所有制到分配方式乃至资源配置方式区别于西方国家市场经济的根本所在。但这种独特的出发点和落脚点的优势，并不意味着我国的基本经济制度已经尽善尽美。随着实践的不断进行和发展的不断深化，基本经济制度仍有发展的空间和完善的必要。在支持基本经济制度的具体制度体系，如国企改革政策、分配政策等具体政策上，还需要不断从实际出发构建科学有效的制度体系，不断加强对完善和发展中国特色社会主义的有效制度供给，并废除、减少和变革过时、无效、被实践证明难以执行或执行成本过高的制度。

三 结语

根据唯物史观，不同的生产工具对应着不同的社会生产力发展水平，也对应人类社会和国家治理发展的不同阶段，由此产生不同的国家治理文明和不同的国家制度体系。而生产工具的社会属性，也决定着生产劳动和经济活动的社会方式，体现着生产的社会化程度，决定着生产的社会组织形式，进而决定着国家治理的实际形式，从而构成了社会主义国家的民主治理基础。随着以人工智能、大数据、纳米技术和生物科技为代表的第六次技术革命浪潮的兴起，生产劳动和经济活动的社会方式也将发生深刻的变革，生产资料的范围与形式、生产活动的组织方式和生产剩余的分配方式，也将有别于之前的时代，这势必带来基本经济制度在具体表现形式上的变化。与之相适应，国家治理体系的各种制度在治理目标、治理手段和侧重点上，也应有适应性的变革，从而更好地促进社会生产力的发展。

　　无论是基本经济制度，还是国家治理体系，都是结构性的制度体系，而制度之间的耦合性和协调性，也将对制度绩效产生重要的影响。就基本经济制度而言，所有制、分配制度和资源配置方式三者，构成了一个结构化和系统化的制度体系。所有制决定生产组织的主导权，分配制度决定剩余索取方式，资源配置方式决定经济活动的活力与效率。以私有产权和私有垄断企业组织为主、以按要素分配为主和自由市场为主的基本经济制度，在特定历史阶段和条件下，曾经体现出效率和活力优势，但这种分配循环最终必然导致资本主宰和资本集中，是有利于资本而非有利于人民的基本经济制度；而中国特色社会主义的基本经济制度的历史形成与发展经历已经彰显了其促进生产力发展和社会公平的独有特征，三者之间共同呈现趋向人民和有利于持久生产力和经济发展的本质特征。要将这一基本经济制度的优越性更大程度地表现出来，不仅要继续坚持以公有制为主体、坚持按劳分配、坚持有为政府与有效率市场的结合，更要不断防止生产、分配结果和资源配置脱离生产性活动，抑制非生产性活动和食利者阶层的形成。与这一结构性的基本经济制度相适应，对应的治理体系中，也应不断强化和凸显"以人民为中心"和"生产力标准"的治理取向，在经济政策和宏观治理上，治理体系的各种制度需要进一步优化制度结构，加强制度之间的相互协调，使其形成科学合理的治理结构，产生制度合力，从而在实现治理效能提升的同时，彰显和巩固制度优势。

国家治理体系的效能最终通过治理主体的行为来体现，治理效能的高低，直接影响基本经济制度优势的充分发挥。治理不得当、治理不及时、治理能力弱，不仅基本经济制度的优越性得不到体现和落实，还有可能在执行中偏离最初的制度目的。治理效能的提高要求提高科学执政、民主执政、依法执政，提高制度制定者和执行者的制度认知能力和制度执行能力，同时也要提高人民群众依法参与管理国家事务的能力，推进国家治理体系更加有效运转，促进中国特色社会主义制度优势以及基本经济制度优势的充分发挥。简言之，国家治理效能是反映基本经济制度优势的重要指标。反过来说，通过治理效能提升而不断巩固、强化和完善的基本经济制度，又会为国家治理创造更好的治理环境，更好的治理环境更有利于发挥基本经济制度的制度优势，也能有效降低治理的制度成本，发挥和提升治理效能。

基本经济制度与国家治理之间的关系，本质上是经济基础与上层建筑之间的关系，唯物史观是我们理解基本经济制度与国家治理之间的关系的基石，这是由中国特色社会主义的根本制度所决定的。新中国成立70多年来，基本经济制度与国家治理之间一直保持着良性的互动促进，在基本经济制度与国家治理体系与治理能力不断完善和发展的同时，最终达到了适应和促进社会生产力发展的目的。而无论是中国特色社会主义基本经济制度的形成，还是中国国家治理体系和治理能力的完善与提高，都与中国特色社会主义的根本制度的保障以及历史悠久的政治文明有着密不可分的关系；要在基本经济制度和国家治理之间实现制度优势和治理效能的协同提升，需要在坚持以人民为中心和坚持生产力标准的基础上，考虑制度的适应性、发展性和前瞻性以及制度结构的合理性，并强化制度的可执行性。

第五章　中国有何不同

在对中国经济发展模式的研究中,发展型国家理论往往成为一个最为"顺手"的标签,研究者们惯于将中国与历史上的发展型国家尤其是东亚发展型国家的特征进行比较,认为中国具有之前东亚发展型国家所具有一些共性,如高储蓄率、高投资率和政府主导等;也具有某些独有特征,如晋升激励机制下的地方政府竞争、更强调国家直接控制大型企业、强调国家竞争力等。[①] 在这种比较研究的过程中,一些发展型国家的衍生概念也同时发展出来并被用于刻画中国模式,如新发展型国家、李斯特型发展型国家、后李斯特主义、后社会主义发展型国家等。这些从发展型国家视域出发的中国研究,或者认为中国只是在再现东亚发展型国家的历史,或者认为中国和其他新兴国家已构成了新的发展型国家。虽然赋予了中国发展型国家这一标签,但并未详细或者系统地回答中国模式是否具有超越一般意义上发展型国家的特征以及这种特征的深层次从何而来这类问题。

发展型国家理论从一开始就不是一个具有普适意义(one size fits all)的理论,而只是一个具有历史特定性的理解框架。发展型国家这一术语,狭义上已经演变成"东亚经济快速增长的同义词和独特经济管理方式的象征",广义上则已经演变成所有"国家主导下的发展"的标签或者"快速增长国家的分类标签"。因此,即使出于比较分析的便利性,我们默认发展型国家及其衍生标签的这种术语惯

[①] Schweinberger, A., "State capitalism, entrepreneurship, and networks: China's rise to a superpower", *Journal of Economic Issues*, 2014, 48 (1).

性，也不得不审慎思考：发展型国家的理论是否适用于解释、指导和预测中国的发展。而由此引发的需要进一步探索的问题则是：中国发展是否具有独特的、不可复制的特征，使发展型国家这一标签无法涵盖其复杂性，中国发展所取得的成绩和产生的问题，是否也具有不同于传统发展型国家的发生机理，从而需要不同的理论解释和解决方案？

第一节　发展型国家理论与中国发展

一　作为一种分类标签的发展型国家理论

2002 年卡瓦特·辛格提出"北京共识"这一概念之后，经 2004 年 5 月美国学者乔舒亚·库珀·雷默（Joshua Cooper Ramo）发表的《北京共识：中国实力的新物理学》一文的推动，国内外学术界掀起了讨论"中国模式"和"中国崛起"的热潮。这一讨论在 2008 年全球金融危机之后达到了高潮，无论在中国还是其他国家，研究者都对中国模式表现出更多的兴趣。[①] 仅 2009 年，关于中国模式的讨论论文就达到了 3000 多篇。[②]

虽然 20 世纪 90 年代亚洲金融危机之后，发展型国家理论受到了诸多批评，尤其是这一理论的关键假设——"存在一个能够独立于社会集团压力的自主性政府"被视为过于理想化。但在众多关于中国模式的讨论中，发展型国家仍然是一个主要的视域。相当一部分学者认为中国就是发展型国家。也有部分学者对发展型国家概念进行了修正，用新发展型国家（new development state）、国家资本主义（state capitalism）、自由的新发展主义（liberal neo-developmentalism）、新李斯特主义（new Listian）和后李斯特主义（post Listian）等不同提法来形容

[①] Breslin, S., "The 'China Model' and the global crisis: from Friedrich List to a Chinese mode of governance?", *International Affairs*, 2011, 87 (6).

[②] Fewsmith, J., "Debating the China Model", *China Leadership Monitor*, 2011, 35 (21).

中国模式。事实上，这种发展型国家的视角并不只是体现在对中国模式的研究中，也体现在对其他新兴国家如巴西、印度的分析中。① 发展型国家理论从20世纪80年代诞生至今，有40多年时间，仍能保持如此强大的生命力，似乎印证了发展型国家理论的代表人物彼特·伊文思的评价：发展型国家理论已经被证明是发展理论中最耐用也最有感召力（robust and charismatic）的概念，它是继20世纪50年代西方中心视角的现代化理论和60年代的激进依附理论之后，最能解释新兴国家，尤其是东亚国家经济发展的理论。②

发展型国家理论始于查默斯·约翰逊（Chalmers Johnson）对日本经济发展经验的研究，经由阿姆斯登（Alice Amsden）对二战后韩国的研究，罗伯特·韦德（Robert Wade）和伊文思（Peter Evans）等人的研究后，这一理论才逐步发展起来。禹作恩对发展型国家进行了总结，认为发展型国家具有四个特点：持续的发展意愿、具有高度自主性的核心经济官僚机构、紧密的政商合作以及有选择的产业政策。③在组织结构和运作特征上，发展型国家则具有约翰逊所提出的四个特征：优秀官僚、国家自主、干预市场和计划部门。按照发展型国家理论，东亚国家之所以能走出一条不同于自由主义和计划经济的发展型国家道路，实现了格申克龙对后发国家"集中快速"工业化的构想，在于东亚特定的历史文化使东亚国家表现出高度自主性，在这种国家自主性保障下，精英技术官僚有能力和意愿干预经济，通过对特定产业的补贴和多种形式的扶持，达到了经济持续发展的目的。

然而，在发展型国家理论的形成过程中，约翰逊和阿姆斯登等代表人物依据各自的案例界定的"发展型国家"含义各不相同，其研究

---

① Haggard, S. M., "The developmental state ss dead: long live the developmental state!", In Annual Meeting of the American Political Science Association, 2013.
② Evans, P., Heller, P., *Human Development, State Transformation and the Politics of the Developmental State*, Oxford University Press, 2013.
③ 〔美〕禹贞恩编《发展型国家》，曹海军译，吉林出版集团，2008，第1页。

对象所采取的政策措施也不尽相同,而且几乎所有发展型国家理论的提出者,都强调了自己所研究对象的独特性和不可复制性。关于成功的关键,约翰逊认为日本的成功应归结为源自"通产省模式"及其产业规划,还有紧密的政商关系;而阿姆斯登则认为韩国成功的关键在于政府以补贴企业的形式扭曲价格(give wrong price);韦德则认为,中国台湾地区成功的关键在于统御市场和诱发自由市场。再如,虽然都涉及强调了国家(地区)如何有效地嵌入经济,但在具体实施过程中却存在明显差异,如韩国侧重扶持财阀、中国台湾地区倚重中小企业等。虽然所有东亚发展型国家和经济体都强调,在"强国家"和"经济至上"的形成过程中,集体主义和民族主义精神起到了非常重要的作用,但具体表现在产业政策和外资政策上,新加坡更类似于国际主义,日本则有明显的民族主义特征,韩国则是明显的国家主义。①

正因如此,相当一部分研究者认为,发展型国家只是一个抽象的概念,并不具备清晰的可识别性和可操作性。正如哈佛大学教授奈特指出的那样,尽管发展型国家的概念非常流行,但对到底什么是发展型国家,却始终没有形成共识。② 也有学者认为,约翰逊等研究者在研究发展型国家的特征时,并没有把历史因素考虑进去,在被后继者进一步拓展成为理想型(ideal type)之后,发展型国家的原始胚胎中所包含的历史性往往受到忽视,成为无历史的抽象理论模型。从概念上说,发展型国家只是重商主义、官僚资本主义、统合主义和国家中心主义诸多词语的融合和延伸。③ 从实践上看,发展型国家在不同国家和地区体现出了相当大的差异性,政策手段、政商关系和经济绩效都不尽相同,研究者们认识到,发展型国家除了广为人知的缺陷(如

---

① 郑为元:《发展型国家或发展型国家理论的终结?》,《台湾社会研究季刊》1996年第24期。
② Knight, J. B., "China as a developmental state", *The World Economy*, 2014, 37 (10).
③ 郑为元:《发展型国家或发展型国家理论的终结?》,《台湾社会研究季刊》1996年第24期。

忽视国家复杂特性、将官僚集团视为单一目标的纯粹决策主体）之外，还存在一个突出的不足，即"理论物化"，它"逐渐被用于对一种事实的归类，成为一种快速增长国家的分类标签"。[①] 从这一意义上说，发展型国家理论在中国研究中有意或无意识地广泛使用，应被视为一种术语"惯性"，而不是一个精准的把握。而这，正是我们需要审慎对待中国的"发展型国家"标签的原因所在。

二 发展型国家视域下的中国发展：代表性观点

在众多发展型国家视域下的中国研究中，大致可以分出三类观点。

第一类观点认为，虽然中国与东亚发展型国家具有差异性，但这种差异性并不构成中国独有的发展型国家模式，现阶段的中国类似于20世纪80年代之前的日本和20世纪90年代之后的韩国。持这类观点的代表人物有约翰·奈特（John Knight）、托马斯·卡尼诺沃斯基（Thomas Kalinowski）、卞承佑（Baek Seung-Wook）等。第二类观点则认为，中国与东亚发展型国家存在明显差异性，传统东亚发展型国家理论和政策建议不再适于中国，中国和印度、巴西等新兴经济体已经构成了一种新发展型国家的类别。持这类观点的代表人物包括大卫·楚贝克（David Trubek）、伊文思等。第三类观点则沿袭了怀特（Gordon White）对社会主义发展型国家和资本主义发展型国家的区分，结合中国从计划经济到市场经济的转型背景讨论中国的发展型国家特征，将中国界定为"后社会主义发展型国家"，代表学者有安德烈·鲍莱斯塔（Andrzej Bolesta）等。

在第一类观点中，哈佛大学的奈特具有代表性。在奈特看来，对发展型国家这一概念本身并没有什么高度共识，只要国家将经济发展作为优先目标，且通过制度安排和激励结构去实现这一目标，就可以

[①] 吴德荣：《亚洲经验的回顾与反思国家导向型发展的再出发》，香港城市大学工作论文，第18页，http://www.cityupress.edu.hk/Template/Shared/previewSample/9789629372323_preview.pdf。

称之为发展型国家。① 按照这一标准,中国就是发展型国家。在奈特看来,新中国成立之后的前30年是以政治而非经济作为优先目标的,因此这一阶段更大的成绩主要是体现在政治上的。1978年之后,中国才开始将经济发展作为首要目标,从而走上发展型国家的道路。和众多研究者一样,奈特认为中国更多的是依靠政治分权下的地方政府竞争驱动的,晋升锦标赛特征明显。在很大程度上,中国的地方政府更符合发展型国家特征。② 奈特的总体结论是,中国是个成功的发展型国家,而且到目前为止,中国仍是发展型国家,其所面临的发展障碍与风险与东亚其他发展型国家早期经历无异,如利益集团、社会稳定和金融风险,东亚国家所面临的困境和风险,也是中国需要提防的。

此类似观点的还有卞承佑(Baek Seung-Wook)和托马斯·卡尼诺沃斯基(Thomas Kalinowski)等。卞承佑从政府对金融资源的控制手段、出口导向的产业政策等方面的比较中得出结论,认为中国和东亚其他发展型国家没有本质差异,中国的高储蓄率、促进工业化的政策、强大的中央政府和管理体系等多个方面都符合韦德在1990年提出的"政府统御市场"的相关标准,而差异主要体现在中国的商业主体在所有制形式和控制方式上与韩日不同。李和马修则强调中日韩的共性,认为中国吸收了日韩新的经验,三者在模式和政策上都存在趋同性,他们直接将中日韩归结为"BeST发展共识"(BeST consensus for development)。BeST代表了北京(Be, Beijing)首尔(S, Seoul)和东京(T,

---

① 但奈特并不认为发展型国家必然意味着高增长率。他认为,发展型国家本身并不能从绩效上进行判断,一个国家很有可能优先将经济发展作为目标,但却受制于条件制约或政策无效,而未能取得经济的快速发展;同样,一个国家很有可能因为偶然因素如初始条件好、市场机遇好,虽未采取有效的制度安排,也可能取得高增长率。因此,一个发展型国家未必增长很快,而一个增长很快的国家未必就是发展型国家。相比之下,亚德里安·列福特维奇(Adrian Leftwich)则将发展型国家定义为在25~30年中至少有4%的经济增速的国家。详见 Leftwich, A., *States of Development: On the Primacy of Politics in Development*, Wiley, 2000, p. 173。

② 这种认为中国地方政府更符合发展型国家特征的学者还有理查德·斯塔布斯(Richard Stubbs),详见 Stubbs, R., "What ever happened to the East Asian developmental state: the unfolding debate", *The Pacific Review*, 2009, 22 (1)。

Tokyo）。①

在第二类观点中，威斯康星大学教授大卫·楚贝克和发展型国家理论的代表人物伊文思的观点具有代表性。楚贝克认为，用新发展型国家形容包括中国在内的金砖国家更为适合。按照国家干预程度和经济开放程度的不同，楚贝克将发展型国家分为三个类型。第一类是古典发展型国家（classical development state，CDS），如德国等，特征是兼具强的国家干预和较低的开放程度，保护主义特征明显；第二类是亚洲发展型国家（Asian development state，ADS），其特征是强政府干预和一定程度的开放，但对外国直接投资采取了限制的态度；第三类是以金砖四国为代表的新发展型国家，其特征同样是强政府干预，但经济开放度远高于前两者。楚贝克指出，由于全球供应链的存在、信息技术的发展和知识经济的兴起，"东亚例外"的时代，或者说后发国家可以通过集中动员下的短期工业化实现赶超的时代已经过去了，对于新发展型国家而言，重要的是超越东亚经验，建立一种新发展型国家的政治经济学。②

虽然都采用了新发展型国家的提法，伊文思更多地沿袭了"嵌入"思路，重点讨论的是发展型国家的目标修正，以及国家、社会和企业之间的关系调整。在伊文思看来，发展型国家理论必须超越单一的经济发展目标，转为强调人的能力的扩展，其核心是"森式的"（Senian），即人的发展不仅是发展的终极目标，也应成为提高生产力的重要手段。伊文思突出强调了嵌入性，尤其重视国家能力、国家-社会联系、国家能力和市民社会等诸多要素对于实现发展型国家目标，尤

---

① Lee, K., Mathews, J. A., "From Washington Consensus to best consensus for world development", *Asian-Pacific Economic Literature*, 2010, 24（1）：86.
② 楚贝克概括了这种新发展型国家的政治经济学的核心主张，包括，通过有计划和有目的性的投资，实现国家的特定利基，强调技术能力和创新能力，提升全球供应链中的位置，主要依赖于私人部门的投资而不是政府直接投资，重视企业家创新产品的发展，而不是依赖于进口技术，促进生产型的而非投机性的FDI，强调私人企业之间的竞争而不是保护，发挥资本市场在配置资源方面的作用，减少不平等现象从而保证社会的稳定性等。

其是实现人的发展这一新目标的影响。其中，有能力的、连续而稳定的公共服务机构被伊文思认为是首要因素，一旦它们得不到保障，以人的发展和人的能力扩展为目标的发展就不可能实现。在伊文思看来，中国和印度这样的发展中大国显然不同于传统的东亚发展型国家，它们具有更为复杂的国家结构，以及更为复杂的国家与社会之间的联系与互动方式。两者在快速发展的过程中都面临着一个相似的问题，那就是在缺乏社会反制性力量的前提下，日益强大的资本所具有的政治力量有可能会破坏国家能力，从而干扰发展型国家目标的达成。① 图 5-1 是对发展型国家类型的一个总结。

	低 政府干预度	高 政府干预度
开放度 低		古典发展型国家 I 型 古典发展型国家 II 型
开放度 高	新自由主义国家 II 型 新自由主义国家 I 型	亚洲发展型国家 新发展型国家

图 5-1 发展型国家的不同类型

资料来源：Trubek, D. M., "Developmental states and the legal order: towards a new political economy of development and law", *Law & Development Review*, 2008, 25 (2).

第三类观点的代表人物是安德烈·鲍莱斯塔（Andrzej Bolesta）。② 沿袭 20 世纪 80 年代早期戈登·怀特对发展型国家的"资本主义式"（capitalist）和"社会主义式"（socialist）以及对社会主义发展型国家的"传统的社会主义发展型国家"和"修正的社会主义发展型国家"

---

① Evans, P., Heller, P., *Human Development, State Transformation and the Politics of the Developmental State*, Oxford University Press, 2013.
② Bolesta, A., "China as a post-socialist developmental state: explaining Chinese development trajectory", London School of Economics, *PhD Thesis*, 2012.

的划分①，鲍莱斯塔将中国总结为后社会主义的发展型国家模式（Post-Socialist Developmental State model，PSDS）。这一模式的独特性在于，它提供了一种不同于新自由主义模式的替代方案。② 在鲍莱斯塔看来，只有融合发展型国家模式和后社会主义国家的转型两种学术视野，才能解释中国的战略、政策和制度选择。仅从东亚经验视角去观察比较，忽视中国转型带来的影响，就无法理解中国的不同寻常之处。与之类似，苏耀昌也以"发展型国家的后社会主义之路"描述中国的发展特征。③

第三类观点与前述两类的显著不同之处，在于强调发展型特征的连贯性，这和奈特等人的"1979之后的中国才是发展型国家"的判断显然不同。按照怀特等人的理解，计划经济也是一种发展型国家的体现，其关键特征是抑制私人资本、国家完全控制经济，这是"传统的社会主义发展型国家"。在这种模式中，社会主义计划和市场之间被看作一种对立关系。而兰格和勒纳等人市场社会主义理论及其在南斯拉夫的实践，则被视为"修正的社会主义发展型国家"④。在鲍莱斯塔看来，20世纪90年代之后的计划经济转型过程中，只有中国致力于发展一种"非新自由主义"的发展型国家模式。与东欧转型国家相比，中国的独特性不仅在于其改革的渐进性，也在于东欧转型国家集中于体制转型而忽视了经济发展政策，而中国即使在转型过程中，政

---

① White, G., Wade, R., "Developmental states and markets in east asia: an introduction", in White, G., (ed.), *Developmental States in East Asia*, St. Martin's Press, 1988, pp. 1-29.

② 在中国学者中，郁建兴和石德金等人也持类似观点，他们用"新社会主义发展型国家"描述中国模式，认为中国的发展模式已超越了怀特所界定的社会主义发展型国家。也不同于早期以南斯拉夫为代表的修正的社会主义发展型国家。中国通过确立发展主义、经济国家主义、灵活多样的地方政商关系、国家合作主义等，突破与超越了传统的社会主义发展型国家。详见郁建兴、石德金《超越发展型国家与中国的国家转型》，《学术月刊》2008年第4期。

③ So, A. Y., "The post-socialist path of the developmental state in China", In Chu, Y., (eds.), *The Asian Developmental State: Reexaminations And New Departures*, Palgrave Macmillan, 2016.

④ 郁建兴、石德金：《超越发展型国家与中国的国家转型》，《学术月刊》2008年第4期。

策注意力仍始终聚集于经济社会发展。中国的发展模式和历史上的发展型国家虽有许多相似之处，但更好的理解是，将其视为新李斯特政治经济学在体制重构的过程中、在特定的内外部环境下的一种应用。

三　发展型国家多样性的根源

前述第一类观点是将发展型国家视为一个后发国家赶超过程中必经的、具有共同特征的阶段，因此，处于某一特定时期的发展型国家总可以找到历史上可类比的对象，因此中国只是在再现日韩过去的发展型国家特征；第二类观点则认为，发展型国家是一个动态概念，处在不同时段中的发展型国家均有其不同特点，中国的独特性足以使其拒绝与所有东亚其他发展型国家类比，但可以和印度、巴西等新兴经济体共享"新发展型国家"的标签；第三类观点则结合了转型国家和发展型国家的双重视域，从历史的特定性和连贯性上考察一国的发展特征，强调中国发展历史的一贯性和这一过程中发展型国家特征的变迁。

应当承认，上述从发展型国家视域出发的中国研究，虽有值得商榷之处，但也在不同程度上指出了中国发展模式的某些特征。问题在于，这些比较研究主要集中于经济维度，对差异性和共性的判断也多基于政府干预方式、产业和贸易政策等方面，而忽略了政治—经济—社会三个系统相互的结构耦合和支持逻辑。尽管经济发展是发展型国家之所以成为发展型国家的关键所在，但这并不是发展型国家的全部，而且这一过程也不是孤立地、自发地完成的。作为一个有历史特定性而非普适性的理论框架，从经济维度尤其是从经济政策维度出发，发展型国家这一棱镜下的中国镜像可以是无穷无尽的，因为经济政策总是相机抉择的。单纯集中于经济维度的比较研究，不仅会因为忽视了政治—经济—社会的结构互动关系而使在问题的成因及克服方案的探究上难达究竟，也无益于解释"为什么是这样而不是那样"的发展这样更为关键的问题。在发展型国家视域下考察中国发展模式的独特性、共性及其成因，首先需要回到发展型国家的本质上来。

发展型国家并不等同于政府干预，因为以此为标准，世界上所有的国家都是发展型国家；发展型国家同样也不只是指政府对特定部门给予支持和引导的国家，因为这同样也是所有国家过去直至现在都仍然共有的政策特征。① 历史地看，发展型国家只是特指那些国家在重构国民经济体系的过程中扮演着社会引擎作用，在发展型国家更早的李斯特源头上，它只是指在促进一国从初级的、原始的、农业的经济体系向现代工业体系的转换过程中具有加速作用和引擎作用的国家②。正是在这一点上，禹贞恩才认为，发展型国家模式同样适用于描述近代欧洲的重商主义时期，以及后来德国和美国的崛起时期，甚至欧洲的奥地利、法国以及北欧国家都可归类为发展型国家。肖恩·布雷斯林则认为，李斯特的发展型国家表明了中国模式、以前亚洲的国家发展主义模式与更早的欧洲和美国的国家主导型发展体制之间存在一种连续性。③ 因此，广义上，如果说存在着一个普适性而非个案性的发展型国家概念的话，那么发展型国家的本质和现代市场经济体系的形成是高度一致的。只是，在不具备完善的市场主体和市场机制的背景下，这一过程更多的是由国家来引导的。

虽然发展型国家共享的特征是政府主导，但这并不构成一国发展模式的全部特征。在调节学派的代表人物杰索普看来，**有效的发展模式并非国家的单一作用，而是市场机制、国家干预和社会结构三者契合与协同作用所形成的结构化的动力机制的结果**。因此，东亚国家的故事，只不过是在全球冷战时代背景下的赶超式工业化过程中，实现

---

① 例如，布洛克就认为美国也是一种隐藏型的发展型国家，这种发展型国家的力量主要体现在对国家创新体系的支持、对新技术部门和战略性产业的有力干预上，这种力量在过去30年时间里不是在减弱而是在加强，从"星球大战计划"开始的NASA到ARPA（Advanced Projects Research Agency）都是明证。事实上这一特征不仅美国有，欧洲国家也有。

② Kasahara, S., "The Asian developmental state and the flying geese paradigm", International Institute of Social Studies of Erasmus University (ISS), PhD thesis, 2013.

③ Breslin, S., "The 'China Model' and the global crisis: from Friedrich List to a Chinese Mode of Governance?", International Affairs, 2011, 87 (6).

了国家—经济—社会三者结构性契合的故事①。从这一角度看，发展型国家的本质，只是一个开始时并不具备有效的市场机制、国家管理和社会结构，也不具备成熟的市场主体和市民社会的国家，在经济发展这一集体意愿下，由国家去动员、组织、激发和引导社会和经济行动者，最终形成具有自发性的、内驱性的市场经济体的过程。它的形式和手段可以是多样的，但其最终的目的，是要形成一种以内在经济激励为主导的、具有内在驱动力的经济体。国家之所以对发展型国家至关重要，是因为它在初期是唯一可能的、最具有合法性的动员者和组织者；嵌入性之所以对发展型国家至关重要，是因为国家最终不能替代经济主体和社会主体去实现所有的经济和社会目标，它必须与市场、社会保持距离，但同时必须保障合理的方向。②它必须在"渗透"和"挤出"之间、"激发"和"抑制"之间保持巧妙的平衡。**发展型国家，最终要实现一个由具有"计划理性"的国家去完成大量的社会和经济目标的过程，转变为一个由具有内驱性的市场主体和市民社会去完成社会和经济目标的过程**。在这个过程中，内外部初始条件的差异、主体及其能动性的区别，都会使其道路表现出不同的特征，这也正是发展型国家多样性的根源所在。

这也意味着，从结构动态的角度去考察发展型国家这种由国家引导、动员、组织和协调的发展，在理解"发展"的同时解释"为什么是这样而不是那样的发展"，就必须从国家这一行为主体以及国家所面临的约束条件这两个维度进行考察。国家这一行为主体及其在约束条件下的策略行动所导致的政治—经济—社会的结构动态，构成更为完整的发展型国家图谱。对国家主体的考察，在于把握构成发展型国家关

---

① 何子英：《李斯特主义工作福利国家的兴起、危机与转型——杰索普关于东亚奇迹的政治经济学述评》，《教学与研究》2011年第5期。
② 发展型国家所暴露出的种种弊端，与这种嵌入性的难度不无相关。马克·比森指出，发展型国家的危险和技巧性在于，它既要官僚机构能干，也要充分接近社会和经济的行动者，这样才能实施政策和"指导"发展。但官僚机构如果过于亲近特殊利益集团，就会成为后者的"俘虏"和奴仆，这也正是所谓"裙带资本主义"产生的原因。

键特征的、潘佩尔意义上的"发展型政体"（the development regime）本身所具有的结构与能力特征，以及构成这种结构与能力特征的深层次基础的长期的政治文化传统；包括国家合法性的基础，政治体制的关键特征，官僚机构的完整性和独立性，国家的渗透、汲取与协调能力（也即迈克尔·曼所称的建制性能力）等。这种根植于政治文化传统的发展型政体本身的结构与能力特征，对发展过程中国家自主性的保持、国家能力的强弱与存续、激励和引导社会群体对国家发展计划的参与及合作的可能性与方式，乃至于对经济、社会与政治的战略转型的把握，具有基础性和决定性的作用。发展型国家能否实现有效而持续的引导、动员、组织与协调，能否在强化政治参与合法性的同时，"能以相互合作的关系，而非损耗主要社会参与者的方式，来获得更大力量"[①]，从而实现政治—经济—社会的良性契合，首先取决于根植于政治文化传统的发展型政体本身的结构与能力特征。

发展型国家所面临的内外部约束条件，在客观上给出了国家这一行为主体的可能性集合。发展型国家在其发展过程中，面临的内部约束条件包括规模、人口、资源禀赋、社会结构以及相应的政治格局、市场初始发育状态（如市场主体的初始分布、所有制、规模等）、官僚能力等；面临的外部约束条件则包括外部经济条件（技术长波的所处阶段、国际分工和贸易秩序）、外部政治和军事条件（结盟与敌对性的力量）等。在发展型国家的发展过程中，这些内外部条件也都会变化，如因自身发展导致外部政治、经济和军事秩序的变化，导致国内社会结构、政治格局和经济格局的变化等，发展型国家的政策，也必须相应地适应这种变化，才能顺利地实现发展型国家的目标。初始约束条件的差异性使发展型国家表现出路径依赖的不同，对环境条件动态变化的适应使发展型国家表现出路径创造的不同。历史地看，成功的发展型国家不仅在各自初始制约条件下正确地完成了方向设置，

[①] 〔澳〕琳达·维斯、约翰·M. 霍布森：《国家与经济发展：一个比较及历史性的分析》，黄兆辉、廖志强译，吉林出版集团，2009，第65页。

也随着约束条件的变化相应地做出了正确的调整。

第二节　中国发展的特质

一　东亚发展型国家的共有性及其基础

东亚发展型国家的发展过程，充分展示了这种政府主导下的现代市场经济国家演化的结构动态过程。从国家引导下的结构动态角度出发，**我们就不难理解，为什么东亚发展型国家在经济发展战略、政府干预经济的方式和手段上虽有所不同，但都适用发展型国家这一范畴**；也可以理解，发展型国家这一始于约翰逊对日本经验的个案研究的范畴，为什么最后会发展为众多东亚国家和地区的代表性标签。虽然就发展型国家的成功要旨，从约翰逊到伊文思等发展型国家理论的代表人物持不同的观点，但其观点分歧多围绕政府和市场的关系而展开。从国家引导的结构性动态变迁过程这一多维视角出发，东亚发展型国家在经济政策、发展战略和政府管理上的某些分歧，并不足以构成实质性差异，它们之所以被归类为东亚发展型国家，是因为不仅国家这一主体，而且国家所面临的内外部约束条件，都具有相当的一致性。

如前所述，对国家主体本身所具有的结构与能力特征的把握，对理解发展型国家的特征至关重要。因为发展型国家的国家引导并不限于经济政策，而是包括"意识形态动员、全方位的政治控制和社会调控"。[1] 正如亚德里安·列福特维奇（Adrian Leftwich）所强调的那样，发展"应始终被理解成一个不可避免的政治过程，在此过程中，基于不同文化与历史背景中的人、权力和资源之间的目的性互动，形成了特定时间点的模式与结果"。[2] 东亚发展型国家之所以被约定俗成地归

---

[1] White, G., Wade, R., "Developmental states and markets in east Asia: an introduction", in White, G. (ed.), *Developmental States in East Asia*, St. Martin's Press, 1988, pp. 1–29.

[2] Leftwich, A., "Politics in command: development studies and the rediscovery of social science", *New Political Economy*, 2005, 10 (4).

入富有代表性的"一组",首先在于,在国家这一行为主体的结构与能力特征上,东亚发展型国家具有相当的一致性。具体表现有:第一,政治文化背景具有较高的同质性,如儒家文化传统、集体主义文化以及民族主义等,这使得在这些国家和地区建立一个强大的干预主义国家这一理念更容易取得合法性;第二,国家能力的来源具有相似性,都是通过殖民主义政治遗产或通过外部植入,在形成相对独立的官僚机构的同时获得一定的国家渗透、汲取与协调能力[①];第三,都属于规模有限且不具备完全国家自主性的国家和地区,发展目标的设定相对单一;第四,政治体制乃至经济体制的初始设置都具有植入和模仿建构的成分,在政治和经济体制的建构、完善与最终走向上,上述国家和地区带有一种自觉或不自觉的模仿和趋同意愿,而缺乏一种探索自己独有的政治和经济体制的信心和可能性。从这一点上说,东亚发展型国家普遍性地经历了从威权政治向开放民主转型的过程,并不只是福山所说的"成功的威权造就了毁灭自身的种子",而是一开始就带有不自觉的制度偏好。

除了政治文化传统的相似之外,东亚发展型国家和相关经济体具有一致性的另一个根本原因,则在于它们有着极为相似的内外部约束条件以及由这些内外部约束条件所给出的可选政策集合。虽有规模、初始经济发展水平的差异,但在积累方式、产业政策和政商关系等诸多方面,东亚发展型国家和相关经济体基本上是在相似的约束条件下选择了相似的策略组合。从日本、韩国、新加坡等第一波亚洲新兴经济体(First-tier ANIES)的发展路程看,它们初始外部条件的共同之处在于,在政治军事外部条件上,都同处在冷战中的西方阵营,在意识形态和政治体制上与英美趋同。这就使它们均在不同程度上得益于

---

① 尽管二战之后独立的前殖民地国家数量很多,但拉克曼认为,只有当原先独立自主的各类精英进入国家并把他们所控制的制度性资源带入国家之后,国家才得以扩张权力,国家内部的精英结构、联合或斗争状态制约着国家的力量和自主性。参见〔美〕理查德·拉克曼《国家与权力》,郦菁译,上海人民出版社,2013,序言,第5页。

冷战体系下的外部经济援助[1]，实现了第一波资本积累，建立了相应的工业体系[2]；也均被默许在建立和扶助目标部门（targeted sectors）的过程中，对目标部门实行保护主义，包括各种补贴，同时对外资采取严格的控制[3]。而欧美诸国在允许它们采取上述措施的同时，不对等地向它们开放自己的市场，并在技术转让、知识产权上采取了相对宽松的政策。在外部技术条件上，它们均经历了第四次技术浪潮展开期的成熟阶段和第五次技术浪潮，这些国家在经济发展的过程中，全球价值链尚未形成，产品间分工为国际分工的主要形式，而跨国公司的垄断程度远没有达到今天的程度，这就大大降低了它们进行技术赶超、创造独有的技术利基的难度。

从内部的相似性看，上述国家和地区有三个共同优势：**易于达成经济赶超共识，具备精英官僚阶层，形成了适合发展主义的社会结构**。第一，在其经济发展之初，适逢冷战环境，由于历史原因，这些国家和地区面临着强大的外部压力，因此有必要也较易形成民族主义，以快速发展经济为目的不仅是提升政府绩效合法性的必要手段，而且与之相应的社会凝聚和社会动员的成本较小，经济发展优先的目标不仅必要，而且有可能实现。第二，国家高度官僚化，在经济意识形态上，官僚阶层在自由市场取向上具有高度共识，大批具备相关知识储备和经验的职业官僚，使发展型国家的驱动者具有一种"能力可能"。第三，从社会结构上，第一波亚洲新兴经济体在成为发展型国家之初，

---

[1] 拉克曼认为，成功的发展需要与之相应的社会结构，包括可以被赎买、改造或抑制的非精英阶层，被去权的地方精英阶层、数量较少且相对团结的资产阶级，详见〔美〕理查德·拉克曼《国家与权力》，郦菁译，上海人民出版社，2013，第89~96页。

[2] 相关统计表明，日本仅从朝鲜战争中就得到了超过34亿美元的订单，约翰逊将美国对日本的援助称为亚洲版马歇尔计划，而在越南战争中，韩国也获得了类似的外部有利条件，仅1946~1978年，韩国就获得了60亿美元经济援助和贷款。

[3] 唯一的例外是新加坡。1965年独立的新加坡没有享受到战争红利，也没有自然资源可供出售，唯一的有利条件是港口，在资本积累和产业启动上具有强烈的"资本饥渴"，这就使新加坡在发展初期，对以跨国公司为代表的外资力量极度包容和欢迎，参见 Kasahara, S., "The Asia developmetal state and the flying geese paradigm", UNCTAD Discussion Papers, 2013, pp. 1-36。

都通过战争、殖民地化或改革等方式经历了社会结构的较大变动，其结果是社会阶层及利益群体间原本固化的界限有所松动，社会出现"扁平化"趋势。就市场经济体系的形成而言，这样的社会结构意味着存在大量潜在的、激活成本较低的市场主体，就长期发展目标的保障而言，这种地方精英被"去权"的社会结构，更能使国家集中权威、资源和战略方向，具备了斯科特所说的"亲国家的市民社会无力抗拒"[①] 这一发展计划成功的必备条件。

简而言之，从国家引导下的政治—经济—社会结构动态契合性角度出发，东亚成功的发展型国家之所以成功，是因为较好地利用了自己的政治文化传统中的有利因素来激励、组织和动员社会经济资源，使其有效地服务于国家发展的目标，并能就其内外部条件的变化适当地做出经济与社会政策的适时调整，从而实现其经济发展与社会、政治战略转型的目的。相似的政治文化传统与内外部约束条件，使它们在跃升为成功发展型国家的过程中具有很高的模式辨识度和一致性。

二　主体特定性与中国的独特性

正如肖恩·布雷斯林等指出的那样，中国模式的研究应该从"'中国不是什么和不代表什么'角度去考虑"[②]。如果从国家主导下的结构动态角度考察，而不是从单一的经济政策和经济发展绩效角度考察，中国的国家主体的结构和能力特征、政治文化传统，以及所面临的内外部约束，都使中国的发展型国家之路具备了不同于东亚发展型国家以及其他社会主义转型国家的特征。易言之，对中国而言，东亚发展型国家这一标签，过于"小"和"狭隘"了。在马克·比森看来，中国是和日本一样的发展型国家，但中国最终会成为更深层意义上的发展型国家。如果中国的发展型国家经验与特征之独特构成了对东亚发展型国家的超越，那么也就意味着，从东亚发展型国家曾经有

---

① 〔美〕理查德·拉克曼：《国家与权力》，郦菁译，上海人民出版社，2013，第95页。
② 〔英〕肖恩·布雷斯林，冯瑾：《"中国模式"与全球危机：从弗里德里希·李斯特到中国治理模式》，《当代世界与社会主义》2012年第1期。

过的经验、教训及其政治经济体制的发展趋势等角度去解读和预判中国，就需要相当审慎。

中国模式的独特性，或者说中国作为更深层次上发展型国家的意义，首先是由国家这一主体的结构与能力特征，以及作为其基础的政治文化传统的独特性所决定的。在主体这一层次上，中国和东亚发展型国家存在巨大差别。不难发现，东亚发展型国家的理论研究者所讨论的国家，只是韦伯意义上的理性职业官僚组织，只是比较政治经济学意义上的国内层次和个人层次上的国家，而不是国际层次上的主权国家。这对于研究东亚一些后殖民时代的中小国家而言，可能是一个适当的也更易于把握的角度，但对于中国这样一个不仅是一个国家，而且还"是一块大陆，是一种次全球体系"① 的国家而言，仅仅从韦伯意义上去把握中国的"国家主导下的发展"之中的"国家"，必然会忽视其悠久的政治文明在其当代政治体制和政治秩序中的诸多表现，也会因此忽视国家在社会渗透、组织与动员过程中的独有特征。

从国家主体的结构与能力特征，以及决定这一结构和能力特征的深层次、基础的长期政治文化传统看，中国显然与东亚发展型国家缺乏可比性。

首先，在政治文化背景上，中国虽然和其他东亚国家具有较高的同质性，如儒家文化传统、集体主义文化等，但仍有着根本性的区别。和欧洲近代民族国家观念一样，东亚发展型国家的国家认同主要来自民族国家历史，但中国的国家认同来自中华文明史。借用马丁·雅克的话说，中国由中华文明构成，而东亚发展型国家由民族构成。② 这种超疆域的文明认同以及悠久的文明历史，使发展型国家的首要任务——经济优先目标的高度共识和集体意愿的一致性——在中国的达成，就有着完全不同于东亚发展型国家的社会文化基础。东亚发展型

---

① 〔英〕马丁·雅克：《大国雄心：一个永不褪色的大国梦》，孙豫宁、张莉、刘曲译，中信出版集团，2016。
② 〔英〕马丁·雅克：《大国雄心：一个永不褪色的大国梦》，孙豫宁、张莉、刘曲译，中信出版集团，2016，第176页。

国家的经济优先目标的高度共识和集体意愿的一致性的形成，主要来自外部威胁和独立后的民族国家意识。但在中国，这种高度共识和集体意愿则主要来自中华文明基体的自信和大国复兴的诉求。两者的差别不在于达成这一共识的难易度，而在于集体意愿和共同目标的可持续性。作为世界上为数不多的政治体存续时间超过数千年的"文明基体"，中国政府不仅可以借助新中国成立以来形成的强大凝聚力在短期内将大多数人的意志力凝聚在最需要优先发展的目标下，而且依托大国复兴和文化自信优势，国家获得了长期组织调动全国资源的正当性和目标激励的有效性。

其次，在国家能力也即"权力中枢超越社会利益集团和部门政治的约束而将自己意志变为现实的能力"[①]的来源上，东亚发展型国家之所以具有其他国家所难以比拟的渗透、汲取与协调能力，主要是因为殖民主义遗产或官僚体系的治理能力，尤其是这种殖民政治结构对地方精英和寡头的去权，为其建立自主性和国家能力提供了有利条件。但中国的国家能力，不仅在渗透、汲取能力上，而且在最为关键的建制性协商能力上，都具有与东亚发展型国家不同的文化基础。具体而言，就是具有强大的、拉克曼所说的"将精英的制度性资源统合纳入国家权力"的能力。从短期来看，这种能力与中国计划经济时期所建立的国家干预和治理能力不无相关性，而从长期来看，这种能力则可追溯至中国悠久的政治文化传统。杨光斌认为，中国模式的核心是民主集中制，这一核心形成的深层次原因，在于中华文明基体的独特性："包括但不限于关于国家的大一统、民本、和为贵、行政的官僚制和选贤任能、文化的包容与中庸之道等包含了中国在漫长历史长河中所形成的连续性关联因素的'基因'。"[②]这些独特的文明基因，构成了中国的政治合法性和治理机制迥异于西方国家以及东亚发展型国家的

---

① 杨光斌：《国家治理体系和治理能力现代化的世界政治意义》，《政治学研究》2014年第2期。
② 杨光斌：《习近平的国家治理现代化思想：中国文明基体论的延续》，中国社会科学出版社，2016。

基础。白果和阿格利塔则强调指出，西方国家以及东亚发展型国家的国家权力结构来自政治实体的妥协、合作与斗争，其合法性来自关键政治群体的政治代表。但长期以来，中国的政权合法性就来自直接为人民提供基本福利。在大一统传统下，在具有高度文化同质性的社会中，中央具有足够的权威且能通过层级的官僚体制贯彻其目标，将地方性政治、经济权利统合和吸纳于统一的国家意志和战略目标。

最后，作为一个具有完全意义上的独立性和自主性的发展中大国，中国在经济、军事、外交等领域的发展目标远比东亚发展型国家更为复杂和宏大。单纯就经济、政治和社会政策的单一维度考量，中国就表现出更多的矛盾性和非连续性，从而也使观察中国模式更为困难。尤为重要的是，作为世界上为数不多的政治体存续时间超过数千年的"文明基体"，中国有着更为充足的政治文化传统作为合法性的来源。这就使中国不仅可以和东亚发展型国家一样，使建立一个强大的干预主义国家这一理念更容易取得合法性[1]；而且在国家政治体制与经济体制的最终目标设置上，还有着追求更为自主也更为适宜体制的诉求与自信。

理解了中国的这种国家主体特定性，就能理解中国和东亚发展型国家在国家引导的方向、能力和趋势上的本质不同。也只有理解了中国国家主体的结构和能力特征，才可以理解中国的发展轨迹。

三　中国为何不同于东亚发展型国家

从发展型国家尤其是东亚发展型国家视角进行的中国模式比较研究，往往拘泥于经济政策的相似性和差异性，关注外向战略、产业扶持等。但即使是同样的发展目的，由于内外部约束条件的不同，在战略制定、策略选择、绩效和表现形式上也必然存在巨大的差别。就内外部约束条件而言，中国和东亚发展型国家有着明显的区别。

从初始外部条件看，在政治和军事条件上，中国既不具备日韩等国的机遇，也不可能像它们一样采取"跟随模式"。可以说，无论是

---

[1]〔英〕马克·比森：《东亚的发展型国家：中日经验比较》，《经济社会体制比较》2010年第2期。

在传统的社会主义发展型国家阶段，还是在改革开放之后的"新社会主义发展型国家"阶段①，中国始终受到警惕、遏制和防范。因为从国际秩序的长期变化看，"像中国这样的新发展型国家具有成为国际秩序竞争者和挑战者的能力"②。从外部经济条件上看，在技术层面，中国从一开始就面临着技术发达国家严苛的技术封锁和知识产权限制，中国所面临的国际监管机制的影响力和渗透性远非东亚发展型国家可比拟。当中国更为全面地并且是以接受"远远多于其创始成员国所接受的条款"为前提嵌入全球分工体系和贸易体系时，全球价值链已经基本形成，在模块化生产和产品内分工格局下，中国的技术进步所受到的制约不仅在力度上，而且在性质上也不同于之前任何一个发展型国家。除此之外，中国也不可能像日韩等国那样长期在美元体系下发展，对能源等大宗商品市场的影响力也远超过日韩等国。中国的经济发展对世界劳动力市场格局、分工秩序的影响必然是巨大而深远的。

从初始内部条件看，除了共享"易于达成经济赶超共识"这一前提之外，在政策的连贯性上，在社会经济结构和经济管理阶层能力上，中国和东亚发展型国家存在明显的差异，而这种差异的根源是中国在传统社会主义发展型国家时期所形成的计划经济基础。中国市场经济的演化过程，也是一个计划经济的转型过程。不同于日韩等国从一开始就毫不犹豫地走自由市场之路，中国始终在坚持探索一条中国特色的社会主义道路。也不同于东欧转型国家，中国对激烈而快速的政治体制改革和经济体制改革一直持审慎态度。当中国明确了经济优先目标之后，形成于计划经济时期的管理能力，以及同样形成于计划经济时期的经济主体和社会结构，就成为理解初始内部约束条件的关键所在。

从经济管理层面考察，中国并不像日韩等国那样，有一批在自由

---

① 郁建兴、石德金：《超越发展型国家与中国的国家转型》，《学术月刊》2008年第4期。
② Trubek, D. M., "Developmental states and the legal order: towards a new political economy of development and law", *Law & Development Review*, 2008, 25 (2).

市场导向上具有高度共识并具备相关知识储备和经验的职业官僚阶层，而是有一批富有计划经济管理经验的干部。这一初始条件的差异至少意味着，在大量经济政策的导向上，中国并不像日韩等国那样容易在共同偏好下形成一以贯之的连续性，而是带有很强的实用主义倾向，渐进性和稳定性成为改革开放以来经济政策选择的首要考虑。这也是为什么"对大多数观察者而言，在保持政治稳定的同时，促进增长的实验与非意识形态承诺是中国治理模式的关键特征"[①]。虽然在分权体系下，这种对渐进性和稳定性的追求会在一定程度上让政策实施容易产生偏差和对冲效果。正如肖恩·布雷斯林指出的那样，中国政府制定政策时，出于维护党内团结和避免招致地方政府反对的考虑，可能会在一定程度上牺牲发展政策的合理性、协调性和统一性。而中央的发展政策在地方执行的过程中也可能被扭曲甚至被抵制，全国性的经济协调有时难以有效实施，但并未构成对地方政府竞争动力的削弱，也未造成对整个组织目标的偏离。因此，不难理解为什么改革开放以来，对有效的经济管理机构和管理能力的追求，以及对中央-地方关系的适时调整，一直是体制改革所强调和看重的内容。

从经济主体的层面考察，形成于计划经济时期的庞大国有经济体系无疑是经济主体——国家和城市居民、国企管理者和员工之间存在着包含终身雇佣及其他福利承诺内容的"隐性契约"，要对其进行市场化导向的激活和改造并不容易。相较之下，中国易于激活的经济主体主要是农民、乡镇集体企业和个体企业。在以国有经济为主、缺乏市场经济主体和外部援助的前提下，中国的发展首先选择释放改革阻力最小的经济主体的活力。在渐进式的改革中，中国这种有别于东亚发展型国家的经济主体的结构差异性，也一直得以延续。随着经济发展，中国逐步形成了多元的、竞争与合作并存的所有制结构，国有经济仍然占主导地位，同时农村的土地仍然是农民集体所有。这意味着，

[①] 〔英〕肖恩·布雷斯林、冯瑾：《"中国模式"与全球危机：从弗里德里希·李斯特到中国治理模式》，《当代世界与社会主义》2012年第1期。

就发展型国家理论一再强调的国家需要"嵌入"、需要"通过与工业的重要行为者建立大量结构性连接,强化政治参与的合法性"而言,中国采取了不同于东亚发展型国家的模式,即通过国家对国有企业和集体经济的管理,使其直接成为国家经济能力的一部分,并以这一方式保证了国家自主性和国家能力。这一"嵌入"和"连接"方式,显然不同于日韩等国的经济官僚与企业家、财阀的联盟和协商关系。

初始内部条件的另一重要差异,在于中国具有广阔的疆域,多层次的、发展不均衡的经济区域,以及与之相对应的大量层级性地方政府。相互间具有竞争性,同时又受中央政府统合领导的中国地方政府格局,以及基于庞大人口规模和广阔地域的规模经济,是东亚发展型国家无法比拟的初始内部条件,也使中国模式具有了更为复杂多样的政策选择和政策组合。一方面,中国不同于东亚发展型国家那样以单一城市为发展极,多级地方政府竞争体系使中国呈现多样性的、有分歧但共同依存的发展模式,托马斯·海贝勒称之为"一国千模"[1]。另一方面,依托经济规模和地域差异,中国可以通过产业引导,同时在不同地域建构更为全面、更为复杂、具有互补性和递进性的产业体系,形成同时参与国际分工体系的低端、中端和高端产业,实现对劳动密集型、资本密集型和技术密集型产业的立体式布局。正如朱云汉指出的那样,雁阵模式不适用于中国,因为中国的规模经济大到内部就可以实现雁阵模式,内部就可以进行垂直分工,增长动力可以从沿海扩展到中部,再到西部,从而形成一种多层次的接力赛。[2]

这种初始内外部条件的巨大差异意味着中国一开始就和东亚发展型国家迥然不同。虽然有研究者认为,从经济发展的角度看,并不存在所谓"中国奇迹",但其无力回答"为什么是这样的发展"。虽然从社会经济政策乃至绩效上,我们都可以找到与"中国现象"对应的

---

[1] 〔德〕托马斯·海贝勒:《关于中国模式若干问题的研究》,《当代世界与社会主义》2005年第5期。
[2] 朱云汉:《高思在云:中国兴起与全球秩序重组》,中国人民大学出版社,2015,第132页。

"东亚现象",但现象层面的相似性并不意味着存在同样的因果机制,而比较研究中的重复性问题不是现象层面的,对重复性的观察与比较主要不是在现象层面展开的[①]。历史地看,忽视差异性的战略模仿和政策模仿往往并不能取得预想的结果。在这方面,中国始于20世纪90年代中期的国际大循环经济发展战略就是典型代表,这一战略构想放弃了之前依赖内部分工、以内需为主的经济发展战略,转而寻求外部市场的支持。[②] 虽然日韩等国均采取过类似战略,但不同于日韩的是,中国有一个潜在的、从生产资料到生活资料的内部庞大市场,日韩的外向突破是在其内部分工深化完成之后进行的,其外向突破属于一种产能释放,是试图通过外部需求完成积累,同时获得创造技术利基的机遇,且在其外向发展时期,模块化生产尚未形成,产品间分工是国际分工体系的主要特征。但中国的外向突破的时间节点,恰逢模块化生产和全球价值链分割已经形成,因而中国不仅无法像日韩那样,在保护本国市场的同时,积极发展外向出口经济尤其是向发达国家出口,而且还不得不反其道而行之,在接受西方发达国家对本国高端产品市场保护的同时,不得不向其开放自己的高端产品市场,也不得不接受出口导向下的组装经济和飞地经济,同时还要面对保护主义的指责。[③] 而在产业全球网络分割情况下,中国国家"钻石体系"的"创新驱动力"面临发达国家政府、国际大购买商和跨国生产型公司的"三重围堵",面临断裂的困境,造成了技术赶超的极大困难。与此同

---

① 房宁等:《民主与发展——亚洲工业化时代的民主政治研究》,社会科学文献出版社,2015。
② 按照黄亚生的统计分析,在转向外需和外资导向之前,中国以农村经济和内需为导向的经济改革成绩斐然,相当健康,在经济增长、收入分配和就业创造方面均取得巨大成就,经济增长为消费驱动型,家庭消费占国内生产总值的比重在50%以上。他认为,始于20世纪70年代后期的中国经济起飞完全得益于中国农村经济的发展和中国的内部改革,外部改革的贡献极其有限。
③ 需要指出的是,对于中国是否存在保护主义,存在很大的分歧,但这种分歧往往忽视了不同产业领域。受限于高端装备制造业和核心技术的落后,中国对高端装备制造业很难实施保护主义,而中国对外国直接投资(FDI)的开放度较高也是不争的事实,尤其是在许多战略性新兴产业如互联网信息技术产业中表现最为典型。

时，组装经济的快速发展导致资金、资源和劳动力被虹吸到沿海的出口导向型部门，造成畸形的外需与内需相分割的"二元经济"，成为内需长期无法启动和经济泡沫出现的主要原因。[1]

同样，从国家主体特征以及国家所面临的内外部约束条件中，我们也不难理解中国在社会主义发展型国家群体中所具有的独特性。按照鲍莱斯塔的理解，和东欧转型国家一样，中国的传统社会主义发展型国家阶段提供了若干有利的条件，如完整的工业体系、教育普及，以及可起到发展型金融作用的国有银行体系等。而中国走出一条不同于东欧转型国家道路的原因，在于中国当时的经济发展水平更低[2]，二元经济结构明显。欧共体十五国（即欧盟老成员国 EU15）在整个 20 世纪 80 年代的平均增长率只有 2.4%，成员国相互之间贸易保护主义盛行，而一些东亚国家正值"东亚奇迹"阶段，加上中国广大的海外华人华侨为中国提供了大量的资本和贸易机会，这都是中国经济发展的有利条件。而从政治体系和社会稳定上看，中国没有东欧转型国家那样从内到外、从上至下的西式民主压力，政府有效的领导可使中国在保持系统稳定的同时实施渐进式的改革。当然，中国与其他社会主义发展型国家的差异远不止这些。

国家主体的结构和能力特征、深植其中的政治文化传统，以及初始内外部条件的差异，使中国成为一个特殊的"发展型"国家。因此我们需要对东亚发展型国家乃至其他发展型国家的经验和教训持审慎的态度，尤其不能以其他发展型国家的政治经济体制的发展作为对中国模式发展趋势的预判依据。肖恩·布雷斯林曾发问："正在形成的中国式替代选择——'北京共识'或者'中国模式'——是否有可能取代占主导地位的（新）自由主义发展和治理模式？这是否会破坏发

---

[1] 对于外向型战略的评价，存在着不同的看法。客观地看，实施外向型战略并非一无所获，如工业生产能力的提升、管理水平的提高和完整产业链的形成等，但从核心技术的突破和赶超的角度看则不够理想。

[2] 根据联合国的数据，1989 年，中国的人均 GDP 只有 391 美元，同期苏联是 5204 美元，波兰是 2139 美元，匈牙利是 3043 美元。

展中世界在民主和治理方面已经取得的许多进步？"[1] 他的最后一问，在某种程度上折射出西方学者惯于从发展型国家角度审视中国模式的深层次原因，因为如果中国以民主集中制为核心的发展是一种可行的、普适性的、比西方民主更为先进的道路，东亚发展型国家最后所呈现的政治转型就不会以同样的方式在中国发生，中国模式的"治理民主"的世界性意义及其超越西式民主的价值，就会对长期以来关于民主和经济发展的理论及与之相应的价值观形成巨大的挑战。

中国模式的特殊性并不意味着发展型国家理论的失效。我们只是试图说明，由于国家主体及其所面临的初始约束条件的差异，发展型国家一定是千差万别的，潘佩尔的问题（发展型国家是不是一个不考虑国际条件的国家所能采取的暂时性选择；或者发展型国家最成功的体现已经是历史上的特例，以后不再出现[2]）始终具有警示意义。但这并不能否定成功的发展型国家存在的主要逻辑，即有效地实现现代市场经济国家的建构。比照不同发展型国家的经验教训，关键不在于各种政策手段，而在于根本性的市场活力、政府嵌入和社会建构三者之间的结构动态关系。在这一意义上，不仅发展型国家，而且所有成功的市场经济国家，在如何实现国家、社会和经济三者的动态契合问题上都有值得借鉴之处。一国在市场经济发育之初，普遍面临着市场机制不成熟、市场主体缺乏和市民社会发育不够的问题，其首要任务，归根结底，都是培育和引导市场机制，辅助市场主体和市民社会发育，至于采取何种手段，则和内外部约束条件密切相关。而随着市场机制、市场主体和市民社会的逐步发展，国家如何统御市场和管理社会、实现有效的"嵌入"才不至于破坏市场和社会的自有力量，就显得极为重要。尽管经过了40多年的改革开放，但如何实现市场机制、国家干预和社会秩序的有效契合，仍是中国发展面临的长期问题。而要回答

---

[1] 〔英〕肖恩·布雷斯林、冯瑾：《"中国模式"与全球危机：从弗里德里希·李斯特到中国治理模式》，《当代世界与社会主义》2012年第1期。

[2] 〔美〕禹贞恩编《发展型国家》，曹海军译，吉林出版集团，2008，第170页。

这一根本问题，仍需回到中国特色社会主义市场经济这一基础性、长期性命题上来。

第三节　超越发展型国家：中国式现代化及其意义

从理论意义上来说，中国式现代化道路所取得的成功，无异于宣告了"现代化等于西化"的传统现代化理论、"现代化等于私有制加自由市场经济"的狭隘现代化理论以及"历史的终结"等历史虚无主义命题的苍白与失败。中国式现代化道路的成功，说明只要道路正确，不仅短期内的叠加式、并联式的现代化赶超是可行的，而且起点低、资源禀赋并不占优的超大型经济体也可以（实现）甚至更好地实现现代化。中国式现代化道路更为重要的理论意义，还在于说明现代化的成功与失败，与社会制度的选择没有必然的关系，现代化并非资本主义的专属。在中国共产党的领导下，以人民为中心的发展理念一以贯之，社会主义现代化同样可以取得成功。就实践价值而言，中国式现代化道路更是为广大发展中国家提供了一条新的可选道路。

一　超大经济体的赶超型现代化

尽管现代化不只是工业化和经济发展，但工业化和经济发展无疑是现代化最为重要的组成部分和根本动力来源。从世界范围看，无论是早期先发国家，还是后发国家，通过工业化驱动政治、文化、社会的现代化，都是共同的路径选择。从新中国成立之初的156项重点工程项目建设，到改革开放以来毫不动摇地坚持以经济建设为中心，工业化和经济发展都是中国式现代化的主线。新中国成立70多年来，中国经济社会得到了全面而快速的发展，1952～2018年，国内生产总值增长174倍，成为世界第一大外汇储备国、第一大货物贸易国和第二大经济体。7亿多农村贫困人口实现脱贫，14亿多人民生活总体达到小康水平，形成了世界最大规模的中等收入群体。1952年，中国的GDP仅为679.1亿元人民币，人均GDP仅为119元人民币，2021年中国的人均GDP突破1.2万美元，达到中等偏上收入国家水平，并预计在未来几年跨过世界银行的高收入门槛。1978~2020年，中国的GDP年均增长率达到9.2%[①]，从工业化和经济发展的持续性和巨大成就看，中国式现代化进程无疑取得了举世瞩目的成就。

中国式现代化是一条成功的赶超之路。从赶超的过程看，中国的并联式、叠加式发展是加速进行的。根据世界银行的数据，1996年中国经济总量是美国的10%；2006年突破20%，2008年突破30%，2010年突破40%，2012年突破50%，2014年突破60%，2020年突破70%。对于一个在落后的、半殖民地半封建社会基础上起步的后发国家而言，在如此短暂的时间里，实现如此连贯、高速、稳定的并联式和叠加式的赶超，无疑是一个巨大的奇迹。**中国成功的经济赶超同时也证实了一些关于现代化，尤其是经济发展方面的理论假说。这同时也表明，中国的发展符合人类社会发展一般规律，尤其是经济规律。**按照法格博格等人的梳理，后发国家追赶理论有三个传统：一是凡勃伦和格申克龙对一战前欧洲追赶国家的研究；二是学者对亚洲尤其是东亚国家赶超的研究；三是摩西·阿布拉莫维奇的长期宏观分析。[②] 中国的经济赶超能在三个传统中找到恰当的对应。例如，凡勃伦和格申克龙在早期欧洲国家的工业化历史中总结出的后发优势、发展型金融和凡勃伦-格申克龙效应[③]（Veblen-Gerschenkron Effect）等，在凡勃伦的技术-制度二分法中，作为慢变量的制度在先发国家更多地表现为一种对技术的抑制，而后发国家则不受这种既定制度结构的约束，这恰好构成了后发国家的优势。而在格申克龙看来，后发国家虽然缺乏先发国家的有利条件，但后发国家可以通过国家干预或其他制度手段完成

[①] 李培林：《中国式现代化和新发展社会学》，《中国社会科学》2021年第12期。
[②] Fagerberg, J., Srholec, M., "Technology and development: unpacking the relationships", 2008, http://www.tik.uio.no/InnoWP/FagerbergSrholec_BC-WP2008.pdf.
[③] 凡勃伦和格申克龙都认为，后发国家与先发国家技术差距越大，越有利于从外国投资中获取技术，这被称为凡勃伦-格申克龙效应，见 Peri, G., Urban, D., "Catching-up to foreign technology? Evidence on the 'Veblen-Gerschenkron' Effect of foreign investments", NBER Working Paper No. 10893, 2005。

前提替代（substitution of prerequisites）。格申克龙尤其强调追赶中的基础设施、金融体系和制度基础的支持，认为技术转移和扩散对技能和基础设施有着特别的需求，尤其是政府在金融和财税方面的支持，也即所谓发展型金融（development finance）。又如，基于东亚国家追赶经验研究而发展起来的发展型国家理论留下了众多的知识遗产，其中，也有许多理念和范畴在中国式现代化道路中得到体现，如国家创新体系、政府的市场诱导作用等。再如，当格申克龙在强调追赶限度受后发国家在特定技能方面的制约时，阿布拉莫维奇强调内生的社会能力可以拓展这种追赶的边界，这也正是提高教育水平、公共和私人部门共享研发资源的意义所在。

中国式现代化道路的特质，不仅在于并联式、叠加式的赶超，而且在于在较短时间内实现了占世界人口18%的国家的赶超，实现了跨越式发展。中国式现代化道路的成功探索，不仅使中国如期实现全面建成小康社会的目标，而且将在2035年基本实现现代化、在21世纪中叶建成社会主义现代化强国，将使人类现代化的总人口规模增加14亿人。这不仅是英国等原发性资本主义国家未能实现的现代化规模，也是人类工业化和现代化历史上绝无仅有的现象，无论是德国、美国等对英国的赶超，还是二战后东亚发展型国家的崛起，就国土面积与人口规模而言，中国的并联式、叠加式加速发展，是人类发展史上绝无仅有的。

全球人口、国土面积、可耕地面积、经济规模和工业增加值占前十的国家情况见表5-1。

表5-1　全球人口、国土面积、可耕地面积、经济规模和工业增加值前十国家（相对值）[①]

排序	人口		国土面积		可耕地面积		经济规模		工业增加值	
	国家	指数	国家	指数	国家	指数	国家	指数	国家	指数
1	中国	1	俄罗斯	1	印度	1	美国	1	中国	1

---

① 转引自伍山林《"双循环"新发展格局的战略涵义》，《求索》2020年第6期。

续表

排序	人口		国土面积		可耕地面积		经济规模		工业增加值	
	国家	指数	国家	指数	国家	指数	国家	指数	国家	指数
2	印度	0.98	加拿大	0.58	美国	0.89	中国	0.67	美国	0.65
3	美国	0.24	中国	0.56	俄罗斯	0.67	日本	0.24	日本	0.28
4	印度尼西亚	0.19	美国	0.56	中国	0.65	德国	0.18	德国	0.18
5	巴西	0.15	巴西	0.50	巴西	0.42	印度	0.13	印度	0.13
6	巴基斯坦	0.15	澳大利亚	0.45	加拿大	0.27	英国	0.13	俄罗斯	0.10
7	尼日利亚	0.14	印度	0.17	澳大利亚	0.26	法国	0.13	韩国	0.10
8	孟加拉国	0.12	阿根廷	0.16	印度尼西亚	0.25	法国	0.09	美国	0.09
9	俄罗斯	0.10	哈萨克斯坦	0.16	尼日利亚	0.22	巴西	0.09	法国	0.08
10	墨西哥	0.09	阿尔及利亚	0.14	阿根廷	0.21	加拿大	0.08	印度尼西亚	0.08

注：对于任何一个指标，都将最大值标准化为1，其他都是与最大值的比值；表中皆为2018年以后的数据。

从规模上看，毋庸置疑，中国是一个超大型经济体。人口超过美国、欧盟、日本和俄罗斯的人口总和，国土面积居世界第三位。其中，中国陆地面积约960万平方公里，东部和南部大陆海岸线1.8万多公里，内海和边海的水域面积约470万平方公里。但是，无论与绝大多数人口超过5000万人的国家相比，还是与国土面积相差不是甚远的美国、俄罗斯、加拿大、澳大利亚、印度相比，中国的先天资源禀赋并不占优。从地域上看，中国在地域广袤的同时，不同地区气候、资源、人口分布差异极大，从黑龙江黑河到云南腾冲的"胡焕庸线"在将中国划分为两个人口分布极端不均衡的区域的同时，也将中国划分为能源资源分布极不均衡的两个区域。能源资源与需求中心逆向分布，能源资源主要分布在西北、西南。其中，76%的煤炭分布在北部和西北部，80%的水能分布在西南部，绝大部分太阳能分布在西北部，但"胡焕庸线"东南方43.8%的国土上居住着94.1%的人口，70%以上的用电需求集中在中东部地区。又如，南北方人均水资源分布极度不均衡，华北平原人均水资源远远低于500立方米，也就是低于国际标准中的极度缺水红线。但南方地区拥有中国80%的水资源，长江平均径流量9600亿立方米，是黄河、淮海、海河总径流量的近7倍。[①] 从人口看，中国人口分布也遵循"胡焕庸线"，既有长三角、珠三角这样地理位置适合现代交通体系的平原地带，也存在大量的喀斯特地貌的贫困带；既有集聚了大量人口的平原地区，更有生存条件恶劣的广袤的雪原、高原和草原。这种人口和资源分布的不均衡，与美国、加拿大、澳大利亚等能源资源与海岸线资源充裕的国家大不相同，先天的地理与人口分布格局，使中国的现代化和工业化从一开始就面临着前所未有的挑战和困难。

但是，中国的工业化和现代化道路表明，恶劣的先天条件不仅可以被克服，而且可以改变为独特的竞争优势。中国广袤的国土，意味着基础设施投入是连接市场、打通市场所必不可少的投资，与此同时，存在独特的"能源胡焕庸线"这种地理条件则意味着在整合市场时需要独特的技术路线，也即需要技术的地理适宜性。特定技术要符合高效率连接不同区域的要求，而特定地域条件又为特定技术发展提供了独特的需求。因此，为了实现远距离、低损耗的能源输送与调度，中国不断发展高压、超高压、特高压输电技术，将西部地区的火电、水电、光电和风电，向人口密集的中部和东部输送，实现全国范围的电力资源配置。为了实现水资源的综合调度，中国通过南水北调这一大型系统工程进行人类文明史上规模空前的水资源重组。为了快速连接区域间的物流、人流，中国发展了高铁等重要交通运输方式。这些独特的，为了实现国内不同地域间"连接"的现代化能源、交通技术，不仅打造出了中国独有的技术优势，也带来了庞大的产业规模。正是依托这些技术和产业，越来越密集的现代化交通网络、能源管网，最终跨越大江大河、高山峡谷、海湾海峡，将中国庞大国土面积上的14亿多人连为一体。通过500多万公里的公路网、14万多公里的铁路网、2万多个港口泊位，以及240多个民用航空机场全面连接的中国，每年可以将176亿人次旅客和462亿吨货物送往天南海北各个角落。

---

① 星球研究所：《这里是中国》，中信出版集团，2019。

通过 330 千伏及以上的 30 万公里的输电线路，长度接近 9 万公里的天然气主干道网络，东、中、西线干线总长度达 4350 公里，沿线六省份一级配套支渠约 2700 公里的南水北调工程，中国实现了资源的远距离、大规模调配，使这个原本自然资源分布极不均衡的国家，变成一个涵盖全球 1/5 人口的洲际规模市场。[①] 新中国成立以来持续不断的基础设施投资，不仅克服了地理阻隔，而且给我们带来无与伦比的规模效应，也让中国从一系列超级工程中获得足够的技术能力和经济回报，并最终成为中国独一无二的国家优势。

广阔的疆域同时意味着多层次的、发展不均衡的经济区域将长期存在。在绝大多数大国，发展的地域极化、资源虹吸、地区失衡现象都是长期存在且制约国家发展的矛盾。中国不仅存在大量的高原、草原地带，也存在大量的喀斯特地貌贫困带，地区发展差异极大。但是，长期以来以人民为中心的发展理念，使中国在实现超大型经济体赶超的过程中同时也很好地协调了地区发展。诸如电力、能源、交通等基础设施，在中国发展过程中不仅是基础设施、公共品和民生大计，还承担着区域协调发展和宏观经济管理的重要职能，更体现着普惠性的发展责任。理解了这一点，就不难理解如下事实以及这些事实所体现出的中外差异。第一，西藏自治区山南市隆子县玉麦乡是我国人口最少的乡之一，为使该乡 9 户 32 名群众用上电，国家电网投资 8599 万元，建设了两座 35 千伏的变电站，跨越海拔 5000 米的日拉山，将源源不断的电能送到居民家中。第二，从电力的消费价格看，中国工业用电价格和居民用电价格在近 20 年时间里没有发生变化，在全球 37 个主要国家中，我国的电价排在倒数第二位。[②]

不仅如此，中国独特的地方-中央管理体制，也为超大疆域内的区域协调发展创造了独特的制度优势。与多层级、差异性极大的地域人口分布相对应的，是中国大量的不同层级的地方政府，地方政府之

[①] 星球研究所：《这里是中国》，中信出版社，2019。

[②] 资料来源：国家电网。

间具有竞争性，但同时又受中央政府统合领导。这种独特的管理体制和庞大的人口规模和地域的结合，使中国具有了更为复杂多样的政策选择。一方面，地方政府竞争体系使中国不会成为东亚发展型国家那样以单一城市为发展极的国家，这就使中国呈现多样化的、共同依存的发展模式，托马斯·海贝勒称之为"一国千模"。① 另一方面，依托经济规模和地域差异，中国可以通过产业引导，同时在不同地域建构更为全面、更为复杂、具有互补性和递进性的产业体系，同时参与国际分工体系中的低端、中端和高端产业，实现对劳动密集型、资本密集型和技术密集型产业的立体式布局。

二 中国共产党领导下的社会主义现代化

中国不仅实现了低起点、大规模、短时间的赶超，中国式现代化道路也是保持国家独立性和政治自主性的现代化。国家独立性和政治自主性一直是中国共产党领导下的中国式现代化道路的题中之义。二战以来的国家发展史充分表明，在西方发达国家构建和主导的世界政治经济体系中，后发国家欲通过经济赶超推进现代化进程，保持国家独立性和政治自主性，绝非易事。为了获取一定的市场资源、技术与资金，后发国家往往要付出一定的国家独立性和政治自主性的代价，在中心—半边缘—外围的世界体系中谋求依附性发展。如果要在谋求国家独立性和政治自主性前提下摆脱依附性发展，又往往会陷入脱钩所带来的被孤立或停滞。"依附"发展或"脱钩"发展，是发展中国家普遍遇到的二选一难题。而中国式现代化发展道路，不仅保持了国家独立性和政治自主性，而且在发展过程中，既没有陷入20世纪七八十年代的拉美陷阱，也没有误入20世纪90年代初东欧转型国家的"休克疗法"歧途，在新自由主义和"华盛顿共识"甚嚣尘上之际，中国以"北京共识"另辟蹊径，走出了一条社会主义市场经济的现代化之路。

---

① 〔德〕托马斯·海贝勒：《关于中国模式若干问题的研究》，《当代世界与社会主义》2005年第5期。

中国式现代化不仅是保持国家独立性和政治自主性的赶超，而且是保持领土完整和民族团结的现代化。中国不仅是一个人口大国，而且是一个多民族的人口大国，不仅地区发展不平衡，而且民族文化具有多样性。一般而言，在现代化的进程中，有的国家大而民族小，如奥匈帝国和苏联；有的国家小而民族大，如一些中东国家；这会对共同体意识的形成产生制约作用，不仅大量的资源耗费在民族、宗教的纷争上，而且也难以长期坚持一个共同的发展目标，极易陷入社会分裂与内乱。然而，新中国成立后，在迈向现代化和实现民族复兴的进程中，党和政府坚持民族平等、团结互助，创造性地实施民族区域自治制度，采取各种措施发展民族地区经济文化事业，在一个统一的多民族国家内实现了各民族之间的团结与合作，维护了国家主权统一和领土完整，在增进了各族人民对祖国的向心力和认同感的同时，充分实现各族人民的自由平等和发展进步。中国的独特性在于党的民族政策和社会主义制度的优越性，而这些政策之所以行之有效，制度优越性之所以能够得以彰显，同时还在于中国的国家认同来自中华文明史。借用马丁·雅克的话说，中国由文明构成，而东亚发展型国家由民族构成。[①] 多元一体是我国多民族国家制度的历史传统，这是我国几千年来众多民族未曾分散且日益团结、中华文明绵延不绝并不断发展繁荣的重要原因之一。这种超疆域的文明认同以及悠久的文明历史，使发展型国家的首要任务（经济优先目标的高度共识和集体意愿的一致性）在中国的达成，就有着完全不同于东亚发展型国家的社会文化基础。

中国式现代化是顺应经济全球化的潮流、积极融入世界发展历史的现代化。按照国家干预程度和经济开放程度的不同，威斯康星大学的大卫·楚贝克教授将后发国家的发展模式分为三种类型：第一类是古典发展型国家，如德国等，特征是国家兼具强的国家干预和较低的

---

① 〔英〕马丁·雅克：《大国雄心：一个永不褪色的大国梦》，孙豫宁、张莉、刘曲译，中信出版集团，2016，第176页。

开放程度，保护主义明显；第二类是亚洲发展型国家，特征是强政府干预和一定程度的开放，但限制外国直接投资；第三类则是以中国为代表的新兴发展型国家，特征同样是强政府干预，但经济开放度远高于前两者。① 在新兴发展型国家中，中国又以其开放、包容、普惠、平衡、共赢的态度，成为推动经济全球化发展的不可替代的积极力量。在吸收和借鉴人类文明成果的基础上谋求自身发展的同时，中国始终积极承担责任，为世界经济稳定发展贡献力量。无论是在1998年亚洲金融危机中，还是在2008年全球金融危机中，无论是在20世纪90年代之后的快速全球化年代，还是2010之后的慢速全球化年代，作为一个后发大国，中国都充分发挥了"压舱石"的作用，为全球经济稳定繁荣做出了应有的贡献。"一带一路"倡议，碳达峰、碳中和承诺，更是体现了中国作为负责任的大国推动构建人类命运共同体的主动担当和情怀。

为什么中国式现代化可以同时兼具国家独立性、政治自主性、领土完整和民族团结以及积极开放等诸多特征？关键在于中国共产党的领导和社会主义道路的选择。经济史和经济思想史的考察充分表明，对于后发国家而言，积极而适当的国家引导是实现经济赶超的关键，这同样也是中国式现代化的关键特征。早在19世纪，李斯特等人就指出，对于后发国家而言，实现经济赶超需要国家充分发挥作用，建构一些后发国家所不具备但经济赶超所必备的替代性条件。李斯特理论中的国家作用，不仅体现在关税保护和幼稚产业扶持上，也体现在教育、培训、基础设施、法律制度等方面。李斯特之后，无论是旧历史学派的罗雪尔还是新历史学派的施穆勒，都将国家视为经济活动中最为重要的因素。罗雪尔认为国家是经济活动中一种不可或缺的"无形资本"，施穆勒认为，重商主义的核心就是国家构建（state-making）和民族国家建立（nation-building），是以国家的经济组织和政策取代

---

① Trubek, D M., "Developmental states and the legal order: towards a new political economy of development and law", *Law & Development Review*, 2008, 25 (2).

地方或区域性的经济组织和政策。①

在对俄国工业化历史考察的基础上,格申克龙同样认为,国家作为替代性条件的构建者,也是经济发展成功的关键所在。在格申克龙看来,落后与发展的高期望值之间的紧张关系构成推动工业化发展的力量,而这种力量要转化成经济发展的实际效果,取决于国家对经济发展所缺乏的较大规模的私人资本积累、工业制成品的市场容量等替代性条件的建构能力。格申克龙认为,国家可以也有必要通过有效的干预回购这种替代性条件,如以政府的高积累或者投资银行来代替私人储蓄,以铁路建设等公共工程支出来弥补国内落后的农村经济对于工业品需求的不足,通过引进和吸收国外的先进技术和移民来补充本土创新的缺乏和技能型劳动供给的短缺等。这样,即使不具备先发国家所具备的发展条件,后发国家也可以实现跨越式发展。相反,如果后发国家政府不能结合本国社会经济环境,适时地进行这种替代性条件的建构,就有可能失去其后发优势。

但是,无论是基于西方经验所发展起来的现代化理论,还是李斯特的国民经济学和格申克龙的发展理论,以及晚近的发展型国家理论,都无法回答中国式现代化的根本问题——在半殖民地半封建社会的基础上,能否以及如何实现社会主义的现代化?与这一根本问题紧密相关且无法回避的重大问题还包括:能否以及如何实现社会主义市场经济的发展?如何通过现代化实现全体人民共同富裕这一社会主义的本质要求?如何实现以人为本、以人民福祉为中心的现代化?既有的现代化理论和经济学理论之所以无法为这类问题提供答案,在于其脱胎的历史经验和预设的价值取向中缺乏中国式现代化的两个关键元素:**中国共产党的领导和社会主义的发展目标**。而正是通过这两个关键元素有机的、不可分离的作用,中国才走出了独有的现代化道路。

无论是李斯特、格申克龙的后发赶超理论,还是韦德、阿姆斯登

---

① 〔德〕施穆勒:《重商制度及其历史意义》,郑学稼译,商务印书馆,1936,第61页。

等人的发展型国家理论，都承认后发国家在赶超过程中，国家在促进共同体集体共识形成中的重要作用。李斯特笔下的国家，就是通过爱国主义的理由将其成员结成一体的；发展型国家理论也强调赶超和振兴这样的精神纽带对于唤起大众的共同体意识从而形成经济发展的"合力"的重要性。但李斯特经济学理论和发展型国家理论共有的弱点，就是对国家的处理过于简单化了：不仅缺少共识达成的具体机制，而且没有具体行动者这一关键中间变量。这就使此类理论难以解释国家如何在长期赶超过程中始终可以保持共识凝聚和目标明晰。在李斯特和韦德的理论谱系中，"替代条件"的积极建构者、发展的组织者，或者是抽象的、无具体行动者的国家，或者是理性的精英官僚阶层，这就使李斯特只能意识到发展重要产业部门的作用，但无法讨论政府做出正确选择的能力来源和目标达成机制。发展型国家理论在试图通过官僚能力、嵌入、协调等概念和范畴强调后发国家在协调工业变革、统御市场能力等关键能力时，却不得不尴尬地面对同样由此类概念和范畴带来的"东亚病"，如裙带资本主义、财阀制度等。这样，即使官僚能力、嵌入、协调等概念和范畴提高了发展型国家理论的解释力，也使其赶超方案令人望而却步，因为在这种发展中，往往政府对经济的干预并非从国家利益出发，而是为了少数商业和政治精英的利益，国家提供的公共品不过是一些人利用国家资财赚取个人私利过程中的副产品。

中国式现代化道路的形成，就是在既定的约束条件下，走出了一条不仅适合中国，而且对世界现代化也具有启迪意义的道路。在既往的现代化探索过程中，中国发展面对的内外部约束条件始终处于动态变化中，在复杂多变的环境中，科学制定和调整短期、中期目标，坚持长期目标不动摇，充分发掘潜力和捕捉机遇，实现经济快速发展和社会长期稳定两大奇迹，不仅需要具有远见卓识的、强有力的领导集团凝聚社会共识，完成社会组织与动员，而且需要领导集团极为高超的政治经济智慧和坚强、团结、稳定等特质，更需要"咬定青山不放松"的目标理念和自我革命、自我纠错的强大能力。正是中国共产党这种自我革命的特质，才使中国在现代化进程中能够避免出现典型的后发国家的失败症，如裙带资本主义、财阀制度等"东亚病"，以及经济停滞、社会动荡、去工业化等拉美化特征。

如果将中国式现代化探索和实践的历程还原到若干个连续的、具有标志性意义的节点，我们就会发现，在从新民主主义革命到改革开放直至新发展阶段的过程中，如果不是始终代表最广大人民的根本利益，如果没有大众的支持，就无法在复杂、艰苦、多变的环境中实现社会凝聚、团结和动员；如果不是以坚定不移的信念和远大的使命作为基础和驱动力，就很难长期引领和坚持发展的方向和目的，更无法进行不断的自我革命。"改革是中国的第二次革命"，"改革开放只有进行时没有完成时"。这种始终以最广大人民的根本利益为出发点和目的的领导集团，绝非简单的"基于想象的共同体"的爱国主义或理性的精英官僚所能描述的。在世界历史上，只有中国共产党这种经由历史选择的大众型、使命型政党才具有这种特质，也只有在中国共产党的领导下，才能实现具有上述特征的中国式现代化。而只有理解了党领导下的国家治理，包括经济治理、政治治理、社会治理、文化治理和生态治理，才能理解中国式现代化道路中的国家作用。就这一意义而言，中国共产党的领导，不仅是中国特色社会主义最本质的特征和中国特色社会主义制度的最大优势，也是中国式现代化道路特质形成的关键要素。

中国共产党的执政基础和执政理念，决定了中国式现代化是社会主义的现代化。由于社会主义与资本主义在经济发展目的上的不同，同样是经济赶超，中国式现代化过程中的国家作用，尤其在政府与市场关系上，就具有任何一种基于西方发展历史而形成的理论都不具备的特征。资本主义的经济发展服从于资本逻辑，在资本主导的发展下，缓解资本积累矛盾、满足资本增殖诉求是根本性和决定性的力量，无论这种目的的实现是借由产业资本还是虚拟资本，也无论这一过程是否创造使用价值、创造何种使用价值，对资本而言都没有本质差异。与之不同，社会主义发展经济是以人民为中心，不是以少数人的利润为目的，而是为了满足广大人民对使用价值的需要，以满足美好生活需要为目的，以人的全面自由发展为导向。因此，尽管同样需要国家作用，但经济发展目的的根本差异决定了国家在引导经济发展的作用领域和作用方式上的不同。在中国共产党领导下的社会主义建设，不仅需要强调更快、更好地发展经济，而且发展中任何对社会主义方向和原则的背离，都会在党的自我革命过程中得到预警、提示和纠偏。正是在这种不断的自我革命，自我预警、提示和纠偏过程中，党始终保持初心，引领中国式现代化走出一条社会主义与市场经济相结合的道路。从这一意义上说，社会主义目标是保障中国式现代化道路方向和原则的关键要素。

中国特色社会主义最本质的特征是中国共产党的领导，中国特色社会主义制度的最大优势是中国共产党的领导，这不仅是党的十八大以来以习近平同志为核心的党中央关于中国共产党历史地位的两个重要论断，也是对中国式现代化道路关键要素的总结。对中国而言，中国共产党的领导、社会主义制度和现代化是彼此不可分割的整体。在中国共产党领导下的中国特色社会主义现代化道路，既是历史的选择，也是实现民族复兴的必由之路。中国式现代化道路不仅有历史和实践逻辑，也有深刻而丰富的理论逻辑。从理论上深刻理解和把握中国式现代化的发展特征，尤其是这种特征形成的关键要素，是中国社会科学工作者的历史使命。这不仅是当前哲学社会科学学术体系和话语体系建设的重要任务，也是推进中国式现代化发展进程、夺取第二个百年奋斗目标新胜利的思想保障。

三 中国式现代化的世界意义

现代化是一个世界现象，有着一般层面的基本规律，如工业化、城市化、产业结构不断升级，人均收入不断提高等，也涉及民族国家发展的具体问题。不同时代、不同国家的现代化进程中，产生了大量具有启发和借鉴意义的经验与理论，很多现象都不同程度地存在于不同国家的现代化历程中。基于这些现象提炼而来的经验和理论，也往往具有一定的普适性。例如，尽管各国发展阶段不同、国情不同，在政府与社会、企业的关系上存在很多差异，但在多样化的市场经济模式中，仍存在着基本的市场经济规律，如价格波动与供求变化的关系，失业、通货膨胀的原因，经济增长的动力源泉等，也存在优化市场效率的共同途径，如保障市场要素的自由流动、保持市场的可竞争性、消除信息不对称和信息不完全等。

不可否认，由于欧美工业化国家在现代化道路上先行一步，在数百年经济社会发展实践中，积累了一些经验和理论。作为先行者，西方现代化理论占有话语优势，长期以来淡化了其经验和理论产生的历史特定性，忽略了特定的国情与时代等背景因素，在共性得到过分强调而共性产生和作用的特定基础被忽视的过程中，现代化理论往往被狭义化和同质化，使得长期以来，现代化被等同于西化，西方道路也被视为最优的现代化道路，甚至西方的宗教、地理、文化，也被推崇为"更适合"现代化。但是，稍有历史知识就应该知晓，西方和现代化两者之间并无绝对、必然的关联性。在中世纪行将结束之际，整个西方社会的宗教、地理和文化并未在政治、经济和社会三个领域内彰显出稳定与发展的优势。恰恰相反，中世纪末期正是西方世界政治秩序崩溃、经济凋敝、瘟疫多发的时代。西方之所以在近五百年里实现了现代化，只是因为更好地顺势而为，实现了国家建构、社会重塑与经济崛起三个领域的协同发展。即便如此，在每一个实现了现代化的西方国家，政治、经济与社会的发展秩序、相互关系及其机制，也都存在巨大差异。既有靠司法制度完成了中央集权和国家能力提升的英国，也有依赖行政制度形成权力集中的法国，不同国家的政治现代化、经济现代化具有完全不一样的逻辑与路径。历史表明，现代化的实现有多种途径，并不是只有唯一的一条道路可以走，西方自己的发展道路已经足够多样化。

因此，如果说西方现代化道路具有什么世界性的、普适性的启发意义的话，那么也绝不是"华盛顿共识"，绝不是"西化等于现代化"，更不存在"理想类型"（ideal type）和"历史的终结"。**西方现代化的历程只是说明，现代化是一个由多元主体、多元结构相互影响和共同推进的进程**，正如杰索普在总结亚洲发展型国家的经验时指出的那样，有效的发展模式并非国家的单一作用，而是市场机制、国家干预和社会结构三者契合与协同作用所形成的结构化的动力机制的结果。因此，东亚发展型国家的故事，只不过是在全球冷战时代背景下的赶超式工业化过程中，实现了政治-经济-社会三者结构性契合的故事。① 在现代化进程中，一个国家所面临的政治-经济-社会领域的内外部约束条件不仅复杂，而且多变。从内部约束条件看，不仅包括国家规模、人口、资源禀赋、社会结构以及相应的政治格局，还包括市场初始发育状态（如市场主体的初始分布、所有制、规模）等；外部约束条件不仅包括外部经济条件（技术长波的所处阶段、国际分工和贸易秩序），还包括外部政治和军事条件（结盟与敌对性力量）等。这些约束条件在现代化发展过程中也会发生变化，如因自身发展导致外部政治、经济和军事秩序的变化，导致国内社会结构、政治格局和经济格局的变化等，而国家的政策，也必须相应地适应这种变化，才能顺利地实现不同阶段的现代化目标。初始约束条件的差异性使不同国家在现代化路径上表现出路径依赖的不同，对环境条件动态变化的能动性，则体现出不同国家路径创造的不同。在如此复杂多变的条件下，不同的国家实现现代化不可能存在完全相同的道路，更不存在唯一的道路。

但是，存在多种现代化道路并不意味着一国的现代化道路全无借鉴与启发价值，这里的关键，在于在共性中把握特殊，在特殊中寻求一般。在中国式现代化进程中，相继出现了一些来源于中国实践的中

---

① 何子英：《李斯特主义工作福利国家的兴起、危机与转型——杰索普关于东亚奇迹的政治经济学述评》，《教学与研究》2011年第5期。

国概念和范畴，如家庭联产承包责任制、价格双轨制、温州模式、苏南模式、抓大放小、小康社会、乡村振兴、新发展理念、新发展格局等，与这些概念对应的，则是中国经济赶超发展过程中的实践进程。这些问题、现象以及在此基础上提炼出的范畴和假说，是基于中国国情的、隶属于特定阶段的，属于中国现代化的特殊性。这种特殊性之所以存在，不仅因为国情差异，而且因为中国的改革开放在理论指导和学术研究上，也同样很好地把握了他国现代化经验的一般性和特殊性，从而实现了他国经验在中国的特殊性转化。例如，市场和政府的关系，一直是经济学关注的核心问题，围绕这一问题，不同的西方经济学流派也形成了多个不同的观点，如斯密的"守夜人"政府、萨缪尔森的克服市场失灵的政府、奥尔森的强化市场型政府、青木昌彦的市场增进型政府、马祖卡托的企业家型政府，等等。但政府与市场关系的中国实践，突破了主流新古典经济学的教条，也超出了传统发展经济学理论的概括范围。中国的实践表明，政府与市场之间并不是新古典经济学教科书中所说的对立互斥关系，在经济发展的不同阶段，政府与市场之间的互补形式有着很大不同，政府与市场之间的关系是动态演进的。[①]

这些例证说明，任何一个国家的现代化经验对其他国家现代化具体路径选择所具有的借鉴价值，更多的是在"提出问题和假说"这一层次，而回答问题，则需要透过复杂多变的现象去充分把握本质，从而创造适宜本国现代化的路径。例如，中国社会主义建设尤其是改革开放以来的主要经验可以概括为：一是始终坚持党在社会主义初级阶段的基本路线，不断完善社会主义市场经济体制，解放和发展生产力并使生产关系与生产力水平相适应；二是始终坚持解放思想、实事求是、与时俱进的思想路线，紧密结合中国实际，一切从实际出发，遵循经济和社会发展的客观规律；三是坚持以人民为中心的发展思想，

---

① 谢伏瞻：《中国经济学的形成发展与经济学人的使命——〈中国经济学手册·导言〉》，《经济研究》2022年第1期。

坚持发展为了人民，发展依靠人民，发展成果由人民共享；四是始终坚持和平发展道路，努力创造有利的和平发展环境，致力于建设人类命运共同体。① 这些中国式现代化道路的具体做法是否适用于其他发展中国家，需要具体问题具体分析；但这至少说明，通过这些原则和理念的贯彻，中国式现代化不仅可以取得举世瞩目的成就，而且可以更和平、更普惠地实现现代化。

但是，这并不是说，由于中国式现代化具有中国式的特征，中国式现代化的历程就缺乏一般性的理论和实践意义。中国式现代化的成功，再次彰显了唯物史观的强大生命力，这是中国式现代化最具一般性的理论和实践价值。 从唯物史观出发，中国的现代化进程，就是生产力、生产关系以及上层建筑和经济基础之间的良性互动过程，中国的现代化进程中的国家、社会和经济的关系，本质上是上层建筑与经济基础的关系，两者的互动动力、机制，又服从于适应和促进生产力的发展这一目标。而从生产力的标准看，"按照唯物史观……生产工具与人结合形成的生产力和生产方式，是国家治理的历史阶段、根本性质、制度机制和实施方式的根本决定因素"，"生产工具的发明和发展促进的社会经济水平和状况，是国家治理的物质基础。同时，人类社会的国家治理的形态和方式的文明性质，必须以是否有利于促进生产力发展作为根本标准"。② 从唯物史观的角度而言，中国的现代化过程，就是一个不断通过上层建筑和经济基础的变革，充分适应、推动和释放生产力发展的过程。

相较于唯物史观下"作用与反作用"的"抽象"，西方学界关于制度与国家发展的答案似乎更为简洁，其研究结论也往往是不言而喻的。在福山、阿西莫格鲁和罗宾逊等人的论述中，西方民主制度和基于私有产权的市场体制是"国家成功"的双标准，虽然承认政治制度

---

① 谢伏瞻：《中国经济学的形成发展与经济学人的使命——〈中国经济学手册·导言〉》，《经济研究》2022年第1期。
② 王浦劬：《国家治理现代化：理论与策论》，人民出版社，2016，第9页。

和经济制度是相互作用的，但其结论与唯物史观截然相反。事实表明，此类"简洁明了"的答案既无法回答当代资本主义的多样性问题，更无法解释 20 世纪以来人类经济社会发展史上的奇迹——中国崛起这一事实。这种看似清晰的分析，或者选择性地隐蔽和抽离了西方国家的经济社会发展历史，或者有意无意地在预设西方制度优越性的同时也强化了西方学术界的话语权。

中国式现代化道路之所以彰显了唯物史观的强大生命力，是因为，第一，唯物史观的抽象，本质上源于其宏大历史取向，"两个必然"和"两个决不会"的科学判断正是建立在人类社会长期发展历史经验和趋势的基础上，而新中国经历了一个从半殖民地半封建社会到社会主义初级阶段的过渡，并正在走向更富更强，这就为唯物史观的检验和发展提供了一个真实而长期的社会试验。第二，唯物史观是承认多样性发展道路的史观，这不仅对理解中国发展和分析中国问题，也为人类命运共同体的包容性发展提供了坚实的基础。第三，唯物史观肯定人民群众是历史的创造者，是社会历史发展的真正推动者，对于我们今天建设以人民为中心的中国特色社会主义、解决"为何发展""发展为了谁""发展依靠谁"等问题意义重大。

唯物史观是否只能给出"作用与反作用"这样的原则性理解呢？答案是否定的。正如本书前文中反复强调的那样：**一种上层建筑的积极建构与反作用的确可以深远地影响社会经济结构，但这种作用最终要服从于生产力标准；如果上层建筑对经济基础的积极干预并未促进生产力的发展，那么这种上层建筑的能动性作用势必是短期的、不可持续的，是可逆的。中国式现代化过程中包括上层建筑在内的各种制度供给之所以长期有效并因此形成了中国特色，就在于从根本上适应和促进了生产力的发展。**

唯物史观是理解和指导中国式现代化进程的理论基准。新中国成立 70 多年来，中国共产党领导下的国家治理、经济发展与社会发展之所以一直保持着良性的互动促进，在于国家、社会和经济在不断完善和发展的同时，最终达到了适应和促进生产力发展的目的。这也进一步说明，中国式现代化道路的发展前景，最为关键的决定性因素仍然是生产力发展，仍然是中国经济发展的速度和质量。在复杂多变的国际环境中，坚持以经济建设为中心、积极推进经济现代化建设，对中国式现代化道路的未来进程至关重要。

第四节　新自由主义：特征与影响

在关于中国发展模式的讨论中，新自由主义是一个无法回避的话题。而一些从发展型国家视角探讨中国模式的学者，也用"自由的新发展主义"（liberal neo-developmentalism）一词来形容中国。[1] 虽然大量对中国模式的探讨都认可中国发展模式具有自己的特殊性，如强有力的中央管控和明确的发展计划等，但也有学者认为这种特殊性中不乏新自由主义的某些元素。例如，大卫·科茨等就认为中国的新自由主义色彩主要体现在两个方面：废除社会福利项目和政府教育资助，并将大部分国企私有化；而楚贝克则认为中国在表现出强政府干预特征的同时，也表现出较高的开放度。[2] 在这些分析中，当代马克思主义的代表人物哈维的观点明显不同。哈维认为，中国一直在努力保持中国特色的社会主义市场经济，在通过政府主导的市场经济获得经济增长的同时，中国也一直在努力防止国内形成任何稳固的资产阶级权力集团。

毫无疑问，中国的发展道路不是新自由主义式的，认识新自由主义的影响及其弊端，对于认识中国特色社会主义道路的选择、形成与发展有极为重要的警示价值。同时，中国之所以能在社会主义的发展

---

[1] So, A. Y., "The post-socialist path of the developmental state in China", In Chu, Y. (eds.), *The Asian Developmental State: Reexaminations And New Departures*, Palgrave Macmillan, 2016.

[2] Trubek, D. M., "Developmental states and the legal order: towards a new political economy of development and law", *Law & Development Review*, 2008, 25 (2).

方向上保持坚定不移，既是中国特色，也是必然的。

一 新自由主义：一种有内在矛盾的理论与政策主张

2008年爆发的全球金融危机被普遍视为新自由主义全球扩张结出的恶果。围绕着新自由主义的兴衰、推动力量与发展趋势等问题，学术界展开了广泛的讨论。总体而言，学术界对新自由主义的思想起源和核心主张并不存在分歧，但对新自由主义的适当性、社会经济影响及其内在驱动力问题，则存在不同的声音。非正统经济学，尤其是左翼激进传统的经济学，集中地表现出对新自由主义的批判，如科茨、哈维、霍奇逊、奥哈拉等。在他们看来，私有化、市场化、自由化这三大新自由主义的"标准武器"不仅未取得实质性的经济进展，反而恶化了社会分配状况，同时也加剧了资本主义体系的内在不稳定性。但也有学者并不认同新自由主义的"全面失败说"和"危机根源说"，认为新自由主义的某些主张仍有其合理性，甚至对其绩效也需要客观评价。

事实上，作为政策的新自由主义、作为经济理论的新自由主义和作为意识形态的新自由主义，存在着微妙的区别与无法分割的联系，而由于不同国家和地区的历史、社会结构和经济发展的差异，理论上的新自由主义在转化为各国政策上的新自由主义时，并不是同质化的。而在全球化进程中，作为推行者和接受者，由于具有不同的基础条件，新自由主义的影响也不是均衡的。这就使新自由主义的表现及其驱动力量极为复杂，这同时也意味着，评价新自由主义的理论和政策影响，需要一种更为全面和更为综合的视角。

新自由主义的拥护者和批判者对其历史脉络和思想根源并无多大异议。作为一种复兴的而不是不同的思想潮流，新自由主义的历史渊源可以追溯到18世纪的古典自由主义者亚当·斯密的"看不见的手"、19世纪萨伊的"供给创造自己的需求"，以及以马歇尔等人为代表的新古典经济学等。而新自由主义的近期发展，则集中体现在以米塞斯、哈耶克等为代表的新奥地利学派，以弗里德曼、布坎南、科斯等美国经济学家为代表的货币学派、公共选择学派、新制度经济学派的发展中。秉承古典自由主义者传统，这些学派普遍认为，自由市场可以保证个人物质利益的最大化，政府的任何干预措施都会影响市场效率，因而主张小政府、私有化与自由化。在实践中，新自由主义虽然在 20 世纪 30 年代的大萧条中一度被边缘化，但在凯恩斯主义开始走向衰落的 20 世纪七八十年代又开始崛起，借由里根、撒切尔在美英的实践，以被称为"芝加哥小子"的芝加哥大学经济学家的拉美实验为依托，又经约翰·威廉姆森借力美国政府、国际货币基金组织和世界银行形成"华盛顿共识"，开始推广于东欧转型国家和亚非拉发展中国家。到了"华盛顿共识"阶段，新自由主义不仅着力于推行其经济制度和政策主张，而且在制度决定论和文化决定论的旗帜下，将其扩张目标直指政治和文化的西方化。可以说，自 20 世纪 80 年代以来直至 2008 年全球金融危机，新自由主义已成为这一时期的一种主导性的政策指导和学术指南。

新自由主义经济学的核心是：私有产权是自由市场的前提，不受管制的自由市场是人类配置资源和保障社会福利的最有效的制度安排，在一个以私有产权为主的经济体系内，国家或者政府应当最小化，因为有效市场与国有制不兼容，与政府管制也不兼容。政府，或者被芝加哥学派和新奥地利学派称为"无知无能者"，或者被公共选择学派和新制度经济学派视作腐败与创租主体，对市场的任何干预和替代都将是无效和不必要的。与这一核心主张相对应，新自由主义者的政策主张是私有化、市场化和自由化，这"三化"涉及公共品供给，如教育、医疗服务甚至军事服务的市场化，国企私有化，以及包括贸易、利率和汇率在内的贸易自由化和金融自由化。为了确保"三化"不受干扰，新自由主义还预设了政府的无为或最小边界，包括严格控制预算赤字的财政纪律、遵循经济收益原则的公共开支、扩大税基而非增加税率的税收政策等。

然而，新自由主义从一开始就是一个充满内在矛盾的混合物。这种内在矛盾首先体现在新自由主义的经济政策与经济理论之间存在的经常性脱节,即哈维所称的,它会因时因地做出迥然相异的强制调整。[①] 在这种强制调整中,与新自由主义者对其理论抱有宗教般的虔诚信仰形成鲜明对比的是,新自由主义经济政策往往表现出一种实用主义和机会主义的色彩。出于政治和社会考虑,新自由主义的政策推行者往往会做出种种背离新自由主义理论"教规"的政策决定。哈维举例指出,小布什鼓吹自由市场和自由贸易,但是强征钢铁关税,为的是帮助他在俄亥俄州赢得选举;欧洲人一方面对农业实行保护措施,另一方面又在其他的事情上出于社会、政治甚或美学的考虑,坚持自由贸易。

新自由主义的第二重内在矛盾体现为,一方面它呼吁国家"走开",另一方面又不得不让国家无处不在。这一矛盾的讽刺性在于,崇拜市场和排斥政府的两难选择往往并非源自众所周知的"市场失灵",而是在市场垄断主体利益受损时,新自由主义就会求助于政府干预来"保底"或者保护其既得利益。例如,新自由主义一方面在市场有效论的基础上主张金融自由,认为再复杂的金融市场,都会被市场本身自我纠错,但一旦爆发金融危机,又不得不求助政府,要求其注资和担保,典型例子如2008年金融危机之后美国政府对大型金融机构的注资和担保。又如,新自由主义预设市场的最大优点在于其对竞争性的保障,但新自由主义的投资自由化又加速了企业并购,从而导致垄断更为集中。如果要保护竞争,就不得不引入政府干预。再如,新自由主义者反对政府补贴,认为这种扭曲价格的行为必然导致寻租和低效率,但又经常以国家利益和国家竞争优势为名,要求政府提供研发补贴和贸易保护,以确保长期在世界市场范围内攫取垄断利润。这种矛盾性的最终结果,就是波兰尼指出的,自由主义(包括新自由主义)的乌托邦计划最终只能靠权威主义来维持。

新自由主义的第三重内在矛盾则在于,它以自由为名消灭、遏制

---

① 〔美〕大卫·哈维:《新自由主义简史》,王钦译,上海译文出版社,2016。

和剥夺了自由。为了在市场有效——而有效市场必然导致垄断这一悖论中寻求"理论正确",新自由主义者力主"可竞争论",却无视在复杂的现代经济体系和技术体系内,所有市场都维持较低的进入壁垒和完全竞争是不可能的这一事实。必然发生的高资本壁垒、高技术壁垒和标准壁垒,会使大量小企业失去竞争自由。新自由主义者进而持"寡头竞争有效论",认为三家以上的企业就可以确保完全竞争,无须以拆分的方式反垄断,却无视寡头有合谋的可能性,也无视寡头游说政府从而获得长久保护的可能性。"没有任何证据表明,如果美国的巨型企业认为它们游说政府的活动,导致政治与经济的高度融合,它们就会放弃这种游说活动。"[1] 较之古典自由主义者始终强调大量企业竞争才有效的观点,新自由主义者大胆"创新",力主对寡头垄断采取宽容的态度。克劳奇指出,在股东利益、消费者利益、中小企业利益的三难选择中,美国立法过程深受新自由主义的影响,对竞争法面临的两难选择采取了一种非常简单的处理方法,那就是企业必须为股东的利益服务。

新自由主义的这种内在矛盾暴露了其本质上的价值非中立特征。事实上,无论是新自由主义经济学还是新自由主义政策,都只是帮助新自由主义的推行者实现了一次权力从劳动向资本的转移。正如批评者所指出的那样,新自由主义的崛起意味着凯恩斯时代的嵌入性自由主义(embedded liberalism)的脱嵌。在凯恩斯时代的嵌入性自由主义中,市场进程和公司活动处在社会和政治的约束网络中,"而新自由主义就是要把资本从这些约束当中脱嵌出来",这一过程实际上是一个"赤裸裸的阶级权力的复辟"。[2] 科林·克劳奇(Colin Crouch)也指出,凯恩斯主义被新自由主义替代的原因根本不在于凯恩斯主义本身存在的错误,而是凯恩斯主义所代表的阶层——西方工业社会体力

---

[1] 〔英〕科林·克劳奇:《新自由主义不死之谜》,蒲艳译,中国人民大学出版社,2013。
[2] 〔美〕大卫·哈维:《新自由主义简史》,王钦译,上海译文出版社,2016。

劳动者的社会影响,正在出现历史性的衰退。① 而哈维则一针见血地指出,可以把新自由主义理解成为一项乌托邦计划,一项旨在实现国际资本重组的理论规划,或者把它解释为一项政治计划,旨在重建资本积累的条件,并且恢复经济精英的权利。在这两个目标当中,后一个目标实际上占据了主导的地位,而它在重新激活全球的资本积累方面,并不非常奏效。② 简而言之,新自由主义所宣称的经济自由,本质上只是对资本而言的,而对雇佣工人和中产阶层而言,新自由主义只是意味着对资本的隶属和更大程度的被剥夺。新自由主义在理论上反对最低工资法案,用涓滴效应为收入分配的两极分化辩解,在政策上打压工会力量、削减社会福利,这些都是"选择性自由"偏向的最佳佐证。

二 偏资本与偏金融:新自由主义的本质

新自由主义的本质是偏资本和偏金融的,市场化、自由化和私有化只是其手段,而这些手段因其具有辩护性的"效率"的掩饰,往往遮盖了新自由主义的本质。这种偏资本和偏金融的导向,是由新自由主义的推动力量所决定的,因为新自由主义的主要目标,就是恢复和强化上层阶级的权力、收入和财富。而就偏资本和偏金融这两个关键特征看,新自由主义在过去数十年时间里的表现是"无可挑剔"的。

抑制劳工是新自由主义的首要目标;而新自由主义政策也的确成功地打击了工人阶级,削弱了工人的集体行动能力,其突出表现是工会成员率下降。数据表明,美国工会成员率从二战期间的35%下降到1975年的25.3%,到2010年下降至11.4%。其中,私人部门的工会成员率更低,到2010年尚不足7%。③ 在削弱劳工组织能力的同时,在劳动力雇用上,任由公司进行大规模裁员或采取临时雇用的方式,在投资区域选择上,倾向于从工会势力强大的地区转向尚未形成工会

---

① 〔英〕科林·克劳奇:《新自由主义不死之谜》,蒲艳译,中国人民大学出版社,2013。
② 〔英〕科林·克劳奇:《新自由主义不死之谜》,蒲艳译,中国人民大学出版社,2013。
③ 朱安东、蔡万焕:《新自由主义泛滥的恶果》,《红旗文稿》2012年第11期。

或限制工会力量的地区,从劳动者集体议价能力强的国家和地区流向集体议价能力弱甚至基本没有的国家和地区,并以此进一步削弱在岗工人的议价能力。保罗·克雷格·罗伯茨(Paul Craig Roberts)指出,2000~2010年,美国经济只能在本土非贸易服务业当中创造出新的工作机会,也就是餐厅服务生、酒保、救护人员、医疗服务人员和零售业从业人员等,而真正的受益者是获得资本回报的股东,以及因为利润提高而获得业绩奖金的公司管理层。[1] 大卫·奥特(David Autor)对欧洲16个国家的研究也表明,1993~2010年欧洲16个国家均出现了低教育水平、劳动密集型工作岗位增加和中等收入的技能型就业岗位减少的现象。[2]

与劳工阶层谈判能力弱化对应的,则是高失业率和实际工资增长的停滞甚至下降。大卫·科茨等人的研究表明,即使在新自由主义者最引以为傲的里根任期内,美国的失业率也平均达到了7.5%;而在另一个新自由主义的代表人物撒切尔夫人的任期内,英国的失业率则超过了10%。2008年金融危机爆发后,美国的失业率甚至一度超过10%。1974~1979年,英国的平均失业率为6.7%,而1980~2000年,英国平均失业率则高达8.4%。与劳工力量被削弱及随之而来的失业率上升相伴,新自由主义国家同时呈现实际工资的下降。2008年全球金融危机以来,美国工人的小时实际工资一直未能恢复到1973年的水平。而英国、美国、法国、日本四个发达资本主义国家在新自由主义时代的工资上涨明显比在受管制的资本主义阶段要慢得多。其中,美国在20世纪70年代的制造业工人实际时薪增长率为0.02%,而在20世纪80年代到2000年则为-0.47%。工资和薪水在美国国民收入中的份额也在2005年达到了创纪录的最低水平,在企业利润占美国GDP的比重从2001年的7%上升到2006年的12.2%的同时,工人实际收入中位

---

[1] 〔美〕保罗·克雷格·罗伯茨:《自由放任资本主义的失败》,秦伟译,生活·读书·新知三联书店,2014。

[2] Autor, D. H., "Why are there still so many jobs: The history and future of workplace automation and anxiety", *Journal of Economic Perspectives*, 2015, 29 (3).

数却下降了三个百分点。

在偏金融方面,新自由主义者的成绩更为显著。打压劳工、灵活雇佣、控制工资上涨以及削减社会福利等措施降低了资本家的成本,从而使利润率得以恢复。1981年,欧洲三国和美国达到综合利润率的最低点,随后开始逐步回升,并在2005年回到了20世纪50年代中期的水平。[①] 但高利润率并没有直接转化为投资,在金融自由主导模式下,新自由主义更倾向于认为以市场为基础的金融性资产配置比未分配利润的再投资更有效率。拉佐尼克和奥苏丽文指出,从20世纪80年代开始,随着金融市场的发展以及股东价值思想的流行,美国公司开始抛弃"保留并再投资"的模式,取而代之的是"裁员并分钱"的新经济模式——股东价值至上,雇员无关紧要。[②] 受不受管制的金融化和对大规模部门合并的鼓励,大量的金融寡头、无数复杂的金融产品和无比庞大的金融市场开始主导经济生活。

如果说通过"偏资本、抑劳工"提高利润率只是为金融化提供了可能性的话,那么20世纪90年代以来诸如美国《金融服务现代化法案》与《全国性证券市场促进法》等一系列金融去管制政策的出台,则意味着金融化的必然性。而金融化一旦启动,就会极力挣脱所有可能的壁垒和束缚,开始膨胀。张晨、马慎萧的研究表明,从20世纪80年代后期开始,美国金融部门的产值持续快速增长,其产值占国民收入的比重在2006年达到8.3%,较1987年和1993年分别增长了1.93个和1.51个百分点。同时,美国经济中利润来源越来越依赖于金融部门:20世纪80年代,美国金融部门利润占经济总利润的比重为17.22%,90年代上升到25.88%,2000~2008年则达到35.94%。[③]

[①] 关于失业率、时薪和利润率的相关统计数据及其来源,参见〔爱尔兰〕特伦斯·麦克唐纳、〔美〕迈克尔·里奇、〔美〕大卫·科茨主编《当代资本主义及其危机:21世纪积累的社会结构理论》,童珊译,中国社会科学出版社,2014,第88页、第130页、第90页。

[②] 〔美〕威廉·拉佐尼克、玛丽·奥苏丽文:《公司治理与产业发展:一种基于创新的治理理论及其经验依据》,黄一义等译,人民邮电出版社,2005。

[③] 张晨、马慎萧:《新自由主义与金融化》,《政治经济学评论》2014年第4期。

大卫·科茨的统计表明，美国金融服务业在其巅峰时期创造了企业总利润的40%，而在英国，金融服务业占GDP的份额则达到了25%。约翰·贝拉米·福斯特（John Bellamy Foster）等人的研究也表明，1995年，美国6家最大的银行控股公司拥有的资产相当于美国GDP的17%，到2006年底这一比重上升为55%，2010年第三季度则上升到了64%。[1]

劳动者实际工资下降造成了有效需求不足。大卫·科茨指出，新自由主义主导时期产品剩余价值的实现更多地依赖于奢侈品消费增长、高于工资增速的劳动阶级借债消费[2]以及以对未来利润和需求增长的膨胀性预期为基础的生产资料的购买。利润不是用于积累，而是流向各种形式的消费，或流向最终对真实积累没有帮助的各种金融投资。这种偏资本、偏金融的"新经济模式"同时也带来了另一重恶果。拉佐尼克认为，"裁员加分红"的新经济模式破坏了创新型企业所需的财务承诺、内部人控制与组织整合三个条件。在新经济模式下，大量的技术外包和临时雇佣虽然为企业节约了成本，却使企业的技术基础越来越狭窄，知识积累变得越来越困难，人员的高度流动性也使组织集体性学习受到了破坏。与此同时，企业的资金大量流向股东，或被用于股票回购以提高股价，原本应该留存并投资到创新领域的资金被占用，维持创新的持续性预算被削减。在股东价值最大化的导向下，公司经理层更加注重股票价格，而不是组织技能与组织学习。[3]

三　新自由主义：非均衡的影响

新自由主义指责凯恩斯主义是滞胀的罪魁祸首，但作为一种替代性理论和政策主张，新自由主义的总体经济成绩单也并不好看。数据表明，20世纪60年代全球经济增长率为3.5%，70年代下降到2.4%，

---

[1] 〔美〕约翰·贝拉米·福斯特等：《21世纪资本主义的垄断和竞争（下）》，《国外理论动态》2011年第10期。
[2] 2001~2005年，美国家庭债务以高于总体经济增速60%的速度累积。
[3] 〔美〕威廉·拉佐尼克：《创新魔咒：新经济能否带来持续繁荣》，黄一义、冀书鹏译，上海远东出版社，2011。

但是在 80 年代和 90 年代增长率只有 1.4% 和 1.1%，这表明新自由主义在刺激全球经济增长方面相当失败。① 但是，就推行者所希望的财富和权力目标而言，新自由主义则非常成功。新自由主义推行以来，工业的盈利能力和经济增长速度从未恢复到 20 世纪 60 年代的鼎盛时期，在从税收融资型国家（tax-financed state）向债务融资型国家（debt-financed state）转型的过程中，华尔街和金融资本的政治和经济实力得到了前所未有的强化。② 新自由主义者的辩护者则辩称，新自由主义并非一无是处："公共知识分子们得多么无视现实，才会把改善了世界上近一半人口生活的自由经济政策说得一文不值。"③ 其中，被辩护者认为最有力的证据是两点。第一，东欧国家经济已经成功转型，包括俄罗斯在内，大部分国家已经将一度滑落的人均收入水平提高到中国之上，近年来东欧各国平均增长率都在 4%～7%；第二，拉美国家并非新自由主义的受害者。从 20 世纪 80 年代起，先有智利，后有墨西哥和巴西，在新自由主义的启迪下，抛弃进口替代策略，一度有过辉煌的表现。其中巴西更成为金砖五国之一，智利表现最好，已进入高收入国家行列。④

然而，上述国家的案例并不能构成对新自由主义成功的辩护。智利、巴西等拉美国家的经济严重依赖于矿产和农产品。是资源价格上涨而非生产力进步使这些国家暂时进入了中等收入以上水平国家行列。智利的铜产品出口长期占其出口总额的半壁江山，其经济涨落基本上与铜价同步，铜矿生产和以铜为原材料的电极生产占其 GDP 的 1/3 以上。2013 年智利出口产品中，铜矿和电极产品占到了出口总额的 65%，而全球大宗商品价格自 2014 年初以来持续下跌，智利经济也随

---

① 〔美〕大卫·哈维：《新自由主义简史》，王钦译，上海译文出版社，2016。
② Volscho, T., "The revenge of the capitalist class: crisis, the legitimacy of capitalism and the restoration of finance from the 1970s to present", *Critical Sociology*, 2015, 43 (2).
③ 刘瑜：《新自由主义的两种命运》，http://www.aisixiang.com/data/20303.html。
④ 文贯中：《中国的市场化不是过了，而是十分不足》，https://www.yicai.com/news/5142715.html。

之下降到最低点。① 巴西的经济增长率在 20 世纪 50 年代、60 年代、70 年代分别为 7.1%、6.1%和 8.9%，而在新自由主义盛行的 80 年代、90 年代和 21 世纪的第一个十年里，增长率则分别是 3%、1.7%和 3.3%，2010~2017 年平均增长率为 1.4%。② 俄罗斯的经济严重依赖石油和天然气出口是众所周知的事实，观察俄罗斯 GDP 增速与国际原油和天然气价格，就可以发现两者具有惊人的一致性。实行"休克疗法"以来，俄罗斯经济一路走低，10 年间 GDP 缩水近 50%，1998 年第三季度国际油价跌至历史最低点，同年俄罗斯 GDP 也达到 1989 年以来的最低点。1999 年之后，国际原油价格开始一路攀升，从 1999 年的每桶不到 20 美元攀升到 2008 年的 147 美元，这一时期俄罗斯 GDP 也随之增长，并在 2007 年恢复到 1989 年的水平。但 2008 年全球金融危机之后，随着大宗商品价格一路震荡探底，俄罗斯经济也随之掉头向下。③ 即使是经济表现最好的波兰，情况也不容乐观。曾任波兰副总理兼财长的格热戈日·科沃德科（Grzegorz Kołodko）曾指出，波兰 2011 年的 GDP 是 1989 年水平的 190%，而中国 GDP 则在 22 年内增长了 5 倍。科沃德科认为，如果波兰不是在转轨之初的 1989~1991 年大搞"休克疗法"，1998~2001 年政府又接受了新自由主义的话，波兰的情况会好得多。④ 有这样的绩效，怎么能被称作"改善了世界上近一半人口生活的自由经济政策"？

2016 年，乔纳森·奥斯特里（Jonathan Ostry）等人在 IMF 期刊《金融与发展》2016 年第 2 期发表了《新自由主义：过度兜售了吗？》（Neoliberalism: Oversold?）一文，该文将新自由主义总结为"三利三弊"。三利是：第一，全球贸易的扩大使千百万人脱贫；第二，外国直

---

① 依据维基百科数据整理，https://en.wikipedia.org/wiki/Economy_of_Chile。
② https://en.wikipedia.org/wiki/Economy_of_Brazil#cite_note-35。
③ 俄罗斯 1989 年以来的 GDP 数据参见 https://en.wikipedia.org/wiki/Economy_of_Russia，国际原油与天然气数据参见 https://en.wikipedia.org/wiki/Price_of_oil。
④ 参见格热戈日·科沃德科《新自由主义已经败下阵来，但无"北京共识"》，https://www.kuaihz.com/tid23/tid55_99598.html。

接投资往往是向发展中经济体转让技术和专门知识的一种方式；第三，国企私有化带来了更有效的服务，并降低了政府的财政负担。论文同时也承认，由经济和政治精英实施的新自由主义政策导致了三个弊端：第一，如果考察更多国家，新自由主义促进增长的好处似乎相当难以确定；第二，增加了不平等；第三，不平等的增加反过来会损害增长水平和可持续性。[①]

这一评价也符合哈维和科茨等人的判断，即全球新自由主义的影响是不均衡的。哈维认为，真正从新自由主义中受益的是日本、韩国、新加坡等，而这些国家之所以受益，在很大程度上是因为这些国家并未完全接受新自由主义的全部主张。科茨则细分了新自由主义在各国的不均衡发展和差异性表现。在他看来，除了英美之外，中欧、东欧和拉美国家实现了最彻底的新自由主义体制，原因在于这些国家基本上没有办法采取任何有效措施来抵抗新自由主义。由于工人阶级和其他群体的抵抗，也有相当一部分国家阻止了彻底的新自由主义。例如，一些西欧国家就只吸收了新自由主义的私有化、减少管制，以及新自由主义的财政政策和货币政策等内容，但保留了社会福利和工会力量，他将这种制度称为"社会新自由主义"。而哈维认为的新自由主义时代最成功的亚洲经济体，在很大程度上抵制了向新自由主义的彻底转变，日本依然保持了稳定的集团主义模式，而韩国、印度尼西亚、马来西亚和新加坡等则采取了政府主导模式并且发展迅速。[②]

全球性的差异有利于资本在全球新自由主义这一体制环境下实现积累和盈利。以新自由主义为特点的全球化生产组织，可以从地区差异中获得利益，资本积累的不同阶段和生产的环节可以被分配到最有利可图的地区。例如，将中度劳动密集型生产安排在中欧、东欧国家这些经济全面开放、劳动力受过良好教育，劳动力成本却相对便宜的

---

① Ostry, J., "Neoliberalism: Oversold?" *IMF Finance & Development*, 2016, 53 (2).
② 〔爱尔兰〕特伦斯·麦克唐纳、〔美〕迈克尔·里奇、〔美〕大卫·科茨主编《当代资本主义及其危机：21世纪积累的社会结构理论》，童册译，中国社会科学出版社，2014。

国家，高度劳动密集型的生产安排在基础设施完善但劳动力成本更低的国家。这种通过地区差异性获利的行为，只是"在发展程度不同的国家之间进行劳动力套利"①，是资本输出国的企业将其社会成本从一国转嫁到了全球，其结果只是让那些输出新自由主义的国家纳税雇员越来越少，而刚性社会福利却依然高企，最终结果是这些新自由主义的输出国陷入了去工业化和债务负担的双重困局。

为什么新自由主义只是使少数国家和地区获得稳定的经济增长？如果对比新自由主义推行时期的公认受益者（如东亚的韩国、新加坡等）和陷入困局的发展中国家（如拉美国家），不难发现，一个最典型的差别就是对待金融开放的态度。对于发展中国家而言，因为资本有限，可以借贷进行经济投资，促进经济增长，但也同时存在"无法避免的收益和风险并存的二元性"。②而发展中国家在开放金融条件下无法抵御金融冲击的风险，原因也很明了，因为新自由主义的推动力量和支配手段是金融资本，金融资本的高流动性以及无所不用其极的短期套利手段必然加大发展中国家开放金融的风险。研究表明，1980年以来，在50多个新兴市场经济体中，有大约150次危机事件是由资本流入导致的，其中大约有20%的事件以大面积金融危机告终，而加大资本账户开放程度被证明是一个风险因素。③除了提高崩溃的可能性之外，资本账户开放还具有分配效应，即明显加剧不公平，尤其是当经济危机来临时，不公平的分配效应将会更强。④哈维则指出，通过金融机制榨取"贡金"，属于老式的帝国主义活动，但对于重建阶级力量助益良多，尤其对那些世界的主要金融中心而言更是如此。

---

① 〔美〕保罗·克雷格·罗伯茨：《自由放任资本主义的失败》，秦伟译，生活·读书·新知三联书店，2014。
② Obstfeld, M., "The global capital market: benefactor or menace？", *Journal of Economic Perspectives*, 1998, 12（4）.
③ Ghosh, Atish R., Ostry, Jonathan D., Qureshi, Mahvash S., "When do capital in flow surges end in tears？", *The American Economic Review*, 2016, 106（5）.
④ Furceri, D., Loungani, P., "Capital account liberalization and inequality", IMF Working Paper 15/243, 2015.

1998年亚洲金融危机之后国际货币基金组织和美国财政部依然继续坚持新自由主义化，背后的原因"是一个公开的秘密"。在那次危机中，还没有开放其资本市场的国家和地区受到的影响远远小于那些开放了资本市场的国家，比如泰国、印度尼西亚、马来西亚和菲律宾。凡是拒绝了国际货币基金组织建议的国家如马来西亚和韩国，也都能很快地从危机中恢复。

简而言之，新自由主义是一种充满内在矛盾的思想与政策体系，其矛盾性集中表现在理论上类似宗教的市场崇拜与政策上的实用主义和机会主义之间的矛盾，以自由之名带来更多和更大程度的不自由这一矛盾，去政府管制的同时要求政府进行危机兜底和垄断保护的矛盾。新自由主义的这种矛盾性源于其本质上的偏资本和偏金融倾向，相应的"绩效"也尤为集中地体现在抑制劳工和金融化两个领域，而在经济社会发展方面则乏善可陈。由于不同国家和地区的历史、社会结构、制度和经济发展水平的差异，理论上的新自由主义在转化为政策上的新自由主义时并不是同质化的，新自由主义在全球的发展也是不均衡的。总体而言，在全球新自由主义浪潮中，发展中国家过早开放金融领域往往会给其发展带来风险，而社会阶级力量在发展中国家的重构也会构成新自由主义的推动力量，在中国深化改革与发展的过程中，这两点尤其具有警示意义。

第六章 从重工业优先到数字经济：
　　　　高质量经济活动的选择

正如前文所指出的那样，马歇尔式的经济循环是实现生产力不可逆发展的关键。那么，马歇尔式的经济循环，启动点在哪里？赖纳特的答案是：高质量经济活动。产业结构如同一张网，各类经济活动相互关联、相互影响。在这张网上，存在着最能引发联动效应的"节点"，而赖纳特所说的"高质量经济活动"就是这种"节点"。更具体地说，这种"节点"就是那些具有技术外溢性、能带来报酬递增的产业活动。一旦选择了这样的产业活动，那么，由此引发的技术外溢就会带动其他行业的发展提升，从而带来生产率的全面提升。这又将以更高的实际工资惠及民众，从而形成更高的需求、更高的储蓄以及更持久和更广泛的税基。换言之，要实现富国富民，就要大力培育具有高技术外溢性的行业，并使之与其他行业产生互动效应，从而提升整体经济质量。

高质量经济活动的选择，以及为了发展高质量经济活动创造有利条件，是长期以来中国经济发展的重心。新中国成立以来，建立社会主义现代化强国，提高人民生活水平一直是中国共产党的发展目标，从"一五"计划到"十四五"规划，发展战略的不断调整，总体上是为了实现社会主义强国这一发展目标，而新中国成立以来所取得的经济社会发展成就，一方面得益于中国共产党能咬定青山不放松、坚持为人民谋福利的发展理念，另一方面也得益于根据不断变化的环境，在适时地调整战略手段的过程牢牢抓住高质量经济活动。从长期发展历史看,"十四五"规划提出的数字经济发展与改革开放前通过内循环实现工业化的从无到有,以及改革开放后通过国际大循环加速加快形成工业化的从小到大,是一脉相承的,其主旨在于谋求从工业化到城市化的从大到强。

第一节　高质量经济活动的特定性

一　作为节点的高质量经济活动

如何判断在复杂经济活动中是否选对了节点呢?赖纳特认为,在实际工资水平上升、政府税基扩大和税收增加、企业高投资率中,只需观察实际工资水平这个指标就可以了。因为在这三者的循环中,如果特定生产活动的劳动生产率提高带来的只是产品价格的下降而不是更高的实际工资水平,良性循环就会由于缺乏更大的需求或者更大的市场规模而无法形成。

产业活动的技术溢出效应有高有低,这体现在对其他产业的投资、就业和劳动生产率的影响上。从这种溢出效应来看,经济活动可分为高地经济与低地经济。前者能使更多的部门产生联动效应,是居于高地的"溢出者";后者则很难对其他部门产生溢出,是处于低地的"被溢出者"。真正能带来经济良性循环的产业活动是高地经济。如果一国具有较多的高地经济,这种溢出效应就会惠及更多的部门和产业。而由于所有这些部门的劳动力都共享一个劳动力市场,这种联动效应所产生的劳动生产率提高就会使更多的国民得到好处——实际工资水平上升,进而形成更大的国内市场需求,使经济发展进入良性循环。

因此,就整个国家的经济发展而言,"做什么"比"怎么做"更为重要。例如,海地是世界上棒球生产最有效率的国家,人均小时工资只有30美分;美国的新贝德福德是世界上高尔夫球生产最有效率的地区,人均小时工资达到14美元。两者的差异在于,前者无须任何创新,只需手工缝制,后者却需要大量材料工业和研发机构的支持;前者是无技术溢出效应的"技术死胡同"行业,后者是能持续产生技术外溢的行业。仔细观察不难发现,目前国际分工体系的一个重要特征就是富国拥有最具有技术外溢性的高地经济,其经济活动总是与知识、创新、报酬递增等联系在一起,因而能够持续地创造财富;而穷国所拥有并从事的则是"被富国技术溢出"的低地经济行业,如原材料生产、粗加工或产品包装等,这种技术外溢很少的经济活动无法使本国进入良性经济循环。如果一国不愿长期停留在这种低地经济的国际分工位置上,就必须进行自主创新,创造自己的高地经济。

那么,更具体地说,什么产业的创新才能实现马歇尔式的经济循环,创造本国的高地经济呢?高质量经济活动通过产业协同和技术外溢,使生产率、利润和实际工资形成协同增长。但这种协同增长并不是无条件的,即使该经济活动本身所具有的生产率改进空间足够大,行业和产品足够新;同时,对于不同规模、不同结构的经济体,以及随着技术-经济范式的变迁和国际分工体系、贸易体系和金融体系的发展,高质量经济活动也具有明显的特定性。高质量经济活动所具有的这种特定性,对国家选择、培育和维系高质量经济活动提出了更为复杂,也更为全面的挑战。

二 规模与结构特定性

高质量经济活动不是一种产业、一个行业、一个产品,而是一组可以协同发展的产业活动。生产率增长空间最大、增长速度最快的行业只是其中的主导行业,但单独一个行业并不足以支撑起社会范围内利润、工资和生产率的协同增长,对大国、大的经济体而言尤其如此。对于较小的经济体而言,这种产业部门的多样性要求就要低得多,即使其国内缺乏足够的规模经济和范围经济,无法在国内形成足够的部门间互动市场,但凭借某一个或少量的部门甚至产品的竞争优势,仍有可能带动该经济体实现国民实际工资水平的上升。

高质量经济活动之所以对规模和结构有着必备的要求,原因如下。

第一，启动和维系正反馈的部门具有更为陡峭的学习曲线，即其生产率改进空间更大，但同时也需要相当广泛的相关部门，如此才能形成时间更久、范围更大的技术外溢效应和生产率外溢效应。这一过程的持久性和广泛性取决于两个因素。一是产品创新和过程创新之间的匹配。产品创新以提供新的使用价值或新的生产工具为主，过程创新则直接提高生产率，如果一种产品创新能导致更多部门的过程创新，就会形成更为持久和更为广泛的生产率改进，从技术史的角度看，这就要求主导部门的产品创新具有更大的"革命"作用，其产品和技术可用于更多行业和更多产品的过程创新，如动力、能源等。二是不同部门的过程创新或组织创新的通用性。一个领域里生产率较高的技术或组织形态，如果可以被用于多个领域来提高生产率，就可以产生直接、广泛和持久的生产率溢出，如流水线[①]、平台组织形态等。

第二，产业的多样化程度和协同程度构成产业间相互引致需求的决定性因素。生产率提升快的"快"部门本身需要其他部门的"引致需求"拉动自身创新，但同时也可以通过对生产率提升慢的"慢"部门扩散，发挥生产率溢出效应，最终在更大的范围内起到提升生产率和实际工资水平的双重作用。这种由产业间的相互引致需求而拉动的创新和生产率之间的关联性，在早期发展经济学中被称为"前向联系"和"后向联系"，其拉动作用可以通过不同部门的投入-产出表上的规模系数得以体现，而较高的规模系数和多产业间的协同性往往是发达国家的标志之一。金德尔伯格、赫里克就写道："穷国的经济学家在判断哪些工业具有最多的联系时无须再为自己国家精心制作和改进一个投入产出表。"[②] 另外，实际工资的提升也依赖于高质量活动的

[①] 马伦举例指出，流水线最初起源于9世纪末期芝加哥肉类加工业的移动式架空线路，最终被人们复制成了汽车制造行业里的流水线作业技术，然后又被复制到了其他的交通运输方式中（轮船和后来的飞机），也应用到了家用电器的生产，以及电子产品的生产中。详见 Mullan, P., *Creative Destruction: How to Start an Economic Renaissance*, Bristol University Press, Policy Press, 2017, p. 33。

[②] 〔美〕查尔斯·P. 金德尔伯格、布鲁斯·赫里克：《经济发展》，上海译文出版社，1986，第236页。

发展速度和规模。一般而言，劳动生产率进步快的部门的从业者往往有更高的需求收入弹性，这会通过两方面拉动需求：一方面是对本部门产品的需求拉动；另一方面也更有能力消费劳动生产率较低、进步较慢的部门的产品和服务，从而让这些部门的从业者的收入增加。这就需要生产率进步快的"快速部门"具有相当的规模，才能实现"收入潮水浮起了所有的船"的效应。简而言之，生产率—利润—工资增长之间的正反馈的强度和可持续程度，取决于这个国家高质量经济活动所占的份额。如果高质量经济活动不足以通过产业协同和技术外溢效应带来普遍的生产率改进和实际工资提升，那么就说明这种高质量经济活动的规模和结构有待优化和改进。

三 历史特定性

对于如何选择高质量经济活动，赖纳特的默认答案是保护性地发展制造业。而在调节学派的分析中，汽车、建筑和家电等耐用品行业是支撑黄金30年的主要行业。但工业革命以来，每一次技术浪潮都对应着不同的技术-经济范式，全球分工体系和贸易体系也处于不断变化之中，所谓"照发达国家做的做，不按它们说的做"只能作为一个原则性的依据，而不能作为高质量经济活动的具体选择标准。不同国家自身禀赋和基础的差异，在工业化和现代化的发展过程中所面对的技术周期阶段和机会窗口的不同，以及全球生产体系、贸易体系和金融体系的变化，决定了不同国家有着不同的高质量经济活动选择和不同的成功之路。

例如，在全球价值链兴起之前，产品间分工和产品间贸易是全球生产体系和贸易体系的主要特征，通过实施逆向工程，在关键产品生产上取得竞争优势，就可以促进高质量经济活动；但随着全球产业价值链的迅猛发展，模块化生产和产品内分工成为国际分工体系的主要特征，这在降低了发展中国家参与国际分工的门槛的同时，也往往使发展中国家面临着价值链低端锁定的风险，提高了价值链攀升的难度。此种变化下，按产品去模仿之前成功国家的高质量经济活动无疑是行不通的。又如，在开放经济条件下，生产率—利润—工资良性循环更容易超越一国范围，造成国内循环的脱耦，失去国民共享的意义。例如，在原材料和成品市场"两头在外"而缺乏定价权的加工贸易中，也可以出现生产率提升、利润和工资下降；受限于脆弱的金融体系，在金融开放条件下，长期经济增长的成果可能被发达国家通过金融霸权等手段所掠夺。

高质量经济活动的上述特征，意味着高质量经济活动的选择、培养和长期维系绝非易事。工业革命以来，真正通过高质量经济活动成功地完成工业化和现代化，跻身发达经济体的案例，远远少于失败的案例。大部分国家都难以捕捉、培育和发展高质量经济活动，即使在跻身发达国家之后，很多国家也在不同程度上面临着发展缓慢、社会矛盾突出等问题。这说明，高质量经济活动的培育、发展和持续本身，是一个经济意义上和社会意义上的创造性破坏和破坏性创造并存的过程，它既需要科学技术的发展与进步，也需要各种制度保障体系的支持。

工业革命以来每一次技术浪潮都不是普惠式的，成功通过技术浪潮抓住进步红利的国家往往是少数。这不仅在于这些国家的各种制度体系的激励、引导和培育功能，也在于抓住了正确的行业、产品和技术节点，从而最终形成了国家的竞争优势。

表 6-1 展示了历次技术革命浪潮中生产组织方式的变革，一次工业革命包括两次技术革命浪潮，每次技术革命浪潮对应一个康德拉季耶夫长波，由一个降波和一个升波组成"W"形。历次技术革命浪潮的变化，不仅体现在主导产业与通用技术上，也体现在生产组织方式的变革上，而生产组织方式变革的范围和形式，又必然影响到劳动者、投资者和管理者的相互关系，进而体现为劳资双方在生产过程中主导权和分配权的变化。第一次工业革命也被称为"制造业的机械化革命"，是包括第一次和第二次康德拉季耶夫长波的组合。在这两次长波中形成的典型生产组织方式是工厂制、合伙制、股份制和技工承包

制。英国正是借由这次工业革命抓住了高质量的经济活动——动力机、工具机和纺织业，成了"日不落帝国"。第二次工业革命被称为"制造业的电气化革命"，由第三次和第四次长波组合而成，依次形成了泰勒制和福特制两种典型的生产组织方式。在这一次革命中，美、德等国抓住了钢铁、化工、电气化和运输革命的机遇，跻身世界强国。第三次工业革命也被称为信息技术革命，由第五次技术革命浪潮，即20世纪70年代的计算机互联网时代（也被称为数字经济1.0时代），以及第六次技术革命浪潮，即当前正在兴起的以物联网和人工智能为代表的万物互联时代（也被称为数字经济2.0时代）构成。在第五次技术革命浪潮期间，信息化时代所发展出的工业控制系统使第二次工业革命所发展出来的自动化水平显著提升，出现了"柔性制造系统"（FMS）、"灵活制造"（agile manufacturing）等生产方式，生产工艺的巨变促使生产组织方式发生了深刻的变化，基于内部网、局域网和全球网的模块化生产开始大规模流行，全球生产网络开始兴起。

表 6-1 历次康德拉季耶夫长波中的生产组织方式变革

技术革命浪潮	标志性事件	主导产业	生产组织变革	衰退/繁荣期
工业的水力机械化	阿克怀特的克罗福德作坊（1771年）	棉纺、铁制品水车、漂白剂	工厂制合伙制	1760~1790年
	科特搅炼法（1784年）			1790~1825年
工业与交通的蒸汽机械化	利物浦—曼彻斯特铁路（1831年）	铁路与铁路设备蒸汽机、机床制碱业	股份制承包制	1825~1848年
	布鲁内尔的"大西方"跨大西洋蒸汽船（1838年）			1848~1873年
工业、运输和家庭电气化	卡耐基的贝西莫钢轨厂（1875年）	电气设备重型机械重化工钢制品	职业经理人泰勒制大企业	1873~1893年
	爱迪生纽约珍珠发电站（1882年）			1893~1913年
交通、军民摩托化	福特海兰德公园装配线（1908年）	汽车、卡车拖拉机、坦克柴油机、飞机炼油厂	大规模生产与消费福特制科层制	1913~1945年
	伯顿重油裂化工艺（1913年）			1945~1973年

续表

技术革命浪潮	标志性事件	主导产业	生产组织变革	衰退/繁荣期
计算机与互联网	阿帕网（1969 年）	计算机、软件电信、生物技术	基于内部网、局域网和全球网的模块化生产	1973~1992 年
	英特尔处理器（1971 年）			1992~2008 年
万物互联时代	深度学习（2010 年）	大数据人工智能	平台经济无人工厂	2008~2030 年

资料来源：第一次至第五次技术革命浪潮的内容根据克利斯·弗里曼、弗朗西斯科·卢桑《光阴似箭：从工业革命到信息革命》（沈宏亮等译校，中国人民大学出版社，2007）第 145~146 页和卡萝塔·佩蕾丝《技术革命与金融资本》（田芳萌译，中国人民大学出版社，2007）第 18~19 页的观点整理而成，第六次技术革命浪潮为作者补充。

第二节 "从无到有"到"从大到强"

一 重化工体系的构建

从新中国成立到改革开放，我国的社会总资本运动基本上是以内循环为主，以外循环为辅。从具体表现上看，在中国工业化与现代化的起步时期，资本、设备和技术主要通过外部市场获得，即苏联援建的 156 项重点工程，然后通过货物贸易的方式进行偿还。但无论初期资本来源如何，一旦投入形成产能之后，社会总资本运动过程中的价值实现和实物补偿则主要依赖于国内市场。156 项重点工程建设项目主要集中在煤炭、电力、石油、钢铁、有色金属、化工、机械、医药、造纸、航空、电子、航天、船舶等行业。除医药、造纸业属于轻工业外，其余的 12 个行业均属于重工业。"一五"时期的工业基本建设投资中，重工业的投资占 88.8%，轻工业的投资占 11.2%。实际投资中重工业与轻工业投资比例为 6.5∶1，重工业与轻工业加农业之和的投资比例为 2.9∶1，是典型的重工业优先发展模式。[①] 从社会总资本运动的过程看，这一时期内循环之所以可行，主要是因为在两大部类不

---

① 赵学军：《"156 项"建设项目对中国工业化的历史贡献》，《中国经济史研究》2021 年第 4 期。

变资本的两个补偿上，工业体系内重化工、国防工业和轻工业之间存在相互的需求，易于实现第一部类的内部交换以及对第二部类不变资本的补偿。第二部类整体占比较小，但需要满足全社会再生产过程中可变资本的补偿，在低成本工业化导向下，通过控制劳动力再生产的成本，如工农业剪刀差、城乡差别和户籍制度、实物分配和计划工资等方式，这种补偿也可以得以实现。

新中国成立初期之所以以内循环为主、外循环为辅，不仅是因为受当时的国际国内社会政治经济条件的影响，也是由发展目标所决定的。从发展目标看，从一个落后的半殖民地半封建的农业国转变成为一个独立自主的、人民当家做主的社会主义共和国，首先要获得国家的自主性，其前提条件之一，就是完善的国防和重化工体系。从国际条件看，在冷战格局下，外循环多局限于社会主义阵营内部；从国内条件看，作为一个农业国，当时中国的资本存量极低，要保障积累最大程度地支持重化工和国防体系建设，不仅需要在初期引入必要的投资，而且要保障工业化的低成本。这就要求经济不仅是内循环，而且是计划控制下的内循环，从而满足短期内建立自主的重化工体系、实现工业体系"从无到有"的目标。

需要指出的是，即使在以内循环为主、外循环为辅的阶段，中国经济发展也没有与外部市场和外部资源隔绝。新中国成立初期，以美国为首的西方国家为了限制中国发展，通过巴黎统筹委员会等组织对新中国实行了禁运等一系列政策，对中国进行长期、全面的经济封锁，企图从经济上扼杀新中国政权。在恶劣的外部环境下，新中国仍然在以苏联和东欧国家的贸易关系为基础的同时，努力和新兴的亚非拉发展中国家建立贸易合作关系，以获得中国经济建设所需的资金、设备和技术等重要资源。毛泽东和周恩来等领导人都反复强调了外部市场、外部资源的重要性，1949年9月通过的《中国人民政治协商会议共同纲领》明确规定了在平等互利基础上与各国政府与人民恢复并发展通商贸易关系的原则，将全国的对外贸易活动置于国家统一的领导和管理之下。从增长来看，1950年我国货物进出口额仅为11.3亿美元，其中，进口5.8亿美元，出口5.5亿美元，但到了1956年，中国的出口额已上升到16.5亿美元，进口额则上升到45.6亿美元。这一时期，中国积极利用有限的外部资源，通过出口原材料和初级产品换取外汇，进口技术和机器设备，促进了工业化的发展。

尽管实现了工业化的从无到有，但此时工业化尚处于初级阶段，产业体系的深度与广度都亟待拓展。长期保持较低的城市化水平和工农业剪刀差也不利于实现社会主义现代化的目标，低效的农业不仅需要靠高效的工业来提高劳动生产率，同时也需要工业吸纳农业中的剩余劳动力。从要素结构上看，1980年，我国劳动力占世界劳动力的比重高达22.4%；资本形成总额占全球资本形成总额的比重仅为1.8%，研发投入仅占0.5%。[1] 劳动力近乎无限供给，但资本和技术非常短缺。在此背景下，依托原有的以内循环为主、外循环为辅的经济循环体系已经很难达成工业化和现代化的赶超目标，不仅需要通过改革理顺经济主体关系，激发经济主体活力，也需要通过外部市场获取资金、技术和管理经验。

二 世界工厂的形成

改革开放之后，在"和平和发展是当代世界的两大主题"战略判断的基础上，对外开放被确立为我国的基本国策，内、外循环的侧重点也发生了几个阶段的变化。第一阶段是改革开放之初到20世纪80年代末、90年代初。主要是通过增量改革，释放农村农业潜在活力，培养市场主体；存量改革则通过承包制、租赁制和股份制等多种方式，渐进实现企业的市场化转型。在开放方面，则依次开辟"经济特区—沿海开放城市—沿海经济开放区—内地"四个空间层次。[2] 在改革和开放的综合作

---

[1] 江小涓、孟丽君：《内循环为主，外循环赋能与更高水平双循环——国际经验与中国实践》，《管理世界》2021年第1期。

[2] 董志勇、方敏：《新发展格局的理论、历史与实践——以政治经济学为例》，《教学与研究》2020年第12期。

用下，中国经济循环中的外循环占比迅速提升，但内循环仍占相当比例。总体上，20世纪90年代之前，中国经济发展的典型特征是乡镇企业的快速发展，1978~1988年，乡镇企业数量增长了12倍，生产总值增长了将近14倍，占GDP比重从14%上升到将近50%，产能也主要集中于轻工业尤其是低端消费品制造业。[1] 外商投资企业的进出口额占全国进出口总额的比重1991年为21.34%，占GDP比重不足8%。从外贸依存度来看，1980年中国为12.5%，1985年为22.9%，1990年为29.8%，远低于1990年世界平均水平38.63%[2]。从全国范围看，当时经济循环中存在典型的结构性失衡：一方面，沿海地区乡镇企业获得了通过低成本劳动力融入国际分工和国际贸易秩序的机遇，在两个补偿上较为顺利；另一方面，大量传统国企则存在设备陈旧落后、技改资金不足的问题，无法实现设备和技术升级，两个补偿的实现较为困难。

在此背景下，国际大循环战略被提出，经济进入了内外循环侧重点调整的第二阶段。这一战略提出的初衷，是要通过向沿海乡镇企业和劳动密集型出口企业转移大量剩余劳动力的同时获得外汇，然后用外汇购买国企所需的技术设备，进行技改升级，再由第一部类的国有企业支持沿海地区乡镇企业的不变资本更新，继续推动这些劳动密集型企业出口创汇，推动外向型经济的发展。值得注意的是，在转型的第一阶段中，重点仍然是国内循环，作为一个向市场经济逐步转型的国家，要保持系统的稳定性并充分发挥不同经济体制的作用，国家有意将两种循环分开并且相互隔离。例如，外国直接投资者在中国经营的"来料加工和组装"制造业必须进口其所有设备和其他投入品，有时甚至需要自己发电，这样是为了避免对国内投入品产生需求。同时它们的全部产出都要出口，以确保不会在国内增加供给。这种分离能够保证中央经济计划能像从前一样继续发挥作用。因此，从1980年到

---

[1] 曾纯：《陡峭的工业化曲线是怎样形成的？——简析改革开放40年中国快速工业化的奥秘》，《中国工业和信息化》2019年第1期。

[2] 数据来源：世界银行。

90年代早期，双循环两者之间基本上是独立的，没有任何联系，一个循环中生产的商品和服务不能用于供应另一个循环，唯一共同的联系只有"来料加工和组装"业务所雇佣的劳动力以及经济特区政府提供的土地。但是由于当时中国的劳动力市场过剩，所以外国直接投资者雇佣工人并不会对国内劳动力市场和工资水平产生影响。土地供应在当时也是过剩的，而且规定了外国直接投资者作为土地承租方不得在任何情况下将土地用于其他用途，因此国内经济也并未受到影响。这种安排的目的是保护国内经济不受国际干扰。① 因此，在第一阶段中，虽有外循环，但是是一种与内循环相对缺乏互动作用机制的外循环。

国际大循环战略提出之后，中国经济循环中的外循环比重迅速上升。截至2001年加入WTO之前，中国的外贸依存度已达到39.6%，外商投资企业的进出口额占全国进出口总额的比重2000年达到49.91%。即使如此，从当时国际贸易飞速发展、各国外贸依存度均在快速提高的背景看，当时中国仍未达到以外需、外循环为主的水平。除1994年我国汇率大幅度贬值使外贸依存度短暂地高于世界平均水平外，一直到20世纪90年代末期，我国的外贸依存度一直低于世界平均水平。② 但2001年中国加入WTO之后，中国外循环比重开始加速上升，2006年中国外贸依存度达到65.2%的峰值，外商投资企业的进出口额占全国进出口总额的比重2005年达到58.48%。中国迅速以加工贸易成为连接发达经济体与亚非拉欠发达经济体之间的主要中间节点或枢纽，形成了全球"双环流"体系。③ 相关测算表明，1978～2001年，中国双循环的相对规模，即国际交易与国内交易之比由1955～1978年的平均7.65%上升到26.72%，而2004～2008年，该指标一直保持在60%以上，④ 国际大循环的基本格局已然形成。不可否认，国

---

① 刘遵义：《试论双循环》，《比较》2020年第5期。
② 隆国强：《如何看待我国的外贸依存度？》，《国际贸易问题》2000年第11期。
③ 张辉、易天、唐毓璇：《一带一路：全球价值双环流研究》，《经济科学》2017年第3期。
④ 乔晓楠、王奕：《理解新发展格局：双循环的政治经济学视角》，《改革与战略》2021年第3期。

际大循环对实现中国工业体系"从小到大"起到了极为显著的效果，产业规模增长和产业多样性发展齐头并进。就赶超意义而言，国际大循环提供的大市场，与中国这一时期基本实现工业化的"从小到大"这一目标是相适应的。

从制造业规模看，中国已经是名副其实的世界工厂，制造业作为最大的贸易品行业，规模增长已经达到了相对极限，继续扩展的空间有限。以2015年不变价计算，如图6-1（a）所示，1990~2020年，中国制造业增加值在世界制造业增加值中的份额从1990年的4%增加到2020年的31.3%，成为份额增长最快的国家。而1990~2020年，美、德、日的制造业增加值份额均出现了较大幅度的减少，美国的制造业增加值份额从21.8%下降到15.9%，德国从9.4%下降到4.6%，日本从12.6%下降到6.6%，美、德、日三国制造业增加值份额分别减少了5.9个、4.8个和6个百分点。韩国的制造业增加值份额在30年内也取得了增长，但与中国无法相比，其制造业增加值份额在1990年为1.4%，2020年为3.3%。考虑疫情因素，只考察1990~2019年，2019年中国制造业增加值份额为29.4%，较1990年增长25.4个百分点，而2019年美国为16.5%，德国为5.1%，日本为7.1%，韩国为3.1%，1990~2019年、美、德、日三国制造业增加值份额分别减少了5.3个、4.3个、5.5个百分点。

制造业的快速发展直接体现在制成品的贸易上。从贸易数据看，1992~2014年，中国的出口额从约849亿美元增加到近2.34万亿美元（按当年美元计算），2001年中国加入世界贸易组织后明显加速。中国出口额的平均年增长率从1992~2001年的13.7%上升到2001~2014年的16.1%。同样，中国进口额的平均年增长率在1992~2001年为13.3%，2001~2014年为15.4%。参与出口的企业数量从2000年的62746家增加到2014年的298493家。在进口方面，我们观察到类似的增长模式：中国的进口额从1992年的806亿美元增加到2014年的1.96万亿美元。到2014年，中国已成为世界最大的出口国（占全球商品贸

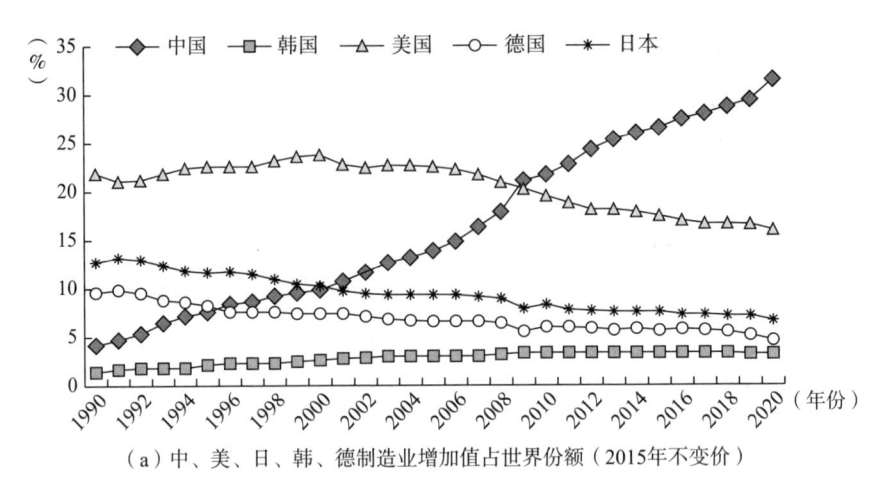

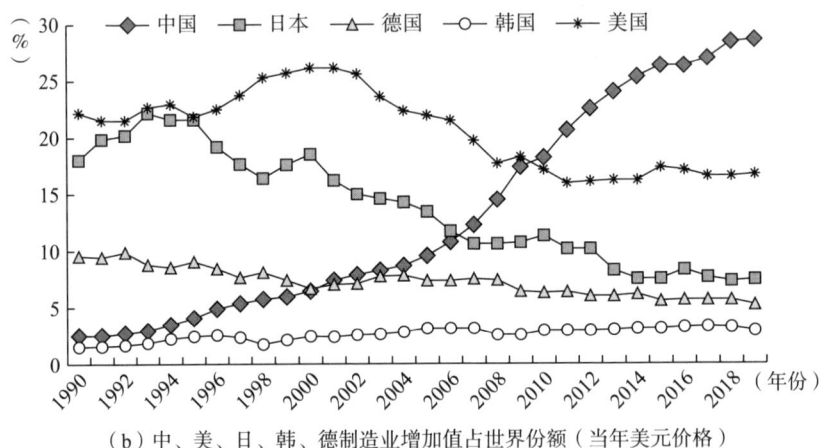

图 6-1　中、美、日、韩、德制造业增加值占世界份额

数据来源：联合国工业发展组织。

易的 12.3%），也是第二大进口国（占全球商品贸易的 10.3%）。[①]

三　新技术革命——从大到强的挑战

2008 年全球金融危机的爆发，标志着 20 世纪 90 年代以来的全球化进程开始转向"慢球化"（slowbalisation）阶段。1980~2008 年，世界出口占世界 GDP 的比重从 39.5% 上升为 61.1%，2008 年之后则持

---

① Chor, D., Manova, K., Yu, Z., "Growing like China: Firm performance and global production line position", NBER Working Paper No. 27795, 2021.

续下降，2017 年占比为 53.5%。① 复杂全球价值链活动、简单全球价值链活动和传统贸易均步入下降通道。在全球价值链缩短和保护主义兴起的大背景下，国际大循环战略不仅失去了外部的需求拉动条件，而且在关键技术、先进设备的供给上也面临着价值链链主不同形式和强度的挤压与封锁；而伴随着中国贸易占比的不断上升，国际市场的扩张空间已经很有限。从内部条件看，2010 年之后，中国的劳动年龄人口出现负增长，依赖低成本劳动力融入国际大循环的增长方式不仅已难以持续，而且也与提高劳动收入份额、满足广大人民群众不断增长的物质文化需求目标有冲突。研究表明，2008 年之前，中国城镇职工工资指数和农民工工资指数均低于工业劳动生产率指数，工资增速都低于劳动生产率②，而如果工资增速长期低于劳动生产率，必然导致劳动收入份额的持续下降，诱发生产过剩和经济停滞。这种内外部条件和主要矛盾的变化，意味着低成本出口导向型的国际大循环已经难以继续支持中国经济发展，增长动力的切换势在必行。

随着全工业门类的形成和工业能力的不断累积，"两头在外"的国际大循环已经不再适应这一时期中国的产业部门增长和经济发展。实现了"从小到大"的中国工业，将在很长时间内面临着"从大到强"的挑战，其原因在于，第一，随着中国贸易占比的不断上升，已经不能把国际市场看作一个给定的外部条件，中国的政策在很大程度上就是世界经济的政策。③ 数据显示，2018 年，中国贸易进出口总额为 4.62 万亿美元（约合 30.51 万亿元），同比增长 12.6%，占全球贸易总额的 11.75%。美国贸易进出口总额占全球贸易总额的 10.87%，德国占 7.2%，日本占 3.8%。

第二，从结构上看，中国在全球价值链中的主要挑战也不再是规

---

① 数据来源：世界银行。
② 刘刚：《工资增速超过劳动生产率的政治经济学解读——基于知识产权优势视角》，《马克思主义研究》2016 年第 10 期。
③ 余永定：《双循环和中国经济增长模式的调整》，《新金融》2021 年第 1 期。

模扩张，而是质的提升，世贸组织发布的《2019 年全球价值链发展报告》指出，从传统贸易、简单的全球价值链（Global Value Chain, GVC）和复杂的全球价值链的供应中心看，2000 年，传统贸易网络中的三大区域供应中心是美国、德国和日本，到 2017 年，中国在传统贸易网络中取代了日本的地位。2000 年，美国是简单 GVC 贸易网络的全球中心，德国、日本为区域中心，到 2017 年，简单 GVC 活动集中在欧洲、北美和亚洲。中国取代了日本和美国的部分地位，成为简单 GVC 活动的全球第二大供应中心。尽管如此，2017 年，美国和日本仍是复杂的 GVC 网络中的重要枢纽，无论是从交易的附加值还是从具有紧密联系的国家数量来看均是如此。[①] 这种变化一方面印证了中国尚未能在复杂的 GVC 网络占据中心位置，另一方面也意味着，在历经工业"从无到有"和"从小到大"两个阶段之后，中国已经不再只是全球分工秩序的被动接入者，而是分工秩序的提供者和动力来源。这意味着，单纯的加工贸易和低技能商品的生产出口对于中国经济增长的拉动效应已经式微，随着劳动力成本的上升和相对禀赋的变化，在全球产业链和供应链中，尤其是在东亚的区域产业链和供应链中，劳动力成本敏感型的低端制造环节在中国已经开始"出"，而不是"进"，这就意味着，在劳动生产率、实际工资的平行增长中，劳动生产率的提升有着更为紧迫的压力。

第三，从外部环节看，在新技术革命中围绕技术高点的竞争更为激烈，这对我国实现"从大到强"提出了更为严峻的挑战。首先，与全球化进程的深入相伴随的，是新一轮数字技术革命的展开。各国围绕着新一轮技术革命制高点的竞争异常激烈，高新技术领域的贸易壁垒和价值链遏制成为常态。根据韩国学者李根的测算，依据专利注册地、类型和申请主体标准，中国早在 2010 年之前已经通过了技术拐

[①] 详见世界银行《2019 年全球价值链发展报告》，第 27~34 页，https://documents1.worldbank.org/curated/en/384161555079173489/pdf/Global-Value-Chain-Development-Report-2019-Technological-Innovation-Supply-Chain-Trade-and-Workers-in-a-Globalized-World.pdf。

点，进入了短周期技术领域。进入短周期技术领域意味着一国技术赶超已经进入加速时期。① 作为已崛起的竞争对手，在技术密集型和知识密集型产业中，中国将不可避免地面临着价值链链主的围堵和绞杀。其次，欧美发达工业化国家在金融危机之后为稳定国内就业、缓和社会矛盾而倡导的"再工业化""制造业复兴"等计划，正在与抢占新技术革命技术制高点的先进制造业发展布局形成叠加效应，进一步强化了产业尤其是高端产业从发展中国家向发达国家回流的态势，这都对国际大循环时期形成的出口导向型经济结构形成了挤压。单纯从技术的变化趋势看，随着与工业 4.0 相关的自动化技术的发展，对参与直接生产过程的劳动力需求日渐减少，发展中国家劳动力成本优势已经不明显，而诸如 3D 打印技术的发展又降低了成品远距离贸易的必要性，这些因素也进一步在技术上形成了缩短供应链的压力。最后，发达国家经济增长乏力导致其国内需求增长缓慢，导致中国产品的外部需求减少，而美国对中国高科技企业的围剿，制约了芯片等高科技产品的获取能力。大西洋理事会（Atlantic Council）2021 年的一份研究报告指出，从特朗普到拜登，美国遏制中国崛起的战略并未改变，尤其是在 2019 年新冠疫情开始之后，美国政府力图引导美国企业尤其是高科技企业，包括药品和医疗产品制造业回流美国，"技术脱钩"是美国遏制中国的一种努力，意图切断中国获得美国先进技术的途径，从而遏制中国的技术崛起。②

从制度环境的发展趋势看，在较长一段时间里，"慢球化"仍将延续，制度的"去能"必然收缩全球价值链。2021 年 1 月 11 日，习近平总书记在省部级主要领导干部学习贯彻党的十九届五中全会精神专题研讨会开班式上的重要讲话中再次指出："当今世界正经历百

---

① 〔韩〕李根：《经济赶超的熊彼特分析：知识、路径创新和中等收入陷阱》，于飞、陈劲译，清华大学出版社，2016，第 172 页。
② Decoupling/Reshoring versus dual circulation: competing strategies for security and influence, https://www.atlanticcouncil.org/wp-content/uploads/2021/04/Decoupling_Reshoring_versus_Dual_Circulation.pdf.

年未有之大变局。最近一段时间以来，世界最主要的特点就是一个'乱'字，而这个趋势看来会延续下去。"① 当前，反全球化、逆全球化不仅成为发达国家的主流，而且开始蔓延至一些发展中国家，国际环境日趋复杂，不稳定性、不确定性明显增加，新冠疫情冲击下的世界经济低迷、全球市场萎缩等全球大变局的关键变量，将是中国未来发展很长一段时间内面临的外部环境。世贸组织、经合组织、联合国贸发会议的定期联合报告（2016 年 11 月）表明，2008 年以来，G20 国家共计实施了 1671 项贸易限制措施，其中只有 408 项在 2016 年 10 月中旬被取消；2019 年 11 月的联合报告则指出，自 2008 年以来实施的限制政策依然对 G20 贸易产生影响，2018 年，受进口限制政策的贸易量估计有 1.3 万亿美元，2019 年 1 月至 10 月受进口限制政策的贸易量上升到 1.6 万亿美元。2021 年 6 月的联合报告仍然表明，新冠疫情之后，G20 共出台了 140 项与货物贸易有关的政策措施，其中有 101 项（72%）为促进措施，但仍有 39 项（28%）为限制措施。根据世贸组织秘书处的初步估计，贸易限制措施覆盖的贸易范围（988 亿美元）仍略高于促进贸易措施的覆盖范围（965 亿美元）。② 从中美贸易关系看，2018 年贸易摩擦之后，美国针对中国的各种保护主义和对抗措施也频繁升级。2021 年 6 月 8 日，美国参议院通过的《2021 年美国创新和竞争法案》就将抢占战略新兴技术前沿和对抗中国并列为主要目标，明确将动员美国所有战略、经济及外交工具抗衡中国。2018 年以来，美国对中国逐步从经贸遏制走向全面打压。除了贸易、高科技、金融领域之外，还不断干涉中国内政。这些因素，都对中国经济"从大到强"的升级提出了复杂、长期、全面的挑战。

四 高质量经济活动变迁的产业逻辑

从社会总资本的循环角度看，工业化进程中渐进的、随工业化进

---

① 《习近平著作选读》第二卷，人民出版社，2023，第 401 页。
② 世贸组织、经合组织、联合国贸发会议的定期联合系列报告详见 http://www.oecd.org/daf/inv/investment-policy/g20.htm。

程深化而不断升级的产业结构，在某种意义上就是一种特定的发展格局。因为在每一个特定的时期，都需要有一个特定的循环模式与之对应，去完成特定的"两个补偿"，循环顺畅与否，决定了价值和积累能否实现，从而也就决定了工业化部门的积累、投资与规模增长的程度。

从中国工业化发展的历程看，无论计划经济时代主要凭借内循环完成中国重化工的基本建设，实现工业"从无到有"，还是改革开放以来尤其是加入WTO之后，依托国际大循环，实现工业"从小到大"，都需要通过一定的国内、国际循环的组合，为社会总资本循环运动创造有利条件。在这一过程中，社会总资本循环的顺利实现，不仅包含着价值创造、价值实现和资本积累，同时也是分工水平、技术水平、工业能力和管理能力发展的过程。随着规模增长和工业能力的不断提升，产业资本的"质"和"量"也会随之发生变化，从而也改变了资本循环的结构，使内、外循环的侧重点与内容也发生了相应变化。最终目的仍然是适应产业资本本身的变化，促进价值创造和价值实现。**易言之，内、外循环的侧重点调整要适应产业体系本身的发展，而产业体系本身的发展，又会改变内、外循环的结构、方向与内容。**

在工业"从无到有"、"从小到大"以及"从大到强"的过程中，我国建立社会主义现代化强国的总体目标始终没有改变。但选择以内循环为主，还是以外循环为主，不仅取决于工业化目标的设定、完成目标所需的基础条件，尤其是资本、劳动和技术等工业化关键投入的相对稀缺程度，还要强调"内"或"外"的循环侧重，为实现工业化既定目标提供所需要的支持条件。内、外循环的意义，不只是获取资金、技术等重要资源，更在于在社会总资本运动过程中支持价值创造和价值实现。因此，在对中国内、外循环历史的回顾中，一个不可回避的问题就是，内、外循环侧重的调整和转换是否提供了价值创造和价值实现的条件？易言之，以内循环或外循环为主为何曾经是可能的？

根据技术含量高低和与消费终端的距离，卡斯特拉奇将产业部门划分为四个大类：先进知识供应部门、批量生产产品部门、基础设施部门和私人产品与服务部门（见表6-2）。① 其中，先进知识供应部门包括知识密集型服务业（如研发、设计）和专业供应制造业（如机器设备和仪器制造业等）；批量生产产品部门则包括大规模制造业（如汽车制造业等）和以科学为基础的制造业（如电子元件）；基础设施部门由网络基础设施（如电信业）和物理基础设施（如交通业）构成；私人产品与服务部门最接近消费终端，包括供给支配型制造业（如纺织业等）以及供给支配型服务业（如食宿行业等）。

在这种分类法中，四个部门存在着互相支持、互相反馈的关系，但私人产品与服务部门对其他部门没有回馈，先进知识供应部门则需要通过批量生产产品部门才能间接地对私人产品与服务部门产生作用。

从卡斯特拉奇分类法出发，我们可以对重化工基础设施建设时期、以国际大循环为主实现工业"从小到大"时期中国主导产业活动的变迁的内在逻辑进行解释。

表6-2　卡斯特拉奇的部门分类法

部门类别	部门子类别	典型核心部门	主要功能以及与技术范式的关系	技术模式	技术轨道
先进知识供应部门	知识密集型服务业	软件业；研发行业；工程业；咨询业	ICT范式的配套知识基础	机会水平：很高 外部资源：用户和大学 专有性：专业知识；版权 占主导的企业规模：中小型	创新类型：新服务；组织创新 创新支出和战略：研发；训练；协作
	专业供应制造业	机器设备和仪器制造业	福特制的配套知识基础	机会水平：高 外部资源：用户 专有性：专利；设计诀窍 占主导的企业规模：大型	创新类型：新产品 创新支出和战略：研发；购置机器；购买软件

---

① Castellacci, F., "Technological paradigms, regimes and trajectories: Manufacturing and service industries in a new taxonomy of sectoral patterns of innovation", Research Policy, 2007, 37 (6).

续表

部门类别	部门子类别	典型核心部门	主要功能以及与技术范式的关系	技术模式	技术轨道
批量生产产品部门	以科学为基础的制造业	电子元件	ICT范式的载体行业	机会水平：高 外部资源：大学和用户 专有性：专利；设计；版权 占主导的企业规模：中小型	创新类型：新产品；组织创新 创新支出和战略：研发；协作
	大规模制造业	汽车制造业	福特制的载体行业	机会水平：中 外部资源：供应商和用户 专有性：流程保密 占主导的企业规模：大型	创新类型：混合产品；流程创新 创新支出和战略：研发；购置机器
基础设施部门	网络基础设施	电信业	ICT范式的配套基础设施	机会水平：中 外部资源：供应商和用户 专有性：标准；规范；设计 占主导的企业规模：大型	创新类型：混合产品；服务和组织创新 创新支出和战略：研发；购买软件；训练
	物理基础设施	交通业	福特制的配套基础设施	机会水平：低 外部资源：供应商 专有性：标准；规范；设计 占主导的企业规模：大型	创新类型：流程 创新支出和战略：购置机器和软件
私人产品与服务部门	供给支配型制造业	纺织业	它们通过购买和承载与不同范式相关的技术来提高最终产品和服务的质量	机会水平：中 外部资源：供应商和最终用户 专有性：商标；设计诀窍 占主导的企业规模：大型	创新类型：流程 创新支出和战略：购置机器
	供给支配型服务业	食宿行业		机会水平：低 外部资源：供应商 专有性：非技术性措施 占主导的企业规模：中小型	创新类型：流程 创新支出和战略：购置机器；训练

在工业"从无到有"的计划经济时代，核心任务是完成重化工体系和国防体系的基本建设，而新中国成立伊始，资本和技术非常稀缺①，如果依靠国际大循环来获取稀缺的资本和技术，那就需要大量引进或借入外资，但这必然会牺牲一定的自主性。要达成工业基础设施的自主和低成本建设目标，只能用计划控制下的国内大循环模式，通过对价格、物资甚至城市人口的计划控制，确保剩余尽可能集中于重化工体系建设，实施低成本工业化。重化工体系的建立，意味着中国具备了高度自主的工业化基础设施。测算表明，中国双循环的相对规模，即国际交易与国内交易之比在 1955~1978 年平均仅为 7.65%。②说明这一时期国际循环对于中国经济的影响较小。

1978 年，中国的 GDP 为 1495.41 亿美元，总体规模与今日不可同日而语，且第一、第二、第三产业占比分别为 27.9%、47.6% 和 24.5%，第一产业仍占比极高。③ 对应四个部门的构成，改革开放之前，中国的工业成就主要体现在基础设施部门中的物理基础设施，如铁路、公路，以及批量生产产品部门中的煤、电、钢等部门，即重化工体系。奠定中国重化工体系的 156 项重点工程，也主要集中在煤炭部（27 个）、电力部（26 个）、重工部（27 个，其中黑色冶金 7 个、有色冶金 13 个、化学工业 7 个）、一机部（29 个）、二机部（42 个）五个部门，此外，石油部有 2 个项目，轻工部有 3 个项目。④ 从这一构成看，以科学为基础的制造业和先进知识供应部门规模均较小，在低成本工业化战略导向下，最接近消费终端的私人产品与服务部门的发展也极

---

① 按照江小涓、孟丽君的测算，改革开放之初，我国要素禀赋极度失衡，几种主要生产要素占全球的比重畸高或畸低，其中劳动力极为充足，1980 年我国劳动力占世界劳动力的比重高达 22.4%；而资金和技术极为短缺，资本形成总额占全球资本形成总额的比重仅为 1.8%，研发投入仅占 0.5%。详见江小涓、孟丽君《内循环为主，外循环赋能与更高水平双循环——国际经验与中国实践》，《管理世界》2021 年第 1 期。
② 乔晓楠、王奕：《理解新发展格局：双循环的政治经济学视角》，《改革与战略》2021 年第 3 期。
③ 数据来源：https://www.kylc.com/stats/global/yearly/g_service_value_added/1978.html。
④ 王曙光：《中国经济》，北京大学出版社，2020。

为有限。因此部门间的支持、联系主要在物理基础设施和大规模制造业中完成，而这两者之间本身可以互为需求，形成体系内的部门间循环。典型如煤（能源）—钢铁—基础设施与重型装备之间的需求反馈，这也是标准的政治经济学意义上的第一部类间的内部交换。就这一时期的产业建设目标而言，以内循环为主不仅可行，也与低成本建设自主的重化工体系导向相符合。制造业和服务业中创新的部门模式的新分类方法见图6-2。

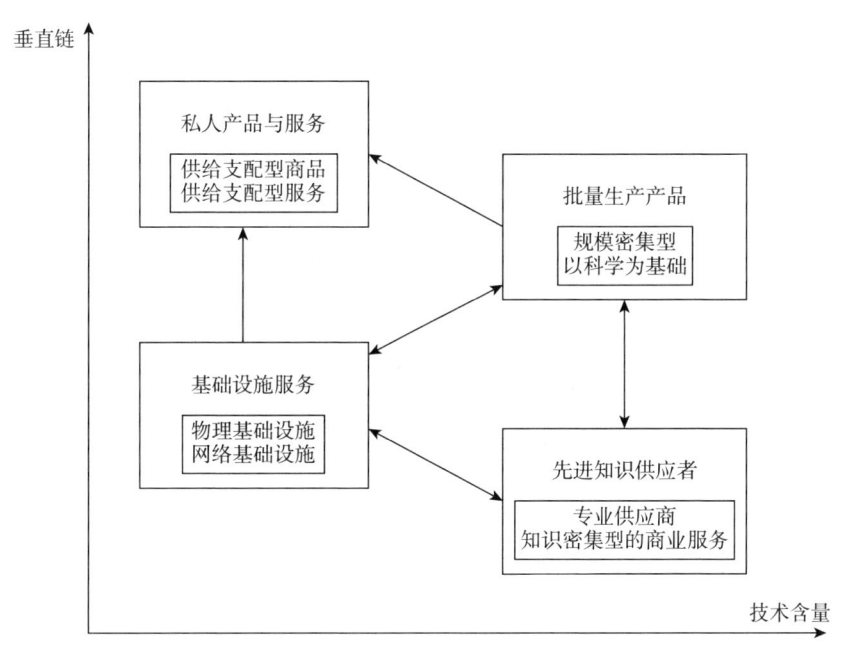

图6-2 制造业和服务业中创新的部门模式的新分类方法

20世纪70年代末，西方发达国家在经历两次石油危机之后，普遍面临着滞涨困扰和利润率危机，产业资本试图通过空间转移来实现利润率修复，世界分工体系和贸易秩序由此开始重构。但20世纪70年代末、80年代初的产业转移，呈现出典型的梯度特征，先进的知识密集型和技术密集型产业，如电子元器件产业等，主要从美国、日本转移到中国香港、韩国和新加坡等地。由于这一次的全球产业转移，虽然机电化程度提高，但模块化程度和远距离协调分工的技术尚未成熟，产业转移需要选择科技发达地区以承接技术密集型产业。而中国大陆则承接了中国台湾、中国香港、韩国、新加坡等地转移出来的劳动密集型产业，如日用品加工、塑料、服装纺织等。但这并不意味着中国进入了国际大循环阶段。事实上，20世纪90年代之前，中国经济发展的典型特征是乡镇企业的快速发展，1978~1988年，乡镇企业数量增长了12倍，生产总值增长了将近14倍，占GDP比重从14%上升到将近50%，其产能也主要集中于轻工业尤其是低端消费品制造业。[1]

20世纪90年代，随着中国建立社会主义市场经济目标的明确，中国融入国际分工的步伐大大加快，崛起的民营企业和加快引进的制造业外资使中国的私人产品与服务部门等离消费终端最近的产业部门开始加速增长。随着模块化技术的成熟，传统的产业梯度模式开始被全球生产网络所取代。在信息通信技术革命影响下，大量先进技术密集型产业已经被模块化拆解成了劳动密集型产业，产业转移目的地可以选择在市场广阔、劳动力密集的地区，中国不仅承接了大量的供给支配型制造业，也承接了大量大规模制造业和以科学为基础的制造业，如机电设备、汽车等产品的生产加工。[2] 由于剩余劳动力基数庞大，这种以低成本劳动力嵌入国际分工体系的方式在中国保持了较长时间，而使劳动力低成本优势长期存在，就意味着国内消费需求增长有限，消费需求增长远远滞后于私人产品与服务部门的产能增长，而大规模制造业产品和以科学为基础的制造业产品的国内需求也很有限。这些部门所形成的庞大产能，无法通过国内市场消化，国际大循环成为必然，由此形成了以中国为制造纽带、以西方发达国家为消费市场、以

---

[1] 曾纯：《陡峭的工业化曲线是怎样形成的？——简析改革开放40年中国快速工业化的奥秘》，《中国工业和信息化》2019年第1期。

[2] 从加工贸易占对外贸易总额比重和占出口总额比重看，20世纪90年代明显比80年代发展要快得多，加工贸易占对外贸易总额的比重曾经多年高达50%以上，占出口总额的比重高达55%以上，数据详见江小涓、孟丽君《内循环为主，外循环赋能与更高水平双循环——国际经验与中国实践》，《管理世界》2021年第1期。

资源型国家为原材料来源地的全球"双环流"体系①。相关测算表明，1978~2001年，中国双循环的相对规模，即国际交易与国内交易之比由1955~1978年的平均7.65%上升到26.72%，而2001~2019年，该指标上升到47.85%，2004~2008年，该指标一直保持在60%以上。② 1993年，中国对外贸易依存度已由1978年的不足10%提升到32%左右，2006年对外贸易依存度则攀升至64.2%的峰值。从货物进出口规模看，1978年中国货物进出口总额是206.4亿美元，到2016年，中国货物进出口总额达到了36855.6亿美元，是1978年的178.6倍，近40年中年均增速达到14.6%。其中，货物出口总额从1978年的97.5亿美元增长到2016年的20976.3亿美元，年均增速更是达到了15.2%。③这充分说明了国际大循环在这一时期的作用。

不可否认，国际大循环对中国工业体系实现"从小到大"起到了极为显著的作用，按照纳克斯的平衡发展理论，如果一国同时推进多产业部门发展，产业间需求的不断成长也可以形成内需循环，通过产业间不断增长的相互需求带动产业规模增长和分工深化，规模增长与分工深化又进一步提升产业间的相互需求，形成良性循环。但这种良性循环取决于生产率的不断提高，持续的技术进步是决定内需增加的关键性因素。而且，在封闭条件下推进平衡增长模式，无论是产业间需求还是因实际工资提高而带来的消费需求的增长，都较为缓慢。国际大循环的意义在于，在短期内提供了大量海外需求的同时，带来了资本、技术和管理经验，同时吸纳了大量农村剩余劳动力。就赶超意义而言，国际大循环提供的大市场，与中国这一时期基本实现工业化的"从小到大"这一目标是相适应的。

2008年全球金融危机之后，尤其是2010年以来，国际大循环的

---

① 张辉、易天、唐毓璇：《一带一路：全球价值双环流研究》，《经济科学》2017年第3期。
② 乔晓楠、王奕：《理解新发展格局：双循环的政治经济学视角》，《改革与战略》2021年第3期。
③ 黄群慧：《改革开放40年中国的产业发展与工业化进程》，《中国工业经济》2018年第9期。

弊端日益凸显，集中体现为：基于"两头在外"的底部价值链嵌入世界分工体系需要抑制实际工资上升，进而抑制了国内消费需求，资源环境条件恶化与可持续发展目标背离，过度依赖外部需求加剧了金融风险和经济不稳定性，等等。中国经济转型升级的内外部压力十分明显，对国际大循环的批评也逐渐增多。[①] 需要注意的是，这一时期，中国的产业结构和规模均已发生了深刻变化。第一，产业规模增长和产业多样性发展齐头并进，测算表明，除2009年受全球金融危机的影响而出现产品多样性指数的下滑之外，2000~2013年里，中国第二产业大多数出口产品的多样性指数在波动中稳步上升。[②] 第二，私人产品与服务部门以及生产产品部门这些出口导向型部门快速扩张也带动了先进知识供应部门和基础设施部门的发展，出口导向型部门的发展对能源、动力系统和交通运输基础设施有巨大的需求，不仅使中国的重化工体系和基础设施建设不断升级，突破了能源、交通、通信等基础设施瓶颈，也使精密仪器、电子元器件、航天等先进知识供应部门得到极大发展。第三，在快速融入国际分工体系的同时，中国也高度重视信息通信技术革命这一机遇。蔡跃州等人的测算表明，1990年，中国ICT资本存量占总资本存量之比重仅为0.23%，1995年和2000年占比分别提高到0.54%和0.75%，1990~1995年，ICT资本对中国经济增长的平均贡献率已经达到了2.3%，1995~2000年为3.1%，2000~2005年为8.5%。2010~2012年，随着移动互联网技术的广泛应用，ICT资本对经济增长的平均贡献率接近10%。[③] 这也意味着，在国际大循环中，借助于外部需求的拉动和出口导向型产业的需求传导，不仅私人产品与服务部门和批量生产产品部门，而且先进知识供应部门和

---

① 贾根良：《转变对外经济发展方式 呼唤经济发展战略的变革》，《经济纵横》2000年第9期。
② 武力超、张馨月、关悦：《中国贸易产品多样性的测度及动态分析》，《数量经济技术经济研究》2016年第7期。
③ 蔡跃洲、张钧南：《信息通信技术对中国经济增长的替代效应与渗透效应》，《经济研究》2015年第12期。

大规模制造业等技术含量高的部门，中国均在其中取得了长足的发展。

第三节 数字经济与中国经济高质量发展

一 数字经济发展的战略意义

当前，世界经济正迎来以数字技术、生物技术和新能源为代表的第六次技术革命浪潮。其中，数字技术是核心和基础，能源、材料的革新也都建立在数字化生产体系上，世界各国围绕数字经济的技术高点，竞争日趋激烈，在技术-经济范式的变革过程中，数字经济就是形成强大有效供给能力、穿透循环堵点的主要抓手。数字经济的发展不仅可以为工业化基本完成之后的中国经济提供新的增长动力，推动我国经济实现高质量发展，而且对未来很长一段时间内中国产业的国际竞争力有着至关重要的影响。但数字经济作为一个复杂体系，不仅涉及行业多，而且技术变迁具有明显的"短周期"特征。数字经济的政策供给需要系统把握数字技术的发展趋势，在复杂的技术体系中抓住关键问题。曼哈顿智库的一份研究报告指出，如果不清楚制造业的未来与过去有着多大的差异，政策制定者就会面临"行动无效甚至适得其反"的风险。这种风险相当于在电气化和大规模流水线出现之际，试图培育出更多的由水车和蒸汽锅炉驱动的制造业。[1] 当前，以美国为代表的世界经济强国正在加快争夺全球数字经济"领导权"，在 AI、5G、半导体等相关领域加大研发支持和全球产业链控制，谋取主导全球数字经济生态的意图十分明显。

因此，继"十四五"规划在创新驱动类别中特地新增了数字经济核心产业增加值占 GDP 的比重这一新指标之后，2021 年 12 月 12 日，国家发展改革委专门发布了《"十四五"数字经济发展规划》，不仅明确了数字经济核心产业占比将由 2020 年的 7.9%增加到 2025 年的 10%

---

[1] Mills, M. P., "Industrial policy: old-think in the new cloud era", 2021, https://media4.manhattan-institute.org/sites/default/files/industrial-policy-old-think-new-cloud-era-MM.pdf.

这一总体指标，而且对"十四五"期间数字经济的具体行业指标进行了进一步的明确，包括：软件和信息技术服务业规模从8.16万亿元增长到14万亿元，工业互联网平台应用普及率从14.7%提升到45%，全国网上零售额从11.76万亿元提升到17万亿元，电子商务交易规模从37.21万亿元上升到46万亿元，千兆宽带用户数从640万户提升到6000万户，等等。并就优化升级数字基础设施等充分发挥数据要素作用，在推进产业数字化转型、健全完善数字经济治理体系等方面，提出了明确的规划。通过数字经济重构现有的生产组织方式，在创造性破坏的过程中尽可能释放新技术革命浪潮的发展潜力，是形成强而有效的供给能力的关键。

数字经济发展战略的选择，在政策上具有历史连贯性。党的十九届五中全会提出的数字经济和实体经济深度融合，是党的十五大时提出的"大力推进国民经济和社会信息化"、十六大提出的"信息化带动工业化，工业化促进信息化"、十七大提出的"大力推进信息化与工业化融合"，以及十八大提出的"信息化与工业化要深度融合"的历史延伸。值得注意的是，尽管《中共中央关于制定国民经济和社会发展第十四个五年规划和二〇三五年远景目标的建议》是在第四部分"加快发展现代产业体系，推动经济体系优化升级"的第15条中提出"推动数字经济和实体经济深度融合"的，但在"十四五"时期经济社会发展指导方针和主要目标中，已经明确将"加快构建以国内大循环为主体、国内国际双循环相互促进的新发展格局"作为方针和目标。在"十四五"时期经济社会发展的遵循原则第6条中也明确提出"统筹国内国际两个大局，办好发展安全两件大事"。这实际上已经明确，作为现代产业体系发展的重要途径，数字经济和实体经济深度融合必须服从于"加快构建以国内大循环为主体、国内国际双循环相互促进的新发展格局"这一目标。

从数字技术本身的发展看，从国际大循环战略到以国内大循环为主体的战略重心变化，也是信息通信技术革命重塑全球分工秩序和贸易秩序的结果。从国际大循环到国内大循环，固然有对内部（如劳动力成本上升、低端价值链不利于长期发展等）和外部（如保护主义、单边主义等）诸多因素的综合考量，但这种战略方向的转变，也是中国这一超大型经济体适应数字技术发展趋势、更好地利用数字技术革命蕴含的增长潜能、实现新型工业化的必然选择。易言之，在以互联网、计算机为代表的第一代数字技术时代，国际大循环战略具有必然性，也具有可行性；但在以人工智能、大数据和物联网为代表的第二代数字技术时代，国际大循环战略在中国已经失去了适用性。相反，国内大循环不仅必要，而且可行。这是因为，在以互联网、计算机为代表的第一代数字技术时代，随着生产的模块化，嵌入分工体系对既有的知识积累要求较低，而对劳动力成本、运输和能源成本敏感，20世纪90年代以来的全球化快速发展，在技术上与此类因素密不可分，这些与国际分工相关成本的迅速下降促使企业在国际范围内组织生产流程。但在以人工智能、大数据和物联网为代表的第二代数字技术时代，模块分解已经趋于极限，且智能化、自动化程度的提高使工业生产对劳动力成本的敏感度大大降低。但如果说20世纪90年代以来以互联网、计算机为代表的第一代数字技术促进了全球化的快速发展，正在迎来的以机器人、物联网为代表的新的数字技术浪潮则具有完全不同的效应。当前正在兴起的第二代数字技术不仅包含了信息通信技术（IT），而且也涵盖了操作技术（OT）。前者（IT）将进一步促进全球价值链的增长，但主要集中于服务业，如物流技术和数据处理技术等的发展将更有利于电子商务、物流和服务自动化，从而更有利于服务贸易；但后者（OT）则可能缩短全球价值链，且主要影响制造业。因为新一代机器人、工业互联网、智能制造和3D打印等操作技术（OT）会削弱新兴经济体的劳动力成本优势，使产业链布局趋向于临近销售地建构，从而遏制国际分工的进程。这会抑制全球商品贸易，但继续推动服务贸易。技术革命的这种发展，也要求在生产方式上做出变革，以适应生产力的进一步发展。从这一意义上而言，构建新发展格局也是对新一代数字技术重塑全球分工和贸易秩序的主动性适应。

二 新发展格局构建的产业抓手

怎样抓牢、抓好数字经济这一产业抓手呢？

从现实发展看，中国数字经济发展已具备较好的基础。党的十八大以来，我国数字经济发展上升为国家战略并取得显著成就，数字经济规模连续数年位居世界第二。2020年，中国数字经济规模达到39.2万亿元，占GDP比重为38.6%，同比名义增长9.7%，高于同期GDP名义增速约6.7个百分点。其中，数字产业化占数字经济比重为19.1%，产业数字化占数字经济比重达80.9%。2002～2020年，中国数字经济占GDP比重由10.0%提升至38.6%，数字经济在整个国民经济中发挥着越来越重要的作用。

普遍认为，中国发展数字经济的主要优势在于规模，包括海量的数据生成主体、完整工业门类提供的多类型数据、国内的巨大市场等。例如，国家统计局发布的《2020年国民经济和社会发展统计公报》显示，2020年末中国互联网上网人数9.89亿人，其中手机上网人数达9.86亿人。2020年全年移动互联网用户接入流量1656亿GB，比上年增长35.7%。不足主要在于核心技术薄弱、关键知识产权缺乏。客观地看，技术上的不足、产业链上的短板客观存在，但市场规模优势的发挥，更需要适宜的制度供给。将潜在的有利条件转化为现实的竞争优势、克服既定的技术短板，需要在数字经济发展的一般规律的基础上，审视中国的特定目标和约束条件。我国庞大的互联网用户群体和完整的产业体系，为数字经济的发展提供了海量的数据规模和丰富的应用场景，这是我国数字经济发展的潜在优势。

欲将潜在的可行性转换为现实性，就要求数字经济发展与以内循环为主体、内外循环相互促进两者之间形成耦合支持关系。使新发展格局为数字经济发展提供所需的基础条件；使数字经济发展助力构建新发展格局。在对投资需求和消费需求两类需求的改善以及短板、堵点的克服中，数字经济是主要抓手。通过发展数字经济，在发挥数字技术的渗透效应的同时也创造出新的组织模式、商业模式，使原有产业产生基于规模扩张和效率提升的分工，通过更多行业之间的相互需求提供投资需求，而数字技术的广泛应用所带来的劳动生产率提升，也为实际工资的平行增长提供了坚实的基础，可通过收入提高来扩大最终消费需求。对于新发展格局循环过程中存在的短板、堵点，数字技术也可以为补、疏的突破创造技术和经济条件。例如，人工智能在物流行业中的应用，可以有效缩短流通时间，提高流通效率，数字技术的广泛应用所产生的对复杂技术产品的巨大需求，可以构成拉动创新的有效力量，为补齐短板创造有利的上下游协同条件。

在宏观、中观、微观层次上，数字经济发展具有不同的表现形式和内容。在宏观层次上，数字经济发展表现为一种数字技术-经济范式的形成过程[1]，一如工业革命以来的机械化范式、蒸汽动力和铁路范式、电力和重型工程范式；在中观层次上，数字经济则表现为通用技术（GPT，General Purpose Technology）的扩散过程[2]，同时也是新的动力部门（Motive Branches）、支柱部门（Carrier Branches）和引致部门（Induced Sectors）的型构过程；在微观层次上，数字经济则表现为企业微观层次上的"数字化转型"（Digital Transformation），是企业利用数字"复制、链接、模拟、反馈"特征进行"转型升级"，是用数字技术创造新产品、新流程、商业模式和组织结构的过程。[3]

尽管宏观、中观和微观层次密切联系，且在关键问题如数据、数据基础设施等方面都受到同样的关注，但以构建新发展格局为导向进行考察，数字经济在宏观、中观和微观层次上所针对的主体、目标和解决的关键问题并不一样，从而所要求的制度性支持条件也不一样。

---

[1] Lundvall, B. A., "Is there a technological fix for the current global stagnation?", *Research Policy*, 2017, 46 (3).

[2] Bresnahan, T., Trajtenberg, M., "General purpose technologies: 'engines of growth'?", *Journal of Econometrics*, 1995, 65 (1); Liao, H., Wang, B., Li, B., Weyman-Jones, T., "ICT as a general-purpose technology: the productivity of ICT in the United States revisited", *Information Economics and Policy*, 2016, 36 (C).

[3] 艾瑞咨询：《2020年中国企业数字化转型路径实践研究报告》。

结合对两类需求的改善和短板、堵点的克服，宏观、中观、微观层次上的政策重点也有所差异。对融合问题进行层次性的结构性分析，不仅有助于全面、系统地理解融合的内在机制，也有助于为政策的精准性、系统性提供支撑。

从宏观的技术-经济范式的角度，数字经济发展是整个经济的主导技术结构、生产组织形式、商业模式和制度框架的改变，是一个长期过程，其重点在于如何通过适宜的社会-政治范式（socio-political paradigm），以推进数字技术-经济范式的形成。而社会-政治范式是否有利于一个技术-经济范式的形成与展开，在于是否能在最大程度释放新技术的经济效能的同时，也实现社会成员对技术进步红利的共享，避免技术封建主义（technical feudalism）。[1] 在推进数字经济发展的过程中，在社会-政治范式上加以引导，避免数字技术-经济范式出现技术封建主义，是决定最终消费需求能为内循环提供持续支持的关键所在。从数字技术本身的属性看，以人工智能、大数据为代表的新一代数字技术在短期内对劳动力，尤其是非熟练劳动力具有很强的替代效应；同时，数据又具有初始投入成本高但边际成本趋于零的特征，极易产生数据集聚、形成数据垄断。如果缺乏适当的社会-政治范式引导，在造就各种新业态、新模式的同时，数字经济也极易造成平台垄断、数据垄断、就业极化与收入极化等后果，而这不利于提高劳动收入份额和改善收入分配结构。研究表明，ICT革命以来，技术进步与市场集中度的提高以及劳动收入份额的下降存在显著正相关关系。[2] 从本质上而言，与以计算机和互联网为代表的第一代数字技术相比，正在兴起的第二代数字技术具有更为鲜明的智能、绿色特点，从而也决定了与之相适应的社会-政治范式需要在产权观念、分配方式上做出重大的转变，无论数据还是产品，均需要实现从占有

---

[1] Lundvall, B. A., "Is there a technological fix for the current global stagnation?", *Research Policy*, 2017, 46 (3).
[2] Autor, D., Dorn, D., Katz, L. F., Patterson, C., Van Reenen, J., "The fall of the labor share and the rise of superstar firms", *Quarterly Journal of Economics*, 2020, 135 (2).

(possession) 到可用 (access) 的改变。[1]

当前，世界各国在围绕数字经济制高点展开竞争的过程中，普遍对数据立法、机器人税等问题给予高度重视，[2] 近年来我国也围绕平台垄断、抑制资本无序扩张等现象频繁出台相关政策法规，其重要性不言而喻。从社会-政治范式的角度看，数字经济时代对数据要素的立法，包括产权界定、收益分配以及对新的经济形态的税收、监管等政策对数字技术-经济范式的重要性，一如历史上对土地、资本和知识产权的相关立法，但更为复杂。这是因为，数据只有在完成从数据资源、格式化可存储数据、可交换数据到思想（idea）或指令（blueprint）的转换之后，才对实体经济的生产、流通过程具有实质性意义。[3] 原始的数据资源源自一切经济主体的行为和选择，但需要经过加工才能成为可用数据，作为资源的数据和最终形成的可用于生产过程的数据具有不同的技术和经济含义。如何在保护隐私、确保数据资源提供者权益的同时，又能激励数据使用者的创新和投入，这是数字经济时代立法不同于传统生产要素立法的难点所在。

从中观角度，数字经济发展的实质是围绕通用技术的扩散过程形成互补性投资，重构动力部门、支柱部门和引致部门并使其形成协同关系。关键在于围绕通用技术展开投资，诱发产业间需求，形成自激式增长，引发各技术系统自增强效应。从通用技术的一般性看，通用

---

[1] Perez, C., Leach, T. M., "A smart green 'European way of life': the path for growth", *Jobs and Wellbeing*, http://beyondthetechrevolution.com/wp-content/uploads/2014/10/BTTR_WP_2018-1.pdf.

[2] 例如，欧盟2020年底正式提出《数字市场法》和《数字服务法》两个草案，2021年1月德国公布的《反对限制竞争法》第十次修正案最终通过数字化法案（GWB），美国众议院司法委员会于2020年10月发布《数字市场竞争调查报告》，直指谷歌、脸书、亚马逊和苹果四大巨头滥用市场支配地位，并要求整改，甚至建议予以拆分。2021年2月参议院反垄断委员会主席艾米·科罗布彻（Amy Klobuchar）正式提出《竞争和反垄断执法改革法案》等，详见孙晋《数字平台的反垄断监管》，《中国社会科学》2021年第5期。

[3] Jones, C. I., Tonetti, C., "Non-rivalry and the economics of data", NBER Working Paper No. 26260, 2020.

技术部门的技术进步存在明显的纵向和横向的外部性，部门本身的研发投入回报往往低于社会回报，因此通用技术部门的创新应得到适当的政策支持。要加速通用技术的传播和扩散，还需要充分发挥通用技术的通用性特征，加大对通用技术产品和服务的投资，使通用技术上下游部门迅速形成支撑。从数字经济通用技术的特殊性而言，随着经济体系和技术体系的复杂化，数字经济时代的通用技术往往并非一个，而是一组[1]，其对应的关键投入（如历史上的铁、电、石油、芯片、存储器等廉价而广泛被需要的产品）也往往是复合型的，如 AI 时代的关键投入就不再是单一产品，而是由"算法+数据+芯片"共同构成的复合型关键投入。[2]

无疑，在中观层次上，能否围绕通用技术的通用性特征展开投资、诱发产业间的协同投资和自激式增长，是提升产业间投资需求从而加强内循环主体地位的关键。同时，这一协同过程本身也是发现、修补短板，疏通堵点的关键环节。根据通用技术的一般性特征，针对供应链和产业链的短板，完全可以也有必要通过通用技术使用部门的需求拉动，促进当前在芯片制造、设计等关键短板领域的自主创新，尤其是在传感、工控和工业软件这些制约智能制造发展的短板环节上，要充分发挥中国作为世界工厂所具有的工业数据规模和多样性优势，在充分考虑技术自主性和安全性的前提下补齐短板。联合国工业发展组织的《2020 年工业发展报告——数字化时代的工业化》指出，一国的先进数字化制造（ADP, advanced digital production）、技术与数字化密集型（TDI, technology and digital intensive）行业（如计算机、电子信息、机械和运输设备等行业）和知识密集型商业服务业（KIBS, knowledge-intensive business services）存在密切关系：TDI 行业是 ADP 技术的最大使用者，而采用 ADP 技术越多，KIBS 与制造业的整合就越明显。

---

[1] Hogendorn, C., Frischmann, B., "Infrastructure and general purpose technologies: a technology flow framework", *Wesleyan Economic Working Papers*, 2020, http://repec.wesleyan.edu/No: 2017-001.

[2] 杨虎涛：《人工智能、奇点时代与中国机遇》，《财经问题研究》2018 年第 12 期。

因此，完全可以发挥中国 TDI 产业规模巨大的优势，促进 ADP 和 KIBS 的发展。根据数字经济时代通用技术的复合性特征，单独在某一个通用技术或关键投入产品上获得自主性和安全性，并不等于供应链短板的补齐。例如，即使建立了完整的数据产业链，在芯片、算法发展滞后的情况下，数据资源仍难以实现从"待开发资源"到"可用投入"的转化。针对这种复合型特征，创新政策上需要充分发挥既有制度优势，系统性地攻克相互嵌入、相互支持的一系列通用技术和关键投入产品。

在微观层次上，数字经济发展体现为企业的数字化转型，核心是企业从生产到流通过程的数字化流程再造。在这一过程中，企业不仅要重新评估和重新配置其内部流程，而且还要重新配置其供应链和分销链，因此不仅需要完成数字化的基本投资，还需要考虑沉没成本、重复投资、业务分割等转型成本。是否进行数字化转型投资，取决于企业对数字化转型投资的成本-收益预期。研究表明，技术革命浪潮的周期性特征与企业是否采取数字化战略密切相关，在技术革命浪潮的导入期，经济体系对低生产率的企业有较高的包容性，企业数字化转型的动力较弱。随着拓展期的到来，新技术的应用更加广泛，生产率较低的公司将在竞争中失利，企业的数字化转型动力随之增强[1]。但对于单个企业而言，技术革命浪潮的周期性特征是给定的，因此这一研究结论并不具备直接的政策意义。但这种相关性间接呈现了影响企业数字化转型的两个外部因素。第一是市场竞争环境。导入期低生产率的企业之所以不需要进行数字化转型，是因为在给定的竞争强度下，企业可以获得满意的利润率而不需要进行转型投资。第二是企业的技术生态环境。拓展期数字化转型企业占比之所以高，固然有竞争加剧的因素，但同时还有另一个原因，即拓展期数字化转型企业数量的增多改变了企业的上下游环境，企业不得不进行流程改造，以嵌入

---

[1] Ark, B. V., Erumban, A., Corrado, C., "Driving digital growth and productivity from installation to deployment-CEO and CSO implications", *Navigating the Digital Economy*, 2016.

既定的技术生态体系中，否则企业不仅在生产管理效率上面临被淘汰的可能性，而且在产品零部件、技术模块等环节上也无法与其上下游企业对接。

要充分激发企业数字化转型的动力，使其形成良好的数字化转型投资预期，政策上的着力点需要聚焦于竞争政策和公共品供给政策。在竞争政策上，要打破市场分割、行政垄断、不公平竞争，对低效企业形成有效的竞争筛选机制，通过外部挤压，激发数字化转型的动力。公共品供给政策的意义，不仅在于可以直接影响企业数字化转型的成本，而且在于为产业的技术生态环境的形成创造条件，从而进一步激发企业数字化转型的动力。公共品除了硬件基础设施尤其是新基建所涵盖的信息基础设施、融合基础设施、创新基础设施等之外，还包括数据标准、行业规范等制度基础设施。

针对中小企业数字化转型，还需要给予特定的政策扶持。当前，中国的数字化转型主要集中在超大型和大型企业，这些企业规模大，资金实力强，专业人才储备较充裕，数字化转型的预期也较好。但大量中小企业数字化转型投资仍很有限，而这些企业仍占据了中国企业产出和就业的相当大比例。从竞争环境看，这些中小企业缺乏数字化转型动力，是因其仍可以获得满意的利润率；从技术生态环境看，这些企业也不同于复杂价值链企业，其上下游企业也多为劳动密集型，数字化压力并不大，大量中小企业尤其是劳动密集型产业企业缺乏数字化转型动力。

但是，数字经济有别于传统经济的一个重要特征，就是数据具有互补性（complementarity）和非竞争性（non-rival）。数据的互补性意味着不同类型、不同来源和不同主体的数据互补，将进一步促进数据要素的报酬递增，同时并不增加数据的边际成本。数据的非竞争性意味着数据可积累、可复制，可以极低的代价被所有成员利用，一个主体使用的同时不仅不影响另一个主体的使用，相反，多主体的共享使用反而会增强数据的可信度和提升质量。小企业缺乏数字化转型动力，就其个体而言是理性的，但从社会总产出和效率提升的角度而言却是次优的；数字化转型对单个中小企业是不经济的，但对整个生产体系却是经济的。原因在于，不同于工业经济时代企业通过封闭生态的方式建构价值链和供应链，数字时代企业的价值链和供应链是开放的复杂系统，也只有在这种开放复杂系统中才能实现信息获取、信息生产的即时化，以实现跨企业的多主体协作。中小企业的数据资源如果没有得到充分挖掘和利用，就无法使其生产和流通过程所产生的大量数据为社会所用。从长远来看，中小企业数据化进程的滞后，不仅不利于这些企业本身的竞争力提高，还因数据互补性和非竞争性的损耗，影响了整个经济体系的效率；而对于数字化转型程度高的大型企业而言，中小企业数据化转型的滞后，也不利于其与中小企业进行反向链接，难以培育自身供应链。

从这一角度看，中小企业数字化转型存在明显的外部性。数据溢出的经济收益是社会化的，但数字化转型的成本需要中小企业自己承担。与大型企业尤其是超大规模的企业相比，中小企业在数字化转型中不仅受限于数字资产存量薄弱、人才匮乏，由于行业和产品缺乏规模效应，中小企业也难以像大企业那样获得通用型的解决方案，解决个性化需求的成本也过高。因此需要提供更为精准和全面的公共品供给，系统有效降低中小企业数字化转型成本。例如，通过数据标准、行业标准的统一，改变中小企业数字化转型服务优质资源供给不足的局面；在财税政策方面，可以通过建立多层次的引导基金，引导各级财政资金和社会资本加大对传统产业数字化转型的投入。

三　数字经济发展与制造业比重基本稳定

《中华人民共和国国民经济和社会发展第十四个五年规划和二〇三五年远景目标纲要》提出"深入实施制造强国战略"，强调要"保持制造业比重基本稳定"，这与"十三五"规划提出的"服务业比重进一步提高"相比，发生了明显的改变。在强调数字经济发展的同时，也尤其强调保持制造业比重基本稳定，这种在产业上的双重强调，对新发展格局的构建有着极为重要的意义。

首先，数字经济的发展以深度融合为方向。所谓深度融合，即数字技术不仅要发挥强大的替代效应，也要发挥广泛的渗透效应；数字技术不仅要在生活性服务业，而且要在生产性服务业和制造业中发挥催生新业态、提高生产率的作用。也就是说，只有将数字经济作为一个系统而非少数行业进行整体推进，才能实现国民经济在技术基础和生产方式上的全面数字化转型，这对构建现代化经济体系、推进产业基础高级化和产业链现代化有着极为重要的意义。

中国的数字经济在蓬勃发展的过程中，仍存在典型的生活性服务业强、生产性服务业和制造业弱的结构性失衡问题，中国数字经济的发展成就更为集中地体现在新型服务业、生活服务业领域；制造业数字化尚在发展初期，中国信息化百人会根据工信部《工业企业信息化和工业化融合评估规范》（GB/T 23020—2013）的标准进行的评估表明，2017年，就制造业信息化和工业化融合水平而言，只有4.1%的企业处于创新突破阶段。[①] 从产业分布看，2020年，中国服务业、工业、农业的数字经济占行业增加值比重分别为40.7%、21.0%和8.9%，工业和农业数字经济占比明显低于服务业。中国数字经济巨头的主营业务主要集中于生活服务业，即消费互联网。相比之下，北美15大互联网公司中，消费互联网和产业互联网的企业数量基本相当，呈现齐头并进的发展态势。总体上，中国数字经济在制造领域，无论是芯片、存储器等数字产业化部门，还是协同机器人、工业互联网等产业数字化部门，都与发达国家存在明显差距。

数次技术革命浪潮之后，产业部类、行业、产品已经非常复杂，全球生产活动又呈现网络化分布，在复杂的全球分工网络中，如何抓住关键产业实现创新？从第五次、第六次技术革命浪潮的连续性看，人类经济活动从前四次技术革命浪潮中的能量主线开始转向信息主线，

[①] 中国信息化百人会：《2017中国数字经济发展报告》，http://www.doc88.com/p-1167826879457.html。

以万物互联、大数据为代表的智能化生产将成为主导技术。而数字经济的构成又极为复杂，既包括数字产业化，也包括产业数字化，既包括生产性服务业，也包括生活性服务业。必须注意到，数字经济的发展应用如果仅仅局限于工艺创新和模式创新，则只能解决如何生产、如何实现价值的问题，而不能解决生产什么、用什么生产的问题，其增长效能最终有限。数字经济的发展是一个系统工程，在数字技术和数字经济制高点的竞争过程中，与基础、制造相关的技术、设备、知识产权和标准体系将越来越重要，甚至具有决定性的作用。原因主要有以下两点。首先，应用场景的多样化和规模化，可以为催生多样的应用技术提供强大的需求拉力，从而引致创新，但在全球分工网络中，基础层的知识产权仍具有收获更高附加值的能力，脱离了基础技术，应用技术不仅走不远，而且走不稳。其次，便捷、快速、多样化的消费互联网产业不仅建立在数据、算法和软件基础上，也建立在存储、芯片、传感等硬件基础上。互联网四大定律中，就有两大定律旨在揭示和强调软件和硬件的"互激式增长"关系。比如，安迪比尔定律指出，基于IT硬件产品的应用功能越强大，对硬件性能要求也越高；吉尔德定律指出，主干网的带宽每6个月增长一倍，12个月增长两倍，其增长速度是摩尔定律预测的处理器性能增长速度的3倍，这体现了数据体量和数据基础设施之间的互激式增长。随着人工智能的发展，传统的摩尔定律正在向着黄氏定律转化，即针对专门任务进行计算的专业芯片推动AI性能实现逐年翻倍，如谷歌的人工智能TPU、英伟达的图形处理器等，这些底层核心部件的发展正在成为决定人工智能发展的关键因素。

第一，在数字经济重构经济生活生产方式的过程中，无论是数据+连接这一信息生产体系的生成，还是这一体系产出的应用，都需要制造业作为"底座"。当前，以人工智能、大数据为代表的新一代数字技术虽然在表现形式上日益数字化、服务化，却比互联网时代更加依赖于制造业基础。这是因为，大数据、云计算、物联网、人工智能、区块链五大数字新技术围绕着数据提取、存储传输、优化、互信共享而展开的技术协同与互补过程，都需要大量数字设备，如传感器、通信模块、智能装备、专用芯片和数据中心等，数字产业化依赖于制造业。另外，在"刚刚开始启动"的制造业数字化中，也需要制造业吸收数据+连接这一信息生产体系的产出，为数字技术进步提供强大的需求端拉动，制造业"吸收"信息生产体系产出的方式包括：植入传感器、通信模块，使产品具有动态存储感知与通信能力，实现可追溯、可定位、可互动的产品智能化，然后通过实时连接产品实现服务智能化；通过装备智能化、生产方式智能化、管理智能化实现智能制造，产业数字化需要制造业。

第二，在数字经济的数据+连接的互激式增长过程中，数据和连接实现"双优化"才能充分发挥作用。从数据规模看，作为全世界唯一拥有联合国产业分类当中全部工业门类的国家，完整的制造业供应链可以为中国制造业数字化提供规模最大、最为多样化的数据资源。作为拥有世界上规模最大的中产群体的国家，庞大的国内消费市场可以为终端消费数据提供最多的数据主体。但数据规模不等于数据效率，由于更多的数据需要对应更多的能耗，计算结果可以免费共享[①]，因此拥有质量更好的数据、更好的算法、更强的算力以及互补性更强的数据平台，比数据规模更为重要；欲将规模庞大而零散的数据劣势转化为数据胜势，还需要在数据产业链、人工智能芯片、工业互联网平台等方面加大创新投入力度。从连接体系看，以数据中心、边缘计算为架构的数字基础设施将形成类似于电力一样的集中分布式算力和存储供给，这一领域的竞争将在很大程度上决定数字经济的制高点。当前，美国超大型数据中心数量约占全球的50%以上，且面积以每年

[①] 例如，机器人之间可以实现知识共享。一旦机器在一个地方学会了一项新技能，它就可以通过数字网络复制到其他机器上，这反过来又增加了改进的速度。谷歌的子公司 Waymo 拥有 25000 辆"真正的"自动驾驶汽车，每周大约有 1900 万英里的模拟里程。所有 Waymo 汽车都是从其他汽车的共同经验中学习的。这意味着，数据训练算法，算法优化数据的共享平台比数据规模更重要。

800万平方英尺的速度递增，而中国超大型数据中心数量约占全球的10%。虽然中国数据中心从2012年开始进入高速增长阶段，增速明显高于全球平均水平，但与中国高速增长的GDP仍然不匹配。在云计算市场上，美国和西欧分别占据了全球市场的50%和23.5%，而中国仅占4%。

也正因如此，联合国工业发展组织的《2020年工业发展报告：数字化时代的工业化》报告指出，从技术发展趋势看，先进数字化制造（ADP）将是数字时代工业化的核心所在，也是第四次工业革命的集中表现。先进数字化制造技术与TDI行业和KIBS存在密切关系：TDI行业是先进数字化制造技术的最大使用者，而先进数字化制造技术应用越广泛，对KIBS的需求就越旺盛，KIBS与制造业的整合也就越明显。这一进程的必然结果是制造业和KIBS之间的生产联系不断增加。报告指出，当前全球只有50个经济体可被视为积极使用了先进数字化制造技术，先进数字化制造的创新和扩散集中在少数工业化国家（地区）。美国、日本、德国、中国大陆、中国台湾、法国、瑞士、英国、韩国和荷兰10个经济体占全球先进数字化制造产出的91%、专利总量的90%和出口总量的70%。较长一段时间内，先进数字化制造聚集于少数经济体的格局难以发生改变，因为先进数字化制造技术是传统工业生产技术的数字化延伸，大量先进数字化制造技术是从第二次和第三次工业革命的行业中演变而来的，是一种"演化转变"而不是"革命颠覆"，开发先进数字化制造技术需要最低限度的工业能力积累。这意味着，一个国家如果缺乏一定的工业基础，就无法进行先进数字化制造技术的吸纳和推广。从中国现有产业结构和规模看，无疑具有这种基础条件。从国内因素看，党的十九大以来，中央一直在致力于扭转中国经济脱实向虚的趋势，强调制造业尤其是先进制造业的重要性。

在"十四五"时期保持制造业比重基本稳定，这个重要目标的实现必须有明确的政策导向和政策供给支撑。"十四五"规划已经明确提出，坚持把发展经济着力点放在实体经济上，坚定不移建设制造强国、质量强国、网络强国、数字中国，推进产业基础高级化、产业链现代化，提高经济质量效益和核心竞争力。必须认识到，制造业的"质"（包括竞争力、产业链现代化程度等）比制造业的"量"（包括规模、门类等）更为重要。但是，没有一定的制造业规模即"量"作为基础，创新的知识来源、作用对象就会受到限制，制造业"质"的提升就会成为无本之源，尤其对中国这样的超大型经济体更是如此。"十四五"时期，围绕中国深化工业化进程、推进制造业高质量发展的目标，政策供给应集中于"三个基础"，政策导向应突出"四个强化"，从而在保障制造业基本规模即"量"的稳定的前提下，稳步推动制造业"质"的提升。

所谓"三个基础"，一是有形的基础设施，包括第五代移动通信、工业互联网、大数据中心等数据基础设施；运输大通道、综合交通枢纽和物流网络等交通基础设施；干线油气管道、电力生产和输送通道等能源基础设施，以及水利基础设施。二是无形的制度基础，包括适应现代产业体系特征、能准确把握制造业和服务业结构变化的基本统计制度，能准确把握产业短板、弱项变化的产业基础能力动态评估制度，旨在推进制造业产品和服务品质提升的国家质量基础设施，如标准、计量、专利等体系，尤其是与国际先进水平接轨的产业质量、安全、卫生和环保节能标准等。三是核心基础零部件（元器件）、关键基础材料、先进基础工艺、产业技术基础。通过三个基础的建设，实现"十四五"规划所提出的"巩固壮大实体经济根基"。

所谓"四个强化"，一是总体导向上要强化构筑中国制造业的核心能力，彰显中国通过原始创新与全球工业化国家共同推动人类技术进步和产业发展的长期愿景，为全球制造业发展做出中国贡献。二是强化新一轮工业革命背景下通用技术创新和应用的统筹部署，同时要弱化和避免无重点、无方向的产业和领域倾斜，重在推进制造业数字化、智能化、网络化应用所涉及的通用技术和使能技术的原始创新和技术突破。三是立足中国制造业实际，顺应制造业的"产品+服务"发展趋势，强化服务型制造和制造业品质革命，在强基、提质、保规模的过程中，突出解决中国的制造业品质问题，从而促进制造业附加值和全要素生产率的提升。四是强化政策转型，以适应现代制造业创新体系的需要。一方面要围绕技术创新加快促进产业政策从选择性向功能性转型，将政策资源配置的指向由特定的产业逐渐转向技术创新，使促进产业发展的公共政策资源更多地配置到技术创新公共服务体系建设上，包括构建开放、协同、高效的共性技术研发平台，功能完备、主体清晰的公共科技服务体系等。另一方面要确立竞争政策基础地位，通过加强知识产权保护、完善反垄断等竞争政策，形成有效的创新激励机制，培育能激发颠覆性技术创新的环境。通过"四个强化"，为中国制造业的高质量发展提供持续动力。

第七章　样本观察：中国电网

继 2010 年超过美国成为世界第一大电力生产国之后，2015 年的 12 月 23 日，中国最后的 9614 户居民共计 3.98 万无电人口通电，至此，中国电网已经接入了全国近 14 亿人口、超过 4 亿个家庭，成为世界上规模最大、增速最快、覆盖人口最多的电网。如前所述，国有企业是中国式现代化的关键元素之一，因为在一般意义上，后发国家在经济赶超过程中往往需要通过各种形式集中力量、体现国家意志，而且在中国意义上，它是社会主义现代化重要主体的集中体现。而作为关系国计民生、需要长时间积累、长时期投入的基础设施类国企，中国电网的发展又必然在体现社会主义发展目标、动力和功能上有其独特之处。

为了探究中国电网长期安全稳定运行的奇迹，在考虑研究数据、研究深度和针对性的前提下，本书以代表中国电网主体的国家电网为例，进行聚焦性研究，以点带面，从而凝练出其中蕴含的根本因素。

第一节　电网：中国式现代化的典型样本

一　为什么是电网？

电力系统是人类创造的最复杂的系统之一，这不仅体现在电网在空间分布上需要按人类能源生产和消费需要进行连接，而且对一个空间分布如此广大的复杂系统，要进行不间断的连续性实时控制，实现稳定、连续、优化的电力资源配送；同时，在这一过程中，应对各种不可预料的外部扰动，如地震、冰雪、台风等自然灾害，以及人为的恐怖袭击和战争破坏等，这给电力系统的稳定运行和控制带来了巨大的困难。

尽管电力成为人类可支配的能源已有一个多世纪，但电力的稳定安全运行至今仍是人类经济社会面临的一大挑战，即使在第二次工业革命的先发国家美国，2008~2017年，其电网年平均停电次数也多达3188次；2021年2月，得克萨斯州寒潮导致大规模停电，甚至造成至少50人死亡。

作为世界上规模最大、覆盖人口最多的中国电网，过去10多年没有发生大面积停电事故。其中，作为代表中国电网主体的国家电网，更是全世界范围内过去20年唯一没有发生大面积停电事故的特大型电网。截至2021年底，国家电网的经营区域覆盖我国26个省（自治区、直辖市），供电范围占国土面积的88%，供电人口超过11亿人，大电网延伸覆盖率达到99.77%，顺利实现了国家大电网大陆地区所有县域全覆盖。与此同时，伴随着"走出去"工程的不断深化，国家电网已经在菲律宾、巴西、葡萄牙、澳大利亚、意大利、希腊、阿曼和智利等多个国家和地区成功投资运营了当地若干骨干电网，并全部实现了盈利。从输送电力规模、覆盖人口和国别地区看，国家电网无疑已经成为世界第一电网。

不仅如此，在近20年的安全稳定运行过程中，国家电网在输送距离、电力规模、用户数量、升级改造、新能源并网等领域也始终保持了世界第一的增长率；与此同时，国家电网还逐步成为世界上技术标准立项和制定最多的电网，而且客户满意度最高，电力同行品牌价值最高。**以国家电网为代表的中国电网发展的关键特征，集中体现为基于电压提高的输送"远"，基于从点、片到面连接的"大"，基于安全性的"稳"和长期低价格的"廉"，远、大、稳、廉的同时兼得，又是在一个工业基础极其落后的国家以并联式、叠加式的方式实现的，这不仅是中国经济发展奇迹的缩影，也是世界工业史上的奇迹。**

作为一个电力工业的后发者，在一个能源资源与需求中心逆向分布的超大型经济体内，以国家电网为代表的中国电网如何在规模快速增长的同时保障了安全稳定运行？又是如何从一个追随者成为领跑者？国家电网是在怎样的地理、资源和产业基础上实现了这一奇迹？带来这一奇迹的体制因素、制度因素和技术因素是什么？体制因素、制度因素和技术因素三者之间是什么关系？

以国家电网为代表，回顾中国电网安全稳定运行所取得的成就与历史，最为突出的成就体现在：在输电电压不断升高、输电范围不断扩大、电网连接度不断加强的过程中突破了中国的能源胡焕庸线，为中国工业化提供了持久的动力；在引进、跟随到领跑的过程中实现了高水平自立自强；在长期运行过程中保障了安全、廉价、高效，成为世界上最庞大、最安全、用户满意度最高的电网。

二　中国电网发展的底层逻辑

从制度基础而言，党的领导和社会主义的发展目标是国家电网快速发展与安全稳定运行的决定性因素。其中，党的领导是国家电网健康快速发展与安全稳定运行的根本保障，正是中国共产党的执政理念和价值取向，决定了长期发展战略目标的稳定性；而社会主义的发展目标，决定了社会主义条件下中国电网不仅是促进工业化的基础设施，而且是实现区域协调发展与国民普惠性发展的重要手段，基于这种特殊的功能定位，国家电网作为中国特色社会主义建设的重要组成部分，始终保持了以人民为中心的导向。

国家电网的发展，同时折射出中国工业化从无到有、从小到大和从大到强过程中体制机制的独特性。集中力量办大事和全国一盘棋的统筹机制是实现国家电网发展目标的主要抓手，前者保障了关键技术和重大工程的顺利突破和实施，后者极大地减少了国家电网从点、片到面的大连接过程中的协商成本和利益冲突，克服了短期利益、局部利益和长期整体利益之间的矛盾。而国家电网独有的创新体制，也是它能不断突破技术创新瓶颈的关键因素。国家电网的创新体制，是一种立体型、多主体的长期创新,在创新主体上,它不仅包含了不同创新机构(政府、企业和科研机构)之间的多重互动关系,而且融合了大量基层的现场创新主体;在创新的知识来源上,它既包含了来自实验室的"明码"知识,也包含了大量技能、诀窍等"缄默"知识。这种立体型、多主体的长期创新,体现出国家电网内蕴着一种不同于既有创新理论的集体创新和平等创新精神,体现出典型的社会主义创新体系特征。

国家电网的发展史,同时也是中国工业化与现代化的缩影。它不仅集中体现了新中国成立以来在现代化道路上叠加式、并联式的发展,也是自主创新从而实现高水平自立自强的典范。支持国家电网不断发展壮大,且长期安全稳定运行的一系列制度、体制、机制因素,只有在中国共产党领导下的社会主义新中国才能提供、孕育和形成,在迈向高收入国家行列、基本实现社会主义现代化的过程中,曾经成就国家电网辉煌成就的这些因素仍将持久地发挥效能,促进国家电网在新发展阶段实现高质量发展。

第二节 中国电网的成就、历史与关键特征

一 中国电网的发展起点与困难

电力之所以被视为第二次工业革命的通用技术和主要标志,是相比于第一次工业革命的机械化和蒸汽动力而言,电力实现了能源的集中分布式格局,从而使能源获取与消耗突破了空间限制,从而极大地扩大了分工范围,提升了经济效率。集中分布式能源的优势,就是能将发电最广泛地输送到所需要的地点,从而实现规模经济。就这一点而言,电力能源的优势发挥,要求发电和电网必须保持高效的耦合,形成一种"互激式"的增长:电网输电范围的扩大、稳定性和安全性的提高,可以带动发电量同步起飞;发电效能的提升,又需要电网输电范围的进一步扩大、稳定性和安全性的进一步提高。从完整的能源

生产和消费过程而言，两者是一个有机的、不可分离的整体。但从各自的空间属性而言，发电是节点式分布的，由能源资源的禀赋特征，如类型、空间分布和地理属性所决定，但电网是整体性分布的，其分布范围由"需要"——包括经济需要、社会需要和人的发展的需要而决定，而电网的安全性、稳定性和连接范围，不仅决定着接入节点的地理分布，也决定着能源整体配置效率的高低。

节点式分布的发电和整体性分布的电网之间往往是不均衡的，要在提升发电效率、输电效率，输电范围得以扩大的同时，保障最终获得电力的经济性和便捷性，是一项需要综合多种成本指标、考虑多种复杂因素的复杂工程。对于中国而言，这种困难尤其突出，具体体现在以下五个方面。

第一，能源资源与需求中心的逆向分布突出。中国地图上从黑龙江黑河到云南腾冲的直线——胡焕庸线所代表的分割，在将中国人口划分为两个极端不均衡的区域的同时，也将中国的能源资源逆向地划分为两个区域，形成了能源胡焕庸线。能源资源主要分布在西北、西南：中国76%的煤炭分布在北部和西北部，80%的水能分布在西南部，绝大部分功能太阳能分布在西北部，但胡焕庸线东南方43.8%的国土居住着94.1%的人口，70%以上的用电需求集中在中部、东部地区。这种先天的资源分布格局，使中国的电网发展从一开始就面临着人类工业史上前所未有的挑战和困难。由于中国缺乏美国、俄罗斯那样充裕的天然气资源，无法通过管道解决这种能源资源与需求中心逆向分布的矛盾，运输煤炭、存储电力、低电压等级输送功率损耗大都使电力成本极大地攀升，同时也带来巨大的环保压力和运输压力。

第二，电网建设起点低、基础弱。高电压等级能有效降低远距离输送的电能损耗，但中国电力工业的起点极低，不仅严重缺乏建设资金，而且缺乏技术和运营管理经验。中华人民共和国成立之初，我国输电电压等级繁多，没有全国统一的标准。全国35千伏及以上输电线路仅6475公里，变电设备容量346万千伏安。1954年1月26日，中国第一条自己设计、施工的横跨辽宁、吉林两省的220千伏的松（丰满）—李（李石寨）高压输电线路（即506工程）建成并网送电时，世界上第一条220千伏线路已经问世31年。1972年6月16日，中国自力更生建设的第一条330千伏超高压输电线路——刘（家峡）—天（水）—关（中）建成投运时，仍然比世界同等级输电工程晚了20年。

第三，在中国这样的超大型经济体内建设超高压、特高压电网，没有成功的经验可资借鉴，必须自主创新。对输电电压的极限探索，一直是世界性的难题。日本、美国、苏联都在500千伏以上领域中做过尝试并获得了一定的成功；20世纪60~70年代，发达工业国家在750千伏直流和1150千伏交流输电线路上取得了一定的成功并投入应用，但由于种种原因，又在不同时期停滞了。例如，苏联解体后，特高压降低为超高压，美国因天然气管道输送替代而放弃特高压，日本20世纪90年代后因经济陷入停滞而放弃等。这些国家掌握了一定的超高压、特高压技术，但它们不约而同地对中国的超高压、特高压电力发展进行了从设备到技术的封锁。无论是超高压还是特高压，中国必须也只能走自主创新的道路。

第四，中国的能源地理分布决定了中国的电网施工、检修难度也是难以想象的大。中国的能源资源分布区域多在崇山峻岭或在大江大河附近，气候条件恶劣多变，道路交通崎岖险峻，地质灾害频繁，即使在突破超高压、特高压输电技术障碍之后，克服施工障碍和检修障碍，使电网能投入并安全稳定运行，也存在极大的困难。

第五，随着全球绿色智能生产的转型，中国既有电网普遍面临着长期的清洁、可再生能源的并网压力，如何迎接即将到来的能源互联网时代，打造更为清洁的能源消费和生产方式，同时继续保持电网的安全性、稳定性与效率，也是高速发展的中国电网面临的多重压力之一。

二 中国电网的成就

在这样的起点基础和多重约束条件下，中国电网在建设运行、安全稳定和技术创新等方面，仍取得了举世瞩目的成就。中华人民共和国成立70余年来，中国电网从覆盖率低、连通性差、电压低的零星孤网，发展成为世界上覆盖范围最广、能源资源配置能力最强大、并网新能源装机规模最大、高压输电线路最多的电网；从安全运行水平低的电网，发展成为世界上安全运行水平最高的电网之一，电力供应进入高可靠性水平阶段。

1949年，中国的电网十分薄弱，只覆盖少数大城市，多是以城市为供电中心的孤立电厂，并且低压供电。经过近30年的发展，到改革开放之初的1978年，全国电网覆盖率接近一半，但电网仍然以相对孤立的省级电网、城市电网为主，省份间联系很少。经过改革开放40年的发展，到2018年全国电网已经形成了华北、东北、华中、华东、西北、南方六个大型区域交流同步电网，除西北电网以750千伏交流为主网架外，其他电网以500千伏交流为主网架，华北电网和华东电网建有1000千伏特高压工程。

在这一过程中，电网线路长度增长超过290倍。1978年，中国220千伏及以上输电线路长度为2.3万公里，是1949年的3.5倍。2018年，电压等级极大地提高至35千伏及以上的输电线路长度为189万公里，相当于绕地球赤道47圈，是1949年的291倍。

同时，电网电压等级不断攀升，直至世界最高。1949年，最高电压等级220千伏。1978年，最高电压等级330千伏，全国各电网以220千伏和110千伏高压输电线为主要干线，变电设备容量2528万千伏安。到2018年，电网最高电压等级1100千伏，超过巴西（800千伏）、美国（765千伏）、印度（765千伏）、俄罗斯（750千伏）、日本（500千伏），达到世界第一位；变电设备容量40.3亿千伏安；跨区输电能力不断提高，2018年跨区输电达到1.36亿千瓦，其中交直流联网跨区输电能力超过1.23亿千瓦，跨区点对网送电能力1344万千瓦。

随着输电线路的不断延长和范围的不断扩大，中国的县、乡、村、户的通电率也达到了百分之百，供电可靠性进入高水平阶段。1978年，全国县、乡、村通电率分别为94.5%、86.8%、61.1%；2007年，三项指标分别是100%、99.7%、99.7%；2016年，三项指标全部达到100%。中国供电可靠性大幅提升，进入高可靠性、高质量阶段。

从具体指标上看，中国电网在五个方面已经堪称世界之最。

1. 全世界规模增长最快的电网

2009年，我国电网规模超过美国，并持续至今，始终保持世界第一位。截至2021年底，初步统计全国电网220千伏及以上输电线路长度84万公里，全国电网220千伏及以上变电设备容量49亿千伏安，分别比1949年增长了超过1000倍和10000倍。[①] 其中，国家电网公司220千伏及以上电网线路长度、220千伏及以上电网变电（换流）容量、并网装机容量均居世界首位，电网规模约为欧洲、北美等第一梯队国家和地区的两倍。

2. 全世界联网规模最大的电网

截至2020年底，我国已建成世界上规模最大的交直流混合电网，共成功投运"十四交十六直"30个特高压工程，跨省跨区输电能力达2.3亿千瓦，已形成华北—华中、华东、东北、西北、西南、南方、云南7个区域或省级交流同步电网。

3. 全世界技术水平最先进的电网

经过不断的关键技术攻关和实践探索，中国电网科技高速发展，逐渐从技术引进发展为自主研发、自主设计、自主建造、具有自主知识产权的国际先进技术，在新型电网技术、特高压技术、智能电网、大电网安全稳定运行控制、新能源接入等方面，取得了一批具有全球领先水平的科技创新成果，中国主导制定的特高压、新能源并网等国际标准成为全球相关工程建设的重要规范，科技水平迈入世界先进行列。国家电网的"一极一道"规划，将北极圈周边的风能资源和赤道附近的太阳能资源纳入未来人类能源配送规划，打造以特高压电网为

---

① 数据来源：《中国电力行业年度发展报告（2022）》。

骨干脉络、以清洁能源为核心的全球能源互联网。

4. 全世界安全水平最高的电网

与美国等发达国家以及巴西、印度等发展中国家相比，中国国家电网是近20年世界上唯一没有发生大面积停电事故的特大型电网。2021年，全国供电系统用户平均供电可靠率为99.872%。2020年，国家电网公司城市用户平均停电时间为0.39小时/户（国际领先企业典型值为0.2小时/户），优于美国，居于先进行列，电力供应转向基本实现24小时无限制稳定供电，电能供应质量和可靠性显著提升。

三 中国电网发展的关键节点

中国电网的上述奇迹并非一蹴而就，而是经过了长期的积累、探索与发展，其发展历史可以概括为：第一，输电电压从高压、超高压发展到特高压，变电设备容量不断上升，输电距离从跨市、跨省发展到跨区域；第二，电网联网从局部联网、省会中心的省级电网联网发展到全国联网直至"一极一道"规划；第三，技术上从落后到追随到赶超和领跑，从引进、吸收到自主创新和国际标准、专利主导。

（一）输电电压的标志性事件

从输电电压变迁这一指标看，中国电网发展的标志性事件如下。

1949年9月底，全国35千伏及以上输电线路6475公里，变电设备容量346万千伏安。

1954年1月26日，中国第一条自己设计、施工的横跨辽宁、吉林两省的220千伏的松（丰满）—李（李石寨）高压输电线路（即506工程）建成并网送电。

1972年6月16日，中国自力更生建设的第一条330千伏超高压输电线路——刘（家峡）—天（水）—关（中）建成投运。

1981年12月22日，中国第一个500千伏输变电工程平武线竣工，全长594.88公里，输电能力120万千瓦。

1984年4月，完全由中国自主设计、施工、建造的第一项500千伏输变电工程——元宝山—锦州—辽阳—海城输变电工程建成，线路总长度 602 公里，变电设备容量 225 万千伏安。

此后，500 千伏线路逐渐成为中国各省级及跨省份大区电网的骨干网架。

1989 年 9 月 18 日，中国第一条 ±500 千伏超高压直流输电工程——葛洲坝至上海直流输电工程，单极投入运行。这是我国第一个超高压直流输电工程。该工程直流输电线路长 1045.6 公里，单极输送容量 60 万千瓦，双极 120 万千瓦，这标志着中国输变电技术跨入世界先进行列。

2000 年 12 月 26 日，天生桥至广州北郊的天广 ±500 千伏超高压直流输电工程单极投运，次年 6 月 26 日双极投运。该工程全长 980 公里，双极输送容量 180 万千瓦，是 20 世纪中国投产最大的直流输电项目。

2009 年初，第一条 1000 千伏特高压交流输电线路（晋东南—南阳—荆门）投入运行，这是世界上首个百万伏特高压交流试验示范工程。

2010 年 4 月 11 日，西北—华中（四川）直流联网工程进入商业化运行。该工程是中国第一个自主设计、自主成套、自主建设、全国产化的长距离直流输电工程。

2010 年 6 月 18 日，云广特高压直流输电工程双极竣工投产，同年 7 月 8 日，四川向家坝—上海 ±800 千伏 640 万千瓦特高压直流输电示范工程投入运行，是当时世界上输送容量最大、送电距离最远、技术水平最先进、电压等级最高的直流输电工程。

2017 年 8 月 14 日，中国最长的特高压交流工程榆横—潍坊 1000 千伏特高压交流输变电工程建成投运。

2019 年 9 月 26 日，准东—皖南 ±1100 千伏特高压直流输电工程正式投入运行。这是当时世界上电压等级最高、输送容量最大、输送距离最远、技术水平最先进的特高压直流输电工程。工程起点位于新疆昌吉州，终点位于安徽宣城市，线路全长 3324 公里，具备年送电 600 亿~

850亿千瓦时的能力。

2020年7月15日,国家电网有限公司青海—河南±800千伏特高压直流输电工程启动送电,这是全国乃至全世界第一条专为清洁能源外送而建设的特高压直流输电通道。

(二)电网联网规模的标志性事件

从电网联网的规模变迁看,中国电网发展的标志性事件如下。

第一阶段:从城市电网到省级电网

1949年,全中国的电力线路有6475公里,仅有非统一电压标准电力配送给部分城市,仅少量城市联网供电,如北京—天津—唐山。

1954年1月26日,中国第一条自己设计、施工的横跨辽宁、吉林两省的220千伏的松(丰满)—李(李石寨)高压输电线路(即506工程)送电。

1958年,全国初步形成了东北、京津唐、晋中、南(南京)锡(无锡)常(常州)、合肥、上海、鲁中、郑洛、赣南等地电网,陕甘川滇也围绕省会城市形成了电网。

20世纪60~70年代,除西北电网外,中国电网逐步通过220千伏线路互联,以220千伏线路为主网架,以省域为主要供电范围的省级电网开始形成。

第二阶段:省级联网

1972年6月16日,中国自力更生建设的第一条330千伏超高压输电线路——刘(家峡)—天(水)—关(中)建成投运,陕、甘、青三省实现联网。

1981年9月28日,河北省石邯电网与山西电网实现联网运行。京津唐电网、石邯电网、山西电网联成一个跨两省、两市的华北大电网,电网总容量达882.20万千瓦。

1984年6月26日,广东电网与澳门电网实现联网。

1985年,宁夏电网并入西北电网,形成陕甘宁青电网,广西与广东的电网联网运行。

1989年9月18日，葛洲坝至上海直流输电工程单极投入运行，首次在华中、华东两大电网间实现了非同期联网。

1993年，实现了粤桂黔电网的联网运行。

1995年，京津唐电网与蒙西电网有了500千伏的直接联系。

第三阶段：以超高压为标志的跨区联网

2001年5月13日，华北与东北两大电网通过500千伏姜（姜家营）—绥（绥中）线联网运行，联络线全长167公里，交换的容量为60万千瓦，中国第一次以交流方式实现跨大区电网互联。[①]

2002年5月25日，万县—龙泉500千伏线路正式与华中电网联网。一个东连三峡、华中，西接二滩、四川的"川电东送"中枢通道形成。

2003年9月21日，500千伏辛嘉线投入运行，华北电网、华中电网实现联网，至此华北、东北、华中、川渝电网成功实现交流联网运行，一个跨越14个省区市、装机容量超过1.4亿千瓦的跨区域超大规模交流同步电网就此形成。

2007年11月16日，新疆220千伏电网实现联网，成为世界上220千伏电网覆盖面积最广的区域性电网，这标志着新疆电网全面进入大电网时代。

2010年4月11日，西北—华中（四川）直流联网工程开始商业化运行。

2011年12月9日，世界上海拔最高、高寒地区建设规模最大、施工难题最多的输变电工程——青藏联网工程投入试运行，实现中国（不含港澳台）电网全面互联。

2012年6月6日，世界海拔最高的国家电网公司330千伏输变电工程——玉树与青海主网联网工程（玉树330千伏变电站）及323公里的玛多—玉树330千伏输电线路投运，结束了玉树电网孤网运行的历史。

---

① 《中国信息化与工业化融合大事记》，工业和信息化部网站，https://wap.miit.gov.cn/zt-zl/lszt/gyzxsjxdjh/xwdt/lhrhsdxhd/art/2020/art_f1e17126d1d64aa8bf8de3a5fe420b6b.html，2012年6月27日。

2014年6月25日,当时世界最大容量、输电距离最长的溪洛渡右岸电站送电广东的±500千伏四极同塔双回路直流工程全面建成投运,至此南方区域形成了"八交八直"西电东送大通道,送电规模达3400万千瓦。

四　中国电网发展的关键特征

回顾中国电网发展历程中的标志性事件,**我们可以将中国电网发展的关键特征归结为基于电压提高的输送"远",基于从点、片到面连接的"大",基于安全性的"稳"和长期低价格的"廉"**,具体如下。

(一) 以高压、超高压和特高压为技术方向,打破能源胡焕庸线

高压、超高压和特高压具有输送容量大、距离远、效率高和损耗低等技术优势,是中国电网发展的底层技术路线,也正是通过这一技术路线的不断累积和突破,中国电网不断突破地理隔绝,并最终打破能源胡焕庸线形成的障碍,形成了西电东送、北电南供、水火风光核互济的电力供给新格局,电网的延伸覆盖率处于国际领先水平,电网深入延伸到乡镇、行政村,国家电网公司大电网延伸覆盖率达到了99.77%。拥有了全球输电电压等级最高、输电线路最长、新能源并网规模最大的特高压交直流混合电网。

在这一过程中,中国电网不仅开启了世界电网特高压时代的特高压交、直流试验示范工程,世界上电压等级最高、输电距离最远、输电容量最大的±1100千伏特高压直流工程,世界上首个具有网络特性的张北柔性直流电网试验示范工程,世界上首个500千伏电压等级的统一潮流控制器示范工程,而且通过世界上海拔高度、环境复杂度、施工难度连创电网建设史纪录的青藏联网、川藏联网、藏中联网、阿里联网四条"电力天路"工程的施工完成,显著提升了中国电网的建设施工能力,直接带动了中国电力装备产业的领跑式发展;与此同时,能源胡焕庸线的突破,也极大地提升了环境水平,正是借用特高压输送的清洁电力,华北和长三角地区才能每年减排二氧化硫96万吨、氮氧化物53万吨、烟尘11万吨。

（二）以大电网规模经济为导向，促进发电输电用电良性增长

安全稳定的长距离输送，促进了发电、输电和用电之间的良性增长循环。中国电网输电能力的迅速提高，带动中国的发电量同步起飞。在中国电网不断实现跨省、跨区域连接并最终形成世界第一大网的过程中，中国的火电、水电、核电等不同类型的电力生产也得到了长足的发展。1985年，中国的发电量只排全球第六位；2011年中国就超过美国，成了发电量全球第一位的国家，中国电网也成为世界上规模最大的电网；2015年，仅江苏一个省的用电量就和德国全国相当。新中国电力工业70多年的发展，经历了从小到大、从弱到强、从封闭到开放的过程，取得了举世瞩目的巨大成就：用电量增长1900倍、人均用电量增长630倍，发电量增长1600倍，发电装机容量增长1000倍，电网线路增长280倍、电压等级增长5倍。2005~2020年变电设备容量变化见图7-1，1978~2017年我国电力装机容量变化见图7-2。2020年以来，中国新增装机容量开始减速，其中，2021年，全国新增发电装机容量17908万千瓦，比上年少投产1236万千瓦。这种减速，主要是电源建设重心继续向新能源和调节型电源转移，以适应新能源转型发展的需要。以2021年为例，由于白鹤滩水电站投产带动水电新增2349万千瓦，比上年增长78.9%；火电新增4939万千瓦（煤电为

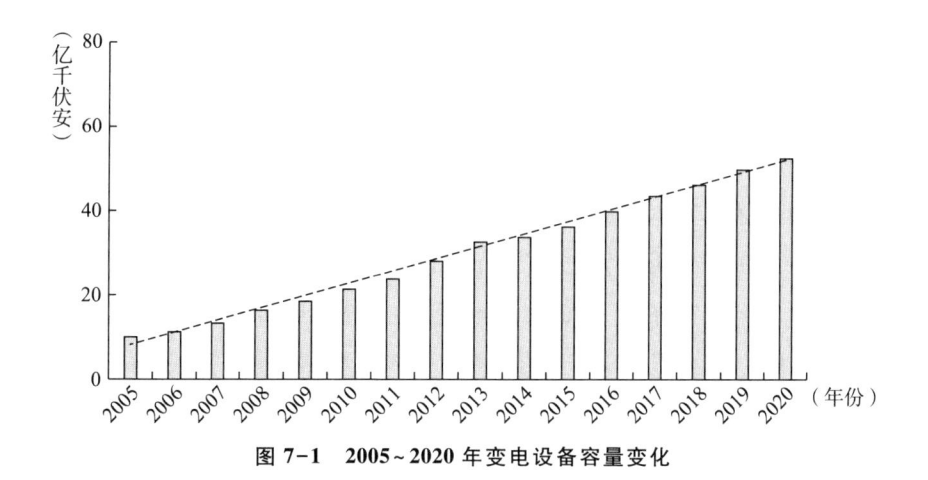

图7-1 2005~2020年变电设备容量变化

2937万千瓦，气电为771万千瓦），比上年下降12.7%；核电新增340万千瓦，比上年增长203.9%；风电新增4765万千瓦，比上年下降33.9%；太阳能发电新增5454万千瓦，比上年增长13.1%。①

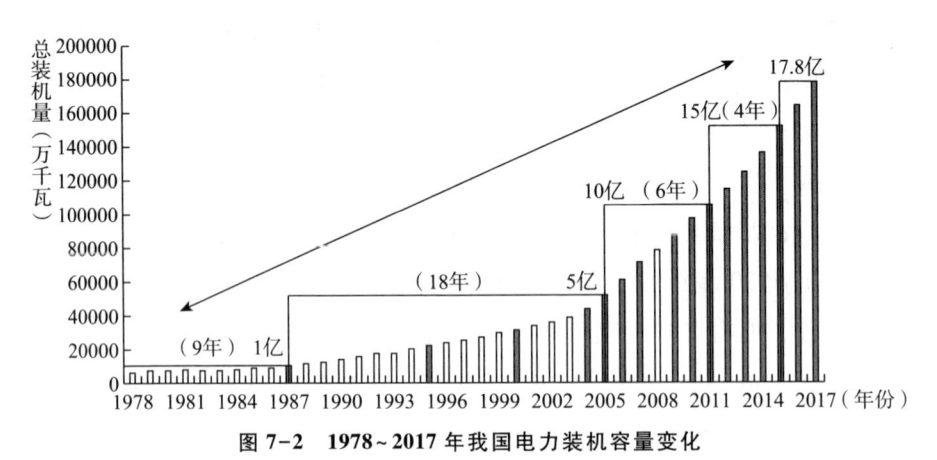

图7-2 1978~2017年我国电力装机容量变化

（三）以调度制度与安全技术为保障，确保大电网安全稳定运行

中国电网不仅大，而且稳。保障电网的长期安全稳定运行，一方面得益于大电网智能调度控制系统、柔性直流、预警检修等技术的发展，另一方面得益于五级调度制度。

从技术上看，首先，中国研发了具有完全自主知识产权的大电网智能调度控制系统，安装智能电能表超过4亿只，有效增强了电网应对故障的能力和互动水平，构建了国际领先的大电网安全防御体系，实现了故障精准识别、快速切除、智能处置，有效防止大面积停电事故。仿真技术方面，自主研发建成新一代仿真系统，大电网安全运行技术达到全球领先水平。其次，领先世界的柔性直流输电技术成功攻关，解决了在高电压、大电流运行条件下直流故障电流可靠关断的技术难题，显著提升了驾驭复杂大电网的能力。与传统输电技术相比，柔性直流输电技术具有运行控制灵活、智能化程度高等优点，能够提升电力系统稳定性，支撑"弱送端"条件下新能源的接入与规模送

---

① 资料来源：《中国电力行业年度发展报告（2022）》。

出，是复杂大电网可靠性和灵活性的保障，在偏远地区和海上新能源并网、异步电网互联、城市供电等应用领域具有独特优势。最后，建设了先进的、系统化的预警检修系统，国家电网不仅广泛应用输电线路无人机进行巡视，人工智能图像识别技术也达到实用化水平，全面应用变电（换流）机器人，开展红外普测、表计抄录、特殊巡视、远方确认、安防联动等工作，实现机器人与人工巡视互补。通过顶层设计并试点推进调控云和新一代调控系统建设，大电网风险预控能力、监控智能化水平、实时控制能力稳步提升。

第三节　中国电网发展的决定性因素

正如解释中国现代化道路的重点不在于解释成功，而在于解释为什么是这样的成功一样，对于解释中国电网的发展奇迹而言，关键不在于解释奇迹本身，而在于解释为什么是这样的奇迹。要回答这一问题，首先需要解释的是，为什么中国电网发展过程中能始终保持"大连接"的发展取向？为什么能始终坚持高压的技术路线，即使在没有任何技术引领者和参考者的前提下？为什么能始终将安全稳定和价格低廉放在首位？这些影响根本目标的问题，需要从中国电网的制度基础上去寻求底层逻辑。

一　党的领导是根本保障

中国式现代化是一条成功的经济赶超之路，而中国电网的安全稳定发展是这一赶超之路的缩影。正如习近平总书记所强调的那样，中国式现代化与西方式现代化的区别首先在于："我国现代化同西方发达国家有很大不同。西方发达国家是一个'串联式'的发展过程，工业化、城镇化、农业现代化、信息化顺序发展，发展到目前水平用了二百多年时间。我们要后来居上，把'失去的二百年'找回来，决定了我国发展必然是一个'并联式'的过程，工业化、信息化、城镇化、农业现代化是叠加发展的。"[1] 从赶超的过程看，中国电网不仅是并联式、叠加式的，而且是加速度的：中国电网的电网线路长度增长3.5倍花费了29年时间，但在接下来的40年时间里则增长了81倍。在新中国成立以来的70多年时间里，将占世界人口总量18%的人口从人均用电量仅为8千瓦时（1949年）的无电、缺电、少电的状态发展到接近世界平均水平的2791千瓦时（2009年）仅花了60年时间，达到并超过世界平均水平的5012千瓦时则仅花了9年时间。这不仅是加速度的赶超，而且是从引进、吸收到自主创新的赶超，又是顺应经济全球化的潮流、积极融入世界历史的赶超。中国电网不仅为中国人民的电力供应提供了定盘星，而且"一极一道"宏大战略规划的实施，碳达峰、碳中和的承诺，更是体现了中国作为负责任的大国推动构建人类命运共同体的主动担当和情怀。

经济史的考察充分表明，对于后发国家而言，积极而适当的国家引导是实现经济赶超的关键，这同样也是中国式现代化的关键特征。而电力作为工业化的基础，则普遍被视为赶超过程中的重中之重，甚至通过国有化发展电力等重化工基础产业，也一度是世界各国的共识。与一些后发赶超国家，如韩国、日本一样，中国电网之所以能在较短时间里实现大规模联网并安全稳定运行，也与充分利用了后发优势、优先发展重化工业等基础产业等密切相关，但是，这仅仅可以解释某些时段、某些领域的发展，并不能完整解释中国电网从技术上落后到领跑的全部历程，更不能解释中国电网的"远""大""稳""廉"特点的形成。

与所有后发赶超国家一样，中国电网的发展也受资本稀缺和科技落后的约束，但中国电网不仅能在缺乏技术借鉴和外资援助的前提下，引导有限的资源，尤其是低微的财力和较弱的科技力量，成功突破弱势窘境，实现历史性跨越发展，而且能始终保持全国一盘棋实现统筹发展，并逐步实现城市、省域、区域的逐步联网，更能做到并且保持

---

[1] 《习近平关于社会主义经济建设论述摘编》，中央文献出版社，2017，第159页。

20余年的电价不变，在人烟稀少的"天路"上实现电网通达，这远非后发国家的产业优先发展战略所能解释。从根本上而言，造就中国电网发展奇迹的是两个关键要素：中国共产党的领导和社会主义的发展目标，而正是通过这两个关键要素有机的、不可分离的作用，中国才走出了独有的现代化道路，而在这两者中，党的领导起了决定性和根本性的作用。

在中国电网的发展过程中，所处的内外部约束条件始终处于动态变化中，在复杂多变的环境中，科学制定和调整短、中期目标，坚持长期目标不动摇，充分发掘潜力和捕捉机遇，实现中国电网的大规模联网、技术领先和安全稳定运行，不仅需要具有远见卓识的、强有力的领导集团凝聚各方共识，统筹资源；而且需要领导集团坚强、团结、稳定的特质，更需要咬定青山不放松的目标理念。如果将中国电网历程还原到若干个连续的、具有标志性意义的事件节点，我们就会发现，在输电电压不断升高、输电线路不断延长、输电配电技术不断优化、安全稳定性日益提高的过程中，如果不是始终代表最广大人民利益，就无法在复杂、艰苦、多变的环境中始终可以实现企业、产业以及多部门的社会凝聚、团结和动员，如果不是以坚定不移的信念和远大的使命为驱动力，就很难长期引领和坚持中国电网发展的方向。这种始终以最广大人民利益为出发点和目的的领导集团，在世界历史上，只有中国共产党这种经由历史选择的大众型、使命型政党，才具有这种特质。从这一意义而言，中国共产党的领导，不仅是中国电网发展的最大优势，也是中国电网奇迹形成的关键要素。

党的领导集中体现在电网发展战略方向的选择、决策和坚持上。首先是大电网方向。新中国成立之初，在极端落后的工业基础上，实现电力基础较好的城市地区之间的逐步联通，进而跨地区、跨省区市联网就是发展方向，在艰难的社会主义建设过程中，为了满足钢铁、化工等基础产业的能源需要，哪里有发电能源就在哪里建发电站，哪里缺电就往哪里送电，是党的能源大政方针。改革开放之后，随着葛洲坝水电站和一大批火电站的动工建设，中国电网的发展问题被摆到了决策层的桌面上，电力生产资源和电力需求之间巨大的空间阻隔给整个国家的电网建设提出了非常大的挑战。1979年5月，中国电力工业会议给出了答案——高度统一的大联网模式。1980年初，陈云同志就指示："电网要扩大，能联网的都要联网，电网要统一管理，由电力部领导，一定要坚持这一条。"正是这一发展战略的长期不动摇，中国电网以改革为引领，以解决电源送出为驱动，全面加快电网输变电工程建设，并逐步实现了电网省（区市）内、区域内、跨区域的大连接，实现了电力供需的初步平衡。

大电网需要高电压，在电压技术路线的选择，尤其是在从高压追随到特高压领跑这一关键问题上，党的领导和战略选择也是根本性的。21世纪初，我国输电线路电压等级最高只有500千伏，但全球范围内500千伏的线路寥寥无几，继续提高输电电压，从技术到实施都面临极大的困难，在国际上没有先例、没有成熟技术方案的前提下，中国仍然将特高压技术写进了《国家中长期科学和技术发展规划纲要（2006~2020年）》中，正是这种前瞻性的战略选择，最终使中国形成了"一特四大"（特高压电网，促进大煤电、大水电、大核电、大型可再生能源基地的集约化开发）的立体能源通道，形成了大规模"西电东送""北电南送"的能源配置格局，彻底打破了中国的能源胡焕庸线。而这一战略的成功实施，也彻底扭转了中国电网长期跟随西方发达国家的被动局面，国家电网不仅由此成为世界规模最大的电网，而且成为全球唯一掌握特高压技术、制定最多特高压技术标准并且商业化运营的国家，将世界带入了特高压输电的时代。

党的领导也是国家电网发展的定力所在。在各种意外因素冲击和复杂多变的国内外环境中，国家电网的发展一直在"远""大""稳""廉"的方向上保持了高速稳定发展。无论是在铁塔倒塌、变电站跳闸大面积停电，甚至2008年南方雪灾气候导致贵州电网一度断裂的冲击下，还是在5·12汶川地震导致171座变电站瘫痪、2751条输电线路完全中断、405万户居民失去供电的情况下，国家电网始终能稳中求进，化挑战为机遇，实现涅槃重生。在各种突发事件面前，不仅保持了灵活有效的电力应急响应和调度机制，而且体现出强大的自我修复能力。汶川地震后，国网四川公司不仅用3年完成重建，还在9年内实现了超越式发展：灾区变电站数量由385座增加到617座，是震前的1.60倍；变电设备容量由2507万千伏安增加到6172万千伏安，是震前的2.46倍；线路长度由2.1万公里增加到3.8万公里，是震前的1.81倍。

如果说这种对恶劣条件冲击的应对能力来自党领导下的电力人的韧劲和干劲，那么在全球技术革命浪潮冲击和全球化秩序波动面前，国家电网则在保持定力的同时更具有一种超前发展的视野。无论是在2008年全球金融危机的冲击下，还是在以新能源和大数据为代表的第四次工业革命浪潮的机遇前，党的领导都是国家电网超前发展、稳定发展的指南针和压舱石。2008年全球金融危机后，国家电网抓住机遇走向世界市场，通过绿地投资、跨国并购、BOT与BOOT等多种形式，对东南亚、南亚、东亚、中亚、欧洲、美洲、非洲、大洋洲等地区开展投资，涉及输配电、水电、火电、新能源等多个领域，不仅使国家电网成为全球最大的公用事业企业，而且实现了宏大的全球战略性能源布局。在迎接以大数据、人工智能和新能源、新材料为代表的第四次工业革命的过程中，国家电网更是提前布局，稳步推进，通过新型电力系统科技攻关行动推动能源绿色发展，助力实现碳达峰、碳中和目标。2021年，我国非化石能源发电量为28962亿千瓦时，比上年增长12.1%。达到超低排放限值的煤电机组约10.3亿千瓦，约占全国煤电总装机容量的93.0%。国家电网、南方电网两大电网公司全年累计完成电能替代1891亿千瓦时，比上年下降16.0%。能源生产与消费延续绿色低碳转型方向。①

---

① 资料来源：《中国电力行业年度发展报告（2022）》。

二　社会主义与中国电网的人民属性

中国共产党的执政基础和执政理念，决定了国家电网发展是社会主义现代化建设的重要组成部分。由于社会主义和资本主义在经济发展目的上的不同，因此，同样是作为经济赶超的工业基础，国家电网的发展目标和功能上就与西方资本主义国家不同。社会主义发展经济是以人民为中心，不是以少数人的利润为目的，是为了满足广大人民对使用价值的需要，以满足美好生活需要为目的，以人的全面自由发展为导向，这是中国电网发展的底层逻辑和根本价值。在中国共产党领导下进行的社会主义建设，不仅强调更快、更好地发展经济，而且在发展中任何对社会主义方向和原则的背离，都会在党的自我革命过程中得到预警、提示和纠偏，无论是生态环境的恶化，还是能源安全潜在问题、能源使用与分配上的地域分化问题，从这一意义上说，社会主义的发展目标，决定了国家电网的发展目标必须也只能是"远""大""稳""廉"。

社会主义的发展目标，决定了中国电网产业发展的目标定位。社会主义要求比资本主义更快更好地发展生产力，这就要求中国电网充分发挥工业基础设施的脊梁作用。作为重化工优先发展战略和中国现代化伟大事业的一部分，电网是核心、基础和引领，是基础中的基础，电网的可达性决定了一个区域工业发展的可能性，而作为基础中的基础，中国电网不仅要保障钢铁、煤炭、石油、化工等传统工业的能源需要，而且要随着产业结构的调整升级不断优化、调整能源分布格局，在重工业发展需要时跟得上，在重工业压缩产能、调整结构时退得出。例如，在国家工业化战略实施近40年后的1992年，党的十四大明确提出兴建千万吨级钢铁基地的计划，即便在20世纪末，重工业仍然是经济快速增长下的短板，这就需要电网充分发挥电力供给的作用，解决当时因电力供应不足而不得不错峰生产的问题，而在中国经济进入新常态后，为推进供给侧结构性改革而压缩钢铁、煤炭产能，中国电网就需要实时调整电力分布。

电网不仅是工业的重要基础设施，而且其自身就是一个上下游关联产业多、具有极强技术外溢性的产业，这就要求中国电网不仅仅只是为其他工业服务的基础设施产业，而且也是国民经济增长和技术进步的来源，不仅电网本身要获得技术进步的红利，而且要带动相关产业的技术进步和全要素生产率的提高。作为资金密集型、技术密集型的基础产业，国家电网的发展不仅自身在电压等级、并网技术、能源资源配置能力、运行水平、电源结构优化、电力工业技术水平和装备能力等方面大幅提升，而且显著带动了新能源产业如材料、储能等领域，发电设备产业如特高压设备，以及电力建设施工行业如重型塔阀的领跑式发展，在国家电网强有力的引擎作用下，不仅一系列先进制造业得以发展，而且通过先进制造业的发展，进一步拉动知识密集型服务业的发展。

在社会主义发展目标下，人的平等、自由发展被放在发展的中心。因此，在整个工业化过程中，不仅需要电力为其他工业发展提供动力，而且要通过电力消费的普惠性提升国民生活便利程度、提高消费水平。这就要求不仅电要发得出来，而且要安全稳定持续地送到国民生活中，还要保证相对低廉的价格和优质的服务。在大规模的建设投资、维护运营和技术创新投入过程中，要保障电力的普惠性使用，就不能以利润为唯一指标，而要以满足人民日益增长的美好生活需要为目的，始终以人民为中心，其中的关键在于企业目标的多元化和长期化，而不是将短期利润最大化作为唯一的目标。

在社会主义发展目标下，电网不仅是基础设施、公共物品，关系着民生大计，还承担着区域协调发展和宏观经济管理的重要职能。一方面，电网是实现能源供给和能源需求的连接手段，这种连接的广度和深度，直接决定着不同区域比较优势的发挥，将能发电、可发电区域的能源转换输送到电力需求旺盛的区域，本身就是打造市场，促进供求两端经济协同发展；另一方面，作为工业的原动力，电网的可达性、分布格局、服务质量，直接影响着地方经济发展，如果不能实现电力供应在持续性、经济性上的均质化，就会造成不同区域经济发展在能源获得性起点上的差异，这既不利于产业发展的空间布局选择，也不利于产业的梯度调整。与此同时，作为配送的关键环节，电网价格通过复杂的传导机制，对包括能源矿产、农业、制造业和服务业的整体国民经济活动产生巨大而深远的影响，电网同时也承担着宏观经济管理的重要职能。

社会主义发展目标赋予中国电网的这些特殊属性，决定了社会主义电力电网与西方国家的电力电网在功能定位、发展目标和手段上有着重大差异，同时也决定了电网发展过程中政府和市场的特殊关系。这也决定了中国电网的改革路线和市场建设势必与西方电力市场有很大区别，甚至是实质性、根本性的区别。西方国家的电力电网主要考虑的是短期的经济成本和经济收益，利润最大化是企业的唯一取向，即使承担一定的社会责任，也主要体现在环境保护、可持续发展上，但既不承担电力的普惠性发展责任，也不承担区域协调、促进和稳定社会经济发展的职能。作为党领导下的社会主义国家的电网事业，我国电网体制改革的实践与探索必须充分考虑政治、经济、民生、环境等方方面面，私有化电网无法达成中国电网的上述功能，这是中国电网的最大特色，也是最大国情。

党领导下的社会主义国家电网需要承担更为复杂、更为广泛也更为光荣艰巨的职能，理解了这一点，就不难理解如下事实以及这些事实所体现出的差异。第一，西藏山南市隆子县玉麦乡是我国人口最少的乡之一，为使该乡9户32人用上电，国家电网投资8599万元，建设了两座35千伏的变电站，跨越海拔5000米的日拉山将电能源源不断地输送到居民家中。第二，2020年国家电网营收约26000亿元，全年实现和上缴利税约1685亿元，国家电网的股份中还有一定比例无偿划转给全国社保基金。在2020年疫情冲击下，为了支持企业复工，国家电网减免企业880多亿元的电费。第三，国家电网2020年金融业和国际业务的总利润为769亿元，国内电力供应业务却亏损了178亿元。

第四，从电力的消费价格看，国家电网输送的电力工业用电价格和民用价格在近 20 年时间里没有发生变化，在全球 37 个主要国家中，中国的电价排在倒数第二位。

相比之下，作为第二次工业革命的先行国，美国不仅电网建设一直长期处于停滞状态，即使是加利福尼亚州、得克萨斯州这样的经济发达地区，电网数十年都未有更新。加利福尼亚州电网自 20 世纪 50 年代以来就处于停滞状态，而且电网互联一直处于脱耦状态，而得克萨斯州电网与美国其他地区相互独立，为了防止大面积停电，得克萨斯州制定电力稀缺定价机制，刺激电力生产商努力保障电力供应，允许市场电价在缺电时提升数百倍。2021 年，得克萨斯州大停电时期，电价一度上升到每 1000 千瓦时 9000 美元的价格（按当天汇率，约合 63 元/度），是平时批发电价的 300 倍，得克萨斯州所有电厂在两天中盈利高达 15 亿美元。

三 体制机制优势

在根本目标确定之后，通过怎样的体制机制来保障根本目标的实现？怎样的体制机制才能克服基础弱、困难大的中国电网在发展过程中的各种障碍，确保国家电网"大、远、稳、廉"目标的实现？

（一）集中力量办大事的体制优势

1948 年，中国工业资本规模很小，外资、官僚资本与民族资本共计 37.1 亿元，加上交通运输业资本 28.4 亿元，整个产业资本加在一起是 65.5 亿元。在这样薄弱的基础上实施国家工业化战略，就需要针对重点领域，集中有限资源，解决关键问题。1950 年 2 月 13 日，在中央分工中负责经济工作的陈云指出："只要我们把力量集中起来，用于必要的地方，就完全可以办成几件大事。绝不应该把眼光放得很小，凌凌乱乱地去办无计划的事。"① 在组织制定国家"一五"计划时他也指出："我国因为经济落后，要在短时期内赶上去，因此，计划中的

---

① 《陈云文选》第 2 卷，人民出版社，1995，第 61 页。

平衡是一种紧张的平衡。计划中要有带头的东西。就近期来说，就是工业，尤其是重工业。工业发展了，其他部门就一定得跟上。这样就不能不显得很吃力，很紧张。样样宽裕的平衡是不会有的，齐头并进是进不快的。"[1]

中国自实施国家工业化战略起，直至中共十一届三中全会前的较长时间内，之所以通过国家发展战略及其导向下集中力量方式发展重工业，不仅仅因为它是工业发展的基础和标志，而且重工业属于资金、技术密集型产业，建设的周期长，所需的资本量大。在工业化初期资本短缺的条件下，如果人财物等资源分散，发展重工业所需的大量资本就难以快速聚集，相应的重大关键技术攻关也难以快速成功突破。如此，中国不仅实现不了跨越式发展，与先发国家的差距不会缩小，反而会拉得更大，并将在产业发展上受制于发达国家及其跨国资本，影响国家经济的独立性和自主性。

这一逻辑也同样体现在中国电网的建设过程中。与钢铁、煤炭、化工等重化工产业相比，能源是重工业的基础，电力的充沛度和电网的可达性直接关系工业化的动力获得，进而影响工业化的整体进程，而电网建设不仅初始建设规模大，而且后期维护运营检修也需要大量、持续的投入，集中技术、人力、资金建设大工程，突破重大技术关口，也体现在整个国家电网的发展历程中。从1954年的506工程建成到1972年第一条330千伏超高压输电线路——刘（家峡）—天（水）—关（中）建成投运，直至1981年中国第一个500千伏输变电工程竣工，集中力量办大事这一体制的资源整合、调度和赶超优势在中国电网得到了很好的诠释。

集中力量办大事并不是解决一时之急的短期机制，而是在改革开放前后均一以贯之的事业保障。1982年10月14日，邓小平就指出："社会主义同资本主义比较，它的优越性就在于能做到全国一盘棋，

---

[1] 《陈云文选》第2卷，人民出版社，1995，第242页。

集中力量，保证重点。"① 进入新时代，习近平强调："我们最大的优势是我国社会主义制度能够集中力量办大事。"② "我国很多重大科技成果都是依靠这个法宝搞出来的，千万不能丢了！要让市场在资源配置中起决定性作用，同时要更好发挥政府作用，加强统筹协调，大力开展协同创新，集中力量办大事，抓重大、抓尖端、抓基本，形成推进自主创新的强大合力。"③ 集中力量办大事的独特机制，能基于全局与局部、近期与远期发展的统筹兼顾，形成办大事的合力，将资源有效整合到战略性先导产业、前沿科技、重大基础设施等领域，不仅能降低资本配置的机会成本，而且破解了发展中国家由于落后而陷入劣势困境、想办但办不成关系国计民生的大事的问题，形成了通过办成的大事引领全局快速发展的机制，而这也是中国电网发展奇迹的体制机制保障。

对于中国电网而言，集中力量办大事之所以在改革开放前后都是一以贯之的保障机制，又有着独特的原因。一般而言，随着工业化的发展，工业自身的资本积累能力显著提升，资本稀缺问题就会逐渐缓解，国家发展战略及其导向下的集中力量办大事的领域，就需要转移到新的战略性新兴产业中去。"大事"的内涵和外延将随着国家经济社会的发展而不断发生变化，但在很长一段时间里，甚至未来较长一段时间里，中国电网都属于承担经济社会发展和技术革命的"大事"领域。第一，作为一个幅员辽阔、工业基础薄弱的大国，电力供应长期以来都是中国经济社会发展的"大事"，无论是在改革开放之前的工业化初期阶段，还是在当前所处的工业化、新型城镇化快速发展的重要阶段，能源消费总量始终保持刚性、快速增长，保障电力安全可靠供应一直是长期的艰巨任务，在向城市连接、省域连接、区域连接的不断突破中，中国电网在不同时期都承担着"大事"，同时又不同

---

① 《邓小平文选》第3卷，人民出版社，1993，第16~17页。
② 《习近平谈治国理政》第二卷，外文出版社，2017，第273页。
③ 《习近平谈治国理政》，外文出版社，2014，第126~127页。

程度地面临着人才、技术、资金的短期约束，如果不能集中力量实现重点突破，就无法满足社会主义现代化建设的能源需要。第二，在突破超高压技术向特高压技术发展的过程中，在第四次工业革命的绿色智能化大趋势下，中国电网承担着促进中国经济发展向智能绿色转型的重要责任。作为各类能源转换利用和优化配置的重要平台，中国电网不仅需要保持领跑地位，而且要引领世界电网技术发展、推进能源革命、服务"双碳"目标，这是随着人类文明发展而需要不断克服障碍实现突破的"大事"，要成为能源革命的推动者、先行者、引领者，兑现中国的双碳承诺，体现大国担当，践行人类命运共同体发展理念，仍然需要集中力量办大事。

作为集中力量办大事的典型产业，中国电网的发展不仅仅体现在办成了大事，而且盘活了大局，不仅为其他产业的发展、为国民生活消费提供了稳定安全充裕的电力供应，还提供了资金、技术和人才积累，并且成功地实现了"走出去"。在不同的历史发展时期，中国电网自身的企业管理制度和运行体制的变革，更是为其他领域的集中力量办大事提供了可资借鉴和学习的样本。新中国成立初期到改革开放之前，计划经济体制下的集中力量办大事保障了电网建设的高积累、高投入，实现了低成本发展；改革开放以来，中国电网的体制改革又把市场手段引入实施国家发展战略及其导向下的集中力量办大事上，综合发挥政府和市场作用，促进资源向要办的关系电网长期稳定发展的大事上集中配置，既避免了单一使用计划调节而缺乏活力的缺陷，也避免了任由市场调节而难以迅速办成大事的问题。在集中力量办大事的过程中，既能够坚持战略实施而不被中断，又能在实施中根据发展中遇到的新问题加以完善。

集中力量办大事的优势不仅体现在中国电网的建设进程中，而且体现在应对意外冲击和挑战的维护、抢修过程中，使中国电网在紧急状态下仍能保持快速修复能力，保障了电网的安全稳定运行。正是因为有了集中力量办大事的体制，在2008年的南方雪灾中，国家电网公司才能迅速集结 27 万余人投入抢修重建会战，修复变电站 884 座，线路 1.5 万条、杆塔 70 万基，仅用 6 个星期就完成了需要 6 个月时间才能的任务；正是因为有了集中力量办大事的体制，2008 年 5 月 12 日汶川地震发生后，国家电网才能迅速调集 1205 台、总容量 3.97 万千瓦的发电机（车）运往灾区，同时紧急抽调近 4000 名工程人员、242 辆工具车入川抢修电网，以最快速度恢复供电；正是因为有了集中力量办大事的体制，2020 年，面对来势汹汹的新冠疫情，国家电网公司才能启动应急响应机制，3 天点亮雷神山，5 天点亮火神山，以实际行动展现了"国网速度"。

（二）全国一盘棋的底层机制

集中力量办大事显然具有短期内聚集资源、重点突破的优势，但要实现集中力量办大事，就需要做到全国一盘棋，总揽全局，协调各方机制力量。如果缺乏全国一盘棋的体制机制优势，就无法"如身使臂，如臂使指"，集聚的资源就无法形成真正的合力。全国一盘棋和集中力量办大事两者是一个有机整体，缺一不可，两者的协同作用，共同形成快、活、稳统一的优势跨越发展路径。

"全国一盘棋"这一底层机制的重要作用全过程地贯穿国家电网的发展史。可以说，脱离了全国一盘棋的总体筹划和有效指挥，中国电网不可能取得今天的成就。"全国一盘棋"保证了中国电网的发展始终具有战略导向、战略高度和战略视野。新中国成立后，"一五"时期，中国电网的管理体制就有较强的计划性，这种计划性本身就是基于"全国一盘棋"的前提，要使电网建设重点服务于电源的送出工程和国家重点工程用电需要，就需要统筹规划，因时因地因目标因基础的差异，协调不同区域电网发展的优先次序，充分发挥不同地域的互补性。1980 年初陈云同志对电网指示的主要精神之一，就是"电网要统一管理，由电力部领导，一定要坚持这一条"。在 1987 年确定的电力工业体制改革的"二十字方针"，即"政企分开、省为实体、联合电网、统一调度、集资办电"和"因地、因网制宜"中，也突出强调了统一调度和因地、因网制宜。

"全国一盘棋"不仅是中国电网的总体发展指导思想之一，而且也体现在电网管理机构设置与权力配置、调度体系、建设、研发与维护所有环节。以调度体系为例，电力所具有的传输瞬时性、发供用同时性、供应持续稳定性等特点，本身就要求电力生产管理必须有一个有效的生产指挥系统，使得发、输、供、用电各层次的生产工作协调一致。就电力的这一性质而言，调度和电网一体化本身就是电网运行的先进组织形式，是生产力与生产关系相适应的合理选择。但实现大范围的调度和电网一体化就需要极为有效的电网统一调度手段，而从世界范围来看，实现这一点并非易事。分散的电网和调度管理体制，使得不同调度机构之间，输电和配电、发电企业之间需要进行频繁、复杂的协调工作，因而容易出现信息沟通不畅、安全责任不明晰、执行力不强等问题，给保障电网的安全稳定运行带来了困难，这几乎是所有电力相关安全事故发生的共性。

而在中国，全国一盘棋的运行机制为构建强有力的统一指挥系统提供了强有力的支持。从1949年，京津唐电网由中央调度所一级调度直接指挥，到1951年，实现两级调度指挥系统，**到1982年中国形成包括国家调度中心、网局调度中心、省级调度中心、地区调度中心和县级调度中心的五级电网调度机构，实现电网的全国性调度、调剂一直是中国国家电网在有效指挥、区域协同中的重要法宝**。统一调度、分级管理的调度体制集中体现了全国一盘棋的"统一"指导思想，包括统一平衡并实施全网的发电、供电调度计划；统一平衡和安排全网的发、供电设备的检修进度和时间安排；统一规定全网发电厂、变电站的主接线方式及中性点运行方式；统一布置和指挥全网的调峰、调频和调压；统一协调与规定全网继电保护、安全自动装置；统一协调和规定调度自动化系统和调度通信系统的运行原则；统一协调水电厂的水库调度，合理利用资源；统一协调有关电网调度运行的各种关系；等等。近几十年来，正是依托电网调度一体化的体制优势，以及"三道防线"的机制设置，中国电网有效保证了电网安全运行和故障及时处置，避免了大面积停电事故的发生。源、网、荷、储四者之间实现良性互动是电网发展的迫切需求，在此背景下，适应源、网、荷、储模式的大电网调度作用尤其凸显。

随着能源转型的不断深入，以广泛互联、智能互动、灵活柔性、安全可控为特征的电力系统正在形成，其结构形态和系统特性发生重大变化，相应的运行控制和管理模式将产生根本性变革。电力系统发展对大电网一体化控制、清洁能源全网统一消纳、源网荷储协同互动以及电力市场化等方面的支撑能力提出了更高的要求。为此，2017年国调中心（国家电力调度控制中心）组织中国电科院、南瑞集团、各分中心和部分省区市中心开展了新一代调度控制系统研发工作。在新一代调度自动化系统中，全国一盘棋仍然是内蕴的关键理念，在促进电网调度自动化、智能化、可视化，引领具有智能、安全、开放、共享四大特征的第五代能量管理系统的发展过程中，统一、平衡和综合仍然是一流智能调度中心不可缺少的有力支撑，大电网调控协同水平、调控效率、清洁能源消纳的技术支撑能力仍然需要全国一盘棋的统筹机制为基础，才能充分发挥效能。

"全国一盘棋"也集中体现在电网的应急、检修和维护环节。2008年北京奥运会期间，国家电网公司就从16家网省公司调集3000多名骨干支援，投入16.7万人开展保电工作，在奥运会历史上创造了"零事故"纪录。2021年8月，河南省遭受历史罕见的极端强降雨天气，国家电网公司全面启动应急响应，举全公司之力做好防汛救灾保供电工作，第一时间组织25个省区市公司15000名支援人员千里驰援，紧急调配473辆发电车、177台发电机，统筹全网物资库存、供应商产能、物流配送资源，全力投入防汛救灾保供电。国网河南电力全面进入战时状态，18000余名抢修人员、4000余台车辆日夜奋战，争分夺秒、夜以继日抢修复电，有效保证了抢修进度。离开了"全国一盘棋"的综合统筹调度指挥能力，这种快捷响应是无法实现的。

（三）独特的创新体制是中国电网技术跨越式发展的基础

回顾中国电网的发展历程，创新是重要的动力来源。正是通过科技创新加强对关键核心技术和重大技术装备的攻关研发，逐渐从引进、消化吸收逐渐过渡到自主研发、自主设计、自主建造和再创新应用，中国电网才在新型输电技术、新型电网技术、特高压技术、智能电网、大电网安全稳定运行控制、新能源接入等技术方面取得了一批具有全球领先水平的科技创新成果，以科技确保了国家电网长期安全稳定运行和迈入世界电力强国行列。在最能体现一国技术竞争力的标准体系领域，国家电网处于世界引领地位。

从创新绩效上看，中国电网的创新，是系统性的创新。第一，创新覆盖了输送、控制、调度、预警、检修、应急所有环节，实现生产端和消费端的全过程创新。第二，是从装备制造、施工安装的硬件领域到调度控制、智能检测软件系统的全系统创新。第三，创新既包括了完整的产品创新，如新型设备，也包括了工艺创新，如流程再造、数字化转型。第四，创新既体现在专利数量上，也体现在行业标准上。以国家电网为例，2015~2020年申请了23308项专利。

从创新速度上看，中国电网的创新是从赶超到领跑的跨越式创新。第一，从新中国成立到改革开放前，中国的电网发展基本上处于追赶阶段，但这种追赶并不是单纯的引进、吸收和消化，鉴于中国复杂的地理环境和较为薄弱的装备制造能力，中国的电网必须在施工安装、调度运行上具有独特的应变创新。第二，以1984年4月的元宝山—锦州—辽阳—海城输变电工程为标志，中国的电网技术追赶基本上在设计、施工、建造方面已经达到了并行状态，但在标准引领、装备制造等领域还落后于发达国家。第三，进入21世纪之后，随着中国在特高压领域的不断突破，国家电网创新进入加速期，多领域集中迸发，并最终成为特高压、新能源并网的世界领先者。

中国电网的这种系统性、赶超性创新何以能实现？对于创新的发生，主要有两种不同进路的解释。一种是技术推动说，强调政府和企业通过增加研究与开发投入,加快技术开发的速度,为市场提供具有竞争力的技术产品,重点在于研发有效性;另一种是需求引致说,认为是市场规模、市场结构、市场需求对企业创新起到了非线性的正向作用。这两者都可以对中国电网的创新提供一定的解释。就需求引致说而言,中国庞大的市场规模、基于能源资源和能源需求地理差异而形成的复杂的市场结构和多样化的市场需求,的确为中国电网的创新提供了特定的应用导向,从而在一定程度上影响了中国电网的技术创新路径,如特高压、新能源并网等。就技术推动说而言,技术创新是产、学、研和政府之间在创新知识领域之间相互作用,但不挤出也不相互替代的结果(即创新四螺旋),中国电网的创新也同样体现了这一逻辑。

但技术推动说和需求引致说两者在解释国家电网创新时,仍过于粗略且存在如下理论短板。

第一,中国电网的创新在知识来源上并不仅限于产、学、研的研发投入和知识融合,以及政府的创新政策支持,还包括了大量的现场创新和底层创新,这种现场知识是如何进入并体现在技术成果中的?

第二,从需求引致创新的角度看,中国庞大的市场规模并非给定的,而是潜在的,基于能源资源和能源需求地理差异而形成的独特市场结构仅仅决定了创新路径选择,但并不意味着形成必然的创新绩效。

第三,作为一种从赶超到领跑的创新,中国电网的创新并不是处在一个开放的知识和技术环境中,不仅需要面对赶超过程中的技术封锁,还要面对领跑时的技术空白,在面对特高压、新能源并网等新的创新机会窗口时,国家电网如何实现领跑?

要解释上述问题,需要从国家电网独有的创新体制中去寻求答案。刻画国家电网的创新体制,可以从区域创新体系、国家创新体系等角度出发,探讨不同行为主体间的互动关系、作用与功能,也可以从知识来源、决策过程等进行讨论。我们认为,从后一进路上,我们更容易观察和总结国家电网创新体制的特殊性,即国家电网的创新无论从知识来源、决策过程还是执行过程看，都是不同层次的多元主体，如科学家、管理者、工程师和工人，在多维场景条件下，如实验室、车间和施工现场的知识融合与智慧结晶，可以称之为"多级创新"。这是区域创新体系、国家创新体系等理论所难以全面观察和涵盖的理论元素，但这恰好是国家电网创新的最大特色。在某种程度上，国家电网的这种"多级创新"体制，体现了"鞍钢宪法"的"管理者和工人在生产实践和技术革命中相结合"的精神，通过充分发挥包括劳动者在内的个人主观能动性、创造性，为国家电网的赶超型创新、系统性创新提供了源源不断的动力。

多级创新首先体现在国家电网的创新激励制度上。例如，国家电网在创新体制构建中就明确指出：充分激发创新创造潜能。持续推进创新开放合作、强化内部协同运作，充分发挥公司各级创新主体作用，大力推进"双创"，完善职工创新机制，推动内外部创新成果充分共享。加强一流创新人才培养，通过内部培养、外部引进等多种渠道，培养院士和"大家""大师""大工匠"，加大激励力度，打造国际领先创新团队，等等。鼓励和肯定各级创新主体作用是国家电网创新激励制度的精髓，而这一原则之所以反复被强调，也是因为多级创新在国家电网的创新史上取得了非常好的效果。因为电网本身就是集成度高、涉及领域广、工作环境多样化的大型工程，电网技术在从理论、实验室到开放环境施工、运营、检修维护的不同层级上，存在多种影响因素，将理论可行、实验通过的知识，最终转化为稳定可靠的产品性能，需要来自不同场景、不同知识和技能结构的多主体协同，单一的知识来源和科研手段无法有效支持电网这种复杂系统中的技术变动和产品革新。以特高压变压器为例，经过10年研究之后，国家电网的邱宇峰团队终于研制出了国产特高压换流阀，突破了变压器技术难关。但巨大的铁塔施工则需要现场创新，在确定分割——直升机运输——拼搭的施工方案之后，风力影响、通电检修又需要其他类型的知识和技能，在这一过程中所激发的飞行检修、激光扫描、带电检修等技术创新，就源自不同主体的贡献。中国特高压技术发展历史上的匝间绝缘纸、特种运输车、8分裂导线和换流阀等关键技术的突破，无一不是多级主体协同创新、集体智慧结晶的结果。又如，在2008年南方雪灾中，正是大量一线检修人员的智慧与科研人员知识的结合，才催生了激光融冰、激光测冰、无人机喷火融冰、直流融冰和交流融冰等技术，极大地提高了电网应对低温雨雪冰冻灾害的能力。

因此，在国家电网的创新史上，我们既能看到数十位中国工程院、中国科学院院士以及数以万计的科研工作者和工程师的努力，也能看到大量的一线工人的付出。其中既有早在20世纪80年代中期就开始了特高压研究工作，出版专著11本，被称为特高压启蒙者的王凤鸣；也能看到有着1800多小时的超、特高压带电作业，高空走线1200多公里，爬了9000多座基塔，地上巡视1.2万多公里工作经历并获得25项发明专利授权，成为带电作业技术专家的一线维修工人胡洪炜；以及20年如一日默默研发减少电力损耗，并荣获2009年国家科技进步奖二等奖的泰州供电公司的普通员工许杏桃。正是对多级主体创新的支持和激励，才使国家电网的创新体制可以获得一种全过程的创新动力和知识来源，这不仅支持了涵盖输送、控制、调度、预警、检修、应急所有环节的系统创新，也通过强大的集体合力为国家电网从赶超到领跑提供了强有力的智慧支持。

多级创新不仅体现在具体的科研项目上，而且体现在科研决策的过程中。在特高压技术路线的选择上，就充分发挥了各界智慧、尊重了各方面意见，并经过反复研讨和调研最终确定技术路线。2005年3月21日，国家电网公司就发展特高压电网的必要性和紧迫性以及前期技术研究成果、特高压设备研发和制造能力向时任国务院副总理曾培炎做专题汇报；12月18日，国家电网公司完成了国家电网特高压骨干网架总体规划设计的8卷报告；12月22日，国务院批准，国家发展改革委核准金沙江溪洛渡水电站项目，确定金沙江一期电站采用3回±800千伏、640万千瓦的直流输电方案，在约9个月时间里，国务院和党中央、国家电网以及包括中国电机工程学会、中国机械工业联合会、中国电力工程顾问集团有限公司的不同领域学术代表、进行了数十次论证、研讨和调研，超过200人的会议就有两次。

国家电网的创新体制，同时也是一种支持适应性渐进创新、具有延展性的柔性体制，这使国家电网的创新保持了一种长期积累的渐进性，具有系统连贯性和坚实的基础。在中国的电网发展历程中，随着跨度、电压、载量以及能源结构的不断变化，电网所要克服的技术难题也随之不断变化。在这一过程中，国家电网的创新表现出典型的适应性渐进创新。例如，对电网安全稳定至关重要的广域动态实时防御系统，就是在省级电网开始形成并进入互联阶段之后，为了满足复杂大电网的安全、优质、经济运行的要求，由华东分部联合南瑞集团提出了综合应用由稳态、动态和暂态数据组成的广域动态信息监测分析保护控制系统（WAMAP）的概念和总体方案。该系统于2006～2007年分期投入运行，可以实现动态监视、低频振荡监视和一次调频性能监视；实现电网扰动识别、快速故障分析；提供了在线预警和辅助决策管理功能，从而提高了电网安全性和调度管理水平。又如，随着大区互联及电力市场逐步实施，事故处理预案安排和执行难度日趋加大，电网发生连锁故障引起大面积停电的风险进一步增加。为提高应对复杂故障、防止发生灾难性事故的预警能力和实时控制能力，2005年，由江苏省电力公司开展江苏电网安全稳定实时预警及协调防御系统（EACCS）的研发与应用；自2006年10月起，EACCS系统各模拟块陆续走出实验室，投入现场试验和验证；2007年6月20日，EACCS系统试投运成功，这大大提高了电网安全控制的准确性和及时性，解决了大电网的全网协调、分层控制和异地多点故障自动协调等问题。

国家电网的创新体制，也是一种强韧性的创新体制，这种强大的韧性突出体现在应对技术封锁、"卡脖子"问题以及无技术可借鉴时，形成了一种倒逼型创新能力。无论是特高压变压器，还是电力系统全数字实时仿真装置，国家电网的很多创新，尤其是重大的技术创新突破，都是这种韧性体制的结果。以1985年葛洲坝到上海的500千伏超高压直流输电工程为例，在500千伏超高压这一领域，技术、设备都掌握在西方发达国家手中，该工程建设过程中的设备涉及7个国家15个公司，不仅技术上"卡脖子"，而且价格高昂。要满足经济快速增长的电力需求，中国电网必须自主创新，突破"卡脖子"技术，国家电网通过十年的努力，完成了技术、设备的引进、消化到国产化。1995年南桥站项目，500千伏以上的开关、站点设备组件全部实现国产化。21世纪初，随着西部大开发的进行，西电东送距离达到2000公里以上，±500千伏直流输电技术因为占地大、损耗高的弊端而无法支持，而要转型±800千伏的直流输电技术，德国、美国、韩国等当时的电网科技强国也尚未攻破这一难关，在技术创新上已经不存在引进、消化和参考借鉴的可能，但这同时也意味着国家电网面临着在全新的技术领域内实现突破进而领跑的机遇。2004年之后，国家电网公司联合各方力量自主研发，并在2010年完全突破了±800千伏的技术难关，向家坝到上海的±800千伏特高压直流输电工程使输送容量、输送距离、电量损耗和造价等都有了明显改进。不仅如此，已经处于世界领先地位的国家电网仍未在创新路上止步，2019年，国家电网在±1100千伏特高压输电技术上再度取得突破，准东—皖南±1100千伏特高压直流输电工程投入运行，这同样是在没有借鉴对象、没有赶超对象的前提下，以社会主义经济建设需要这一根本动力，倒逼突破形成的超级技术。

又如，20世纪90年代以来，随着中国电力技术的高速发展，某些新技术验证需依赖实时数字仿真系统进行。但当时加拿大RTDS公司不仅垄断该项技术，而且无法满足我国大电网的仿真需求。针对这种情况，自1998年起，中国科学院院士周孝信带领团队，在国家973计划、国家计委科技项目等的支持下，开展基于通用PC机群的电力系统实时并行仿真技术研究，于2006年成功研制出世界上首套可以模拟万节点级大电网的ADPSS全数字实时仿真装置，打破了国外对电力系统数字实时仿真技术的垄断，为保障我国电网数据安全提供了保障。

2006年至今，ADPSS仿真装置的投运，在电网安全稳定分析和试验研究中发挥了重要作用。

四　小结与展望

在新中国成立以后，随着工业化进程的发展，经过数代电力工作者的不懈努力，中国电网不断发展，尤其是改革开放以后，大型水、火电厂高速发展，联网规模逐渐扩大，送电距离不断增加，中国电网从小到大、从弱到强，技术水平从落后到领跑，实现了规模、质量和技术水平的跨越式发展。当今我国已经建成世界上规模最大的全国互联互通电网，并保持了长期安全稳定运行，走出了一条具有中国特色的电网发展之路。

回顾中国电网的发展历程，其之所以能取得举世瞩目的成就，成为中国电力工业道路自信、制度自信的生动写照，在制度基础上得益于党的领导和社会主义发展目标，脱离了这两点，就不可能有中国电网在战略导向上的始终如一、在发展目标上的坚定不移。在体制机制优势上，党的领导和社会主义国家的制度基础，形成了集中力量办大事和全国一盘棋的独有优势，脱离了这些体制机制优势，就不可能有中国电网在发展格局上的统筹兼顾、在发展动力上的持久恒长。与此同时，中国电网独有的多层级创新体制，综合了各方智慧，覆盖了生产消费的全过程，鲜活地体现了社会主义的产业创新特色。

当前，世界经济正面临百年未有之大变局，作为第四次工业革命绿色、智能的主旋律，全球能源生产和消费体系正处在重构的关键时期。习近平总书记在主持召开中央财经委员会第九次会议时强调，要把碳达峰、碳中和纳入生态文明建设整体布局，拿出"抓铁有痕"的劲头，如期实现2030年前碳达峰、2060年前碳中和的目标。会议同时提出，要构建以新能源为主体的新型电力系统。这是党中央统筹国内国际两个大局做出的通盘谋划，为在能源领域贯彻落实习近平生态文明思想，处理好发展和减排、整体和局部、短期和中长期之间的关系，坚定不移地走生态优先、绿色发展之路提供了实践路径。

要将这一战略谋划落到实处，就需要电力人再创辉煌、再迎挑战。为促进"双碳"目标的实现，就要构建以新能源为主体的新型电力系统，形成清洁低碳、安全高效的以新能源为主体的新型电力体系，使电源结构更趋于合理。但是，作为后发赶超国家，在迈向高收入发展阶段的过程中，总电力消耗和人均电力消耗长期处于增长态势，唯有如此才能保障中国新型工业化、信息化、城镇化、农业现代化的如期实现，这也就意味着，在电源结构绿色化改造的同时，仍需要稳定安全地为中国人均电力消耗的持续上升提供保障，仍需要跨区输电通道容量持续增长，仍需要电网大范围资源配置能力持续提升，全国电网互联程度不断提高，智能化调动、安检水平不断提高；更需要以特高压骨干网架为基础的区域电网协同发展，进一步优化结构；与此同时，依托于分布式清洁能源发电或综合能源优化利用的微电网以及分布式能源系统也需要得到快速发展。从 2030 年前碳达峰、2060 年前碳中和的目标的时间要求而言，这是一个短时期、高强度、多目标的艰巨任务，回顾中国电网完全稳定运行奇迹的形成和发展历史，可以明确，唯有坚持党的领导和社会主义发展目标，继续充分发挥体制机制优势，才能确保中国电网在新发展阶段继续创造辉煌。

后 记

在彼得·埃文斯、迪特里希·鲁施迈耶、西达·斯考克波编著的《找回国家》一书中，三位编著者呼吁要"找回国家"，并由此形成了所谓"找回国家学派"。他们呼吁"找回国家"，并不是说之前的社会科学研究中没有国家元素，而是说二战后关于国家形式、功能和影响等的研究，在方法上主要是"以社会为中心"，即通过社会利益的因素来解释国家。例如，斯考克波在批评结构功能主义者时就认为，结构功能主义者认为国家或政治体系的发展和随后的运作是由整个社会的功能需求决定的，这是"将马车摆在了马前"。在斯考克波看来，社会因素的确重要，但它们的影响始终要通过政治制度和国家本身来实现。按照这种思路，"找回国家学派"的主要变化，并不在于承认国家的重要性，而在于在经典作家如马基雅维利、托克维尔和韦伯等人论述的基础上，通过一系列关于国家建构、政策制定和实施的详细案例研究，凸显了如下观点的重要性：国家不仅是为经济、社会、民众服务的机构，而且本身就是一支力量，相对于其他社会力量，国家力量有其独特性，它的来源并不仅仅只是暴力垄断。

从经济思想史的角度看，"找回国家"其实是一句比较缺乏新意的命题。稍有经济史和经济思想史常识的人都应该知道，"守夜人式"的政府只存在于现代民族国家型构之前的想象中，而非现实中；国家主导和推动经济发展、社会进步是常态，而非例外；国家也无须"找回"，因为它从来就不曾缺位。就国家与经济这一命题而言，真正的问题不在于国家有没有发挥作用,而在于它如何发挥作用,以及在推进国家现代化的过程中,国家作用的发挥是否具有一般性的机制?这种一般性作用机制能否形成普遍的借鉴意义?

就构建一个解释中国经济发展奇迹的经济理论而言,"找回国家"远没有"融入国家"重要。易言之,承认国家在经济发展中的作用,远没有找出国家如何作用、因何不同这类问题重要。回顾经济思想史和经济史不难发现,每一次伴随着国家崛起和发展而兴起的对国家的再审视,都提供了新的理论元素和新的观点,而非简单地承认"国家重要"。作为原发型资本主义国家的代表,英国在成为日不落帝国过程中的王权-贵族-新兴资产阶级关系,显然与之后俾斯麦、斯托雷平所面对的德国、俄国的主要社会经济矛盾不一样;而美国主权在州的内部政治结构与超大规模的国土面积,显然也赋予了美国发展道路的独有特征,基于日韩战后发展经验所提炼出的发展型国家理论,并不足以解释中国的发展。

基于不同国家发展经验而得出的"国家与发展"理论之所以具有国别特定性,不仅源于不同国家在发展过程中所面临的约束条件、所要解决的主要社会和经济问题不同,而且源于不同国家在国家建构以及国家能力的形成、来源和作用方式上存在的巨大差异。这同时也意味着,对国家发展的约束条件不加区别,忽视国家在国家建构、能力来源和作用方式上的差异性,不做区分地采取理论的"拿来主义"的实践者们,在理论和实践两方面都只是成了可资借鉴的反面典型。例如,20世纪80年代末90年代初以来,"华盛顿共识"在一些国家造成的经济崩溃、社会矛盾激化,与这些国家不加鉴别、无条件地采用新自由主义经济学的理论和政策主张直接相关,这些国家在缺乏市场主体和成熟市场经济体制的前提下盲从市场万能理念,把私有化看作体制转轨的前提条件,把所有制命题排除在改革理论分析之外等盲目照搬的做法,是造成其经济社会转型失败的主要原因。

习近平总书记2022年在中国人民大学考察时指出,加快构建中国特色哲学社会科学，归根结底是构建中国自主的知识体系。作为哲学社会科学的重要组成部分，解释、指导中国现代化历程不可或缺的理论来源，中国经济学的构建，尤其要始终以习近平总书记提出的"自主的知识体系"为参照系和目标。当前，中国经济学构建自主知识体系的成绩主要体现在对"中国"二字的把握上。无论是理论经济学如中国特色社会主义政治经济学的构建，还是应用经济学，如财政、金融、产业经济的研究，在围绕中国故事、紧扣中国发展上，都形成了高度共识；也正是因为长期紧扣"中国"二字，中国经济学构建过程中在一些关键问题、基本出发点上也已经形成了高度共识。例如，强调历史唯物主义作为中国经济学构建的方法论基础、强调马克思主义政治经济学在中国经济学构建中的指导和引领地位。认为国家、文化、理念、意识形态等上层建筑对构建中国特色经济学理论体系具有十分重要的意义，围绕着党领导经济，国有企业的基础性、引领性作用等问题，就以人民为中心、全国一盘棋和集中力量办大事等中国经济社会发展所具有的独有目标、独有机制、体制和制度等，也涌现了一批富有洞见的研究成果。其中，值得注意的是，对中国国家特征的重新认识，也开始融入对中国经济发展奇迹的相关研究中，如地方政府竞争、制内市场、党的领导等，这些研究都将中国独有的国家特征视为中国模式形成的重要因素甚至关键因素之一。重新认识现代中国国家构建的独有历史和特殊力量，理解中国国家能力和国家治理的特质，才能够准确地、更好地把握改革开放以来中国在国家引导下的发展，以及在未来很长一段时间内，国家、社会、经济三者耦合过程中可能会遇到的问题以及可能产生的结果。

作为中国经济学自主知识体系中不可或缺的元素，对国家的认识，既不能丰富而琐碎地停留在历史陈述和记录中，也不能孤立地、仅仅局限于中国的特定时期、特定主体和特定过程。我们需要的不是在历史过程、经济现象和实践过程中去发现国家、叙述国家，而是要从这些经验材料中提炼范畴和概念，构建理论框架，从而实现在创新理论中"融入国家"的目的。本书所呈现的,也正是笔者在这一方向上的努力,尽管这一努力是初步的、尝试性的。

本书的出版得到了中国社会科学院"登峰战略"重点学科的资助,特此感谢。

图书在版编目(CIP)数据

国家发展的道路 / 杨虎涛著 . -- 北京：社会科学文献出版社，2024.7
ISBN 978-7-5228-2787-2

Ⅰ.①国… Ⅱ.①杨… Ⅲ.①社会发展-研究 Ⅳ.①K02

中国国家版本馆 CIP 数据核字(2023)第 219915 号

国家发展的道路

著　　者 / 杨虎涛

出 版 人 / 冀祥德
组稿编辑 / 陈凤玲
责任编辑 / 宋淑洁　武广汉
责任印制 / 王京美

出　　版 / 社会科学文献出版社·经济与管理分社（010）59367226
　　　　　地址：北京市北三环中路甲 29 号院华龙大厦　邮编：100029
　　　　　网址：www.ssap.com.cn

发　　行 / 社会科学文献出版社（010）59367028
印　　装 / 三河市尚艺印装有限公司

规　　格 / 开　本：787mm×1092mm　1/16
　　　　　印　张：21.25　字　数：294 千字
版　　次 / 2024 年 7 月第 1 版　2024 年 7 月第 1 次印刷
书　　号 / ISBN 978-7-5228-2787-2
定　　价 / 99.00 元

读者服务电话：4008918866

版权所有 翻印必究